Schritte
PLUS NEU 5 Niveau B1/1

Deutsch als Zweitsprache
Lehrerhandbuch

Susanne Kalender
Petra Klimaszyk

Hueber Verlag

Quellenverzeichnis
Fotos: Matthias Kraus, München
Bildredaktion: Nina Metzger, Hueber Verlag, München

Symbole / Piktogramme

 Binnendifferenzierung

 Achtung

 Ausspracheübung

 methodisch-didaktischer Tipp

 landeskundliche Informationen

 Hier kann eine bestimmte Aufgabe aus der Rubrik „Zwischendurch mal …" eingeschoben werden.

 Zu dieser Aufgabe gibt es einen Film.

Abkürzungen

EA: Einzelarbeit

GA: Gruppenarbeit

HA: Hausaufgabe

PA: Partnerarbeit

PL: Plenum

WPA: wechselnde Partnerarbeit

IWB: interaktives Whiteboard

4.   3.   2.   Die letzten Ziffern
2022 21 20 19 18   bezeichnen Zahl und Jahr des Druckes.
Alle Drucke dieser Auflage können, da unverändert,
nebeneinander benutzt werden.
1. Auflage
© 2018 Hueber Verlag GmbH & Co. KG, München, Deutschland
Redaktion: Kerstin Reisz, Berlin
Zeichnungen: Jörg Saupe, Düsseldorf
Umschlaggestaltung: Sieveking · Agentur für Kommunikation, München
Gestaltung und Satz: Sieveking · Agentur für Kommunikation, München
Druck und Bindung: Friedrich Pustet GmbH & Co. KG, Regensburg
Printed in Germany
ISBN 978-3-19-311085-5

Art. 530_20296_001_02

Inhalt

Schritte plus Neu ist die umfassende Neubearbeitung des Lehrwerks *Schritte plus*.

1 Rahmenbedingungen

Schritte plus Neu ist ein Lehrwerk für Lernende auf den Niveaustufen A1, A2 und B1 des Gemeinsamen Europäischen Referenzrahmens (GER), die in einem deutschsprachigen Land leben oder arbeiten möchten. Ziel ist es, den Lernenden die Integration in Alltag und Beruf zu erleichtern und alltägliche Situationen sprachlich zu bewältigen.

Schritte plus Neu geht bei der Stoffauswahl von den Vorgaben des GER aus und deckt die Lernziele des Rahmencurriculums für Integrationskurse des Bundesamts für Migration und Flüchtlinge sowie die Prüfungsvorgaben der Prüfungen *Start Deutsch 1* und *2*, des *Deutsch-Tests für Zuwanderer (DTZ)*, der *Goethe-Zertifikate (A2, B1)* und des *Zertifikats Deutsch* ab.

2 Aufbau *Schritte plus Neu*

2.1 *Schritte plus Neu* in sechs oder drei Bänden

Schritte plus Neu liegt in einer sechsbändigen Ausgabe (Arbeitsbuch integriert) und einer dreibändigen Ausgabe (Arbeitsbuch separat) vor:

Schritte plus Neu 1 *Schritte plus Neu 2* oder *Schritte plus Neu 1+2*	A1 / *Start Deutsch 1*
Schritte plus Neu 3 *Schritte plus Neu 4* oder *Schritte plus Neu 3+4*	A2 / *Start Deutsch 2*, *Goethe-Zertifikat A2*
Schritte plus Neu 5 *Schritte plus Neu 6* oder *Schritte plus Neu 5+6*	B1 / *Deutsch-Test für Zuwanderer*, *Zertifikat Deutsch*, *Goethe-Zertifikat B1*

2.2 Die Bestandteile von *Schritte plus Neu*

Schritte plus Neu bietet ein umfangreiches Angebot an Materialien und Medien, die aufeinander abgestimmt und eng miteinander verzahnt sind:

- ein Kursbuch
- ein Arbeitsbuch mit integrierter Audio-CD
- ein Medienpaket mit den Audio-CDs zum Kursbuch und einer DVD mit den Filmen zum Kursbuch
- eine digitale Ausgabe von Kursbuch und Arbeitsbuch mit allen Audios und Filmen
- eine App mit allen Audios und Filmen zu Kurs- und Arbeitsbuch
- ein Lehrerhandbuch
- Glossare zu verschiedenen Ausgangssprachen
- Intensivtrainer
- Berufstrainer
- Testtrainer
- eine Übungsgrammatik

Der Lehrwerkservice im Internet unter www.hueber.de/schritte-plus-neu enthält u. a.:

- ausführliche Unterrichtspläne zu Kurs- und Arbeitsbuch
- zahlreiche Kopiervorlagen, z. B. zu den Transferaufgaben/Aktivitäten im Kurs und den Filmen
- ein Lerner-Portfolio
- interaktive Zusatzübungen für die Lernenden zu den Selbsttests im Arbeitsbuch

Der Lehrwerkservice wird sukzessive immer wieder mit aktuellen Informationen und zusätzlichen Angeboten für den Unterricht ergänzt.

2.3 Medienüberblick: Die Verfügbarkeit von Filmen, Hörtexten, interaktiven Übungen und Kopiervorlagen

Material	eingelegte Audio-CD im KB/AB	Medienpaket	Lehrwerkservice www.hueber.de/ schritte-plus-neu	App*	LHB
Hörtexte Kursbuch		x	x	x	
Hörtexte Arbeitsbuch	x		x	x	
Audio-Dateien zur Foto-Hörgeschichte		x	x	x	
Foto-Hörgeschichte als Slide-Show		x		x	
„Ellas Film"		x		x	
Kopiervorlagen zu „Ellas Film"			x		
Filme zu „Zwischendurch mal ..."		x		x	
Audiotraining		x	x	x	
Lektionstests					x
Kopiervorlagen zu den Lernschritten					x
Kopiervorlagen zu den Aktivitäten im Kurs			x		
Interaktive Übungen zu den Selbsttests im AB			x		
Kopiervorlagen zum Portfolio			x		

* Mit der kostenlosen *Schritte plus Neu*-App können alle Filme und Hörtexte ganz einfach per Smartphone oder Tablet direkt aus dem Buch heraus abgerufen werden. Sie sind jederzeit verfügbar und somit ideal einsetzbar für das individuelle Lernen und Wiederholen. Die App ist im App Store oder Google Play Store verfügbar.

3 Das Kursbuch

Jeder Band von *Schritte plus Neu* enthält sieben Lektionen.
Diese folgen einem klaren und einheitlichen Aufbau.

Aufbau einer Lektion

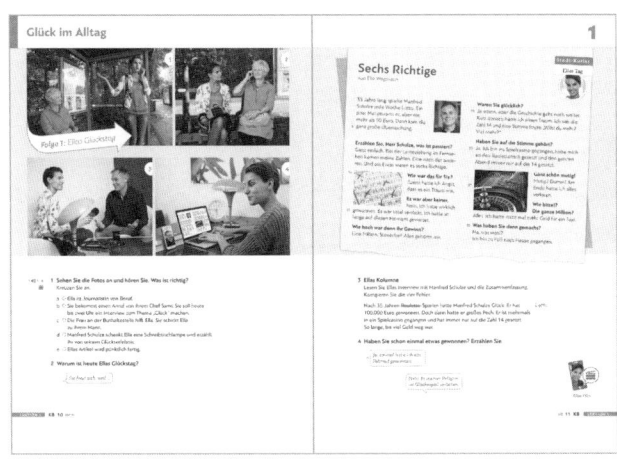

Die Foto-Hörgeschichte
Motivierender Einstieg über eine Foto-Hörgeschichte und einen interessanten, mit der Geschichte in Verbindung stehenden Lesetext

Konzeption – Das Kursbuch

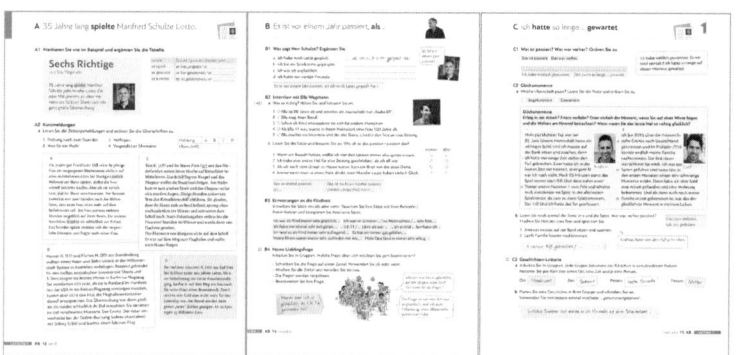

Die Seiten A bis C
Einführung und Einübung des neuen Lernstoffs in abgeschlossenen Einheiten

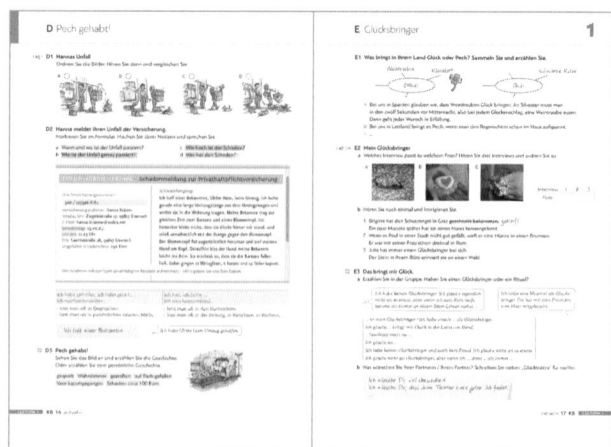

Die Seiten D und E
Training und Erweiterung der rezeptiven und produktiven Fertigkeiten

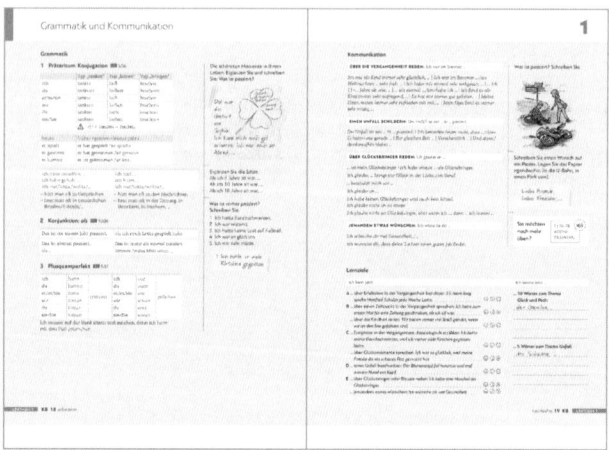

Die Seiten „Grammatik und Kommunikation"
- Übersicht über Grammatikstrukturen und Redemittel, dazu Übungen, Tipps, Visualisierungen und Merkhilfen
- Übersicht über Lernziele und Möglichkeit zur Selbstevaluation
- Verweis auf das Audiotraining

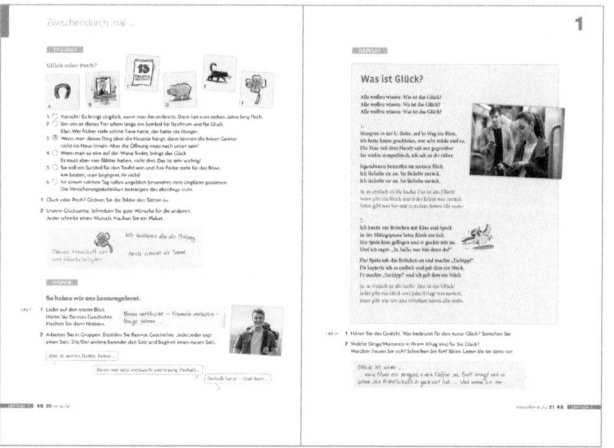

Die Seiten „Zwischendurch mal …"
Fakultatives Angebot mit Filmen, Projekten etc. zum variablen Einsatz im Unterricht

3.1. Die Foto-Hörgeschichte

Jede Lektion beginnt mit einer Foto-Hörgeschichte und einem Lesetext. Die Lernenden begleiten die junge Journalistin Ella in ihrem Alltag und Beruf.

Die Foto-Hörgeschichte und der Lesetext bilden den sprachlichen und thematischen Rahmen der Lektion: Sie führen die Kommunikationsmittel und den grammatischen Stoff in einer zusammenhängenden Episode ein und entlasten damit den Lernstoff. Zugleich trainiert die Foto-Hörgeschichte das globale Hörverstehen.

Die Geschichte kann über die Audios 🔊 gehört werden, während die Lernenden parallel die Fotos im Kursbuch ansehen. Sie steht aber auch als Slide-Show 🎞 zur Verfügung und kann im Unterricht am interaktiven Whiteboard gezeigt werden (→ siehe „2.3 Medienüberblick" auf S. 5).

„Ellas Film"
Ergänzt wird die Foto-Hörgeschichte jeweils durch einen kleinen Film („Ellas Film"). 🎬
Ellas Film

Diese Filmsequenzen erzählen kurze Alltagsszenen aus der Perspektive der Hauptfigur Ella und lassen diese dadurch noch lebendiger werden. Darüber hinaus wird das Hör-Sehverstehen geschult. Diese Filme sind fakultativ einsetzbar und können gemeinsam im Unterricht angesehen werden, eignen sich aber auch gut zum selbstständigen Nachbereiten und Ansehen zu Hause. Eine Kurzbeschreibung des Filminhalts sowie konkrete Vorschläge, an welchen Stellen die Filme im Unterrichtsablauf der Lektion eingesetzt werden können, finden Sie in diesem Lehrerhandbuch am Ende der Hinweise zu den FotoHörgeschichten. Tipps, Hinweise zum Einsatz im Unterricht sowie Kopiervorlagen zu den Filmen finden Sie im Lehrwerkservice unter www.hueber.de/schritte-plus-neu (→ siehe „2.3 Medien-überblick" auf S. 5).

3.2 Die Seiten A bis C

Die **Kopfzeile** enthält ein Zitat aus der Foto-Hörgeschichte bzw. dem Lesetext und repräsentiert den Lernstoff der Seite. Die neue Struktur ist fett hervorgehoben. So können Sie und die TN sich rasch orientieren.

Kopfzeile

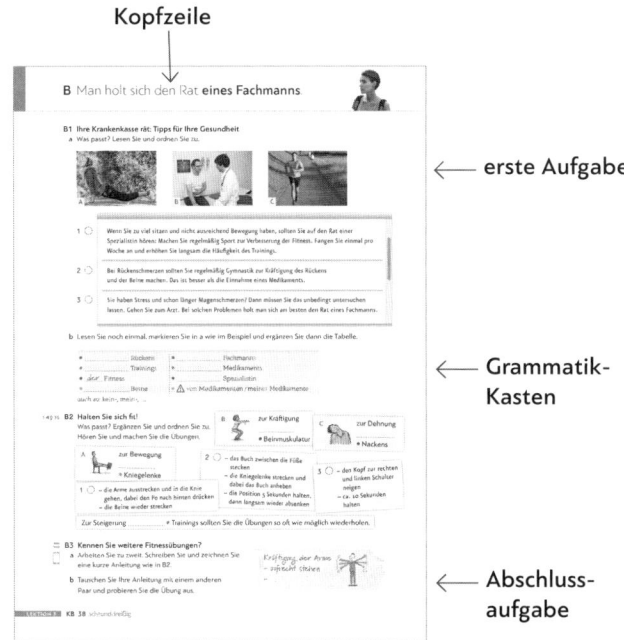

← erste Aufgabe

← Grammatik-Kasten

← Abschluss-aufgabe

Die **erste Aufgabe** dient der Einführung des neuen Stoffs. Sie bezieht sich ebenfalls im weiteren Sinne auf die Foto-Hörgeschichte bzw. den Lesetext und schafft damit den inhaltlichen und sprachlichen Kontext für die neu zu erlernenden Strukturen.

Der **Grammatik-Kasten** fasst den Lernstoff übersichtlich zusammen und macht ihn bewusst. In den **folgenden Aufgaben** üben die TN den Lernstoff zunächst gelenkt und dann in freierer Form.

Die **Abschlussaufgabe** ist mit dem Piktogramm 🔁 gekennzeichnet und dient dem Transfer des Gelernten in den persönlichen Anwendungsbereich (z. B. über sich selbst sprechen oder schreiben, seine Meinung sagen) oder bietet die Möglichkeit, den Lernstoff auf spielerische Art und Weise aktiv und interaktiv anzuwenden. Manche Aufgaben sind zusätzlich mit dem Piktogramm 📱 versehen. Dieses weist darauf hin, dass die TN bei dieser Aufgabe ihr Smartphone oder Tablet nutzen können. Hinweise dazu finden Sie in diesem Lehrerhandbuch jeweils bei den didaktischen Vorschlägen zu den entsprechenden Aufgaben. Der Einsatz dieser Medien ist jedoch fakultativ!
Hinweis: Zur Vereinfachung und Unterstützung Ihrer Unterrichtsvorbereitung finden Sie zu vielen der Abschlussaufgaben Kopiervorlagen im Lehrwerkservice unter www.hueber.de/schritte-plus-neu.

3.3 Die Seiten D und E

Die Seiten D und E dienen der Vertiefung und Erweiterung der vier Fertigkeiten Lesen – Hören – Schreiben – Sprechen. Die Textsorten zu den Fertigkeiten Lesen und Hören entsprechen ebenso den Anforderungen der Niveaustufe B1 wie die Sprech- und Schreibanlässe (→ siehe „5.2 Fertigkeitstraining" auf S. 12).

3.4 Übersicht: Grammatik und Kommunikation

Diese Doppelseite gibt einen Überblick über die neue Grammatik und die wichtigen Wendungen der Lektion. Mithilfe der Übersicht kann der Stoff der Lektion selbstständig wiederholt und nachgeschlagen werden. Die Übersicht enthält zudem Verweise auf die *Schritte Übungsgrammatik*.

Darüber hinaus soll auf dieser Seite mit kleinen Aufgaben, Tipps, Merkhilfen und Visualisierungen auch wiederholend und vertiefend gearbeitet werden. Diese sind den Grammatiktabellen oder den Redemittelkästen jeweils am rechten Rand direkt zugeordnet. Auf dieses Zusatzangebot kann entweder im Unterricht eingegangen werden oder Sie weisen Ihre Lerner darauf hin, wie sie mit diesen Seiten sinnvoll eigenständig arbeiten und sie zum Nachschlagen nutzen können. Entsprechende Hinweise finden Sie in diesem Lehrerhandbuch auf den Seiten 18/19 und in den didaktischen Hinweisen direkt bei den Aufgaben mit den jeweiligen Grammatikthemen bzw. Wendungen. Sollten mehrere Verweise zu einem Grammatik-Teil vorkommen, dann steht die kurze Anleitung an der „Hauptstelle" und von den „Nebenstellen" wird auf die Hauptstelle verwiesen.

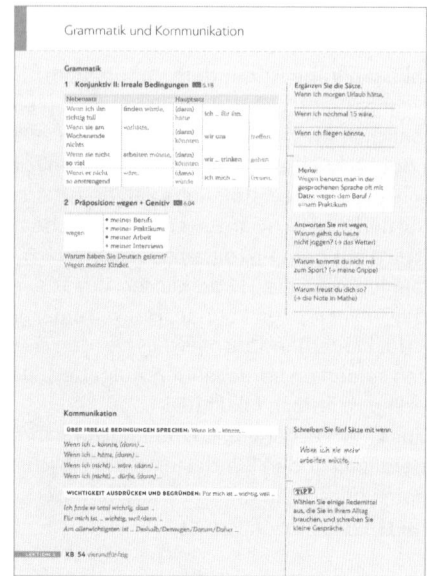

Die Rubrik „Audiotraining" verweist auf ein umfangreiches fakultatives Trainingsangebot, das Lernende und Lehrende im Medienpaket, im Internet und über Smartphone/Tablet abrufen können. (→ siehe „2.3 Medienüberblick" auf S. 5).

Sie können die Übungen zum Audiotraining anfangs in den Unterricht integrieren, um Ihre TN mit diesen Übungsformen vertraut zu machen und sie später zur selbstständigen Beschäftigung mit diesem Zusatzangebot anregen. Eine Kurzbeschreibung des Inhalts und mögliche Vorgehensweisen finden Sie in diesem Lehrerhandbuch unter → „5.12 Arbeit mit den Übersichtsseiten ‚Grammatik und Kommunikation'" auf den Seiten 18/19 und direkt in den didaktischen Hinweisen zur jeweiligen Lektion.

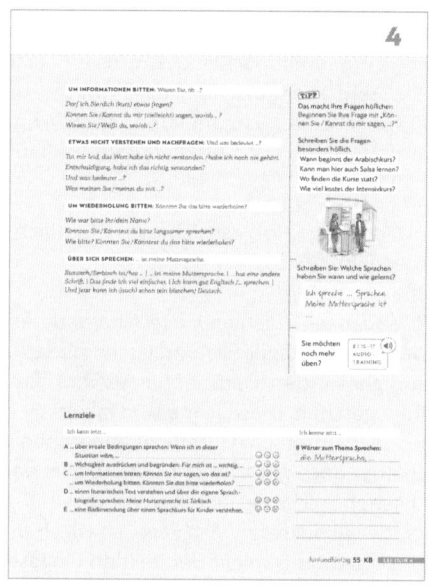

Audiotraining
Das Audiotraining umfasst jeweils drei Übungen zum Wiederholen, Üben und mündlichen Einschleifen der wichtigen Wendungen der Lektion.

Den Abschluss der Doppelseite bildet die Übersicht über die Lernziele der Lektion. Diese schafft Transparenz und eignet sich zur Selbstevaluierung. Sie ist nach den Lernschritten A bis E gegliedert (→ siehe „5.12 Arbeit mit den Übersichtsseiten ‚Grammatik und Kommunikation'" auf S. 17).

3.5 Zwischendurch mal …

Auf diesen Doppelseiten finden Sie zwei bis vier kleine Angebote, die Sie fakultativ im Kurs einsetzen oder zur Binnendifferenzierung nutzen können.
Die Rubriken sind: Lied, Film, Spiel, Landeskunde, Projekt, Schreiben, Lesen, Hören, Gedicht.

Der Schwerpunkt dieser Aufgaben und Projekte liegt nicht mehr auf dem Erwerb und Einüben von Strukturen, sondern die Lernenden können hier das in der Lektion erworbene Wissen aktiv und oft spielerisch anwenden und erweitern. Diese Zusatzangebote sind völlig unabhängig voneinander und an verschiedenen Stellen der Lektion einsetzbar. Eine Beschreibung der Einsatzmöglichkeiten finden Sie in diesem

Lehrerhandbuch unter „Zwischendurch mal …" in der jeweiligen Lektion. Die Stellen im Unterrichtsablauf, an denen ein Angebot aus „Zwischendurch mal …" eingesetzt werden könnte, sind mit diesem Symbol ⟨ZDM⟩ gekennzeichnet.

4 Das Arbeitsbuch

Im Arbeitsbuch finden Sie vielfältige Übungen und Aufgaben zu den Lernschritten A bis E für die Still- und Partnerarbeit im Kurs oder als Hausaufgabe. Auch hier erscheinen – wie auf der entsprechenden Kursbuchseite – in der Kopfzeile ein Zitat und ein Foto aus der Foto-Hörgeschichte bzw. dem Lesetext als Strukturierungs- und Memorierungshilfe.

4.1 Basisübungen – Vertiefungsübungen – Erweiterungsübungen

Die Übungen und Aufgaben berücksichtigen unterschiedliche Lernniveaus innerhalb des Kurses und bieten so Möglichkeiten zur Binnendifferenzierung. Die Aufgaben sind folgendermaßen gekennzeichnet:
* Keine Kennzeichnung: Basisübungen für alle TN
* ◇ : vertiefende Übungen für TN, die noch mehr üben wollen/müssen
* ❖ : erweiternde Übungen als Zusatzangebot oder Alternative für schnellere TN

4.2 Die Rubriken

Neben den oben beschriebenen Basis-, Vertiefungs- und Erweiterungsübungen finden Sie im Arbeitsbuch folgende Aufgaben:
* **Wiederholung:** Aufgaben, die den bereits gelernten Stoff aus den Bänden A2.1 und A2.2 wiederholen
* **Schreibtraining:** eine Schreibaufgabe, passend zum Thema und den neuen Inhalten jeder Lektion
* **Grammatik entdecken:** Aufgaben, die neue Grammatikphänomene durch die Art der Aufgabenstellung bewusst machen und zum eigenen Entdecken des neuen Stoffs einladen
* **Prüfung:** Aufgaben, die in ihrem Aufbau genau den gängigen Prüfungsformaten des *Deutsch-Tests für Zuwanderer (DTZ)*, des *Goethe-Zertifikats (B1)* und des *Zertifikats Deutsch* folgen und zur Prüfungsvorbereitung eingesetzt werden können
* **Phonetik:** ein systematisches Aussprachetraining mit Übungen passend zur Lektion, das sich je nach Bedarf der TN gut in den Unterrichtsablauf integrieren lässt

4.3 Der Selbsttest

Den Abschluss jeder Arbeitsbuchlektion bildet ein Lernertest zur Selbstevaluation.

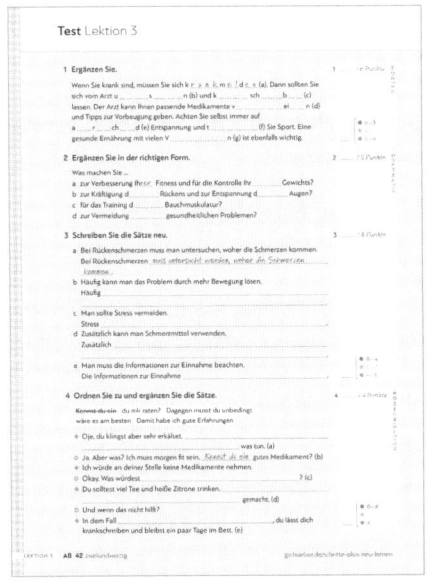

* drei Rubriken: Wörter – Grammatik – Kommunikation
* Punkteauswertung mit „Ampelsystem"
* Vertiefungs- und Erweiterungsübungen im Lehrwerkservice unter www.hueber.de/schritte-plus-neu/lernen

4.4 Die Fokus-Seiten

Die Inhalte der Fokus-Seiten am Ende jeder Arbeitsbuchlektion orientieren sich an konkreten Sprachhandlungen, die im Alltag der TN eine Rolle spielen. Sie greifen Lernziele auf, die im Rahmencurriculum für Integrationskurse festgeschrieben sind. Sie bieten zusätzliche Materialien zu den Aspekten „Alltag" und „Beruf". Der Schwerpunkt liegt auf dem Thema „Beruf", das in jeder Lektion behandelt wird.
Die Fokus-Seiten können fakultativ – jeweils den Bedürfnissen und Lerninteressen der TN entsprechend – im Unterricht behandelt werden. Methodisch-didaktische Hinweise zu jeder Lektion finden Sie in diesem Lehrerhandbuch.

4.5 Der Lernwortschatz

Am Ende des Arbeitsbuchs gibt es auf den Seiten LWS 1– LWS 30 ein integriertes „Wörterlernheft" in Form einer Liste mit dem Lernwortschatz und Visualisierungen zu Kernthemen der Lektion. Der Lernwortschatz ist chronologisch nach Lektionen sortiert und innerhalb der Lektion den Aufgaben zur Foto-Hörgeschichte sowie den Lernschritten A–E zugeordnet. Die TN können eigene Übersetzungen in ihrer Muttersprache ergänzen. Es gibt mehrere Memorierungshilfen für die TN: Zu jedem Wort gibt es einen Kontextsatz, der das Lernen des Wortes unterstützt. Zudem sind die Nomen mit farbigen Genuspunkten und Artikeln versehen. Am Ende des Lernwortschatzes jeder Lektion finden die TN eine bebilderte Darstellung eines Wortfelds sowie einen Lerntipp zum Wörterlernen.

4.6 Die Grammatikübersicht

Am Ende des Buches befindet sich eine Übersicht über den gesamten Grammatikstoff des Bands zum Nachschlagen. Die Übersicht enthält Verweise auf das Vorkommen in den Lektionen sowie auf die *Schritte Übungsgrammatik*.

5 Methodisch-didaktische Grundlagen und praktische Tipps

5.1 Arbeit mit der Foto-Hörgeschichte

Der Einstieg in jede Lektion erfolgt über eine Foto-Hörgeschichte. Diese ...

- ist authentisch: Die Sprache wird im Kontext vorgestellt. Die Lernenden können sich intensiv mit einer Geschichte auseinandersetzen, wodurch das Memorieren von Wörtern und Strukturen erleichtert und verbessert wird.
- ist motivierend: Die Fotos erleichtern eine situative und lokale Einordnung der Geschichte und aktivieren das Vorwissen. Durch die Kombination von Foto und Hörtext/ Geräuschen verstehen die Lernenden eine zusammenhängende Episode. Sie erkennen, dass sie am Ende der Lektion in der Lage sein werden, eine ähnliche Situation sprachlich zu meistern.
- macht neugierig: Die Geschichten sind so amüsant, dass sie das Interesse der Lernenden wecken und zur Identifikation einladen.
- vermittelt implizit Landeskunde und regt zu interkulturellen Betrachtungen an.

Neben den Audio-Dateien steht Ihnen die Foto-Hörgeschichte auch als „Slide-Show" zur Verfügung. Diese können Sie im Unterricht am interaktiven Whiteboard abspielen und haben damit eine direkte Verknüpfung von Bild und Ton. Alternativ können die TN die Slide-Show zur Nachbereitung auf dem Smartphone oder Tablet ansehen (→ siehe „2.3 Medienüberblick" auf S. 5).

„Ellas Film"
Die Foto-Hörgeschichte wird ergänzt durch kleine Filme. Jede Filmsequenz passt zur Foto-Hörgeschichte und erweitert das Thema der Foto-Hörgeschichte um einen Aspekt aus der Perspektive der Hauptfigur Ella. Die Hauptfigur erzählt in kleinen „Handyfilmen" ergänzende Geschichten aus ihrem Alltag. Dies lässt Geschichte und Figuren lebendiger werden, vermittelt darüber hinaus vertiefende landeskundliche Inhalte und bietet motivierende Sprechanlässe.

Praktische Tipps:
Arbeit mit der Foto-Hörgeschichte

Beginnen Sie den Unterricht nicht direkt mit dem Hören der Geschichte. Die TN lösen zu jeder Episode Aufgaben vor dem Hören, während des Hörens und nach dem Hören. Generell sollten Sie die Geschichte so oft wie nötig vorspielen und ggf. an entscheidenden Passagen stoppen. Achten Sie darauf, jede Episode mindestens einmal durchgehend vorzuspielen.

Hören Sie am Ende jeder Lektion die Geschichte mit den TN noch einmal. Das ermutigt sie, denn sie können erleben, wie viel sie im Vergleich zum allerersten Hören nun schon verstehen, und das fördert die Motivation.

Aufgaben vor dem Hören
Die Aufgaben vor dem Hören machen eine situative Einordnung der Geschichte möglich. Sie führen neue, für das Verständnis wichtige Wörter der Geschichte ein und lenken die Aufmerksamkeit auf die im Text wichtigen Passagen und Schlüsselwörter. Für die Vorentlastung bieten sich außerdem viele weitere Möglichkeiten:

Fotosalat und Satzsalat
Kopieren Sie die Fotos und schneiden Sie die einzelnen Fotos aus. Achten Sie darauf, die Nummerierung auf den Fotos wegzuschneiden. Die Bücher bleiben geschlossen. Verteilen Sie je ein Fotoset an Kleingruppen mit 3 bis 4 TN. Die TN legen die Fotos in eine mögliche Reihenfolge, hören die Geschichte mit geschlossenen Büchern und vergleichen die Foto-Hörgeschichte mit ihrer Reihenfolge. Sie korrigieren ggf. ihre Reihenfolge.
Diese Übung kann um Satzkarten erweitert werden: Schreiben Sie zu den Fotos einfache Sätze oder Zitate aus der Geschichte auf Kärtchen, die die TN dann den Fotos zuordnen. Sie können hier auch zwischen geübteren und ungeübteren TN differenzieren, indem Sie geübteren TN weniger Vorgaben und Hilfen an die Hand geben als den ungeübteren.
Auf fortgeschrittenerem Niveau können sich die TN zu ihrer Reihenfolge der Fotos eine kleine Geschichte ausdenken oder Minidialoge schreiben. Ihre Geschichte können sie dann beim Hören mit dem Hörtext vergleichen.

Poster
Jede Foto-Hörgeschichte und den dazugehörigen Lesetext gibt es auch als großes Poster, das Sie im Kursraum aufhängen können oder für einen Fotosalat verwenden können. Wenn Sie nur ein Poster haben, geben Sie je ein aus dem Poster ausgeschnittenes Foto an eine Kleingruppe. Die Gruppen versuchen dann, den richtigen Platz in der Geschichte für ihr Foto zu finden, und entwickeln eine gemeinsame Reihenfolge. So müssen sich alle beteiligen und mitreden. Alternativ können die TN aus ihrer Gruppe auch je einen TN bestimmen, der sich mit den anderen gewählten TN vor dem Kurs in der richtigen Reihenfolge aufstellen muss, sodass diese TN die Reihenfolge der Geschichte bilden und das Foto vor sich halten. Das macht Spaß, weil die TN sich bewegen müssen und womöglich mehrmals umgestellt werden, bis alle mit der Reihenfolge einverstanden sind.

Hypothesen bilden
Verraten Sie den TN nur die Überschrift der Lektion und zeigen Sie ggf. noch eines der Fotos auf Folie. Die TN spekulieren, soweit es die Sprachkenntnisse zulassen, worum es in der Geschichte gehen könnte (Wo? Wer? Was? Wie viele? Wie? Warum?). Oder die TN sehen sich die Fotos im

Buch an und stellen Vermutungen über den Verlauf der Handlung an. Das motiviert und macht auf die Geschichte neugierig. Zudem wird das spätere Hören in der Fremdsprache erleichtert, weil eine bestimmte Hör-Erwartung aufgebaut wird. Fortgeschrittenere Anfänger können sich im Vorfeld Minigespräche zu den Fotos überlegen und ein kleines Rollenspiel machen. Nach dem Hören vergleichen sie dann ihren Text mit dem Hörtext.

Situationsverwandte Bilder/Texte

Vielleicht finden Sie einen passenden Text oder ein Bild / einen Comic, den Sie verwenden können, um in das Thema einzuführen und unbekannten Wortschatz zu klären. Diese Übungsform eignet sich, wenn Sie erst ganz allgemein auf ein Thema hinführen wollen, ohne die Fotos aus der Foto-Hörgeschichte schon zu zeigen. Zeigen Sie z. B. beim Thema „Wohnen" Bilder von unterschiedlichen Lebenssituationen. Die TN nennen die ihnen bekannten Wörter. Dadurch wird das Vorwissen der TN aktiviert und sie können Wortschatz der Stufen A1 und A2 wiederholen.

Aufgaben während des Hörens

Die TN sollten die Geschichte mindestens einmal durchgehend hören, damit der vollständige Zusammenhang gegeben ist. Dabei ist es nicht wichtig, dass die TN sofort alles erfassen. Sie haben verschiedene Möglichkeiten, den TN das Verstehen zu erleichtern:

Mitzeigen

Beim Wechsel von einem Foto zum nächsten ist ein „Klick" zu hören, der es den TN erleichtert, dem Hörtext zu folgen. Bei jedem Klick können die TN wieder in die Geschichte einsteigen und mithören, falls sie den Faden einmal verloren haben sollten. Als weitere Hilfestellung können Sie zumindest in den ersten Stunden einen TN bitten, auf dem Poster der Foto-Hörgeschichte mitzuzeigen. Die übrigen TN zeigen in ihrem Buch mit, sodass Sie kontrollieren können, ob alle der Geschichte folgen können.

Wort /Bildkärtchen

Stellen Sie im Vorfeld Kärtchen mit Informationen aus der Foto-Hörgeschichte her. Die TN hören die Geschichte mit geschlossenen Büchern und legen die Kärtchen während des Hörens in die Reihenfolge, in der die Informationen in der Geschichte vorkommen.

Antizipation

Wenn die TN wenig Verständnisschwierigkeiten beim Hören haben bzw. wenn die TN schon geübter sind, können Sie die Foto-Geschichte natürlich auch während des Hörens immer wieder stoppen und die TN ermuntern, über den Fort- und Ausgang der Geschichte zu spekulieren. Allerdings sollten Sie die Geschichte im Anschluss auch einmal durchgehend vorspielen.

Aufgaben nach dem Hören

Die Aufgaben nach dem Hören dienen dem Heraushören von Kernaussagen. Sie überprüfen, ob die Handlung global verstanden wurde. Lesen Sie die Aufgaben gemeinsam mit den TN, geben Sie Gelegenheit zu Wortschatzfragen und spielen Sie die Geschichte noch weitere Male vor, um den TN das Lösen der Aufgaben zu erleichtern. Stoppen Sie die Geschichte ggf. an den entscheidenden Passagen, um den TN Zeit für die Eintragung ihrer Lösung zu geben. Darüber hinaus können Sie die Foto-Hörgeschichte für weitere spielerische Aktivitäten im Unterricht nutzen und so den Wortschatz festigen und erweitern:

Rollenspiele

Vor allem schon geübtere TN können kleine Gespräche zu einem oder mehreren Fotos schreiben. Diese Gespräche werden dann vor dem Plenum als kleine Rollenspiele nachgespielt oder mit dem Smartphone aufgenommen und dann gezeigt. Regen Sie die TN auch dazu an, die Geschichte weiterzuentwickeln und eine Fortsetzung zu erfinden.

Pantomime

Stoppen Sie das Audio beim zweiten oder wiederholten Hören jeweils nach der Rede einer Person. Bitten Sie die TN, in die jeweilige Rolle zu schlüpfen. Lassen Sie die TN pantomimisch darstellen, was sie soeben gehört haben. Fahren Sie dann mit der Foto-Hörgeschichte fort. Wenn die TN schon geübter sind, können die TN die Geschichte pantomimisch mitspielen, während Sie diese noch einmal vorspielen.

Kursteilnehmerdiktat

Die TN betrachten die Fotos. Ermuntern Sie einen TN, einen beliebigen Satz oder mehrere zu einem der Fotos zu sagen, z. B. „Ella und Sami sind im Büro. Sami hat viel Arbeit." Alle TN schreiben diese Sätze auf. Ein anderer TN setzt die Aktivität fort, z. B. „Ella und Sami machen einen Spaziergang." etc. So entsteht eine kleine Geschichte oder ein Dialog. Die TN sollten auch eine Überschrift für ihren gemeinsam erarbeiteten Text finden. Schreiben Sie oder einer der TN auf der Rückseite der Tafel oder auf Folie mit, damit die TN abschließend eine Möglichkeit zur Korrektur ihrer Sätze haben. Diese Übung trainiert nicht nur eine korrekte Orthografie, sondern dient auch der Wiederholung und Festigung von Wortschatz und Redemitteln.

Phonetik

Die Foto-Hörgeschichte bietet sich sehr gut für das Aussprachetraining an, denn sie enthält viele für den Alltag wichtige Redemittel, die sich gut als Formeln merken lassen. Greifen Sie wesentliche Zitate/Passagen aus der Geschichte heraus, spielen Sie diese isoliert vor und lassen Sie die TN diese Sätze nachsprechen. Der Hörspielcharakter und der situative Bezug innerhalb der Foto-Hörgeschichte erleichtern den TN das Memorieren solcher Redemittel. Außerdem lernen die TN, auch emotionale Aspekte (Empörung, Freude, Trauer, Wut, Mitgefühl ...) auszudrücken. Schließlich kommt es nicht nur darauf an, was man sagt, sondern vor allem darauf, wie man es sagt. In jeder Sprache werden ganz unterschiedliche Mittel benutzt, um solche emotionalen Aspekte auszudrücken.

Nicht zuletzt können auch Modalpartikeln wie „doch", „aber", „eben" unbewusst eingeschliffen werden. Die Bedeutung von Modalpartikeln zu erklären ist im Anfängerunterricht schwierig und daher oft wenig sinnvoll. Mithilfe der Zitate aus der Foto-Hörgeschichte können die TN diese aber verinnerlichen und automatisch anwenden, ohne dass Erklärungen erforderlich sind.

Praktische Tipps:
Arbeit mit „Ellas Film"

Es gibt mehrere Möglichkeiten für den Einsatz im Kurs:
- Sie können die Filme im Unterricht zeigen, nachdem Sie die Foto-Hörgeschichte durchgearbeitet haben. In diesem Lehrerhandbuch finden Sie Hinweise dazu, wie und wann Sie die Filme im Unterricht einsetzen können. Darüber hinaus gibt es im Lehrwerkservice unter www.hueber.de/schritte-plus-neu Arbeitsblätter zu jedem Film, die Sie im Kurs bearbeiten können (→ siehe „2.3 Medienüberblick" auf S. 5).
- Sie können die Filme im Unterricht auch als motivierenden Abschluss der Lektion zeigen.
- Die TN können die Filme nutzen, um ihr eigenes Verständnis des Lektionsstoffs zu überprüfen.
- Die Filme bieten neben der Foto-Hörgeschichte eine situative und authentische Einbindung des Lernstoffs, sodass die TN sehen, wo und wie sie das Gelernte umsetzen können.
- Die TN nutzen die Filmvorlage für entsprechende eigene kleine Handyfilme, z. B. im Rahmen eines kleinen Projekts. Anschließend zeigen die TN ihre Filme im Kurs oder stellen sie auf die Lernplattform.
- Alternativ können sich die TN analog zu den Handyfilmen weitere Situationen ausdenken, eigene Rollenspiele entwickeln und diese im Kurs präsentieren.
- Wenn Sie keine Möglichkeit haben, Filme im Unterricht zu zeigen, sollten Sie Ihre TN auf jeden Fall auf das Filmsymbol hinweisen. Sie können die Filme dann im Internet über ihre Smartphones/Tablets abrufen und haben damit eine motivierende Möglichkeit, den Lernstoff zu wiederholen (→ siehe „2.3 Medienüberblick" auf S. 5).

5.2 Fertigkeitstraining:
Lesen – Hören – Schreiben – Sprechen

Das gezielte Fertigkeitstraining spielt in *Schritte plus Neu* eine tragende Rolle. Sowohl die rezeptiven Fertigkeiten (Lesen und Hören) als auch die produktiven Fertigkeiten (Schreiben und Sprechen) werden systematisch geübt.

Lesen

Die TN üben das Lesen anhand authentischer Textsorten. Dazu gehören Statistiken, Zeitungsartikel, Blogeinträge und Reportagen.

Hören

Die TN lernen, Kernaussagen und wichtige Informationen aus relevanten Textsorten zu entnehmen. Dazu gehören z. B. Radiosendungen, automatische Telefonansagen, Meldungen im Radio etc.

Schreiben

Die TN lernen, z. B. Bewerbungen, Reklamationen und Hausordnungen zu schreiben. Um die Schreibfertigkeit der TN aufzubauen, enthält das Arbeitsbuch ein systematisches Schreibtraining.

Sprechen

Die TN werden zur sprachlichen Bewältigung von Alltagsgesprächen hingeführt. Dazu gehören z. B. höflich absagen/nachfragen, die eigene Meinung ausdrücken, Berufswünsche äußern und über Geschäftsideen sprechen.

5.3 Grammatikvermittlung

Die Grammatikprogression in *Schritte plus Neu* orientiert sich an den Lernzielen des Rahmencurriculums für Integrationskurse und den Vorgaben der Prüfung *DTZ*. In übersichtlichen kurzen Lernschritten werden die Strukturen in kleinen „Portionen" eingeführt und intensiv geübt. Häufige Wiederholungsschleifen festigen das Gelernte und bereiten auf die Erweiterung einer grammatischen Struktur vor. Dort, wo es sich anbietet, wird der neue Stoff auch induktiv eingeführt, d. h. die TN erarbeiten und entdecken neue Strukturen/Paradigmen mithilfe der Aufgaben selbst.

Von Anfang an gibt es im Arbeitsbuch die Rubrik „Grammatik entdecken", die den TN neue Grammatikphänomene durch die Art der Aufgabenstellung bewusst macht und zum eigenen Entdecken des neuen Stoffs einlädt.

Grammatik-Kasten

Der Grammatik-Kasten fasst den neuen Stoff anhand von Beispielen einfach und verständlich zusammen. Farbsignale ersetzen Regelerklärungen, die die TN im Anfängerunterricht noch gar nicht verstehen würden.
Das Erlernen des Artikelsystems wird durch eine besondere Farbkennzeichnung unterstützt:
(blau) • der Fernseher, -
(grün) • das Bett, -en
(rot) • die Dusche, -n
(gelb) • die Möbel (Pl.)
Diese Farbkodierung, die sich durch alle Bestandteile des Lehrwerks zieht, unterstützt als Memorierungshilfe den Lernprozess (→ siehe „4.5 Lernwortschatz" auf S. 9).

Praktische Tipps: Arbeit mit den Grammatik-Kästen

- Schreiben Sie die Beispiele aus den Grammatik-Kästen an die Tafel / ans IWB und heben Sie die neuen Strukturen – wie im Grammatik-Kasten – visuell hervor. Verweisen Sie auf die erste Aufgabe auf den A – C-Seiten und zeigen Sie die dahinterstehende Struktur auf.

- Die TN sollten immer das Gefühl haben, Grammatik als Hilfsmittel für das Sprechen und Schreiben zu lernen und nicht als Selbstzweck. Zeigen Sie deshalb immer den konkreten kommunikativen Nutzen der erlernten Grammatik auf und arbeiten Sie mit Beispielen.
- Sollten Ihre TN die Grammatik-Kästen selbst ausfüllen, ist es wichtig, dass Sie immer im Anschluss die richtige Lösung an der Tafel / am IWB präsentieren.
- Verweisen Sie im Verlauf der Unterrichtsstunde immer wieder auf den Grammatik-Kasten. Er soll den TN auch bei den anschließenden Anwendungsaufgaben als Gedächtnisstütze und Orientierungshilfe dienen.
- Der Grammatik-Kasten kann auch als Vorlage für Plakate dienen, die im Kursraum aufgehängt werden. Sie zeigen kurz und knapp das Wichtigste. Vor allem zu Beginn eines Kurses und bei lernungewohnten TN ist es sehr nützlich, wichtige Strukturen immer „im Blick" zu haben und schnell darauf verweisen zu können.
- Die Aufgaben „Grammatik entdecken" im Arbeitsbuch dienen dem induktiven Lernen. Sie können auch vor der Arbeit mit dem Grammatik-Kasten eingesetzt werden. Alternativ können Sie diese Aufgaben auch vertiefend bearbeiten, nachdem Sie die Strukturen erklärt haben.
- Verweisen Sie auch immer wieder auf die Tabellen auf der Übersichtsseite „Grammatik und Kommunikation" sowie die dort angebotenen Zusatzaufgaben und Memorierungshilfen.
- Achten Sie von Anfang an darauf, dass die TN neue Nomen mit dem Genuspunkt und der Pluralmarkierung (analog zum Lernwortschatz) und auch die Verben immer mit dem Partizip Perfekt und dem entsprechenden Hilfsverb notieren.

5.4 Wortschatzvermittlung

Die Wortschatzprogression orientiert sich ebenfalls an den Lernzielen des Rahmencurriculums für Integrationskurse und den Vorgaben der Prüfung *DTZ*. Der Wortschatzarbeit liegen folgende Überlegungen zugrunde:
- Neuer Wortschatz wird mit bekannten Strukturen eingeführt, damit die TN sich auf die neuen Wörter konzentrieren können.
- Nach Möglichkeit werden Wortfelder eingeführt.
- Im Lernwortschatz am Ende des Arbeitsbuchs wird jedes neue Wort mit einem Kontextsatz aus der Lektion und einer Schreiblinie ergänzt, auf der die TN die Übersetzung in ihre Muttersprache eintragen können. Sie können sich damit selbst abfragen und den neuen Wortschatz im Kontext lernen. Zahlreiche Wörter und Wortfelder sind im Lernwortschatz visualisiert. Auch dies erleichtert das Vokabellernen.
- Kleine Lerntipps zum Vokabellernen im Lernwortschatz helfen den TN beim Spracherwerb.
  (→ siehe „4.5 Lernwortschatz" auf S. 9)

Praktische Tipps
- Achten Sie darauf, dass die TN von Anfang an gezielt ein Wörterbuch (oder eine Wörterbuch-App) benutzen. Das fördert das autonome Lernen.
- Nutzen Sie auch die Foto-Hörgeschichten für die Wortschatzarbeit. Die TN suchen im Wörterbuch passende Wörter zu den Fotos.
- Achten Sie auf regelmäßige Wiederholung der Lernwörter.
- Geben Sie regelmäßig die Lernwörter der jeweiligen Kursbuchseiten als Hausaufgabe und fragen Sie diese in der nächsten Stunde ab. Erstellen Sie zum Abfragen einen kleinen Lückentext mit Lücken für die neuen Wörter.
- Lassen Sie neue Wörter pantomimisch darstellen: Die anderen raten.
- Lassen Sie neue Wörter zeichnen: Die anderen raten.
- Umschreiben Sie die Wörter. Die TN raten das passende Wort.
- Erstellen Sie Bildkarten oder ein Bilder-Bingo, um den Wortschatz spielerisch zu wiederholen.
- Die TN bilden Wortketten im Rahmen eines „Ich packe meinen Koffer"-Spiels.
- Die TN erstellen Wortschatzübungen füreinander (Kreuzworträtsel, Buchstabensalat etc.).
- Die TN bilden zwei Gruppen, laufen abwechselnd zur Tafel und notieren neue Wörter.
- Die TN laufen im Kursraum herum und murmeln die neuen Wörter. Das hilft beim Einprägen.
- Ermuntern Sie die TN, neue Wortfelder in ihrem Portfolio zu notieren.
- Fragen Sie auch immer wieder Wörter aus vorhergegangenen Lektionen als Wiederholung ab, indem Sie z. B. ausgewählte Wörter auf Kärtchen schreiben und nach Wortarten, Artikeln oder Wortfeldern sortieren lassen.
- Weisen Sie die TN auf die Lerntipps zum Wörterlernen auf den Lernwortschatz-Seiten hin.

5.5 Automatisierung

Für einen erfolgreichen Spracherwerb ist es wichtig, neue Strukturen nicht nur kognitiv zu erfassen, sondern sie auch immer wieder einzuschleifen. Durch diese Automatisierung bekommen die TN ein Gespür für die neuen Strukturen. Durch das aktive Verwenden und Memorieren werden diese zu beherrschbarem Sprachmaterial. Die TN gewinnen Vertrauen in die Erlernbarkeit des Neuen. Dafür bietet *Schritte plus Neu* mehrere Möglichkeiten an:
- Variationsaufgaben: Kurze, alltagsbezogene Modellgespräche, die die TN variieren sollen.
- Audiotraining: Einschleifübungen zu Grammatik und Redemitteln der Lektion

Praktische Tipps zum Audiotraining finden Sie unter → „5.12 Arbeit mit den Übersichtsseiten ‚Grammatik und Kommunikation'" auf den Seiten 18/19 und direkt in den didaktischen Hinweisen zur jeweiligen Lektion.

Praktische Tipps: Arbeit mit den Variationsaufgaben

- Die TN decken den Modelldialog zu und hören ihn zunächst nur. Falls vorhanden, sehen sie dazu das Bild/Foto an und konzentrieren sich auf die Situation. Wenn Sie die Bilder/Fotos auf Folie kopieren / am IWB zeigen, können die TN die Bücher geschlossen lassen.
- Stoppen Sie das Modellgespräch beim zweiten Hören nach jedem einzelnen Sprechpart. Die TN sprechen im Chor nach. Dabei sollen sie den Text nicht mitlesen, sondern sich auf das Hören und Nachsprechen konzentrieren.
- Die TN hören das Gespräch noch einmal und lesen mit.
- Die TN lesen und sprechen das Gespräch in Partnerarbeit.
- Die TN lesen die Varianten und sprechen das Gespräch in Partnerarbeit mit den Varianten. Die farbigen Unterlegungen helfen den TN zu erkennen, welche Teile des Gesprächs variiert werden sollen.
- Die TN wechseln regelmäßig die Rollen.
- Die TN sollten manche Gespräche auch auswendig lernen und vor dem Kurs vorspielen.
- Die TN können oder sollen auch eigene Varianten bilden.

5.6 Aktivitäten im Kurs ⇆

In den Abschlussaufgaben auf jeder Kursbuchseite wird der Lernstoff in den persönlichen Bereich der TN übertragen. Sie befragen sich auf ganz unterschiedliche Art gegenseitig zu verschiedenen Themen oder üben den Lernstoff durch eine spielerische Aktivität in Kleingruppen.
Achten Sie darauf, dass die TN sich bei diesen Aktivitäten möglichst oft im Kursraum bewegen. Das fördert das Memorieren von Wörtern und Strukturen. Bewegung ist für viele TN auch konzentrationsfördernd und trägt zur Aktivierung beider Gehirnhälften bei. Dadurch wird neuer Wortschatz im Gedächtnis besser verankert.
Bei dieser Art von Aufgaben geht es häufig darum, dass die TN selbst Kärtchen, Plakate oder Fragebögen erstellen, was nicht nur ein gutes Schreibtraining ist, sondern sich auch positiv auf das Kursklima auswirkt. Wenn Sie im Kurs nicht genug Zeit für Bastelarbeiten haben, können Sie zu den entsprechenden Aufgaben Kopiervorlagen aus dem Lehrwerkservice unter www.hueber.de/schritte-plus-neu nutzen (→ siehe „2.3 Medienüberblick" auf S. 5).

Praktische Tipps

- Vermeiden Sie in diesen Phasen zu viele Korrekturen. Die TN sollen Gelegenheit haben, sich frei auszudrücken.
- Achten Sie auf den Wechsel von Sozialformen.
- Nutzen Sie einen Ball für Frage-Antwort-Gespräche.
- Rollenspiele sollten nicht nur gesprochen, sondern auch gespielt werden. Wenn Ihre TN im Besitz von Smartphones sind, können Sie sie auch anregen, kleine Videos von den Rollenspielen aufzunehmen.
- „Kugellager": Die TN stehen sich in einem Außenkreis und einem Innenkreis gegenüber. Der Außenkreis stellt Fragen, der Innenkreis antwortet. Nach jedem

Mini-Gespräch bewegt sich der Innenkreis im Uhrzeigersinn, damit stehen sich zwei neue Partner gegenüber. Alternativ können Sie die TN sich auch zu Musik im Kreis bewegen lassen. Wenn die Musik stoppt, sprechen sie mit der Partnerin / dem Partner, die/der ihnen gerade gegenübersteht. Auf diese Weise können Sie Bewegung und Musik in den Unterricht integrieren.
- Texte, Plakate etc. werden im Kursraum aufgehängt. Die TN gehen herum und sprechen darüber.
- Die TN suchen andere TN mit möglichst vielen Gemeinsamkeiten oder Unterschieden.
- Die TN sprechen mit wechselnden Partnern (WPA), um so möglichst oft die Dialoge oder Aufgaben zu wiederholen und zu variieren.
- Sie können hier gezielt geübtere und ungeübtere TN zusammenarbeiten lassen und so eine Differenzierung vornehmen, ohne dass sie den TN sofort bewusst wird.

Praktische Tipps zur Paar- und Gruppenbildung
Paare:

- Verteilen Sie Kärtchen, auf denen z. B. Frage und Antwort stehen. TN mit einer Frage suchen den TN mit der passenden Antwort. Dies können Sie auch mit Verbformen (Infinitiv und Partizip), Gegensatzpaaren, Komposita oder mehrsilbigen Wörtern usw. durchführen.
- Kleben Sie vor dem Unterricht unter oder hinter die Stühle der TN Zettelchen, von denen je zwei die gleiche Farbe haben. Das geht auch mit Bonbons. So können Sie die Partnerfindung steuern.
- Nehmen Sie ein Bündel Schnüre, Anzahl: die Hälfte Ihrer TN. Die TN fassen je ein Ende einer Schnur, am anderen Ende der Schnur finden sie ihre Partnerin / ihren Partner.
- Das „Atomspiel": Die TN stehen auf und bewegen sich frei im Raum, evtl. können Sie Musik dazu vorspielen. Als Stoppzeichen rufen Sie „Atom 2" (alternativ: 3/4/5/...). Die TN finden sich paarweise (bzw. zu Dreier-, Vierer-, Fünfergruppen ...) zusammen.

Gruppen:

- Zerschneiden Sie einen Satz in seine Bestandteile: Die TN müssen den Satz zusammenfügen (z. B. „Und wie heißen Sie?") und bilden eine Gruppe.
- Lassen Sie die TN abzählen (bei einer Gruppe von 21 TN von 1 bis 7, alle Einser gehen zusammen, alle Zweier etc.).
- Zerschneiden Sie Postkarten (Bilderpuzzle) oder Spielkarten und verteilen Sie sie: Die TN suchen die fehlenden Puzzleteile und finden so gleichzeitig ihre Partner.
- Definieren Sie bestimmte Merkmale: Alle mit Brille, alle mit blauen Augen, ... bilden eine Gruppe.

5.7 Binnendifferenzierung

Ein (Integrations-)Kurs setzt sich aus TN mit unterschiedlichen Muttersprachen sowie unterschiedlichen Lernerfahrungen und Lernzielen zusammen. Binnendifferenzierung ist eine Möglichkeit, den Unterricht für alle TN interessant zu gestalten, auf die unterschiedlichen Bedürfnisse der TN einzugehen und jeden Einzelnen so gut wie möglich zu fördern. Binnendifferenzierung bedeutet Gruppenarbeit: Innerhalb des Kurses werden (zeitweise) mehrere Gruppen gebildet, die unterschiedliche Lerninhalte bearbeiten. Das kann beispielsweise heißen, dass leistungsstärkere Gruppen mehr oder schwierigere oder freiere Aufgaben erhalten oder dass für einzelne Gruppen verschiedene Lernziele gesetzt werden. *Schritte plus Neu* bietet vielfache Unterstützung für einen binnendifferenzierenden Unterricht:

- in den Unterrichtsplänen durch praktische Hinweise zum binnendifferenzierenden Arbeiten; diese sind mit ⟷ gekennzeichnet
- explizit im Kursbuch durch gekennzeichnete Zusatzaufgaben für schnellere TN SCHON FERTIG?
- implizit im Kursbuch durch Lesetexte oder Rollenspiele in unterschiedlichen Schwierigkeitsgraden
- implizit im Kursbuch durch die „Zwischendurch mal ...“-Seiten: Die Aufgaben auf diesen Seiten können in Einzelarbeit, in Gruppenarbeit oder auch im Kurs bearbeitet werden. In den Unterrichtsplänen finden Sie jeweils Verweise dazu, wie und wann schnelle oder interessierte TN die Aufgaben auf diesen Seiten bearbeiten können. ZDM
- implizit im Kursbuch durch die Extra-Aufgaben auf den Übersichtsseiten „Grammatik und Kommunikation“
- explizit im Arbeitsbuch durch die mit ◇ gekennzeichneten vertiefenden Übungen für Lernungewohnte und die mit ❖ gekennzeichneten erweiternden Übungen für Lerngewohnte
- implizit im Arbeitsbuch durch die Selbsttests: Das „Ampelsystem“ in der Auswertung ermöglicht den TN, im Internet unter www.hueber.de/schritte-plus-neu/lernen die passenden Anschlussübungen zu finden. Die TN können mit diesen Übungen den Stoff der Lektion selbstständig wiederholen und sich ggf. auch auf den Test vorbereiten (→ siehe „4.3 Der Selbsttest“ auf S. 9).

Praktische Tipps

Wichtig: Es ist nicht nötig, dass immer alle alles machen! Teilen Sie die Gruppen nach Kenntnisstand und/oder Neigung ein. Die einzelnen Gruppen können ihre Ergebnisse dem Plenum präsentieren. So lernen die TN miteinander und voneinander.

Binnendifferenzierung / Kursbuch

- Verweisen Sie schnellere TN immer wieder auf die „Schon-fertig?“-Aufgaben, auf die passenden Aufgaben auf den „Zwischendurch mal ...“-Seiten und den Übersichtsseiten. Gehen Sie herum und helfen Sie individuell.
- Lassen Sie nach Abschluss von Lektion 1 alle TN den Selbsttest im Arbeitsbuch machen. Erläutern Sie das „Ampelsystem“ und zeigen Sie – wenn möglich – exemplarisch im Internet, wie die TN mit den zusätzlichen Übungen umgehen sollen.

- Wenn Sie einen Computerraum zur Verfügung haben, bieten Sie für die erste Lektion an, die Übungen gemeinsam im Kurs durchzugehen. So können Sie helfen, wenn die TN mit den Übungsformen noch nicht vertraut sind.
- Ermuntern Sie die TN, das Audiotraining und die Handyfilme aktiv zu nutzen. Schnellere TN können diese Aufgaben mithilfe von Smartphone/Tablet und Kopfhörer auch nutzen, während andere TN noch Aufgaben aus Kurs- oder Arbeitsbuch lösen.
- Stellen Sie Mindestanforderungen, die von allen TN gelöst werden sollen. Besonders schnelle TN bekommen zusätzliche Aufgaben, z. B. Erweiterungsübungen im Arbeitsbuch. Reduzieren Sie die Vorgaben und Hilfestellungen für lerngewohnte TN. Entfernen Sie z. B. Vorgaben oder Schüttelkästen in den Aufgaben.
- Binden Sie schnellere TN als Co-Lehrer mit ein: Wenn diese eine Aufgabe beendet haben, können sie die Lösung schon an die Tafel oder ans IWB schreiben.
- Stellen Sie die Gruppen nach Neigung oder Lerntypen zusammen. Haben Sie beispielsweise visuell orientierte TN, können Sie neue Grammatikstrukturen mit Beispielen und Farben an der Tafel oder dem IWB präsentieren. Kognitiv orientierte TN erhalten Tabellen, in denen sie neue Formen eintragen – für diese TN sind die „Grammatik entdecken“-Aufgaben im Arbeitsbuch besonders gut geeignet.
- Lassen Sie bei unterschiedlich schwierigen Aufgaben die TN selbst wählen, welche sie lösen möchten und wie viel sie sich zutrauen. Damit vermeiden Sie eine feste Rollenzuweisung, denn ein TN kann sich einmal für die einfachere Aufgabe entscheiden, weil er sich selbst noch unsicher fühlt, ein anderes Mal aber für die schwierigere, weil er sich in diesem Fall schon sicher fühlt.
- Aufgaben zum Lesen: Nicht alle TN müssen alle Aufgaben lösen. Langsamere TN können sich auf die Aufgaben zum globalen Lesen konzentrieren oder nur weniger Absätze lesen und den restlichen Text als Hausaufgabe bearbeiten. Schnellere TN finden eine Reihe von weiteren Lesetexten auf den „Zwischendurch mal ...“-Seiten.
- Aufgaben zum Hören: Sie können die TN in Gruppen aufteilen: Jede Gruppe achtet beim Hören auf einen bestimmten Sprecher und beantwortet die entsprechenden Fragen.
- Aufgaben zum Sprechen: TN, die noch Hilfestellung benötigen, können bei Sprechaufgaben auf die Redemittel auf den Kursbuchseiten und auf der Übersichtsseite zurückgreifen. Geübtere TN sollten das Buch schließen.
- Aufgaben zum Schreiben: Achten Sie auf die Vorlieben der TN. Nicht alle haben Freude am kreativen Erfinden von kurzen Texten. Bieten Sie auch Diktate an oder unterstützen Sie TN, die noch Schwierigkeiten beim Schreiben haben, indem Sie ihnen Beispieltexte mit Lücken zum Ausfüllen geben.

Binnendifferenzierung/Arbeitsbuch

Die binnendifferenzierenden Übungen im Arbeitsbuch (siehe auch Seite 9) können im Kurs oder als Hausaufgabe bearbeitet werden. Es empfiehlt sich folgendes Vorgehen:

- Die Basisübungen (ohne Kennzeichnung) sollten von allen TN gelöst werden.
- Zusätzlich können die Vertiefungsübungen (◇) und die Erweiterungsübungen (◈) gelöst werden. Lassen Sie nach Möglichkeit die TN selbst entscheiden, wie viele Aufgaben sie lösen möchten, oder geben Sie bei der Stillarbeit im Kurs einen bestimmten Zeitrahmen vor, in dem die TN die Übungen lösen sollten. So vermeiden Sie, dass nicht so schnelle TN sich unter Druck gesetzt fühlen.

Die Basis- und Vertiefungsübungen sollten Sie im Plenum kontrollieren – durch Vorlesen im Kurs oder durch Selbstkontrolle der TN mithilfe einer Folie, auf der Sie oder ein TN zuvor die Lösungen notiert haben. Erweiterungsübungen führen über den Basiskenntnisstand hinaus. Hier gibt es auch freiere Übungsformen, z. B. das Schreiben von Dialogen anhand von Vorgaben. Die TN können sich bei diesen Übungen selbstständig zu zweit kontrollieren oder Sie verteilen eine Kopie mit den Lösungen. Bei freien Schreibaufgaben sollten Sie die Texte einsammeln und in der folgenden Unterrichtsstunde korrigiert zurückgeben.

5.8 Wiederholung

Damit sprachliche Strukturen und Wörter gefestigt werden können, müssen sie immer wieder aktiviert werden. *Schritte plus Neu* setzt daher auf häufige Wiederholungssequenzen:

- Im Lehrwerkservice finden sich interaktive vertiefende und erweiternde Übungen zum selbstständigen Weiterüben. Sie sind mit den Selbsttests am Ende jeder Arbeitslektion verknüpft.
- Mit dem Audiotraining auf den Übersichtsseiten „Grammatik und Kommunikation" können die TN wichtige Wendungen aus der Lektion selbstständig üben.
- Im vorliegenden Lehrerhandbuch gibt es zu jeder Lektion eine Kopiervorlage zur Wiederholung.
- Im Internet finden sich weitere Kopiervorlagen zur Wiederholung („Wiederholungsstationen").

Praktische Tipps

- regelmäßige Wortschatzwiederholung am Anfang jeder UE, z. B. durch spielerische Aktivitäten zum Einstieg (→ siehe „5.4 Wortschatzvermittlung" auf S. 13)
- Greifen Sie bereits bekannte Hör- und Lesetexte nochmals wiederholend auf und erstellen Sie kleine Wiederholungsübungen dazu (z. B. Lückentexte).
- Nutzen Sie die Wortfeld-Abbildungen auf den Lernwortschatz-Seiten zur Wortschatzwiederholung und -erweiterung. Kopieren Sie dazu die Abbildungen (z. B. ohne Artikel oder ohne Wörter) auf Folie, zeigen Sie sie am IWB und lassen Sie sie von den TN ergänzen.

- Wiederholen Sie Wortschatz, besonders Verben durch pantomimische Darstellung. Verteilen Sie dazu Wortkarten an die TN. Diese spielen das jeweilige Wort pantomimisch vor, die anderen raten.
- Die TN erstellen zu Beginn der Kursstunde kleine Plakate zu einem bestimmten Wortfeld der letzten Kursstunde. Achten Sie darauf, dass alle Nomen immer mit dem richtigen Artikel (und Genuspunkt) präsentiert werden. Lerngewohnte TN können in dieser Phase selbstständig mit dem Wörterbuch arbeiten und das Wortfeld um weitere Wörter ergänzen.
- Erstellen Sie zusammen mit den TN eine „Schatzkiste", indem Sie die TN in regelmäßigen Abständen bitten, die neuen Wörter auf Kärtchen zu schreiben und zu visualisieren. Die „Schatzkiste" kann dann bei Bedarf zur Binnendifferenzierung oder Wiederholung genutzt werden.

5.9 Lernstrategien/Lernerautonomie

Viele Lernende verfügen aufgrund ihrer Lernbiografie nicht über die Mittel, ihren Lernprozess eigenständig zu strukturieren und zu steuern. Deshalb gibt es in *Schritte plus Neu* dazu einige Hilfestellungen:

- Durch die Übungen im Arbeitsbuch lernen die TN in der praktischen Anwendung verschiedene Lerntechniken kennen (z. B. „Grammatik entdecken").
- Auf den Übersichtsseiten „Grammatik und Kommunikation" und auf den Lernwortschatzseiten finden die TN kleine Tipps zu verschiedenen Lerntechniken.

> **Merke:**
> Wegen benutzt man in der gesprochenen Sprache oft mit Dativ: wegen dem Beruf / einem Praktikum

> **TiPP**
> Wählen Sie einige Redemittel aus, die Sie in Ihrem Alltag brauchen, und schreiben Sie kleine Gespräche.

- Auf den Übersichtsseiten „Grammatik und Kommunikation" finden Sie die Lernziele der jeweiligen Lektion. (→ siehe „3.4 Übersicht: Grammatik und Kommunikation" und „5.12 Arbeit mit den Übersichtsseiten ‚Grammatik und Kommunikation'" auf S. 8 und 17)

Praktische Tipps

- Verweisen Sie regelmäßig auf die Lerntipps auf den Übersichtsseiten „Grammatik und Kommunikation" und den Lernwortschatzseiten.
- Achten Sie darauf, dass die TN die Lerntipps ausprobieren, und tauschen Sie sich darüber im Unterricht aus, z. B. indem Sie Kärtchen mit Smileys an Ihre TN verteilen, damit sie die Lerntipps bewerten, und erstellen Sie ein Plakat mit den hilfreichsten Tipps für Ihren Kurs.
- Nehmen Sie sich eine feste Zeit in der Unterrichtswoche vor, in der sich die TN mit dem Thema „Sprachenlernen" beschäftigen.

5.10 Landeskunde

Die Vermittlung von Landeskunde ist für Migrantinnen und Migranten, die den Alltag in Deutschland meistern wollen und müssen, besonders wichtig. In *Schritte plus Neu* werden landeskundliche Inhalte gezielt angeboten:

- durch die Foto-Hörgeschichte, die den deutschen Alltag authentisch abbildet und dabei implizit landeskundliches Wissen vermittelt sowie interkulturelle Diskussionsanlässe bietet
- durch die Handyfilme zu den Foto-Hörgeschichten, die ebenfalls den Alltag in Deutschland zeigen
- durch landeskundlich relevante Lese- und Hörtexte auf den D- und E-Seiten sowie auf den „Zwischendurch mal …"-Seiten
- durch die fakultativen Fokus-Seiten im Arbeitsbuch, die konkrete Informationen und Hilfestellungen zum Leben in Deutschland geben
- durch Projekt-Vorschläge auf den „Zwischendurch mal …"-Seiten, die die TN anregen, sich mit ihrem Wohnort, ihrem unmittelbaren Umfeld und ihrem Alltag zu beschäftigen

Landeskundliche Informationen, über die die TN nach dem Rahmencurriculum für Integrationskurse verfügen sollten und die für das Leben in Deutschland wichtig sind, finden Sie in diesem Lehrerhandbuch.

Praktische Tipps

- Führen Sie mit Ihren TN ein Kurs-Tagebuch, in dem sie wichtige landeskundliche Informationen, Ergebnisse von Projektarbeit etc. dokumentieren.
- Regen Sie an, dass die TN Dinge und Gewohnheiten, die ihnen im deutschen Alltag auffallen, im Kurs thematisieren.
- Ermuntern Sie die TN, Gegenstände, Dokumente etc. aus ihrem Lebens- und Berufsalltag in den Unterricht mitzubringen.
- Lassen Sie die TN landeskundliche Informationen mit ihren Heimatländern vergleichen.

5.11 Phonetik

Häufig erwerben Lernende gute Kenntnisse in Wortschatz und Grammatik. Damit haben sie einen wichtigen Schritt für die Kommunikation mit Muttersprachlern der Zielsprache gemacht. Aber selbst wenn die Wörter von ihrer Semantik her richtig verwendet werden, kann es durch eine falsche Aussprache oder Betonung zu Missverständnissen bis hin zum völligen Scheitern der Kommunikation kommen. Deshalb wird in *Schritte plus Neu* von Anfang an Wert auf eine gründliche Ausspracheschulung gelegt:
In *Schritte plus Neu* stehen neben der Schulung einzelner Laute und Lautkombinationen vor allem Wortakzent, Satzakzent und Satzmelodie im Vordergrund.
Die Ausspracheschulung in *Schritte plus Neu* hält sich an folgende Prinzipien:

- Sie erfolgt in einem Wechselspiel aus imitativem und kognitivem Lernen, z. B. durch Hören, Erkennen und Nachsprechen oder Hören, Erkennen und Markieren oder Hören und Nachsprechen.
- Die Laute werden zunächst im Wort und, darauf aufbauend, im ganzen Satz geübt.
- Die Beispiele ergeben sich aus der Lektion. Dadurch steht die Phonetik in einem für die TN relevanten und nachvollziehbaren Kontext. Zudem ergibt es wenig Sinn, Wörter nachzusprechen, die man nicht versteht.

Praktische Tipps

- Regen Sie die TN dazu an, phonetische Phänomene zunächst zu übertreiben, um die Lautbildung/Betonung zu üben und dadurch sicherer zu werden.
- Einzelne Sätze und Sequenzen aus der Foto-Hörgeschichte eignen sich sehr gut, um gesprochene Sprache zu hören und zu üben, z. B. wenn emotionale Ausdrücke und Aussagen dabei sind.
- Lassen Sie die TN Wortschatz zu einem bestimmten Laut sammeln und anschließend nach Schreibweise ordnen.
- Die TN oder Sie können aus Wörtern zu einem bestimmten Phänomen auch kleine Texte schreiben, in denen möglichst viele Laute einer bestimmten Sorte vorkommen, z. B. „Ist Iris in Iran?" – „Ich bin nicht sicher." / „Wo? Rot?" – „Da! Das Fahrrad!"
- Sprechen Sie mit den TN Wörter/Sätze laut, leise, geflüstert, gebrummt etc. Variieren Sie in der Stimmung und lassen Sie die TN mit ihrer Stimme spielen.

5.12 Arbeit mit den Übersichtsseiten *Grammatik und Kommunikation*

Die Übersichten über den Grammatikstoff und die wichtigen Wendungen der Lektion dienen den Lernenden zur Wiederholung direkt im Anschluss an die Lektion oder auch später.
Bei den Grammatik-Kästen sind jeweils Verweise zu den entsprechenden Abschnitten der *Schritte Übungsgrammatik* zu finden. Hier können die Lerner den Grammatikstoff weiterführend nachschlagen und trainieren (→ siehe „3.4 Übersicht: Grammatik und Kommunikation" auf S. 8).

Aufgaben / Tipps / Visualisierungen

Zu den einzelnen Grammatikphänomenen und den systematisch gruppierten Wendungen werden über die Übersicht hinaus am rechten Rand die folgenden Möglichkeiten angeboten:

In kleinen freien Aufgaben wenden die Lernenden den Lernstoff noch einmal an – meist in Bezug auf ihre eigene Lebenswelt.

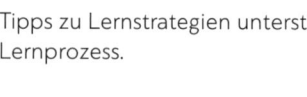

Tipps zu Lernstrategien unterstützen den Lernprozess.

Kleine Aufgaben wiederholen den gelernten Stoff.

Illustrationen von Situationen verdeutlichen den Kontext des Gelernten.

Praktische Tipps

- Erstellen Sie Lückentexte aus den Übersichten. Die TN ergänzen die Lücken in Partnerarbeit und vergleichen anschließend mit dem Buch.
- Die TN ergänzen die Grammatikübersichten um eigene Beispiele.
- Verweisen Sie im Unterricht immer wieder auf diese Seiten, damit sich Ihre TN an den Umgang mit den Übersichten gewöhnen. Tipps zur Einbindung der Übersichten in den Unterrichtsablauf finden Sie auch hier in diesem Lehrerhandbuch.
- Aufgaben: Diese Aufgaben können zur Wiederholung im Unterricht bearbeitet werden, als Hausaufgabe gegeben werden oder zur Binnendifferenzierung genutzt werden.
- Tipps: Lesen Sie die Tipps – wenn möglich – gemeinsam mit Ihren TN und lassen Sie sie – wenn möglich – auch direkt praktisch anwenden.
- Lassen Sie die TN aus den Übersichten Plakate erstellen, die im Kursraum aufgehängt werden und so immer einen schnellen „Zugriff" zum neuen Stoff bieten.
- Achten Sie darauf, dass Sie die Grammatikübersichten aktiv in den Unterricht einbinden, damit die TN die Scheu vor diesen verlieren und lernen, sie als Hilfsmittel zu nutzen.
- Erläutern Sie den TN, dass diese Übersichten die wichtigen Strukturen zeigen, die zum Gebrauch der Sprache wichtig sind und kein Selbstzweck.

1 | 10–12 AUDIO-TRAINING

Audiotraining

Die Automatisierung spielt im Sprachlernprozess eine wichtige Rolle. Deshalb bietet *Schritte plus Neu* ein umfassendes Programm zum Einschleifen der wichtigsten Strukturen und Redemittel an (→ siehe „5.5 Automatisierung" auf S. 13).

Dieses Angebot können die TN zum selbstständigen Üben und Festigen von Strukturen und wichtigen Wendungen nutzen. Sie können die Übungen zum Audiotraining anfangs in den Unterricht integrieren, um Ihre TN mit diesen Übungsformen vertraut zu machen und die selbstständige Beschäftigung mit diesem Zusatzangebot anzuregen.

In den Unterrichtsplänen finden Sie Hinweise dazu, wie Sie diese Lerneinheiten konkret im Unterricht nutzen können. Zu jeder Lektion gibt es drei Übungen, die die wichtigen Wendungen und Strategien in kleinen Sätzen / Gesprächen aufgreifen. Die Übungen sind selbsterklärend und ausschließlich über die Informationen in den Audios zu lösen. Jede Aufgabe beginnt mit einem Beispiel, das die Aufgabenstellung transparent macht. Das Trainingsprogramm besteht aus Übungen zum Nachsprechen und Variieren der gelernten Wendungen nach einfachem Muster. Mithilfe dieses Trainings schleifen die Lernenden diese noch einmal ein und automatisieren so ihre Verwendung.

Praktische Tipps

- Weisen Sie Ihre TN auf diese Trainingsmöglichkeit und das Potenzial der Automatisierungsübungen hin. Spielen Sie zwei oder drei Sequenzen im Unterricht vor und zeigen Sie, wie Ihre TN selbstständig mit diesen Aufgaben arbeiten können.
- Spielen Sie das Audiotraining im Unterricht vor, die TN laufen im Kursraum herum und sprechen die Aufgaben mit.
- Spielen Sie das Audiotraining im Kurs vor und lassen Sie die TN die Lösungen im Chor sprechen.
- Die TN nutzen das Audiotraining der vorhergehenden Lektionen zur Wiederholung und Festigung.

Lernziele

Die Auflistung der Lernziele dient der Transparenz des Lernprozesses. Für jeden Lernschritt A bis E können Lernende und Lehrende das Lernziel nachvollziehen. Diese Liste dient dazu, dass die Lernenden ihren Lernfortschritt selbst überprüfen können, indem sie ihr Können selbst einschätzen.

Durch Ankreuzen können die TN in der Rubrik „Ich kann jetzt ..." selbst bestimmen, ob sie die Ziele erreicht haben. Darüber hinaus ergänzen sie in der Rubrik „Ich kenne jetzt ..." Wörter aus dem erlernten Wortfeld. Auch dies dient der Überprüfung des Gelernten.

Praktische Tipps

- Verweisen Sie nach jedem erarbeiteten Lernschritt A bis E auf die Lernziele auf der Übersichtsseite und motivieren Sie Ihre TN dazu, anzukreuzen, wie sie ihren Lernerfolg einschätzen.
- Gehen Sie im Kurs umher und fragen Sie nach. Geben Sie unsicheren TN Tipps, wie sie den Stoff nochmals wiederholen oder vertiefen können, zum Beispiel, indem Sie ihnen geeignete Aufgaben im Arbeitsbuch, auf der Übersichtsseite oder die interaktiven Übungen im Internet empfehlen.
- Lassen Sie die Rubrik „Ich kenne jetzt ..." nach Abschluss der Lektion ergänzen. Vergleichen Sie die Ergebnisse im Kurs und nutzen Sie diese Unterrichtsphase zur Wiederholung der Wortfelder. Verweisen Sie ggf. auch auf die Lernwortschatzseiten der Lektion.

5.13 Arbeit mit den Seiten *Zwischendurch mal ...*

Die Einheiten auf diesen Seiten können Sie während der Arbeit mit den einzelnen Lernschritten der Lektion benutzen. In den Unterrichtsplänen finden Sie Verweise auf eine optimale Verknüpfung des Lernstoffs mit den Aufgaben auf diesen Seiten. Sie können diese Einheiten aber auch zur Wiederholung und Festigung des Stoffs im Anschluss an die Lektion bearbeiten. Sie sind fakultativ und spiegeln den Stoff der Lektion – oft in spielerischer Form.
Die Aufgaben können teilweise auch in Selbstarbeit bearbeitet und gelöst werden. Damit sind sie sehr gut zur Binnendifferenzierung geeignet (→ siehe „5.7 Binnendifferenzierung" auf S. 14).
Auf diesen Seiten finden Sie folgende Rubriken, die komplett unabhängig voneinander als eigenständige Zusatzaufgaben einsetzbar sind:

PROJEKT Hier wenden die TN den Stoff noch einmal praktisch und frei an, und zwar in Teamarbeit. Die Projekte fördern auch soziale Kompetenzen, den Umgang mit Informationsmedien und das selbstständige Handeln.

FILM Zu vielen Lektionen gibt es landeskundlich interessante Filmsequenzen, die das Thema der Lektion unter einem neuen Blickwinkel aufgreifen. Die Aufgaben dazu schulen das Hör-Sehverstehen. Zusätzlich zu den Aufgaben auf den „Zwischendurch mal ..."-Seiten finden Sie in diesem Lehrerhandbuch noch Kopiervorlagen mit weiteren Didaktisierungsvorschlägen zu den Filmen. (→ siehe „2.3 Medienüberblick" auf S. 5)

LESEN Ergänzende, landeskundlich interessante Lesetexte vertiefen und erweitern den Stoff und schulen das globale Leseverstehen.

HÖREN Ergänzende Hörtexte vertiefen und erweitern den Stoff und schulen das globale Hörverstehen.

SCHREIBEN Zusätzliche authentische und kreative Schreibanlässe bieten die Möglichkeit zum gezielten Schreibtraining.

LANDESKUNDE Interessante landeskundliche Zusatzinformationen und Themen schärfen den Blick für die deutschsprachige Lebenswelt der TN und bieten Anlass zum interkulturellen Vergleich.

SPIEL/RÄTSEL Das spielerische Wiederholen des Lernstoffs soll die TN motivieren und ist besonders gut nach längeren, kognitiv orientierten Unterrichtsphasen einsetzbar.

LIED Beim Einsatz von Musik im Unterricht haben Sie vielfältige Möglichkeiten, Ihre Lernenden durch die Kombination von Text und Rhythmus anzuregen. Auch der Einsatz von Bewegung in Form von Pantomime oder Tanz trägt in vielen Lerngruppen zur zusätzlichen Motivation bei.

Praktische Tipps

PROJEKT

- Bereiten Sie die Projekte immer sprachlich so weit wie nötig vor. Wiederholen Sie erforderliche Redemittel. Das gibt den TN Sicherheit bei der Durchführung der Projekte.
- Sie können die Projekte als Hausaufgaben aufgeben, die einzeln oder im Team gelöst werden sollen. Wenn Sie genug Unterrichtszeit zur Verfügung haben, können Sie die Projekte auch für selbstständige Gruppenarbeitsphasen nutzen.
- Wichtig ist, dass die Ergebnisse der Projekte im Kurs präsentiert und/oder auf die Lernplattform gestellt werden.

FILM

- Nutzen Sie die Fotos und die Überschriften im Buch, um Erwartungen an die Filme zu wecken.
- Stellen Sie W-Fragen (wer – was – wann – wo – wie – warum) zum Film.
- Lassen Sie den Film zunächst ohne Ton laufen und ermuntern Sie die TN, Hypothesen zum Gesehenen aufzustellen.
- Lassen Sie nur die Tonspur ablaufen und lassen Sie die TN Hypothesen zum Gehörten aufstellen.
- Zeigen Sie ausgewählte Standfotos aus den Filmen und lassen Sie die TN beschreiben, was gerade passiert oder was sie sehen.
- Stoppen Sie den Film nach kurzer Zeit. Die TN äußern Vermutungen, was weiter passiert.
- Lassen Sie die TN Szenen aus dem Film nachspielen.

LESEN/HÖREN/LANDESKUNDE

- Nutzen Sie Bilder und Überschriften, um Erwartungen an den Text zu wecken und das Vorwissen der TN zu aktivieren.

- Die TN können auch eigene Aufgaben füreinander erstellen, z. B. Richtig-Falsch-Aufgaben, Fragen zum Text, Lückentexte etc.
- Wortschatzarbeit: Die TN suchen wichtige Wörter aus dem Text und sortieren sie nach Wortfeldern.
- Die TN stellen anhand der Informationen im Text interkulturelle Vergleiche an. Das kann paarweise, in Gruppenarbeit oder im Plenum geschehen.

LIED

- Arbeiten Sie mit dem ersten, ganzheitlichen Höreindruck (Melodie/Gesang), indem Sie das Lied als Ganzes vorspielen. Fragen Sie dann, wie die TN das Lied finden bzw. worum es gehen könnte.
- Nutzen Sie Bilder und Überschriften, um Erwartungen an den Text zu wecken und das Vorwissen der TN zu aktivieren.
- Spielen Sie, wenn vorhanden, zunächst nur den Refrain vor und tragen Sie im Kurs zusammen, was die TN verstanden haben.

- Die TN hören das Lied und notieren, welche Wörter sie verstanden haben. Notieren Sie diese dann auf Zuruf an der Tafel und lassen Sie Vermutungen über den Liedinhalt anstellen.
- Schreiben Sie einige Schlüsselwörter auf Kärtchen, verteilen Sie sie im Kurs und bitten Sie die TN, sie hochzuhalten, wenn das Wort im Lied vorkommt. Alternativ können Sie die TN bitten, aufzustehen und sich nach den gehörten Worten chronologisch aufzustellen.
- Schreiben Sie den Text satzweise auf Papierstreifen und bitten Sie die TN, die Sätze während des Hörens in die richtige Reihenfolge zu legen.
- Abschließend können die TN das Lied oder den Refrain auch mitsingen. Dabei können verschiedene Zeilen oder Strophen im Kurs aufgeteilt werden.

Die erste Stunde im Kurs

Form	Ablauf	Material	Zeit
	Bevor Sie in die Arbeit mit *Schritte plus Neu 5* einsteigen, sollten die TN sich gegenseitig kennenlernen. Je nach Ausgangssituation bearbeiten Sie diese Seite.		
Situation 1	Ihr Kurs läuft weiter und alle TN kennen *Schritte plus Neu* bereits.		
1	**Kurzvorstellung**		
PL	1. Wenn keine neuen TN dazugekommen sind, entfällt dieser Schritt.		
2	**Kennenlern-Spiel**		
PA	1. Die TN arbeiten paarweise zusammen. Wenn möglich, arbeiten TN zusammen, die sich noch nicht so gut kennen. Jedes Paar bekommt einen Würfel und zwei Spielfiguren. Die TN öffnen die Bücher und lesen die Spielanleitung. Greifen Sie möglichst nicht mit Erklärungen ein. Die TN sind auf diesem Niveau schon selbstständiger und sollten das auch zeigen dürfen.	Würfel, Spielfiguren	
PA	2. Die TN spielen paarweise das Spiel nach den Regeln im Buch. Gehen Sie herum und achten Sie darauf, dass die TN sich zu den Antworten der Partnerin / des Partners Notizen machen. Da es sich hier um Informationen handelt, die nicht unbedingt bekannt sind, eignet sich das Spiel auch für Kurse, in denen die TN sich gut kennen.		
3	**Die Partnerin / Den Partner vorstellen**		
PL	1. Die TN stellen mithilfe ihrer Notizen ihre Partnerin / ihren Partner im Plenum vor.		
Situation 2	Ein neuer Kurs beginnt und einige TN kennen *Schritte plus Neu* bereits.		
1	**Kurzvorstellung**		
PL	1. Bitten Sie die TN, ein Namensschild zu schreiben. Machen Sie eine kurze Vorstellungsrunde. Jeder TN sagt seinen Namen und woher er kommt. Bei einigen TN ist es nicht sofort deutlich, was der Vorname und was der Nachname ist. Fragen Sie ggf. nach, wie die TN angesprochen werden möchten.	Kartons für Namensschilder	
2	**Kennenlern-Spiel**		
PA	1. Die TN arbeiten paarweise zusammen. Wenn möglich, arbeiten TN zusammen, die sich noch nicht so gut kennen. Jedes Paar bekommt einen Würfel und zwei Spielfiguren. Die TN öffnen die Bücher und lesen die Spielanleitung. Greifen Sie möglichst nicht mit Erklärungen ein. Die TN sind auf diesem Niveau schon selbstständiger und sollten das auch zeigen dürfen.	Würfel, Spielfiguren	
PA	2. Die TN spielen paarweise das Spiel nach den Regeln im Buch. Gehen Sie herum und achten Sie darauf, dass die TN sich zu den Antworten der Partnerin / des Partners Notizen machen. Da es sich hier um Informationen handelt, die nicht unbedingt bekannt sind, eignet sich das Spiel auch für TN, die sich gut kennen.		
3	**Die Partnerin / Den Partner vorstellen**		
PL	1. Die TN stellen mithilfe ihrer Notizen ihre Partnerin / ihren Partner im Plenum vor.		

Die erste Stunde im Kurs

Situation 3		Ihr Kurs beginnt neu und die TN kennen *Schritte plus Neu* alle noch nicht.		
1		**Kurzvorstellung**		
	PL	1. Bitten Sie die TN, ein Namensschild zu schreiben. Machen Sie eine kurze Vorstellungsrunde. Jeder TN sagt seinen Namen und woher er kommt. Bei einigen TN ist es nicht sofort deutlich, was der Vorname und was der Nachname ist. Fragen Sie ggf. nach, wie die TN angesprochen werden möchten.	Kartons für Namens-schilder	
2		**Kennenlern-Spiel**		
	PA	1. Die TN arbeiten paarweise zusammen. Wenn möglich, arbeiten TN zusammen, die sich noch nicht so gut kennen. Jedes Paar bekommt einen Würfel und zwei Spielfiguren. Die TN öffnen die Bücher und lesen die Spielanleitung. Greifen Sie möglichst nicht mit Erklärungen ein. Die TN sind auf diesem Niveau schon selbstständiger und sollten das auch zeigen dürfen.	Würfel, Spiel-figuren	
	PA	2. Die TN spielen paarweise das Spiel nach den Regeln im Buch. Gehen Sie herum und achten Sie darauf, dass die TN sich zu den Antworten der Partnerin / des Partners Notizen machen.		
3		**Die Partnerin / Den Partner vorstellen**		
	PL	1. Die TN stellen mithilfe ihrer Notizen ihre Partnerin / ihren Partner im Plenum vor.		

GLÜCK IM ALLTAG

Folge 1: Ellas Glückstag

Einstieg in das Thema „Glück und Pech"

	Form	Ablauf	Material	Zeit
1		**Beim Hören: Verstehen, was passiert**		
	PL ⟷	1. Hier beginnt eine neue Foto-Hörgeschichte mit völlig neuen Personen. In Kursen mit ungeübten TN zeigen Sie zunächst die Fotos auf Folie/IWB und fragen die TN: „Was machen die Personen auf den Fotos?", „Wo sind die Personen?". In Kursen mit geübten TN entfällt dieser Schritt und Sie steigen direkt mit der Foto-Hörgeschichte ein (Schritt 2).	Folie/IWB	
	EA	2. Die TN sehen sich die Fotos an und lesen die Aufgabe und die Aussagen. Die TN hören nun die ganze Geschichte so oft wie nötig und kreuzen an. Machen Sie durch Zeigen auf die Fotos auf Folie / am IWB deutlich, dass zu jedem Klick ein Foto gehört. Anschließend Kontrolle im Plenum. *Lösung: richtig: a, d, e*	CD 1/1–4	
	PA	3. *fakultativ:* In Partnerarbeit können die TN die beiden falschen Aussagen b und c korrigieren. Anschließend Kontrolle im Plenum. *Lösung: b Sie soll heute bis 18 Uhr ein Interview zum Thema „Glück" machen. c Sie schickt Ella zu einem Freund.*		
	PL	4. Die TN erzählen die Geschichte von Ella nach. Geben Sie einen Satz vor: „Ella steht an der Bushaltestelle." Werfen Sie einem TN einen Ball zu. Der TN wiederholt Ihren Satz und ergänzt den nächsten. Dann wirft er den Ball weiter. Der „Fänger" wiederholt den letzten Satz und ergänzt wieder einen etc., bis sie am Ende der Geschichte angekommen sind.	Ball	
	EA/PA	5. *fakultativ:* Die TN erhalten die Kopiervorlage und lesen die Wendungen. Erklären Sie den TN, dass in der gesprochenen Sprache häufig solche Wendungen benutzt werden, um eine Stimmung oder eine Wertung auszudrücken. Die TN markieren dann, welche Wendungen sie schon kennen und in Gesprächen auf der Straße, im Bus etc. schon einmal gehört haben. Die TN, die eine Wendung kennen, erklären sie im Plenum. Wenn dabei nicht alle Wendungen geklärt werden können, lassen Sie sie zunächst so stehen. Die TN ergänzen dann diese Wendungen in den Gesprächen auf der Kopiervorlage. Zur Kontrolle hören sie die Foto-Hörgeschichte noch einmal. Klären Sie dann mit den TN anhand der Foto-Hörgeschichte gemeinsam die Wendungen, die vorher noch nicht besprochen wurden.	KV L1/FHG, CD 1/1–4	
2		**Nach dem Hören: Den Kern der Geschichte verstehen**		
	PL	1. Besprechen Sie mit den TN, warum heute Ellas Glückstag ist. *Musterlösung: Sie freut sich, weil sie einen prima Tipp von einer netten Frau bekommen hat; weil sie eine Schreibtischlampe geschenkt bekommt; weil sie einen interessanten Interviewpartner findet; weil Sami zehn Minuten Angst hat*		
3		**Erweiterungsaufgabe: „Ellas Kolumne": Ein Zeitungsinterview verstehen**		
	PL	1. Die TN wissen bereits, dass Ella Journalistin ist. Sie hat eine Kolumne („Ellas Tag") im Stadt-Kurier. Erklären Sie den TN, dass eine Kolumne ein bestimmter Teil einer Zeitung ist, in dem eine Journalistin / ein Journalist regelmäßig etwas zu aktuellen oder alltäglichen Themen schreibt.		
	EA/PA ⟷	2. Die TN lesen das Interview und die kurze Zusammenfassung. Dann korrigieren sie die vier Fehler. Ungeübtere TN arbeiten zu zweit. Gehen Sie hier nicht auf das Präteritum ein, es wird in Lernschritt A systematisch eingeführt. Anschließend Kontrolle im Plenum. *Lösung: 100.000 → eine Million, mehrmals → einmal, viel Geld → alles*		

PL	3. *fakultativ:* Sprechen Sie mit den TN darüber, ob sie auch ins Spielcasino gegangen wären und auf die 14 gesetzt hätten.			
4	**Anwendungsaufgabe: Über eigene Erfahrungen berichten**			
PL/PA	1. Die TN erzählen, ob sie schon einmal etwas gewonnen haben, was, wann und wobei.			
TiPP	Wenn Sie viele neue TN im Kurs haben, sollten Sie die Aufgabe im Plenum besprechen, damit die TN sich gegenseitig besser kennenlernen. In Kursen, in denen die TN sich gut kennen, besprechen die TN die Aufgabe mit wechselnden Partnern und notieren, wer was gewonnen hat.			
Ellas Film	In „Ellas Film" zeigt Ella verschiedene Gegenstände, die Glück oder Pech bringen. Sie können den Film vor E1 oder als Abschluss der Lektion nach E3 einsetzen. Zeigen Sie den Film dann zunächst ohne Ton und lassen die TN raten, was Glück und was Unglück bringt.	„Ellas Film" Lektion 1		

A 35 JAHRE LANG SPIELTE MANFRED SCHULZE LOTTO.

Präteritum

Lernziel: Die TN können über Vergangenes berichten und Zeitungsmeldungen verstehen und schreiben.

	Form	Ablauf	Material	Zeit
A1		**Präsentation der Verben im Präteritum**		
	EA/PA Wiederholung	Arbeitsbuch 1: im Kurs: Die Wiederholung des Präteritums der Modalverben und von „sein" und „haben" empfiehlt sich vor dem Einstieg in Lernschritt A oder als Stillarbeit nach A1.		
	PL	1. Fragen Sie einzelne TN, was sie gestern gemacht haben. Die TN werden in der Regel im Perfekt antworten. Außerdem kennen sie die Modalverben, „sein" und „haben" im Präteritum (siehe *Schritte plus Neu 2* / Lektion 8 und *Schritte plus Neu 3* / Lektion 6). Wenn keine Antworten mit Modalverb kommen, stellen Sie gezielte Fragen: „Was mussten Sie gestern machen?" Notieren Sie die Verbformen aus den Erzählungen der TN an der Tafel. Sortieren Sie sie in zwei Spalten nach Perfekt und Präteritum. Erst wenn Sie ausreichend Verben gesammelt haben, schreiben Sie „Perfekt" und „Präteritum" über die Spalten. Machen Sie den TN bewusst, dass sie bereits zwei Möglichkeiten kennen, Vergangenes auszudrücken.		
	EA/PA ⟷	2. Die TN lesen den Textausschnitt und markieren wie im Beispiel. Anschließend ergänzen die TN die Tabelle. In Kursen mit überwiegend ungeübten TN können Sie den Text auch auf Folie/IWB zeigen und mit den TN gemeinsam wie im Beispiel markieren. Die TN versuchen dann, die Tabelle zunächst allein oder zu zweit auszufüllen. Anschließend Kontrolle im Plenum, übertragen Sie dabei die Tabelle an die Tafel oder zeigen Sie sie auf Folie/IWB. *Lösung: (von oben nach unten) spielte, gewann, kam*	ggf. Folie/IWB	
	PL	3. Lenken Sie die Aufmerksamkeit der TN zunächst auf die regelmäßigen Verben. Erinnern Sie die TN an das Perfektsignal „ge-" und „-t". Weisen Sie die TN auf das Präteritumsignal „-te" hin.		

| | PL | 4. Sehen Sie sich dann mit den TN die unregelmäßigen Verben an. Erinnern Sie auch hier an das Perfektsignal „ge-" und „-en" und den Vokalwechsel. Der Vokalwechsel ist auch das Signal für das Präteritum von unregelmäßigen Verben. Gehen Sie an dieser Stelle noch nicht ausführlicher auf das Präteritum ein, das folgt in A2 und A3. Es geht zunächst einmal darum, dass die TN die unterschiedlichen Formen erkennen. Weisen Sie die TN auch auf die Grammatikübersicht 1 (Kursbuch, S. 18) hin. | | |

A2		**Leseverstehen: Kurzmeldungen in der Zeitung; Erweiterung des Präteritums**		
a	EA/PA	1. Die TN lesen die Zeitungsmeldungen und ordnen jedem Text eine passende Überschrift (= Schlagzeile) zu. Abschlusskontrolle im Plenum. Klären Sie dabei unbekannten Wortschatz. *Lösung: A 4, B 3, C 1, D 2* *Variante:* Wenn Sie wenig Zeit im Kurs haben, können Sie die TN auch in vier Gruppen aufteilen. Jede Gruppe liest nur einen Text und findet die dazugehörige Schlagzeile.		
	PL	2. Sprechen Sie mit den TN darüber, welche Kurzmeldung sie am besten/interessantesten finden. Die TN sollten ihre Antwort begründen.		
b	EA/PA	3. Die TN markieren zunächst nur Text A wie im Beispiel.		
	PL	4. Die TN sehen sich die vormarkierten Verben in Text A an. Entwickeln Sie an der Tafel mit den TN gemeinsam die Tabelle aus dem Buch. Weisen Sie die TN dabei auf die verschiedenen Präteritumkennzeichen hin, markieren Sie sie ggf. „-te" bei „tankten", der Wechsel von „a" zu „ie" bei „lassen – ließ", „-te" und der Wechsel von „i" zu „a" bei „bringen – brachte". Ergänzen Sie dann mit den TN zusammen die anderen markierten Wörter aus Text A. *Hinweis:* In Kursen mit überwiegend geübten TN können die TN die Tabelle auch aus dem Buch in ihr Heft übertragen und zunächst allein oder zu zweit die Tabelle besprechen und mit den markierten Verben aus Text A ergänzen. Anschließend Kontrolle im Plenum, indem Sie die Tabelle an die Tafel übertragen und ausfüllen.		
	EA/PA	5. Die TN markieren in den anderen Texten wie in A und ergänzen die Tabelle. Gehen Sie herum und helfen Sie bei Schwierigkeiten. Schnellere TN ergänzen weitere Wörter und finden unregelmäßige Formen in ihrem Wörterbuch. Anschließend Kontrolle im Plenum. *Lösung:*		

Typ „tanken"	Typ „lassen"	Typ „bringen"	werden, sein, haben	wollen, müssen
tanken – tankte bemerken – bemerkte warten – wartete melden – meldete fragen – fragte wundern – wunderten erreichen – erreichten landen – landeten verwechseln – verwechselte buchen – buchte glauben – glaubte kaufen – kaufte ausreichen – ausreichte/reichte aus	zurücklassen – zurückließ/ließ zurück zurückkommen – zurückkam/kam zurück sitzen – saß steigen – stiegen liegen – lag kommen – kam verlieren – verlor sehen – sah befinden – befand springen – sprang schwimmen – schwamm gehen – ging	bringen – brachte verbringen – verbrachte	sein – war haben – hatten sein – waren werden – wurde werden – wurden	wollen – wollte müssen – mussten wollen – wollten

Variante: Die TN bearbeiten nur „ihren" Text. TN, die vorher Text A bearbeitet haben, suchen sich einen neuen Text aus.

		Hinweis: Bei der Besprechung der Lösung und der Ergänzung der Tabelle bitten Sie einen TN an die Tafel. Auf Zuruf der anderen TN ergänzt er die Tabelle. Die TN müssen sich dabei mehr konzentrieren und mehr darauf achten, ob der TN an der Tafel das Verb korrekt einträgt. Greifen Sie nur ein, wenn die TN sich nicht einigen können oder es größere Schwierigkeiten gibt.		
	PL	6. Lenken Sie die Aufmerksamkeit der TN auf den Grammatik-Kasten. Erklären Sie den TN noch einmal die Präteritumsignale, die in der Tabelle rot gekennzeichnet sind, die Endung „-te" bei Verben wie „tankte", den Vokalwechsel bei Verben wie „ließ" und schließlich die Endung „-te" und den Vokalwechsel bei Verben wie „brachte". Weisen Sie die TN darauf hin, dass diese Formen genauso gelernt werden müssen wie die Perfektformen. Zeigen Sie den TN anhand der Grammatik-übersicht 1 (Kursbuch, S. 18), dass die Verben vom Typ „tanken" und „bringen" andere Personalendungen haben als die Verben vom Typ „lassen". Besprechen Sie anhand der Tabelle an der Tafel weitere Beispiele. Die TN sollten diese Endungen lernen. Die kleine Übung rechts können die TN als Hausaufgabe bearbeiten.		

TiPP	Die TN haben jetzt viele neue Verben im Präteritum kennengelernt. Damit die neuen Formen sich einschleifen, machen Sie eine kleine spielerische Übung dazu. Die TN werfen sich einen Ball zu und nennen ein Verb aus den Texten im Präsens, z. B. „ich tanke". Der Fänger sagt die Form im Präteritum „ich tankte". Dann sagt er ein neues Verb und wirft den Ball. Damit die TN sich an die Verben aus den Texten erinnern, können Sie auch ein Plakat vorbereiten, auf dem Sie die Verben im Infinitiv notieren. Das Plakat legen Sie in die Mitte auf den Boden, sodass alle es sehen können.

c	EA/PA	7. Die TN machen Notizen zu den wichtigsten Informationen aus den Texten analog zum Muster im Buch. Gehen Sie herum und helfen Sie bei Schwierigkeiten.		
		Variante: Die TN bearbeiten nur „ihren" Text.		
		Musterlösung: A Wer? 71-jähriger Frankfurter; Wann? am vergangenen Wochenende; Wo? bei Stuttgart; Was passierte? Rentner ließ seine Frau auf Autobahnraststätte zurück; B Wer? Werner H. (61) und Florian H. (30); Wann? letzten Monat; Wo? Sidney (USA); Was passierte? Vater verwechselte bei Online-Buchung Sidney (USA) mit Sydney (Australien) und buchte falschen Flug; C Wer? Tess (58) und Finn K. (57); Wann? letzte Woche; Wo? Neapel; Was passierte? nach Streit verlor sich Ehepaar aus den Augen, Tess sprang ins Wasser und schwamm Schiff hinterher, Finn flog mit dem Flugzeug nach Hause; D Wer? Giovanni R. (45); Wann? am Valentinstag; Wo? Bad Ems bei Koblenz; Was passierte? Giovanni kaufte Rosen für seine Frau, hatte kein Geld mehr für seinen Lottotipp, am Abend wurden „seine" Zahlen gezogen		
	PA	8. Die Bücher sind geschlossen. Anhand der Notizen erzählen die TN eine der Geschichten nach. Da es nun mündlich ist, können die TN auch das Perfekt benutzen.		
	⟷	Geübtere TN formulieren einen Text anhand ihrer Notizen aus. Sammeln Sie die Texte ein und korrigieren Sie sie.		
	EA/HA Grammatik entdecken ⟷	Arbeitsbuch 2: Die TN machen sich noch einmal die verschiedenen Präteritum-„Typen" bewusst. Da es sich um eine Wiederholung des Unterrichtsstoffes handelt, eignet sich diese Übung auch gut als Hausaufgabe. Fragen Sie bei der Besprechung des Übungsteils c auch nach den (Online-)Wörterbüchern der TN und sehen Sie ggf. mit den TN nach, wo sich die Präteritumformen jeweils finden lassen. Erklären Sie den TN, dass verschiedene Wörterbücher verschiedene Verfahren anwenden, diese Formen zu präsentieren. Aber eins ist bei allen gleich: Man muss zuerst den Infinitiv kennen, denn nur dieser findet sich als eigener Eintrag im Wörterbuch. Deshalb ist es wichtig, die gebräuchlichsten unregelmäßigen Verben zu lernen. Bitten Sie die TN, exemplarisch das Verb „kommen" in ihren eigenen Wörterbüchern nachzuschlagen. Besprechen Sie mit den TN, wo sie die Präteritum- und Perfektformen finden.	Wörterbücher	

A3	Anwendungsaufgabe zum Präteritum		
PL	1. Trainieren Sie mit den TN das Erschließen der Infinitive aus der Präteritumform. Die Bücher sind zunächst geschlossen. Diktieren Sie den TN folgende Verben im Präteritum, die die TN im Infinitiv ins Heft schreiben: „lud … ein", „störte", „sollte", „bemerkte", „standen", „feierten", „kam", „gingen", „dachte". Anschließend Kontrolle im Plenum. *Lösung: einladen, stören, sollen, bemerken, stehen, feiern, kommen, gehen, denken*		
EA/PA	2. Die TN schlagen die Bücher auf. Sie lesen die Kurzmeldung und ordnen die Wörter zu. Anschließend Kontrolle im Plenum. Klären Sie dabei unbekannten Wortschatz. *Lösung: sollte, dachte, lud … ein, bemerkte, standen, störte, feierten, riefen, sperrte … ab, schickte, gingen, kam*		
EA	3. *fakultativ:* Verteilen Sie die Kopiervorlage. Die TN suchen 20 Verben im Präteritum. Wer sie zuerst gefunden hat und die Tabelle ausgefüllt hat, hat gewonnen.	KV L1/A3	
EA/HA	Arbeitsbuch 3		
EA/HA ⟷	Arbeitsbuch 4–5: Wenn Sie die beiden Übungen im Kurs durchführen, lösen alle TN Übung 4. Geübtere TN bearbeiten außerdem auch Übung 5. Wenn Sie die Übungen als Hausaufgabe aufgeben, sollten sie von allen bearbeitet werden.		
A4	**Aktivität im Kurs: Eine eigene Kurzmeldung schreiben**		
PA	1. Die TN lesen die Schlagzeilen und sehen sich die Fotos an. Wenn Sie den TN noch mehr Auswahl zur Verfügung stellen wollen, schneiden Sie vorab aus Zeitungen einige Schlagzeilen aus und legen Sie sie zur Ansicht auf einem Tisch aus.		
PA	2. Die TN entscheiden sich paarweise für ein Foto oder eine Schlagzeile und überlegen sich die Eckdaten ihrer Meldung wie in A2c: „Wer machte wann wo was und wie passierte es?" Sie schreiben aus ihren Notizen eine Zeitungsmeldung.		
PL	3. Die Paare präsentieren ihre Meldung dem Plenum. Die anderen raten, zu welcher Schlagzeile oder welchem Foto die Meldung gehört. *Musterlösung: A Schüler bewirbt sich mit falschem Zeugnis – bei der Polizei! 17-jähriger Schüler; Einladung Vorstellungsgespräch; ruhig, entspannt, guter Eindruck; nach Verabschiedung entdecken: Zeugnis aus Jahr 1993; Vater gleicher Name; vergessen Datum zu korrigieren Die Polizei in Bayern erhielt im letzten Monat die Bewerbung eines 17-jährigen Schülers, komplett mit Anschreiben, Lebenslauf und sehr gutem Zeugnis. Von seinen Unterlagen überzeugt, lud das Präsidium in München den Jungen zu einem Vorstellungsgespräch ein. Ruhig und entspannt konnte er auf alle Fragen des Personalchefs antworten und hinterließ einen sehr guten Eindruck. Nachdem der Abiturient sich verabschiedet hatte, warf der Personalchef einen letzten Blick auf sein Zeugnis – und entdeckte darauf die Jahreszahl 1993! Der Schüler hatte einfach das Abschlusszeugnis seines Vaters verwendet, der den gleichen Namen trägt, und nur an einer Stelle vergessen, das Datum zu korrigieren. B Betrunkener Einbrecher vor dem Fernseher eingeschlafen 47-jähriger Hausbesitzer; nach Hause kommen; bemerken: Licht in Wohnung, Fernseher an; Polizei rufen; Einbrecher im Haus; zu viel Wodka trinken, einschlafen Ein 47-jähriger Hausbesitzer kam am vergangenen Mittwoch erst am späten Abend nach Hause. Als er seinen Wagen parkte, bemerkte er Licht in der Wohnung, auch der Fernseher lief. Mit seinem Handy rief er die Polizei und wartete vor dem Haus auf die Beamten. Die Beamten fanden den Einbrecher noch im Haus vor. Er hatte sich an der Bar des Hausbesitzers bedient, zu viel Wodka getrunken und war eingeschlafen.*		

		C Rentner Franz W. (68); Spaziergang mit Hund; ausgewachsener Elefant im Wohnzimmer; lebensgroßer Pappaufsteller; im Internet bestellt; Geburtstagsüberraschung für Enkelin *Als der Rentner Franz W. (68) am Dienstagmorgen von einem Spaziergang mit seinem Hund nach Hause zurückkam, erschrak er im ersten Moment sehr: In seinem Wohnzimmer stand ein ausgewachsener Elefant. Erst beim zweiten Hinsehen und als der Hund keineswegs auf das Wildtier reagierte, erkannte der Mann, worum es sich tatsächlich handelte: einen lebensgroßen Pappaufsteller. Seine Frau hatte diesen im Internet bestellt, um ihre kleine Enkelin zu überraschen, die sich einen Elefanten zum Geburtstag gewünscht hatte.* *D Musterlösung: Lars (9) und Laura (7); spielen im Park; Fahrrad gestohlen; kein Schloss; Weg zum Ausgang: erfreuliche Entdeckung; Fahrrad nur versteckt* *Letzte Woche spielten die Geschwister Lars (9) und Laura (7) im Park. Als sie zum Abendessen nach Hause aufbrechen wollten, mussten sie feststellen, dass das Fahrrad des Mädchens gestohlen worden war. Im Gegensatz zum Fahrrad des Bruders, das noch da war, hatte es kein Schloss. Auf dem Weg zum Ausgang jedoch machten die beiden dann eine erfreuliche Entdeckung: Das Fahrrad war nur versteckt worden, wenn auch unerreichbar für die Kinder in den Ästen eines Baumes!* *Variante:* Sammeln Sie die Meldungen anschließend ein. Sie können die Texte als Lückentexte ausarbeiten und nach und nach an die TN ausgeben. Die TN ergänzen die Verben im Präteritum. Wenn Sie mit einer Lernplattform arbeiten, können Sie die Texte auch korrigieren und die geübteren TN stellen sie dann als Lückentexte für die anderen ein.		

B ES IST VOR EINEM JAHR PASSIERT, ALS …

Nebensätze mit als

Lernziel: Die TN können über Erinnerungen aus der Kindheit sprechen.

	Form	Ablauf	Material	Zeit
B1		**Präsentation der temporalen Konjunktion *als***		
	PL	1. Die TN sehen sich das erste Beispiel im Buch an. Weisen Sie auf den Grammatik-Kasten hin, der die Endstellung des Verbs verdeutlicht. Fragen Sie die TN, wie man nach dem Teil „als ich noch Lotto gespielt habe." fragt. Notieren Sie an der Tafel die Frage „Wann ist das passiert?" und daneben noch einmal deutlich die Antwort „Es ist vor einem Jahr passiert, als ich noch Lotto gespielt habe.".		
	PL	2. Zeigen Sie die Aufgabe auf Folie/IWB. Die TN sehen sich Beispiel b an. Fragen Sie: „Wann ist das genau passiert?" Notieren Sie die richtige Antwort auf der Folie / dem IWB.	Folie/IWB	
	EA/PA	3. Die TN versuchen, die anderen Beispiele allein zu lösen. Gehen Sie herum und helfen Sie bei Schwierigkeiten. Abschlusskontrolle im Plenum. *Lösung: b … als ich ins Spielcasino gegangen bin. c … als ich oft unglücklich war.* *d … als ich nur wenige Freunde hatte.*		
	PL	4. Markieren Sie auf der Folie / dem IWB in Beispiel a die Konjunktion und das Verb am Ende des Nebensatzes. Die Verbstellung in Nebensätzen ist den TN bereits aus *Schritte plus Neu 3* und *Schritte plus Neu 4* bekannt. Erklären Sie den TN, dass Sätze mit „als" Nebensätze sind und dass das Verb deshalb immer am Ende steht. Erläutern Sie auch, dass Sätze mit „als" mit einem Ereignis in der Vergangenheit zu tun haben. Vor „als" bei nachgestelltem Nebensatz steht immer ein Komma.	Folie/IWB	

WPA	5. *fakultativ:* Zeigen Sie die Kopiervorlage auf Folie / dem IWB. Bitten Sie die TN, aufzustehen und in die Mitte des Raumes zu kommen. Die TN suchen sich eine Partnerin / einen Partner und machen kleine Frage-Antwort-Dialoge nach dem Muster auf der Folie. Dann wechseln sie die Partner. Ermuntern Sie die TN, auch selbstständig neue Fragen zu stellen.	Folie/IWB, KV L1/B1	
EA/PA Grammatik entdecken	Arbeitsbuch 6: im Kurs: Die TN verdeutlichen sich noch einmal die Endstellung des Verbs in Nebensätzen mit „als".		
EA/HA	Arbeitsbuch 7		

B2		**Hörverstehen: Hauptinhalte eines Interviews verstehen; Einführung der temporalen Konjunktion *wenn***		
a	EA/PA	1. Die TN lesen die Aussagen. Danach hören sie das Interview so oft wie nötig und kreuzen die richtigen Aussagen an. Abschlusskontrolle im Plenum. *Lösung: 2, 3, 5*	CD 1/5	
b ⬌	EA/PA	2. Die TN lesen die Sätze und kreuzen an, wie oft das passiert ist / passiert. Ungeübtere TN arbeiten zu zweit. Abschlusskontrolle im Plenum. *Lösung: einmal 2, 3; öfter 1, 4*		
	PL	3. Entwickeln Sie anhand der Beispielsätze ein Tafelbild. (früher) oft (früher) einmal Wenn wir Besuch hatten, … … als ich elf war … Immer wenn man so etwas hört, … Als wir nach dem Urlaub zu Hause waren, … Machen Sie den TN deutlich: Wenn etwas in der Vergangenheit nur einmal passiert ist, benutzt man „als". Ist etwas oft oder regelmäßig passiert, benutzt man „wenn". Weisen Sie die TN unbedingt darauf hin, dass „als" ausschließlich für Ereignisse in der Vergangenheit benutzt wird. Für ein Ereignis, das nur einmal in der Gegenwart oder Zukunft passiert, muss „wenn" benutzt werden. Beispiel: „Wenn ich im Sommer nach Hause fliege, sehe ich meine Familie wieder." Weisen Sie die TN auch auf den Grammatik-Kasten hin und auf die Grammatikübersicht 2 (Kursbuch, S. 18). Die kleine Übung rechts können die TN in Stillarbeit im Kurs machen. Schnellere TN schreiben weitere Sätze zu anderen Altersstufen. *Hinweis:* Hierzu passt thematisch der „Fokus Beruf: Sich auf einer Jobmesse präsentieren" (Arbeitsbuch, S. 20).		
	HA/EA	Arbeitsbuch 8–9		

B3		**Anwendungsaufgabe zu *wenn* und *als***		
	EA/PL	1. Die TN lesen die Satzanfänge. Stellen Sie sicher, dass alle TN die Bedeutung der Satzanfänge verstehen.		
	EA ⬌	2. Die TN schreiben mit mindestens fünf Satzanfängen Sätze über sich selbst. In Kursen mit überwiegend ungeübten TN machen Sie einige Beispiele an der Tafel, bevor die TN dann eigene Sätze schreiben. Geübtere TN schreiben möglichst zu jedem Satzanfang etwas über sich selbst. Weisen Sie die TN auch auf die Redemittel in der Rubrik „Über die Vergangenheit reden: Ich war im Sommer …" (Kursbuch, S. 19) hin.		

	Form	Ablauf	Material	Zeit
	PA/EA ⟷	3. Die TN tauschen ihre Sätze mit einer Partnerin / einem Partner und korrigieren sie. Gehen Sie herum und schauen Sie den TN „über die Schulter". Geben Sie ungeübteren TN Tipps, indem Sie auf Fehler zeigen oder durch entsprechende Fragen die Aufmerksamkeit auf einen Fehler lenken. Danach geben die TN die korrigierten Sätze zurück. Zum Abschluss können einige TN ihre Sätze vorlesen.		
	⟷	*Variante:* Die TN schreiben in Kleingruppen jeden Satzanfang auf ein Kärtchen. Die Kärtchen werden verdeckt auf den Tisch gelegt. Jeder TN zieht ein Kärtchen und macht einen Satz mit dem jeweiligen Satzanfang. Dann werden die Karten zurückgelegt und neu gemischt. Diese Variante eignet sich auch zu einem späteren Zeitpunkt als Wiederholung. In Kursen mit überwiegend ungeübten TN wird in der Kleingruppe nur ein Kärtchen aufgedeckt und reihum macht jeder TN einen Satz mit dem jeweiligen Satzanfang. *Musterlösung: Ich war als Kind immer sehr glücklich, wenn ich abends lange wach bleiben durfte.; Ich war im Sommer sehr froh, wenn die Sonne schien.; Ich war an Weihnachten sehr froh, wenn es schneite.; Ich habe mir einmal sehr wehgetan, als ich von der Schaukel herunterfiel.; Als ich 11 Jahre alt war, wollte ich auf eine Zauberschule gehen.; Als ich einmal auf Klassenfahrt war, habe ich mich furchtbar mit meiner besten Freundin gestritten.; Ich fand es als Kind immer sehr aufregend, wenn ich allein mit dem Bus zum Schwimmen fuhr.; Es hat mir immer gut gefallen, wenn meine Oma für mich gekocht hat.; Meine Eltern waren immer sehr zufrieden mit mir, wenn ich gute Noten hatte.; Mein Opa fand es immer sehr witzig, wenn ich Blaubeeren aß und deshalb ganz blaue Lippen hatte.*		
	EA/PA ⟷	Arbeitsbuch 11–12: im Kurs: Geübtere TN lösen die Aufgaben in Stillarbeit. Ungeübtere TN arbeiten paarweise zusammen.		

B4	**Aktivität im Kurs: Fragen und Antworten zur Kindheit**			
GA	1. Die TN schreiben persönliche Fragen mit „wenn" oder „als" auf Zettel, je Frage einen Zettel. Die Zettel werden gemischt und neu verteilt. Die Fragen werden vorgelesen. Der TN, von dem diese Frage stammt, beantwortet sie.		Zettel	

C ICH HATTE SO LANGE … GEWARTET.

Plusquamperfekt

Lernziel: Die TN können über Glücksmomente berichten.

	Form	Ablauf	Material	Zeit
C1		**Präsentation des Plusquamperfekts**		
	PL	1. Die TN vergegenwärtigen sich noch einmal die Geschichte von Manfred Schulze aus „Ellas Kolumne", indem einige TN erzählen, was passiert ist.		
	EA/PA	2. Die TN sehen sich die Aufgabe im Kursbuch an und lösen sie. Abschlusskontrolle im Plenum. *Lösung: Das ist passiert. Ich habe wirklich gewonnen.; Das war vorher. Ich hatte so lange … gewartet.*		
	PL	3. Bitten Sie die TN, die Verben in den Beispielsätzen zu unterstreichen, und schreiben Sie die Beispiele aus der Aufgabe an die Tafel. Markieren Sie die Verben. Fragen Sie die TN nach den Unterschieden bei der Form (= Im Satz rechts wird aus „habe" „hatte"). Diese Aufgabe dient nur der ersten Sensibilisierung, gehen Sie deshalb noch nicht weiter auf das Thema ein.		

C2		**Leseverstehen: Einem Text die Hauptaussagen entnehmen; Erweiterung des Plusquamperfekts**		
a	PL	1. Die Bücher sind geschlossen. Zeigen Sie den Titel und den fettgedruckten Absatz auf Folie / dem IWB. Wenn Sie mögen, erzählen Sie den TN von Ihrem letzten glücklichen Moment. Das schafft eine Atmosphäre, in der auch die TN bereit sind, etwas von sich zu erzählen. Außerdem geben Sie durch Ihre Erzählung vor, auf welcher Ebene sich die Erlebnisse bewegen können. Es geht nicht darum, sehr intime Dinge preiszugeben. Auch ein tolles Abendessen oder der erste Anruf mit dem neuen Handy kann ein Glücksmoment sein.	Folie/IWB	
	EA/PA	2. Die TN öffnen die Bücher, lesen die Texte und ordnen die Überschriften zu. Anschließend Kontrolle im Plenum. *Lösung: 1 Gewonnen, 2 Angekommen*		
b	EA/PA	3. Die TN lesen die Texte in a noch einmal und notieren, was <u>vor</u> dem Ereignis passiert war. Anschließend Kontrolle im Plenum.. *1 vorher: Fuß gebrochen, viel trainiert; 2 vorher: aus Syrien geflohen, einige sehr schwierige Momente erlebt*		
	PL	4. Bitten Sie die TN, in den Sätzen, die die vorhergehenden Ereignisse schildern, die Verben zu unterstreichen. Schreiben Sie in der Zeit die Sätze aus b an die Tafel. Fragen Sie dann noch einmal, was vorher passiert war, und notieren Sie die Sätze an der Tafel. Markieren Sie die Verben. Erklären Sie den TN, dass „war" oder „hatte" plus Partizip II das „Plusquamperfekt" ergibt. Man benutzt es, um Ereignisse zu kennzeichnen, die vor einem Ereignis passiert sind, das ebenfalls in der Vergangenheit liegt. Verdeutlichen Sie dies ggf., indem Sie den Ereignissen fiktive Monate zuordnen. Weisen Sie die TN auch auf den Grammatik-Kasten und auf die Grammatikübersicht 3 (Kursbuch, S. 18) hin. Die kleine Übung rechts können die TN in Stillarbeit bearbeiten. Andreas musste auf der Bank sitzen und zusehen. Andreas hatte sich den Fuß gebrochen. Aber er hatte viel trainiert. ist im Juni passiert war vorher – im März – passiert Latifs Familie konnte nachkommen. Latif war aus Syrien geflohen. Er hatte einige sehr schwierige Momente erlebt. ist im Frühjahr 2016 passiert war vorher – 2015 – passiert		
	GA	5. *fakultativ:* Kopieren Sie die Kopiervorlage. Die TN arbeiten in Kleingruppen zusammen. Jede Gruppe erhält eine Kopie und denkt sich kurze Geschichten zu den einzelnen Ereignissen aus. Wenn die Gruppen fertig sind, tauschen sie ihre Kopien aus und korrigieren eventuelle sprachliche Fehler der anderen. Lassen Sie jede Kopie zwei- bis dreimal korrigieren. In Kursen mit überwiegend ungeübten TN können Sie die Kopiervorlage auch zerschneiden, sodass jede Gruppe nur eine Situation bearbeitet. Anschließend wie oben. *Hinweis:* Wenn Sie das Thema „Glück" vertiefen wollen, können Sie an dieser Stelle das Gedicht „Was ist Glück?" aus der Rubrik „Zwischendurch mal ..." (Kursbuch, S. 21) aufgreifen.	KV L1/C2 ZDM	
	EA/PA/HA Grammatik entdecken	**Arbeitsbuch 13: im Kurs:** Die TN vergegenwärtigen sich noch einmal das Plusquamperfekt anhand konkreter Beispiele. Die Übung kann von geübteren TN in Stillarbeit gelöst werden. Ungeübtere TN arbeiten paarweise zusammen.		
	EA/HA	**Arbeitsbuch 14–15, 17**		

EA/HA 👄		Arbeitsbuch 16: im Kurs: Übungen zur Intonation waren in *Schritte plus Neu 1–4* immer wieder ein Schwerpunkt. Die TN werden daher mit diesen Übungen keine Schwierigkeiten haben. Spielen Sie die Übung vor, die TN markieren die Satzmelodie. Lassen Sie die TN selbstständig herausfinden, wann die Stimme oben bleibt, wann sie nach unten geht (nach unten am Satzende, nach oben am Ende von vorangestellten Nebensätzen, oben oder unten, wenn nach einem Hauptsatz noch ein Nebensatz folgt). Die TN sprechen die Sätze und vergleichen ihre Satzmelodie mit den Hörbeispielen. Regen Sie die TN auch an, selbstständig „als"- und „weil"-Sätze zu erfinden und diese der Partnerin / dem Partner vorzusprechen.	AB-CD 1/1	

C3		**Aktivität im Kurs: Eine Geschichte erfinden**		
a	GA	1. Die TN arbeiten in Kleingruppen. Jede Gruppe erhält vier Kärtchen in verschiedenen Farben. Die Gruppen notieren pro Kärtchen einen Ort, eine Zeit, und je eine Person. *Hinweis:* Um die Fantasie der TN für die eigene Geschichte anzuregen, bietet es sich an, hier Bennos Geschichte „So haben wir uns kennengelernt." aus der Rubrik „Zwischendurch mal …" (Kursbuch, S. 20) vorzuschalten.	farbige Kärtchen ZDM	
b	GA	2. Die TN besprechen in der Gruppe ihre Geschichte, planen sie und schreiben sie anschließend auf. Legen Sie eine bestimmte Zeit fest, z. B. 15 Minuten, die die TN zum Schreiben haben. Die TN sollen in den Geschichten mindestens einmal „war/ hatte … gekommen/gesehen/…" verwenden. Gehen Sie herum und helfen Sie bei Schwierigkeiten. *Hinweis:* Die Geschichten werden abwechslungsreicher, wenn Sie die Kärtchen zuerst einsammeln, mischen und dann an die Gruppen neu verteilen. Machen Sie in dem Fall deutlich, dass es sich um erfundene Geschichten handelt, die die TN schreiben sollen.		
	GA	3. Die Gruppen tauschen mit einer anderen Gruppe ihre Geschichte und korrigieren sie. Sammeln Sie anschließend alle Geschichten ein und korrigieren Sie sie. Hängen Sie sie am nächsten Kurstag auf, sodass alle TN die Geschichten der anderen Gruppen lesen können. *Hinweis:* Wenn Sie die Satzmelodie aus der Phonetikübung 16 aus dem Arbeitsbuch noch einmal aufgreifen möchten, können Sie auch einige TN bitten, die Geschichten zu Hause vorzubereiten und dann im Kurs mit guter Betonung vorzulesen.		

D PECH GEHABT!

Lernziel: Die TN können von einem Unfall berichten.

	Form	Ablauf	Material	Zeit
D1		**Hörverstehen: Einen Unfallhergang verstehen**		
	PL	1. Die TN sehen sich die Zeichnungen im Kursbuch an. Wenn nötig, besprechen Sie die Gegenstände, die zu sehen sind (Gardinenstange, Karton, Umzugswagen etc.).		
	EA/PA	2. Die TN ordnen die Bilder und vergleichen mit ihrer Partnerin / ihrem Partner.		
	PL	3. Die TN hören das Gespräch und vergleichen. Abschlusskontrolle im Plenum. *Lösung: A 2, B 3, C 1, D 4*	CD 1/6	

PA ⟷	4. *fakultativ:* Die TN erzählen in Partnerarbeit anhand der Zeichnungen den Hergang noch einmal. Dabei stellen sie sich vor, sie hätten Hannas Unfall vom Fenster der Nachbarwohnung aus beobachtet. Sie erzählen den Vorfall am Telefon einer Freundin / einem Freund. Die Partnerin / Der Partner am Telefon stellt Rückfragen. Wer Lust hat, kann sein Gespräch im Plenum vorspielen. Bei ungeübten TN geben Sie als Hilfe eine Liste mit Stichworten vor.		

D2	**Leseverstehen: Ein Versicherungsformular verstehen**	

PL	1. Die TN lesen das Formular. Lenken Sie die Aufmerksamkeit der TN auf das Wort „Schadenmeldung" und weisen Sie darauf hin, dass auch „Schadensmeldung" gebräuchlich ist. Beide Formen sind korrekt. Fragen Sie die TN, ob sie wissen, was eine Privathaftpflichtversicherung ist. Erklären Sie ggf.		
🌐	In Deutschland muss man für einen Schaden, den man anderen fahrlässig zufügt, grundsätzlich haften, d. h. man muss Dinge, die kaputtgegangen sind, ersetzen und/oder Krankenkosten bezahlen. Unter Umständen muss man sogar eine Rente bezahlen, wenn eine Person nach dem Unfall nicht mehr arbeiten kann. Das kann sehr teuer werden. Deshalb schließen viele Menschen eine Privathaftpflichtversicherung ab, die dann für solche Schäden und Unfälle aufkommt. Diese Versicherung wird für die Familie abgeschlossen und ist freiwillig. Gebührenrechner für solche Versicherungen gibt es auch im Internet, damit kann man Versicherungen und ihre Leistungen vergleichen. Denn die Leistungen der Versicherungen variieren oft erheblich.		
EA/PA	2. Die TN markieren in ihrem Buch die wesentlichen Angaben zum Unfall farbig, wie im Buch vorgegeben (Wann? Wo? Wer? Wie?), und vergleichen mit ihrer Partnerin / ihrem Partner. Abschlusskontrolle im Plenum. *Lösung: a 15.05.d.J., 11.15 Uhr, Goethestraße 28, 99817 Eisenach; b half beim Umzug, Bekannte stand hinter mir, stieß mit Gardinenstange gegen Blumentopf, fiel herunter und traf Hund am Kopf, Hund biss Bekannte, Bekannte erschrak und ließ Kartons fallen; c 250 Euro; d Ulrike Haas*		
PL	3. Lenken Sie die Aufmerksamkeit der TN auf die Beschreibung des Schadenhergangs. Fragen Sie nach dem Unterschied zu der Erzählung im Hörtext. Wenn nötig, hören die TN das Gespräch noch einmal. Den TN sollte auffallen, dass der geschriebene Text im Präteritum abgefasst ist, im Gespräch aber das Perfekt benutzt wird. Damit haben die TN den wesentlichen Unterschied dieser beiden Zeiten bereits erfasst. Weisen Sie auf den Grammatik-Kasten und auf die Grammatikübersicht 1 (Kursbuch, S. 18) hin und erläutern Sie den TN, dass Perfekt und Präteritum für die gleiche Zeit stehen und der Unterschied nur ein formaler bzw. stilistischer ist. Sprechen Sie mit den TN auch über die Unterschiede zu ihrer Muttersprache. Die meisten Sprachen haben mehrere Formen, um Vergangenes auszudrücken, allerdings ist die Funktion dieser Tempora häufig anders abgegrenzt als im Deutschen.		
PL	4. Zeigen Sie die Rubrik „Einen Unfall schildern: Der Unfall ist am … in … passiert." (Kursbuch, S. 19) auf Folie / dem IWB. Die TN sehen sich die Redemittel an und unterstreichen im Text die Redemittel, die vorkommen. Abschlusskontrolle im Plenum. *Lösung: Ich bemerkte leider nicht, dass …, Daraufhin …, Dabei …*	Folie/IWB	
PL/PA	5. Weisen Sie die TN erneut auf die Rubrik „Einen Unfall schildern: Der Unfall ist am … in … passiert." (Kursbuch, S. 19) hin und erklären Sie, dass diese Redemittel häufig als Standardformulierungen bei Schilderungen eines Unfalls benutzt werden. Zu der kleinen Übung rechts schreiben die TN einen Unfallbericht. Einige Paare können ihre Berichte vorlesen.		
EA/HA	Arbeitsbuch 18–20		

D3	Aktivität im Kurs: Einen Unfallhergang erzählen		
PA	1. Die TN erzählen in Partnerarbeit die Geschichte. Dabei berichtet ein Partner die Geschichte aus der Sicht des Mädchens, der andere aus der Sicht des Jungen. Wer mag, kann die Geschichte auch aus der Sicht der Blumenvase erzählen. Geben Sie für diesen Fall einen Satz vor, damit die Fantasie der TN angeregt wird: „Oje, ich habe es schon vermutet, als ich die beiden spielen sah. Ich stand so friedlich auf dem Tisch, war mit wunderschönen Blumen gefüllt, als ...“ Alternativ können die TN auch eine persönliche Geschichte erzählen.		
EA Prüfung	Arbeitsbuch 21: im Kurs: Dieses Aufgabenformat entspricht dem Prüfungsteil Hören, Teil 2, der Prüfung *Zertifikat Deutsch B1* nach telc. Besprechen Sie mit den TN zunächst den Lerntipp, der den TN hilft, mit solchen Höraufgaben zurechtzukommen. Dann lesen die TN zunächst die Aussagen. Sie haben dazu eine Minute Zeit. Danach hören sie das Gespräch zweimal und markieren beim Hören, ob die Aussagen richtig oder falsch sind. Machen Sie eine Abschlusskontrolle. Wenn die TN das Bedürfnis haben, danach noch einmal das Gespräch zu hören, spielen Sie es noch einmal vor. Dann können die TN noch einmal vergleichen.	AB-CD 1/2	

E GLÜCKSBRINGER

Lernziel: Die TN können über Glücksbringer sprechen.

	Form	Ablauf	Material	Zeit
E1		**Vorwissen aktivieren: Glücksbringer**		
	PL	1. Die Bücher sind geschlossen. Bringen Sie Gegenstände mit, die Glück oder Pech bringen, z. B. ein kleines Plastikschwein, ein Kalenderblatt mit Freitag, den 13., ein Eincentstück, einen Schornsteinfeger (gibt es oft an Silvester in Blumen gesteckt) etc. Fragen Sie die TN, was diese Gegenstände bedeuten könnten. Wenn die TN es nicht wissen, erklären Sie, dass diese Dinge Glück oder Pech bedeuten. *Hinweis:* Als Einstieg eignet sich hier „Ellas Film", in dem Ella über Dinge oder Ereignisse erzählt, die Glück oder Pech bringen.	kleine Gegenstände (Schwein, Kalenderblatt etc.)	
	PL	2. Fragen Sie die TN, ob sie weitere Beispiele nennen können für etwas, das in D-A-CH Glück oder Pech bringt. Wenn Sie „Ellas Film" gezeigt haben, fragen Sie nach weiteren Beispielen. Ein TN liest die Beispiele im Buch vor.		
	GA	3. Die TN bilden Gruppen nach Herkunftsländern. Jede Gruppe erhält ein Plakat und malt zwei Wortigel wie im Buch darauf. Anschließend sprechen die TN über das Thema und ergänzen die Wortigel.	Plakate	
	PL	4. Die Gruppen stellen ihre Ergebnisse im Plenum vor. *Hinweis:* Hier passt thematisch auch das Projekt „Glück oder Pech?" aus der Rubrik „Zwischendurch mal ..." (Kursbuch, S. 20).	ZDM	
E2		**Hörverstehen: Interviews über Glücksbringer verstehen**		
a	PL	1. Die TN hören nur den Vorspann der Interviews. Was für eine Sendung ist das? Worum geht es? Klären Sie wichtige Wörter, z. B. „Rituale".	CD 1/7	

	EA/PA	2. Die TN sehen sich die Fotos an und hören die Interviews. Sie ordnen zu, welches Interview zu welchem Foto gehört. Zusätzlich sollen die TN sich beim Hören auf die Frage konzentrieren, ob und warum die Leute an den Glücksbringer oder an das Ritual glauben / nicht glauben. Abschlusskontrolle im Plenum. *Lösung: 1 C (glaubt daran, weil sie nach dem Kauf einen tollen Mann kennengelernt hat), 2 A (glaubt eigentlich nicht daran, es hat aber funktioniert und er ist noch einmal nach Rom gefahren), 3 B (glaubt nicht daran, aber wenn sie den Stein sieht, muss sie an ihren Sohn denken)*	CD 1/7–9	
b	EA/PL	3. Die TN lesen die Aussagen und korrigieren sie zunächst aus dem Gedächtnis. Dann hören sie die Interviews noch einmal und kontrollieren/korrigieren. *Lösung: 1 ~~Ein paar Monate~~ Zehn Minuten später hat sie einen Mann kennengelernt. B Wenn es Paul in einer Stadt ~~nicht~~ so richtig gut gefällt, wirft er eine Münze in einen Brunnen. Er war mit seiner Frau schon ~~dreimal~~ zweimal in Rom. C Julia hat ~~immer einen~~ keinen Glücksbringer bei sich. Der Stein in ihrem Büro erinnert sie an ~~einen Wald~~ ihren Sohn.*	CD 1/7–9	

E3		Aktivität im Kurs: Über eigene Glücksbringer erzählen		
a	GA	1. Wenn sie Gelegenheit dazu haben, bringen die TN ihren Glücksbringer mit zum Unterricht. In Kleingruppen erzählen sie von ihrem Glücksbringer oder ihrem Ritual. Hilfe finden die TN im Redemittelkasten im Buch oder in der Rubrik „Über Glücksbringer reden: Ich glaube an …" (Kursbuch, S. 19). *Variante:* Wenn Sie diese Übung spielerischer gestalten wollen und überwiegend geübte TN haben, malen die TN ihren Glücksbringer oder etwas, das ihr Ritual symbolisiert, auf ein Kärtchen und spielen eine Art „Stille Post". Die TN gehen im Kursraum herum. Spielen Sie eine ruhige Musik dazu. Wenn die Musik stoppt, sprechen die TN mit dem TN, der am nächsten steht, über ihren Glücksbringer / ihr Ritual. Dann tauschen die TN ihre Kärtchen. Die Musik setzt ein und die TN „wandern" wieder herum. Wenn die Musik stoppt, sprechen die TN wieder mit dem ihnen am nächsten stehenden TN und erzählen ihm nun von dem Glücksbringer des ersten TN. Wieder tauschen die TN. Die Musik setzt ein etc. Machen Sie drei, vier Durchgänge. Dann erzählen einige TN im Plenum über den Glücksbringer auf ihrer Karte. Die ursprünglichen „Besitzer" sagen, ob die Geschichte so stimmt. Manchmal entstehen so sehr lustige Varianten.	Kärtchen, Musik	
	PL	2. Abschlussdiskussion im Plenum: Führen Sie den Begriff „Aberglaube" ein. Diskutieren Sie mit den TN: Ist alles nur Aberglaube oder ist doch etwas an Glücksbringern dran?		
b	PA	3. Die TN sehen sich die Beispiele an und schreiben sieben „Glückssätze" für ihre Partnerin / ihren Partner. Hilfe finden die TN auch auf der Kommunikationsseite in der Rubrik „Jemandem etwas wünschen: Ich wünsche dir …" (Kursbuch, S. 19).		

TiPP	Nutzen Sie die Gelegenheit, wenn ein TN Geburtstag hat oder vielleicht heiratet, dieses Thema wieder aufzugreifen und die TN demjenigen etwas wünschen zu lassen, so, wie man es oft „im Leben" macht. Solche Bezüge des Lerninhalts zum wirklichen Leben sind besonders motivierend.	

EA/HA Prüfung	Arbeitsbuch 22: im Kurs: Dieses Aufgabenformat entspricht dem Prüfungsteil Lesen, Teil 3 des *Deutsch-Tests für Zuwanderer*. Wenn Sie die Texte als Prüfungsvorbereitung nutzen möchten, geben Sie den TN eine Zeit vor, z. B. zehn Minuten. Die TN arbeiten dann ohne Wörterbücher.		
GA	*fakultativ:* Wenn Sie noch Zeit haben, können Sie hier die Wiederholung zu Lektion 1 anschließen.	KV L1/Wiederholung	
Lektionstests	Einen Test zu Lektion 1 finden Sie hier im LHB auf den Seiten 168–169. Weisen Sie die TN auf den Selbsttest im Arbeitsbuch auf Seite 19 hin.	KV L1/Test	

AUDIOTRAINING

Form	Ablauf	Material	Zeit
Audiotraining 1: Das war mein Geburtstag!			
EA/HA	Die TN hören eine Aussage im Präsens („Wir feiern meinen Geburtstag.") und bilden davon dann das Präteritum. Nach einer Sprechpause, in der die TN antworten, hören sie die korrekte Antwort („Wir feierten meinen Geburtstag.").	CD 1/10	
Audiotraining 2: Das war damals!			
EA/HA	Die TN antworten auf die Frage „Wann war das?" und einer Vorgabe, „beim Fernsehen arbeiten", mit einem Nebensatz mit „als". Nach den Sprechpausen hören die TN die korrekte Antwort: „Das war damals, als ich beim Fernsehen gearbeitet habe."	CD 1/11	
Audiotraining 3: Ich lag im Bett!			
EA/HA	Der Sprecher stellt eine Frage („Wieso warst du nicht auf der Party?") und macht eine Vorgabe („den Fuß brechen"). Die TN antworten mithilfe der Vorgabe („Ich lag im Bett! Ich hatte mir den Fuß gebrochen."). Nach den Sprechpausen hören die TN die korrekte Antwort.	CD 1/12	

ZWISCHENDURCH MAL ...

	Form	Ablauf	Material	Zeit
Projekt		**Glück oder Pech? (passt z. B. zu E1)**		
1	PL	1. Die Bücher sind geschlossen. Zeigen Sie die Bilder auf Folie / IWB. Die TN entscheiden schnell per Handzeichen, ob diese Dinge Glück oder Pech bedeuten. Halten Sie die Ergebnisse kurz auf der Folie / am IWB fest.	Folie/IWB	
	EA/PA	2. Die TN öffnen die Bücher und ordnen den Bildern die Sätze zu. Abschlusskontrolle im Plenum. *Lösung: 1 B, 2 D, 4 F, 5 E, 6 C* *Hinweis:* Zur Kontrolle können Sie auch „Ellas Film" einsetzen, da Ella diese Symbole dort näher erläutert.		
	PL	3. Sprechen Sie mit den TN darüber, welche Symbole es auch in den Heimatländern gibt. Haben sie dieselbe Bedeutung?		
2	PL	1. Hängen Sie ein Plakat auf und verteilen Sie bunte Stifte. Die TN schreiben gute Wünsche für die anderen auf. Wer möchte, kann auch etwas zeichnen.	Plakat, bunte Stifte	
Hören		**So haben wir uns kennengelernt. (passt z. B. zu C3)**		
1	PL	1. Schreiben Sie „Liebe auf den ersten Blick" an die Tafel. Klären Sie mit den TN die Bedeutung. Diskutieren Sie mit den TN, ob sie an Liebe auf den ersten Blick glauben. Gibt es das oder gehört mehr dazu? Wenn ja, was muss dazukommen?		
	EA/PL	2. *fakultativ:* Die TN erhalten die Kopiervorlage. Sie bearbeiten zunächst Übung 1 und ordnen den Wendungen die passenden Erklärungen zu. Abschlusskontrolle im Plenum.	KV L1/ZDM	

	EA/PA	3. *fakultativ:* Die TN hören Bennos Geschichte so oft wie nötig und kreuzen in Übung 2 auf der Kopiervorlage an, welche Aussagen richtig und welche falsch sind. Abschlusskontrolle im Plenum.	KV L1/ZDM, CD 1/13	
	EA/PA	4. Die TN hören Bennos Geschichte noch einmal und machen sich Notizen zum Ablauf.	CD 1/13	
2	GA	1. Anhand ihrer Notizen erzählen die TN die Geschichte nach. Jeder sagt reihum einen Satz, indem der Erste einen Satz beginnt und der Zweite den Satz beendet und wieder einen Satz beginnt. Der Dritte beendet ihn etc.		
	EA/PA/ GA	2. *fakultativ:* Die TN bearbeiten Übung 3a auf der Kopiervorlage und ordnen den Sprüchen die Erklärungen zu. Dann diskutieren sie in Kleingruppen, welcher Spruch am besten zu Bennos Geschichte passt.	KV L1/ZDM	
	GA	3. *fakultativ:* Wenn die TN Spaß am Geschichtenerzählen haben, können sie in Gruppen zu einem weiteren Spruch der Kopiervorlage eine Geschichte erfinden und sich Notizen machen. Anschließend können die Geschichten im Plenum erzählt werden.	KV L1/ZDM	

TiPP	Die TN können die Geschichte auch zu Hause erzählen und mit dem Smartphone aufnehmen. Diese Aufnahmen können in eine Lernplattform eingestellt werden, wenn Sie damit arbeiten.	

Gedicht		**Was ist Glück? (passt z. B. zu C2)**		
1	PL	1. Die Bücher sind geschlossen. Spielen Sie das Gedicht einmal vor. Die TN hören mit geschlossenen Augen zu und konzentrieren sich nur auf das Gedicht.	CD 1/14	
	EA/PA	2. Die TN notieren, was sie verstanden oder behalten haben. Dann vergleichen sie mit ihrer Partnerin / ihrem Partner.		
	PL	3. Die TN schlagen die Bücher auf, hören das Gedicht noch einmal und lesen mit. Sprechen Sie mit den TN darüber, was Glück für den Autor bedeutet. *Musterlösung: lächeln, geben und zurückbekommen, teilen, die kleinen Dinge im Alltag*	CD 1/14	
	EA/PL	4. *fakultativ:* Das Gedicht bietet sich an, es als Rap zu sprechen. Die TN hören es noch einmal und sprechen mit. Geben Sie den TN anschließend Zeit, das Gedicht sprechen zu üben. Machen Sie dann einen kleinen Wettbewerb: Wer spricht das Gedicht fehlerfrei am schnellsten? Ein TN stoppt dazu die Zeiten mit seinem Smartphone.	CD 1/14, Smartphone mit Stoppuhr	
2	EA	1. Die TN schreiben fünf Sätze, welche Dinge oder Momente für sie Glück bedeuten und/oder worüber sie sich freuen. Anschließend lesen einige TN ihre Sätze vor.	ggf. vorbereitete Zettel	

TiPP	Die Aufgabe wird motivierender, wenn Sie kleine Zettel vorbereiten mit der Vorgabe „Glück ist, wenn …" in einer schönen Schrift und vielleicht mit einem schönen Bild dazu.	

FOKUS BERUF: SICH AUF EINER JOBMESSE PRÄSENTIEREN

Die TN können sich auf den Besuch einer Jobmesse vorbereiten und sich darüber im Internet informieren.

	Form	Ablauf	Material	Zeit
		Da dieser Fokus möglicherweise nur für einen Teil der TN von Interesse ist, können die Übungen auch als Hausaufgabe gegeben werden.		
1		**Leseverstehen: Das Plakat einer Jobmesse verstehen**		
	PL	1. Die Bücher sind zunächst geschlossen. Fragen Sie die TN, ob sie den Begriff „Jobmesse" kennen oder sich etwas darunter vorstellen können. Erläutern Sie ggf., was eine Jobmesse ist.		

🌐		Seit einigen Jahren gibt es in vielen Städten Jobmessen. Solche Messen ermöglichen es, dass Arbeitgeber, Firmen und Institutionen mit Leuten, die eine Ausbildung machen wollen oder einen neuen Arbeitsplatz suchen, zusammenkommen. Beide Seiten können erste Kontakte knüpfen. Es gibt viele Informationen rund um das Thema „Arbeit".		
	EA/PA	2. Die TN schlagen die Bücher auf. Sie lesen das Plakat und kreuzen an, was man auf der Jobmesse alles machen kann. Anschließend Kontrolle im Plenum. *Lösung: b, d*		

2 Leseverstehen: Einen Informationstext im Internet verstehen

GA	1. Die Bücher sind geschlossen. Zeigen Sie das Plakat aus 1 auf Folie/IWB. Die TN stellen sich vor, sie wollen diese Jobmesse am nächsten Tag besuchen. Geben Sie den TN die folgenden Fragen an der Tafel vor: „Wie können Sie sich vorbereiten?", „Was nehmen Sie mit?", „Besondere Kleidung?" In Kleingruppen machen sich die TN Notizen.	Folie/IWB	
EA/PA	2. Die TN schlagen die Bücher auf, lesen den Informationstext und ordnen die Überschriften zu. Anschließend Kontrolle im Plenum. *Lösung: (von oben nach unten) C, B, E, A, D* *fakultativ:* Die TN informieren sich im Internet über Jobmessen am Kursort, notieren Ort, Datum und die Internetadresse und hängen einen Info-Zettel für die anderen TN im Kursraum auf. Bei Interesse können die TN auch einen gemeinsamen Besuch organisieren.		
GA/PL	3. Die TN vergleichen mit ihren Notizen und stellen im Plenum ggf. weitere Punkte vor.		

3 Hörverstehen: Die wesentlichen Punkte eines Messegesprächs verstehen

PL	1. Die TN lesen die Sätze. Dann hören sie das Gespräch so oft wie nötig und korrigieren die Sätze. Anschließend Kontrolle im Plenum. *Lösung: b ~~Deutschland~~ der Ukraine, c ~~zwei Deutschkurse besucht~~ drei Jahre Deutsch gelernt, d ~~der Abteilung Möbelbau~~ verschiedenen Abteilungen, e ~~noch vor~~ nach, f ~~im Urlaub~~ vom Urlaub zurück, g ~~Alexej~~ Herrn Peters*	AB-CD 1/3	
PA	2. *fakultativ:* Wenn die TN weiter an dem Thema interessiert sind, können Sie das Thema vertiefen, indem die TN das Interview noch einmal hören und die Fragen, die Herr Peters stellt, herausschreiben (Wollen Sie sich vielleicht kurz vorstellen und erzählen, warum Sie heute hier sind? Kennen Sie denn unsere Firma bereits? In welchem Bereich würden Sie denn gern arbeiten? Und wo, würden Sie sagen, liegen Ihre Stärken und was können Sie besonders gut? Warum machen Sie nicht erst einmal ein Praktikum bei uns in der Holz-Abteilung?). Anschließend üben die TN in Partnerarbeit mithilfe der Fragen kleine Messegespräche. Gehen Sie herum und helfen Sie bei Schwierigkeiten.		

UNTERHALTUNG

Folge 2: Ein Abend, der nicht so toll war.

Einstieg in das Thema „Unterhaltung"

	Form	Ablauf	Material	Zeit
1		**Vor dem Hören / Beim Hören: Vermutungen äußern und überprüfen**		
a	EA/PA ⟷	1. Die TN betrachten die Fotos. Zeigen Sie auf die Fotos und fragen Sie: „Was passiert in der Geschichte mit Ella, Vivi und Max? Was meinen Sie?". Klären Sie gemeinsam mit den TN neuen Wortschatz, wie „die Serie", „die Folge" und „der Darsteller". Die TN schreiben zu jedem Foto ein bis zwei Sätze. Geübtere TN lösen die Aufgabe in Stillarbeit, ungeübtere TN arbeiten zu zweit. Abschlusskontrolle im Plenum. Wer möchte, stellt seine Version der Geschichte kurz vor. *Musterlösung: 1 Ella, Vivi und Max wollen einen Film zusammen sehen. Max darf den Film aussuchen. 2 Max findet die Darsteller lustig, aber Ella und Vivi langweilen sich. 3 Die Freundinnen gehen nach Hause und diskutieren über den Film. 4 Zu Hause schauen Max, Vivi und Ella ihre Lieblingsserien.*	Folie/IWB	
b	EA/PA	2. Die TN hören die Foto-Hörgeschichte. Dabei vergleichen sie mit ihren Lösungen in Aufgabe 1a.	CD 1/15–18	
	PL	3. Abschlusskontrolle im Plenum. Fragen Sie: „Was ist mit Ella, Vivi und Max wirklich passiert? Was ist in Ihrer Geschichte anders?". Die TN nennen Unterschiede zwischen der Foto-Hörgeschichte und ihrer eigenen Geschichte. Zur Verdeutlichung können sie sich dabei auf die einzelnen Fotos beziehen.	Folie/IWB	
2		**Erweiterungsaufgabe: „Ellas Kolumne": Hauptaussagen verstehen / Schlüsselinformationen identifizieren**		
a	EA/PA ⟷	1. Deuten Sie auf „Ellas Kolumne" und fragen Sie: „Was möchte Ella wissen? Worum geht es in Dianas Serie? Worum geht es in Slavojs Serie?". Die TN lesen die Kolumne und markieren die Schlüsselstellen. Geübtere TN lösen die Aufgabe in Stillarbeit, ungeübtere TN arbeiten zu zweit.		
	PA	2. Die TN beantworten die Fragen. Verweisen Sie dabei auf die Redemittel in der Sprechblase und schreiben Sie bei Bedarf auch „Es geht um … (+ Akk.)" an die Tafel. Abschlusskontrolle im Plenum. Gehen Sie anschließend ggf. auf Wortschatzfragen ein. *Musterlösung: Ella möchte wissen, welche Serie die Leute selbst gern machen würden. In Dianas Serie geht es um einen Mann, der dauernd Pech hat, aber trotzdem immer optimistisch bleibt. In Slavojs Serie geht es um eine Köchin in einem tollen Restaurant, deren Essen die Leute am liebsten täglich essen möchten.*		
b	EA	3. Fragen Sie: „In welchem Gespräch geht es um Dianas Serie und in welchem um Slavojs Serie?" Die TN hören zwei Gespräche und ordnen zu. Abschlusskontrolle im Plenum. *Lösung: Dianas Serie 2, Slavojs Serie 1*	Folie/IWB, CD 1/19–20	
	EA/PA ⟷	4. *fakultativ:* Wenn Ihre TN Serien mögen, können sie über ihre eigene Traumserie schreiben. Geübtere TN schreiben in Stillarbeit einen freien Text. Sie können sich dabei an den beiden Texten von Diana und Slavoj orientieren. Ungeübtere TN erhalten die Kopiervorlage, die ihnen als Gerüst dienen soll. Sie können wahlweise allein oder zu zweit arbeiten.	KV L2/Foto-Hörgeschichte	

3		Anwendungsaufgabe: Über Serien sprechen		
	GA	1. Fragen Sie: „Sehen Sie gern Serien? Wenn ja, welche? Wenn nicht, warum nicht?". Drei TN lesen die Beispiele in den Sprechblasen vor. Dann finden sich die TN in Kleingruppen von drei bis vier TN zusammen und tauschen sich über Serien aus. Gehen Sie herum und helfen Sie bei Schwierigkeiten.		
	Ellas Film	In „Ellas Film" sehen die TN Ella und Vivi im Park. Ella versucht, mit Vivi über den gestrigen Abend mit Max zu sprechen, aber Vivi ist in einen Chat auf ihrem Smartphone vertieft und hört ihr gar nicht richtig zu. Sie können den Film zur Vertiefung der Diskussion über die Foto-Hörgeschichte selbst bzw. zum Thema „Lieblingsserien" einsetzen und dadurch die Festigung des neuen Wortschatzes fördern. Sie können den Film aber auch im Anschluss an D2 als Impuls zu einer Diskussion über die Nutzung sozialer Netzwerke nutzen. Dazu können Sie z.B. zusammen mit den TN einen Fragebogen erarbeiten, anhand dessen sich die TN dann gegenseitig befragen oder auch eine Umfrage unter TN anderer Kurse machen. Die TN werten die Umfrage anschließend aus. *Hinweis:* Wenn viele Ihrer TN auch während des Unterrichts chatten, können Sie die Umfrage zum Anlass nehmen, mit ihnen darüber zu sprechen und Kursregeln zu vereinbaren.	„Ellas Film" Lektion 2	

A ... OBWOHL DU SIE SCHON ... GESEHEN HAST.

Nebensätze mit *obwohl*, Gradpartikeln *echt, total, ziemlich,* ...

Lernziel: Die TN können über Serien sprechen: Meinungen und Vorlieben ausdrücken sowie Gegensätze benennen.

	Form	Ablauf	Material	Zeit
A1		**Präsentation der Konjunktion *obwohl***		
	PL	1. Machen Sie zunächst einige alltagsbezogene Beispiele, um „obwohl" einzuführen: „... hat heute einen Regenschirm dabei, obwohl die Sonne scheint." Oder „... ist heute ohne Jacke in den Kurs gekommen, obwohl es ziemlich kalt ist." Es sollte deutlich werden, dass „obwohl" einen Kontrast oder Widerspruch ausdrückt.		
	EA/PA	2. Die TN lesen dann die Aufgabe im Buch und verbinden die Satzteile. Geübtere TN lösen die Aufgabe in Stillarbeit, ungeübtere TN arbeiten zu zweit. Abschlusskontrolle im Plenum: Schreiben Sie die drei Sätze auf Zuruf an die Tafel. *Lösung: a Max sieht die Serie an, obwohl er sie schon dreimal gesehen hat. b Ella und Vivi gehen, weil sie die Serie nicht lustig finden. c Ella und Vivi streiten sich, obwohl sie gute Freundinnen sind.*		

| | PL | 3. Deuten Sie auf die Beispielsätze an der Tafel und fragen Sie: „Was ist in den Sätzen mit ‚obwohl‘ und ‚weil‘ gleich und was ist anders?" Die TN nennen die Wortstellung im Nebensatz als Gemeinsamkeit. Markieren Sie die Konjunktionen sowie die Verben zur Verdeutlichung. Wenn es denn TN schwerfällt, den Unterschied zu benennen, machen Sie anhand eines einfachen Beispiels deutlich, dass die beiden Konjunktionen „weil" und „obwohl" unterschiedliche Bedeutungen haben: „… nimmt einen Regenschirm mit, weil es regnet." Und: „… nimmt einen Regenschirm mit, obwohl die Sonne scheint." Verweisen Sie an dieser Stelle auch auf den Grammatik-Kasten sowie auf die Grammatikübersicht 1 (Kursbuch, S. 30). Die kleine Schreibübung lösen die TN als Hausaufgabe oder wenn sie bei einer der folgenden Aufgaben schneller fertig sind als die anderen.
 Musterlösung Schreibaufgabe: Gestern bin ich mit dem Fahrrad gefahren, obwohl es geregnet hat. Letzte Woche habe ich gearbeitet, obwohl ich stark erkältet war. Letztes Jahr bin ich mit meiner Familie nach Italien gefahren, obwohl ich lieber nach Spanien geflogen wäre. Morgen fahre ich zu meiner Schwester, obwohl wir uns erst am Wochenende gesehen haben. | | |
| | EA/HA | Arbeitsbuch 1 | | |

A2		**Anwendungsaufgabe zu Nebensätzen mit *weil* und *obwohl***		
a	EA	1. Deuten Sie auf die Fotos und fragen Sie: „Welches Foto passt zu welchem Hörtext?" Die TN sehen sich die Fotos an, hören die Hörtexte und ordnen zu. Abschlusskontrolle im Plenum. *Lösung: 1 B, 2 C, 3 A*	Folie/IWB, CD 1/21–23	
b	EA/PA ⟷	2. Fragen Sie: „Wer sagt was?". Die TN lesen die Aussagen und kreuzen an. Geübtere TN lösen die Aufgabe in Stillarbeit, ungeübtere arbeiten zu zweit. Abschließend hören die TN die Hörtexte noch einmal an und vergleichen mit ihren Lösungen. Abschlusskontrolle im Plenum. Gehen Sie bei Bedarf auf Wortschatzfragen ein. *Lösung: Jonas 3, 4; Julia 2, 6; Sarah 1, 5*	CD 1/21–23	
c	EA/PA ⟷	3. Ein TN liest Beispiel 1 und die Lösung vor. Die TN verbinden die übrigen Sätze mit „weil" oder „obwohl". Geübtere TN lösen die Aufgabe in Stillarbeit, ungeübtere arbeiten zu zweit. Abschlusskontrolle im Plenum. *Lösung: 1 Obwohl ich kein Blut sehen kann, ist meine Lieblingsserie eine Krankenhausserie. / Meine Lieblingsserie ist eine Krankenhausserie, obwohl ich kein Blut sehen kann. 2 Weil ich Krimis liebe, ist meine Lieblingsserie natürlich eine Kriminalserie. / Meine Lieblingsserie ist natürlich eine Kriminalserie, weil ich Krimis liebe. 3 Obwohl sich das nicht besonders interessant anhört, ist die Serie wahnsinnig lustig. / Die Serie ist wahnsinnig lustig, obwohl sich das nicht besonders interessant anhört. 4 Obwohl ich alle Folgen schon kenne, sehe ich sie immer noch regelmäßig an. / Ich sehe die Folgen immer noch regelmäßig an, obwohl ich sie alle schon kenne. 5 Watson veröffentlicht alle Fälle im Internet, obwohl Holmes das nicht möchte. / Obwohl Holmes das nicht möchte, veröffentlicht Watson alle Fälle im Internet.*		
	EA/HA	Arbeitsbuch 2		
	EA/PA Wiederholung	Arbeitsbuch 3: im Kurs: Die Aufgabe dient der Wiederholung der Konjunktionen „trotzdem" und „deshalb", die die TN bereits aus *Schritte plus Neu 4 / Lektion 8 und 11* kennen. Verweisen Sie hier auf die Inversion im Hauptsatz.		
	EA/HA	Arbeitsbuch 4		
	EA/HA ⟷	Arbeitsbuch 5–6: im Kurs: Alle TN kreuzen in Übung 5 die passenden Konjunktionen an. Wer schneller fertig ist, bearbeitet auch Übung 6. Hier sollen anhand der Stichpunkte freie Sätze formuliert werden, allerdings unter Verwendung der passenden Konjunktion. Wenn Sie die Übungen als Hausaufgabe aufgeben, bearbeiten alle TN beide Übungen.		

A3		Präsentation der Gradpartikeln		
a	EA	1. Die TN hören das Gespräch und ergänzen dabei die Gradpartikeln. Dann hören sie das Gespräch noch einmal und vergleichen. Abschlusskontrolle im Plenum. *Lösung: echt, überhaupt nicht, total, nicht besonders, ziemlich, gar nicht, besonders*	CD 1/24	
	PL	2. Machen Sie deutlich, dass man mithilfe von Gradpartikeln eine Aussage verstärken bzw. abschwächen kann. Spielen Sie das Gespräch noch einmal vor. Die TN entscheiden, welche Partikeln sie verstärkend, welche abschwächend finden. *Hinweis: Bei „ziemlich" hängt die Bedeutung von der Betonung ab: Wenn „ziemlich" betont ist, bedeutet es „sehr", wenn dagegen das dazugehörige Adjektiv betont ist, hat es abschwächende Funktion. Lesen Sie den Satz „Ich finde die sogar ziemlich schlecht." mit unterschiedlicher Betonung vor. Die TN entscheiden, was jeweils gemeint ist. Machen Sie noch einige weitere Beispiele, um den Unterschied zu verdeutlichen.*		
b	EA/PA ◀━━▶	3. Die TN lesen die Sätze in a noch einmal und ergänzen die Tabelle. Geübtere TN lösen die Aufgabe in Stillarbeit, ungeübtere TN arbeiten zu zweit. Abschlusskontrolle im Plenum. Verweisen Sie hier auch auf die Grammatikübersicht 2 (Kursbuch, S. 30). *Lösung: ++ total, echt; - nicht so; -- überhaupt nicht, gar nicht*		
	EA/HA	Arbeitsbuch 7		
	EA/HA ◀━━▶	Arbeitsbuch 8–9: im Kurs: Alle TN kreuzen die passenden Gradpartikeln in Übung 8 an. Geübtere TN bearbeiten außerdem Übung 9, wo sie unter Verwendung der vorgegebenen Gradpartikeln freie Sätze schreiben sollen.		
	EA/HA	Arbeitsbuch 10		

A4		Aktivität im Kurs: Lieblingsserien präsentieren		
a	PL	1. Fragen Sie die TN, welche Serien sie besonders gern mögen. Sammeln Sie die Titel an der Tafel und fordern Sie TN mit gleichen Vorlieben auf, sich zusammenzusetzen. Geben Sie denjenigen, die keine Serien mögen, ebenfalls die Möglichkeit, zusammenzuarbeiten.		
	GA	2. Die TN sehen sich das Beispiel im Buch an und erstellen analog ein Plakat zu ihrer Lieblingsserie. Die TN können das Plakat wahlweise auf Papier oder mithilfe einer geeigneten App erstellen. *Hinweis: Das Plakat sollte nur stichpunktartige Informationen enthalten, keine vollständigen Sätze, da es den TN lediglich als Stichwortzettel für die mündliche Präsentation dienen soll. Gruppen, die schneller fertig sind, erstellen zusätzlich ein Plakat zu einer Serie, die sie gar nicht mögen.*	DIN-A3-Papier, Tablets	
b	PL	3. Gehen Sie mit den TN gemeinsam die Redemittel durch und notieren Sie bei Bedarf, ob jeweils der Nominativ, Akkusativ oder Dativ folgt.		
	GA	4. Geben Sie den TN ca. 10–15 Minuten Zeit, die mündliche Präsentation ihrer (Lieblings)Serie unter Verwendung der vorgegebenen Redemittel zu üben. Das Plakat aus a dient dabei als Gedankenstütze. *Hinweis: Einige der TN sind sicher nicht gewohnt, vor einer Gruppe – mit oder ohne technische Unterstützung – etwas zu präsentieren. Andere kennen das vielleicht aus ihrer beruflichen Praxis, haben aber noch nicht auf Deutsch präsentiert. Bei der Präsentation sollen deshalb alle Gruppenmitglieder aktiv sein. Bitten Sie die TN, bereits in der Vorbereitung abzusprechen, wer welchen Teil präsentiert. Haben einige Gruppen ihre Präsentation mit einer App erstellt, stellen Sie sicher, dass zur Präsentation ein Beamer/IWB zur Verfügung steht und die Technik funktioniert!*		

TiPP		Wenn Sie möchten, dass Ihre TN bei Präsentationen im Kurs möglichst frei sprechen, integrieren Sie Präsentationen regelmäßig in Ihren Unterricht. Fordern Sie die TN auf, sich die wichtigsten Stichpunkte und Redemittel zu ihrer Präsentation auf einen Stichwortzettel zu notieren, und geben Sie ihnen Zeit, ihre Präsentation, wenn möglich, mehrmals laut zu sprechen und ggf. auch den Umgang mit der Technik zu üben, bevor sie etwas vor dem ganzen Kurs präsentieren.		
	PL/GA	5. Die TN präsentieren ihre (Lieblings)Serie. Die anderen TN hören aufmerksam zu und notieren sich Stichpunkte zu möglichen Fragen.	Beamer/IWB, Plakat	
	GA	6. Geben Sie den anderen Gruppen nach der Präsentation 2–3 Minuten Zeit, ihre Fragen abzusprechen und zu formulieren. Einige Beispiele dazu finden sie in den Sprechblasen.		
	PL/GA	7. Die Gruppe beantwortet gemeinsam die Rückfragen der anderen Gruppen.		
	PL	8. Verweisen Sie abschließend auf die Redemittelübersicht „Die Lieblingsserie beschreiben: In der Serie geht es um ...“ (Kursbuch, S. 30) und fordern Sie die TN auf, als Hausaufgabe wahlweise über ihren Lieblingsfilm, ihr Lieblingsbuch oder ein anderes Lieblingsmedium zu schreiben. Das Plakat aus Aufgabe A4 bzw. ihre mündliche Präsentation dient dabei als Vorlage.		
	EA/PA	9. *fakultativ:* Wenn Sie mit Ihren TN weiter das freie Schreiben üben möchten, können Sie hierzu den Lesetext „Frau Holle“ aus der Rubrik „Zwischendurch mal ...“ (Kursbuch, S. 32) als Ausgangspunkt verwenden. Nachdem die TN die Aufgaben gelöst und das Lösungswort gefunden haben, schreiben die TN die Fortsetzung der Geschichte in der richtigen Reihenfolge auf. Fordern Sie die TN auf, nach Möglichkeit Sätze mit „weil“, „deshalb“, „trotzdem“ und „obwohl“ zu formulieren, um einen fließenden Text zu gestalten.	ZDM	
Projekt		Wenn sich Ihre TN als Serienfans erweisen oder sie Spaß an Serien gefunden haben, können Sie mit ihnen den Trailer zu „Jojo sucht das Glück“, einer Serie für Deutschlerner, ansehen. Auf der Homepage der *Deutschen Welle* www.dw.com/de/deutsch-lernen finden Sie neben dem Trailer auch zahlreiche Folgen der Serie und zugehörige interaktive Übungen ab Stufe B1, die die TN allein zu Hause bearbeiten und so ihre Deutschkenntnisse anwenden und vertiefen können. Durch erste Erfolgserlebnisse mit „Jojo sucht das Glück“ würde auch die Hemmschwelle, deutsches Fernsehen oder Kinofilme anzusehen, reduziert.		

B EINE KÖCHIN, DIE UNGLAUBLICH GUT KOCHEN KANN

Relativpronomen und Relativsätze im Nominativ, Akkusativ und Dativ

Lernziel: Die TN können Eigenschaften von Dingen und Personen benennen.

	Form	Ablauf	Material	Zeit
B1		**Präsentation der Relativpronomen und Relativsätze im Nominativ**		
a	PL	1. Erinnern Sie die TN an „Ellas Kolumne“ (Kursbuch, S. 23) und fragen Sie sie, an welche Details zu Dianas und Slavojs Wunschserie sie sich erinnern. Sammeln Sie eventuell Stichpunkte an der Tafel.		

	EA/PA	2. Lesen Sie den Satzanfang 1 vor und lassen Sie die TN den passenden Relativsatz finden. Die TN verbinden die übrigen Sätze. Geübtere TN lösen die Aufgabe in Stillarbeit, ungeübtere TN arbeiten zu zweit zusammen. Abschlusskontrolle im Plenum. Gehen Sie ggf. auf Wortschatzfragen ein. *Lösung: 1 Mein Serienheld wäre ein Mann, der immer optimistisch bleibt. 2 Meine Hauptfigur wäre eine Köchin, die unglaublich gut kochen kann. 3 In meiner Serie geht es um ein Ehepaar, das eine Flüchtlingsfamilie bei sich aufnimmt. 4 Meine Hauptfiguren wären Hip-Hop-Musiker, die zusammen durch die ganze Welt reisen.* *Hinweis:* Gehen Sie an dieser Stelle noch nicht auf die Grammatik ein. Die TN sollen die Regeln am Ende der Aufgabe selbst herausfinden.		
	PL	3. Schreiben Sie Satz 1 an die Tafel und fragen Sie die TN, woran sie erkannt haben, was zusammengehört. Die TN nennen das Relativpronomen und eventuell die Verbform im Nebensatz. Markieren Sie beides: Mein Serienheld wäre ein Mann , der immer optimistisch bleibt. Schreiben Sie dann auch die anderen Beispiele der Aufgabe an die Tafel und verfahren Sie ebenso. Erläutern Sie dann, dass sich der gesamte Relativsatz auf das vorangehende Wort, hier „ein Mann", bezieht und dieses näher erläutert, also in diesem Fall weitere Informationen zu „ein Mann" liefert. Zeigen Sie anhand der Beispiele, dass sich die Form des Relativpronomens in Genus und Numerus nach dem Wort richtet, auf das es sich bezieht, die Relativpronomen aber mit den bestimmten Artikeln identisch sind. Betonen Sie noch einmal, dass Relativsätze Nebensätze sind, das konjugierte Verb also am Ende steht. Weisen Sie abschließend auch auf den Grammatik-Kasten hin, in dem die Relativpronomen mit Genusfarben gekennzeichnet sind. Verbinden Sie zur Verdeutlichung des Zusammenhangs an der Folie / am IWB auch hier noch einmal die Relativpronomen und die Substantive, auf die sie sich beziehen, mit einem rückwärtsweisenden Pfeil.	Folie/IWB	
b	PA	4. Die TN lesen die Aufgabe und schreiben paarweise drei eigene Sätze mit Relativpronomen im Nominativ. Gehen Sie herum und helfen Sie bei Schwierigkeiten. *Hinweis:* Stellen Sie sicher, dass zunächst nur Relativsätze im Nominativ formuliert werden und alle Sätze korrekt sind, bevor diese zerschnitten und zum Weiterüben genutzt werden. Fehlerhafte Beispielsätze wären hier kontraproduktiv.		
	PA	5. Wer fertig ist und Ihnen seine Sätze gezeigt hat, zerschneidet Haupt- und Nebensatz und tauscht sein Satzpuzzle mit einem anderen Paar. Dieses versucht, die Sätze wieder richtig zu kombinieren. Die Urheber der Sätze kontrollieren anschließend. *Variante:* Die TN notieren ihre korrekten Sätze noch einmal auf einem Kontrollblatt, das zusammen mit den Satzteilen verdeckt am Tisch liegen bleibt, während die Paare nun im Uhrzeigersinn von einem Tisch zum anderen wandern, die Satzteile zusammenfügen und ihre Sätze mithilfe des Kontrollblattes kontrollieren. Die Rotation wird so lange fortgesetzt, bis alle wieder an ihrem eigenen Platz angekommen sind.		
	EA/PA/HA Grammatik entdecken	**Arbeitsbuch 11:** im Kurs: Sehen Sie sich zusammen mit den TN Satz 1 an. Fragen Sie die TN, wie „dieser Film", „Er" und das Relativpronomen „der" zusammenhängen. Die TN erkennen, dass alle drei maskulin sind und sowohl das Personalpronomen als auch das Relativpronomen im Nominativ steht. Anschließend markieren die TN die Substantive und Personalpronomen wie im Beispiel und schreiben den entsprechenden Relativsatz. Geübtere TN bearbeiten die Übung in Stillarbeit, ungeübtere TN arbeiten zu zweit. In b ergänzen die TN die Tabelle mit den Relativsätzen aus a und machen sich dann anhand der Tabelle noch einmal Folgendes bewusst: Relativsätze sind Nebensätze, daher stehen die konjugierten Verben am Ende des Nebensatzes. Zwischen dem Genus des Substantivs, auf das sich der Relativsatz bezieht, dem Verb (der Verbvalenz) im Relativsatz und dem Relativpronomen besteht ein Zusammenhang, der sich in Genus, Numerus und Kasus des Relativpronomens widerspiegelt.		

B2		Präsentation der Relativpronomen und Relativsätze im Akkusativ und Dativ		
a	PL	1. Deuten Sie auf die Fotos und fragen Sie die TN, ob sie die abgebildeten Musiker kennen, ob sie Hip-Hop mögen und ob sie eventuell auch andere (deutschsprachige) Hip-Hop-Musiker/Gruppen kennen. Fragen Sie aber auch nach anderer deutschsprachiger Musik, die die TN kennen. Erstellen Sie so sukzessive zusammen mit den TN an der Tafel ein Assoziogramm zu deutschsprachiger Musik.	Folie/IWB	
	EA	2. Die TN lesen den Text und ergänzen das Assoziogramm ggf. um weitere Namen.		
b	PA	3. Die TN lesen den Text in a noch einmal und ergänzen dabei mit ihrer Partnerin / ihrem Partner die drei Wortigel im Buch. *Variante:* Die TN finden sich in Dreiergruppen zusammen und verteilen die Abschnitte untereinander. Die TN lesen ihren Abschnitt noch einmal und ergänzen den jeweiligen Wortigel im Buch. Anschließend erzählen sie sich gegenseitig über „Die Fantastischen Vier" (bekannt als „Fanta Vier"), „Kollegah" und „Megaloh" und ergänzen die jeweils anderen beiden Wortigel im Buch. Abschlusskontrolle im Plenum. *Lösung: Die Fantastischen Vier: Texte lustig und positiv, „Neue Schule", Wortwitz und Humor, Partymusik, soll Spaß machen; Kollegah: „Gangsta-Rapper", Gewalt, Geld, Kriminalität, spricht schlecht über Frauen oder Homosexuelle, wird kritisiert, verdient viel Geld, 2015 erfolgreichster deutscher Musiker; Megaloh: ausländische Wurzeln, holländisch-nigerianisch, soziale Themen: Arbeitslosigkeit, Rassismus, Leben auf der Straße, Probleme von Migranten, Job als Lagerarbeiter, Traum: von der Musik zu leben, schwieriger Weg*		
	PA	4. Schreiben Sie Folgendes an die Tafel: Das ist der Berliner, der holländisch-nigerianische Wurzeln hat. Das ist der Berliner, den man unter dem Namen Megaloh kennt. Fordern Sie die TN auf, die beiden Sätze miteinander zu vergleichen. Sie werden feststellen, dass die beiden Formen der Relativpronomen nicht übereinstimmen. Markieren Sie auf Zuruf die Relativpronomen und die Substantive, auf die sie sich beziehen, und verbinden Sie diese mit einem Pfeil. Markieren Sie ebenfalls die Verben im Relativsatz. Das ist der Berliner, der holländisch-nigerianische Wurzeln hat. → Das ist der Berliner. Er hat holländisch-nigerianische Wurzeln. Das ist der Berliner, den man unter dem Namen Megaloh kennt. → Das ist der Berliner. Man kennt ihn unter dem Namen Megaloh. Die TN werden sehen, dass das Relativpronomen im ersten Beispiel für das Personalpronomen „er" (Nominativ) steht, aber im zweiten Satz für das Personalpronomen „ihn" (Akkusativ). Dementsprechend stehen die Relativpronomen ebenfalls im Nominativ bzw. Akkusativ.		

		Fordern Sie die TN abschließend auf, die Formen der Relativpronomen im Nominativ und Akkusativ zu vergleichen. Sie werden feststellen, dass sich nur die maskulinen Formen „der" bzw. „den" unterscheiden, während alle anderen Formen im Nominativ und Akkusativ identisch sind. Machen Sie ein analoges Beispiel zu den Relativpronomen im Dativ: Das ist der Job, mit dem Megaloh sein Geld verdient. → Das ist der Job. Mit ihm verdient Megaloh sein Geld. Verweisen Sie abschließend auf die beiden Grammatik-Kästen im Buch und machen Sie die TN darauf aufmerksam, dass die Relativpronomen auch im Dativ mit den bestimmten Artikeln identisch sind – mit einer Ausnahme: „denen" im Dativ Plural. Weisen Sie auch auf die Grammatikübersicht 3 (Kursbuch, S. 30) hin. Die kleine Grammatik- und Schreibaufgabe erledigen die TN als Hausaufgabe und geben sie Ihnen zur Korrektur ab. Wenn Sie Zeit dazu haben, können Sie einen kleinen Wettbewerb veranstalten und die originellsten, witzigsten, romantischsten etc. Antworten wählen lassen und prämieren. *Lösung Schreibaufgabe: die, den, das*		
EA/PL/HA Grammatik entdecken		Arbeitsbuch 12: im Kurs: Die TN ergänzen die Relativpronomen im Akkusativ. Die Sätze in der Klammer helfen ihnen dabei. In b ergänzen die TN die Tabelle mit den Relativsätzen aus a und machen sich dann anhand der Tabelle noch einmal Folgendes bewusst: Relativsätze sind Nebensätze, daher stehen die konjugierten Verben am Ende des Nebensatzes. Zwischen dem Genus des Substantivs, auf das sich der Relativsatz bezieht, dem Verb (der Verbvalenz) im Relativsatz und dem Relativpronomen besteht ein Zusammenhang, der sich in Genus, Numerus und Kasus des Relativpronomens widerspiegelt.		
	EA/HA	Arbeitsbuch 13–15		

B3		**Anwendungsaufgabe zu Relativpronomen im Nominativ, Akkusativ und Dativ**		
	EA/PA ⟷	1. Die TN ergänzen die kleinen Texte über Megaloh und Stefanie Kloß. Wer früher fertig ist, sucht im Internet nach einem Videoclip zu Musik von Megaloh, Silbermond oder einer Band/einem Musiker aus dem Text in B2 und spielt es den anderen später vor. Abschlusskontrolle im Plenum. *Lösung: a dem, der; b die, die, der*		
	GA ⟷	2. *fakultativ:* Wenn Sie mit Ihren TN die Relativpronomen weiter auf spielerische Weise üben wollen, können Sie an dieser Stelle die Kopiervorlage einsetzen. Kopieren Sie die Kopiervorlage für jede Gruppe einmal, laminieren Sie sie, wenn möglich, und schneiden Sie die Karten aus. Jede Kleingruppe von drei bis vier TN erhält einen Kartensatz. Die Karten werden gut gemischt und verdeckt auf den Tisch gelegt. Jeder zieht reihum eine Karte und ergänzt den Satz. Zur Kontrolle wird die Karte auf den Tisch gelegt, sodass alle den Satz sehen können. Ist dieser richtig, darf der Spieler die Karte behalten. Ist er falsch, wird die Karte wieder unter den Stapel gelegt und kann zu einem späteren Zeitpunkt erneut gezogen werden. Wer am Schluss die meisten Karten hat, hat gewonnen. Gehen Sie herum und korrigieren Sie, wenn nötig. *Hinweis:* Sie können bei Gruppen von vier TN auch Zweierteams bilden lassen, sodass ungeübte TN am Ende nicht ganz leer ausgehen. Achten Sie in dem Fall aber darauf, dass ungeübte TN mit jemandem zusammenspielen, der sie nicht übergeht/übertrumpft, sondern unterstützt und ermutigt. Andernfalls lernen sie bei diesem Spiel nichts.	KV L2/B3	
	PL/EA	3. *fakultativ:* Zur Erweiterung des Themas „Musik" können Sie auf den Hörtext „Mein Lieblingssong – Tausendmal gehört" aus der Rubrik „Zwischendurch mal ..." (Kursbuch, S. 32) zurückgreifen und zum Abschluss das Lied „Tausendmal berührt" von Klaus Lage anhören.	ZDM	

EA/HA	Arbeitsbuch 16			
EA/HA	Arbeitsbuch 17–18: im Kurs: Alle TN bearbeiten Übung 17. Geübtere TN schreiben außerdem Sätze zu den Personen in Übung 18. Wenn Sie die Übungen als Hausaufgabe aufgeben, bearbeiten alle TN beide Übungen.			
EA/HA	Arbeitsbuch 19			

B4	**Aktivität im Kurs: Kursumfrage „Kennst du jemanden, der …?"**			
EA/PA	1. Die TN markieren die Verben im Nebensatz. Fordern Sie sie auf, die Verbrektion (Nominativ, Dativ oder Akkusativ) im Wörterbuch oder in einer Grammatik nachzuschlagen. Erst wenn geklärt ist, welchen Kasus die Verben regieren, können die TN die Aufgabe selbstständig lösen. Geübtere TN lösen die Aufgabe in Stillarbeit, ungeübtere TN arbeiten zu zweit.			
EA/PA	2. Die TN ergänzen die Fragen im Buch. Geübtere TN lösen die Aufgabe in Stillarbeit, ungeübtere TN arbeiten zu zweit. Abschlusskontrolle im Plenum. *Lösung: 2 die, 3 die, 4 der, 5 der, 6 dem, 7 das, 8 die, 9 der, 10 den*			
PL	3. Zwei TN lesen die Sprechblasen vor. Deuten Sie auf die rechte Spalte und erklären Sie, dass die TN den Namen der Person, die die Frage mit Ja beantworten kann, hinter der Frage notieren sollen. Ziel ist es, möglichst zu jeder Frage eine Person zu finden, die diese mit Ja beantworten kann, sprich am Ende hinter jeder Frage einen Namen notiert zu haben. Verweisen Sie an dieser Stelle auch auf die Redemittelübersicht „Sich nach Personen erkundigen: Kennst du …?" (Kursbuch, S. 31).	Folie/IWB		
WPA	4. Die TN bewegen sich im Raum und befragen wechselnde Partner. Hat jemand eine Frage mit Ja beantwortet, wechselt man zum nächsten freien Partner. Wer frei ist, hebt für alle sichtbar seinen Arm. Geben Sie eine Zeit vor, z. B. 10 Minuten. Achten Sie aber auch darauf, wann die Listen in etwa gefüllt sind.			
PL	5. Alle stellen sich in einen Kreis. Fragen Sie: „Wer hat einen Freund, dem immer alles gelingt?". Die TN nennen die entsprechenden Namen und die genannten Personen treten in den Kreis. Fragen Sie weiter: „Wer hat eine berühmte Person genannt, die er gern mal treffen möchte?" Ein TN stellt die nächste Frage etc.			
PL/EA	6. *fakultativ:* Zum Abschluss von Lernschritt B können Sie das Lied „Die Serie, die ich so gerne seh'" in der Rubrik „Zwischendurch mal …" (Kursbuch, S. 33) einsetzen.	ZDM		
EA/HA	Arbeitsbuch 20–22: im Kurs: Die TN hören Übung 20 und markieren die Endungen wie im Beispiel. Dann hören sie den Track noch einmal und sprechen die Wörter nach. Fragen Sie die TN, was ihnen auffällt (auch „-ig" wird wie „-ich" realisiert). Erklären Sie, dass in Süddeutschland, Österreich und in der Schweiz „ig" auch als „-ig" gesprochen wird. Zeigen Sie anhand von Übung 20, dass das „g" innerhalb eines Wortes, also nicht im Auslaut, gesprochen wird. Wenn Ihre TN Probleme haben, „ch" und „sch" zu unterscheiden, können Sie sie mit Übung 21 für den Unterschied sensibilisieren. Die TN hören die Beispiele (mehrfach) und kreuzen an. Anschließend hören die TN Übung 22 und ergänzen „ch" oder „sch". Zur Vertiefung des Gelernten können die TN die Wörter anschließend nachsprechen. Sie können aber auch umgekehrt vorgehen und die TN zuerst ergänzen und sprechen lassen. Dann hören und vergleichen sie.	AB-CD 1/4–6		

C WIE WÄRE ES, WENN …?

Lernziel: Die TN können in einer Diskussion einen Konsens finden.

	Form	Ablauf	Material	Zeit
C1		**Leseverstehen: Die wesentlichen Inhalte verstehen**		
	PL	1. Deuten Sie auf die Plakate im Buch und fragen Sie: „Worum könnte es in diesen Filmen gehen? Was könnte das Thema sein?". Die TN sehen sich die Plakate an, lesen die (Unter)Titel und stellen Vermutungen an. Notieren Sie neuen Wortschatz an der Tafel.		
	EA/PA ⟷	2. Die TN lesen die Texte und ordnen sie den Plakaten zu. Geübtere TN lösen die Aufgabe in Stillarbeit, ungeübtere TN arbeiten zu zweit. Abschlusskontrolle im Plenum. Fragen Sie die TN, an welchen Schlüsselwörtern sie erkannt haben, zu welchem Film die Beschreibung passt. Klären Sie anschließend neuen Wortschatz, wie „verlassen", „auswandern", „begleiten" etc. *Lösung: 1 B, 2 A, 3 C*		
	EA/PA/HA Schreib-training ⟷	Arbeitsbuch 23: im Kurs: a Die TN lesen Lianes E-Mail und markieren die Antworten zu den Fragen farbig, wie im Beispiel vorgegeben. Geübtere TN lösen die Aufgabe in Stillarbeit, ungeübtere TN arbeiten zu zweit. Vergleichen Sie die Antworten im Plenum, um sicherzugehen, dass alle die E-Mail verstanden haben. Zusatzfrage: „Was sollen die Gäste Liane mitteilen und was sollen sie mitbringen?" b Die TN lesen die Aufgabenstellung sowie die Redemittel im Buch und schreiben eine Antwort an Liane. Fordern Sie die TN auf, die neuen Redemittel sowie Relativsätze und Konjunktionen in ihrer Antwort zu verwenden, um das in dieser Lektion Gelernte anzuwenden. Sagen Sie den TN, dass Sie darauf bei der Korrektur besonders achten werden. Verweisen Sie an dieser Stelle auch noch einmal auf die Redemittelübersicht „Die Lieblingsserie beschreiben: In der Serie geht es um …" (Kursbuch, S. 30). Geübtere TN lösen die Aufgabe in Stillarbeit; ungeübtere TN arbeiten zu zweit, einigen sich aber vorher auf einen Film, den sie beide mögen. Geben Sie die Arbeitszeit vor, z. B. 20 Minuten. Gehen Sie herum und helfen Sie bei Schwierigkeiten. Wer schneller fertig ist, sucht im Internet nach einem Trailer zu seinem Lieblingsfilm. Diesen können sich interessierte TN dann in der Pause ansehen. Wenn noch Zeit ist, können einige TN ihren Lieblingsfilm im Plenum vorstellen. Sammeln Sie die schriftlichen Produkte der TN zur Korrektur ein, auch, wenn Sie diese als Hausaufgabe geschrieben haben.		
	EA/HA	Arbeitsbuch 24		
C2		**Aktivität im Kurs: Diskussion**		
a	PL	1. Machen Sie anhand des Beispiels deutlich, dass in jeder Kategorie ein Satz nicht passt und die TN herausfinden sollen, welcher das ist und in welche Kategorie er gehört.	Folie/IWB	
	PA	2. Die TN lesen die Redemittel und überlegen gemeinsam, welcher Satz jeweils in eine andere Kategorie gehört. Abschlusskontrolle im Plenum. Gehen Sie bei Bedarf auf Wortschatzfragen ein und verweisen Sie auch auf die Redemittelübersichten „Etwas vorschlagen: Lass uns doch …", „Etwas ablehnen: Das möchte ich wirklich nicht.", „Einen Gegenvorschlag machen: Ich mag lieber …" und „Zustimmen / sich einigen: Das ist ein guter Vorschlag!" (Kursbuch, S. 31). Erinnern Sie die TN bei der Gelegenheit auch an die Redemittel für Vorschläge in *Schritte plus Neu 4/* Lektion 12. Die kleine Schreibaufgabe erledigen die TN als Hausaufgabe und geben sie Ihnen zur Kontrolle ab oder präsentieren ihr Gespräch im Kurs. *Lösung: etwas vorschlagen: ~~Ich finde das nicht so gut.~~ Habt ihr Lust auf …? etwas ablehnen: ~~Ich bin (auch) dafür. Gute Idee!~~ Ich finde das nicht so gut. / Nein auf keinen Fall! einen Gegenvorschlag machen: ~~Nein, auf keinen Fall.~~ zustimmen / sich einigen: ~~Habt ihr Lust auf …?~~ Ich bin (auch) dafür. Gute Idee!*		

			Material	Zeit
b GA	3. Die TN arbeiten zu dritt. Jeder wählt einen anderen Film aus C1 und versucht, die anderen zu überzeugen, dass sie gemeinsam diesen Film sehen sollten. Am Ende sollen sie sich auf einen Film einigen. Fordern Sie die TN auf, möglichst viele der neuen Redemittel zu verwenden. Das Beispiel erleichtert ihnen den Diskussionseinstieg. Gehen Sie herum und helfen Sie bei Schwierigkeiten. Loben Sie aber auch, wenn es in den einzelnen Gruppen richtig gut läuft.		
PL	4. Fragen Sie die TN, auf welchen der drei Filme sie sich in den Gruppen jeweils geeinigt haben und warum. Die TN begründen ihre Wahl.		
TiPP	Motivieren Sie die TN, deutschsprachige Filme im Fernsehen oder im Kino anzusehen. Betonen Sie dabei, dass sie nicht jedes Wort verstehen müssen, um der Handlung folgen zu können. Zum Einstieg eignen sich Vorabendserien besonders gut, weil das Vokabular nicht zu kompliziert ist und sich die Handlungen wiederholen. Außerdem dauern sie meist nur eine halbe Stunde, sodass sich die TN gut konzentrieren können. So hat jeder ein kleines Erfolgserlebnis. Das erhöht die Lernmotivation.		
Projekt	Wenn sich Ihre TN für Spielfilme interessieren, können Sie dieses Thema weiter vertiefen. Fordern Sie die TN auf, aktuelle Fernsehzeitungen und Kinoprogramme zu sammeln und in den Unterricht mitzubringen oder online abzurufen. Die TN erstellen dann in Kleingruppen von drei bis vier TN ein Wandplakat oder eine Präsentation am Computer mit Fernseh- und Filmtipps für die kommende Woche. Wenn Sie Zeit dazu haben, können Sie in der darauffolgenden Woche darauf zurückkommen und die TN kurze Filmkritiken schreiben oder über Filme, die sie gesehen haben, berichten lassen. Vielleicht hat ja auch eine Gruppe von TN Freude daran, diesen „Service" weiterhin anzubieten oder einige TN beschließen, zusammen ins Kino zu gehen?		
EA/HA	Arbeitsbuch 25		
PA Prüfung	Arbeitsbuch 26: im Kurs: In a ergänzen die TN die Tabelle mit den Redemitteln aus Übung 25. In b ergänzen die TN die einzelnen Kategorien um weitere Redemittel, die sie in dieser Lektion kennengelernt haben. In c arbeiten die TN zu zweit. Sie lesen die Aufgabenstellung und machen sich, zunächst jede/r für sich, Notizen. Dann diskutieren sie mit ihrer Partnerin / ihrem Partner darüber und verwenden dabei die Redemittel in der Tabelle. Diese Übung bereitet auf die Prüfungen *Goethe-Zertifikat B1*, Sprechen, Teil 1, *Zertifikat Deutsch*, Sprechen, Teil 3 sowie den *Deutsch-Test für Zuwanderer*, Sprechen, Teil 3 vor, wo die TN anhand von Vorgaben zu zweit etwas planen sollen.		
TiPP	Fordern Sie die TN auf, die Redemittel der einzelnen Kategorien auf Kärtchen zu schreiben und diese ab sofort in Gruppendiskussionen als Stichwortkarten zu verwenden.		

D FERNSEHKONSUM

Lernziel: Die TN können eine Statistik zum Thema verstehen.

	Form	Ablauf	Material	Zeit
D1		**Eine Statistik verstehen**		
a	PL	1. Klären sie zunächst die Begriffe „Fernsehkonsum" und „Mediennutzungsdauer". Zeigen Sie, wie die TN Komposita entschlüsseln können, indem sie sie in ihre Einzelwörter zerlegen.		

	PL/PA	2. Deuten Sie auf die Grafik und fragen Sie: „Was meinen Sie? Welche Medien werden täglich wie lange genutzt?". Erklären Sie bei Bedarf, dass mit „Rundfunk" das Radio gemeint ist. Die TN stellen mit ihrer Partnerin / ihrem Partner Vermutungen an und ergänzen die Tabelle.	Folie/IWB	
b	EA/PA ⟷	3. Die TN lesen den Text zur Statistik und markieren dabei die einzelnen Medien farbig wie im Beispiel vorgegeben. Geübtere TN lösen die Aufgabe in Stillarbeit, ungeübtere TN arbeiten zu zweit. Abschlusskontrolle im Plenum. Gehen Sie dabei noch einmal auf die Komparation und auf die Vergleichspartikel „als" und „wie" ein, die die TN bereits aus *Schritte plus Neu 4 / Lektion 9* kennen. *Lösung: Fernsehen, Rundfunk, Internet, CD/MP3, Bücher, Zeitungen/Zeitschriften, DVD*		
c	PA	4. Die TN vergleichen ihre Vermutungen mit den Ergebnissen der Umfrage. Sie sprechen darüber, was sie überrascht hat, und stellen Vermutungen an, was der Grund für das Ergebnis sein könnte. Sie überlegen gemeinsam, wie die Umfrage in ihren Ländern ausgefallen wäre und warum.		
	PL	5. *fakultativ:* Die TN erzählen, welche Medien ihrer Erfahrung nach in ihren Ländern am beliebtesten sind, und begründen ihre Meinung.		
	EA/HA	Arbeitsbuch 27		

D2	Aktivität im Kurs: Über die eigene Mediennutzung sprechen		
a	EA	1. Die TN sehen sich das Beispiel an. Dann machen sie selbst eine Tabelle und tragen ein, welche Medien sie wie und wie oft nutzen. *Musterlösung:*		

	Was?	Wie oft? / Wie lange?	Wann? / Wo?
Fernsehen	*Krimis*	*am Wochenende*	*abends zu Hause*
Rundfunk	*Musik und Nachrichten*	*montags bis freitags etwa eine Stunde*	*morgens und abends im Auto*
Internet	*soziale Netzwerke, Suchmaschine*	*jeden Tag*	*immer wieder zwischendurch, überall*
CD / MP3	*Hörbücher*	*jeden Abend ca. eine halbe Stunde*	*im Bett zum Einschlafen*
Zeitungen / Zeitschriften	*Tageszeitung*	*täglich eine Stunde*	*morgens am Frühstückstisch*
Bücher	*historische Romane*	*mehrmals pro Woche*	*im Zug*
DVD	*Science-Fiction und Fantasy*	*einmal pro Woche für ca. 2 Stunden*	*am Abend zu Hause*

| b | PA | 2. Die TN fragen ihre Partnerin / ihren Partner, nach ihren/seinen Vorlieben und Gewohnheiten bezüglich verschiedener Medien. *Variante:* Wenn Sie Ihren TN Strukturierungshilfen geben wollen, können Sie das Wechselspiel von der Kopiervorlage einsetzen. Hier kreuzen die TN zunächst ihre bevorzugten Medien an oder ergänzen die Liste. Anschließend befragen sie ihre Partnerin / ihren Partner. Die Redemittel helfen ihnen dabei. | KV L2/D2 | |
| | EA/PL/ HA | **Arbeitsbuch 28:** im Kurs: Die TN hören eine Radiosendung, in der die Hörer danach befragt werden, wie sie sich über aktuelle Themen informieren. | AB-CD 1/7–10 | |

	GA	Wenn Sie noch Zeit haben, können Sie hier die Wiederholung zu Lektion 2 anschließen.	KV L2/Wiederholung	
Lektionstests		Einen Test zu Lektion 2 finden Sie hier im LHB auf den Seiten 170–171. Verweisen Sie auch auf den Selbsttest im Arbeitsbuch auf Seite 31.	KV L2/Test	

AUDIOTRAINING

	Form	Ablauf	Material	Zeit
Audiotraining 1: Obwohl ...				
	EA/HA	Die TN hören zwei Aussagen, z. B. „Petra sieht einen Krimi an." und „Sie hat ihn schon einmal gesehen." Die TN verbinden die Sätze mit „obwohl", z. B. „Petra sieht einen Krimi an, obwohl sie ihn schon einmal gesehen hat." Nach der Sprechpause hören die TN die korrekte Antwort.	CD 1/25	
Audiotraining 2: Wer ist das?				
	EA/HA	Die TN hören die Frage: „Wer ist das?" und Stichworte, wie z. B. „Mann – heiraten". Sie antworten mit einem Relativsatz, wie z. B. „Das ist der Mann, der heiratet." Nach der Sprechpause hören die TN die korrekte Antwort.	CD 1/26	
Audiotraining 3: Vorschläge für das Wochenende				
	EA/HA	Die TN hören verschiedene Aussagen. Sie hören z. B. den Vorschlag „Wir könnten doch einen Ausflug machen!" und sollen diesen im Wortlaut wiederholen. Dabei kommt es vor allem auf die Satzmelodie an. Nach der Sprechpause hören die TN die Aussage noch einmal.	CD 1/27	

ZWISCHENDURCH MAL ...

	Form	Ablauf	Material	Zeit
Hören		**Mein Lieblingssong – Tausendmal gehört (passt z. B. zu B3)**		
1	PL	1. Deuten Sie auf die Fotos und fragen Sie: „Von wann sind die Fotos? Wie alt sind die Personen heute? Was meinen Sie?". Die TN stellen Vermutungen an.	Folie/IWB	
2	PL	1. Die TN hören das Gespräch. Fragen Sie die TN, wer spricht und worüber die Personen sprechen.	CD 1/28	
	EA/PA	2. *fakultativ:* Wenn sich Ihre TN für (deutschsprachige) Musik interessieren und Sie den Wortschatz erweitern wollen, können Sie die Kopiervorlage einsetzen. Kopieren Sie das Arbeitsblatt für jeden TN und fordern Sie die TN auf, vor dem Hören den Abschnitt mit den Lösungen umzuknicken. Die TN hören das Gespräch noch einmal und kreuzen in Übung 1 an, was richtig oder falsch ist. Anschließend vergleichen sie mit den Lösungen. Dann hören die TN das Lied „Tausendmal berührt" von Klaus Lage (YouTube), ggf. zweimal, und bearbeiten Übung 2 in Partnerarbeit. Sie versuchen, gemeinsam herauszufinden, was die ausgewählten Ausdrücke bedeuten. Bei Bedarf können Sie das Lied (YouTube) noch einmal vorspielen. Abschlusskontrolle im Plenum.	KV L2/ZDM	

3	GA/HA	1. Fragen Sie: „Haben Sie einen Lieblingssong? An welche Personen oder Erlebnisse denken Sie dabei?" Die TN erzählen in Kleingruppen von drei bis vier TN von ihren Lieblingssongs. *Variante:* Die TN schreiben als Hausaufgabe einen Text über ihren Lieblingssong und die damit verbundenen Erinnerungen und geben Ihnen den Text zur Korrektur ab.		
Lesen		**Frau Holle (passt z.B. zu A4)**		
1	PL	1. Deuten Sie auf die Zeichnungen und fragen Sie, ob jemand das Märchen erkennt und den anderen erzählen kann, wer die Hauptpersonen sind. Der Text und der Titel bleiben dabei abgedeckt. Ergänzen Sie ggf., dass „Frau Holle" ein bekanntes Märchen der Gebrüder Grimm ist.	Folie/IWB	
		Die Brüder Jacob und Wilhelm Grimm sind bekannt unter dem Namen „Gebrüder Grimm". „Gebrüder" ist ein altes Wort für „Brüder". Die Gebrüder Grimm sind vor allem für ihre Märchensammlung berühmt. Sie haben die Geschichten, die damals viele Leute kannten, gesammelt und aufgeschrieben, also nicht selbst erfunden. Heute spricht man aber von „Grimms Märchen". Der erste Band der Märchensammlung ist 1812 erschienen.		
	EA/PA	2. Die TN lesen den Anfang des Märchens und kreuzen an, was richtig ist. Geübtere TN lösen die Aufgabe in Stillarbeit, ungeübtere TN arbeiten zu zweit. Abschlusskontrolle im Plenum. *Lösung: c, e*		
2	PA	1. Fragen Sie: „Wie geht das Märchen weiter?". Die TN lesen die Sätze und bringen sie mit ihrer Partnerin / ihrem Partner in eine sinnvolle Reihenfolge. Wer die richtige Reihenfolge gefunden hat, erhält als Lösungswort den Namen der fleißigen Tochter. *Lösung: 8 I, 1 G, 6 A, 9 E, 7 R, 3 L, 2 O, 5 M, 4 D; Lösungswort: Goldmarie* *Hinweis:* Wenn Sie sehr spiellustige oder wettbewerbsbegeisterte TN haben, können Sie für das Paar, das zuerst das richtige Lösungswort gefunden hat, einen Preis ausloben.		
	EA/PA/HA	2. *fakultativ:* Um das freie Schreiben und die Verwendung von Textkonnektoren zu üben, können Sie die TN auffordern, anhand der Sätze in 1 und 2 das Märchen noch einmal mit eigenen Worten zu erzählen. Dabei bieten sich Nebensätze mit „weil", „deshalb", „trotzdem" und „obwohl" an, um einen fließenden Text zu schreiben. Geübtere TN lösen die Aufgabe in Stillarbeit, ungeübtere TN arbeiten wahlweise alleine oder zu zweit. Die TN geben Ihnen ihren Text zur Korrektur ab.		
Lied		**Die Serie, die ich so gerne seh' ... (passt z. B. zu B4)**		
1	PL	1. Fragen Sie: „Um welches Problem geht es?". Die TN hören das Lied zum ersten Mal und beantworten anschließend die Frage.	CD 1/29	
	EA/PA	2. Deuten Sie auf die Zeichnungen und fragen Sie, was die Person eigentlich machen soll. Die TN hören das Lied noch einmal und kreuzen an. Geübtere TN lösen die Aufgabe in Stillarbeit, ungeübtere TN arbeiten zu zweit. Abschlusskontrolle im Plenum. *Variante:* Die TN kreuzen aus der Erinnerung an, was die Person machen soll, und kontrollieren ihre Lösungen dann beim zweiten Hören. *Lösung: A, C, D, G*	Folie/IWB, CD 1/29	

2	GA	1. Fragen Sie die TN, ob sie auch manchmal Dinge verschieben, auf die sie keine Lust haben. Die TN lesen das Beispiel und tauschen sich darüber in der Kleingruppe aus.		
3	PL	1. Die TN hören das Lied noch einmal und lesen mit. Wer möchte, kann auch mitsingen.	CD 1/29	

FOKUS ALLTAG: ÜBER EINKAUFSMÖGLICHKEITEN SPRECHEN

Die TN können über Vor- und Nachteile von Ratenzahlung sprechen.

	Form	Ablauf	Material	Zeit
1		**Leseverstehen: Verstehen, was Ratenkauf ist**		
	PL	1. Schreiben Sie „der Ratenkauf" an die Tafel und fragen Sie die TN, was das ist. Eventuell kann jemand das bereits anhand eines Beispiels erklären.		
	EA	2. Die TN lesen den Text und kreuzen dann an, welche der beiden Aussagen zutrifft. Abschlusskontrolle im Plenum. Geben Sie Gelegenheit zu Wortschatzfragen, wenn nötig. *Lösung: Man muss nicht sofort und auf einmal bezahlen, sondern man zahlt erst nach und nach. Die Ware kann man aber sofort mitnehmen.*		
2		**Hörverstehen: Argumente für und gegen Ratenkauf verstehen**		
a	PL	1. Fragen Sie: „Was hat Achmed gekauft?". Die TN hören den Anfang eines Gesprächs und kreuzen an. Abschlusskontrolle im Plenum. *Lösung: eine Spülmaschine*	AB-CD 1/11	
b	EA	2. Die TN lesen die Aussagen. Klären Sie bei Bedarf neuen Wortschatz, wie „Zinsen" und „Summe".		
	EA/PA ⟷	3. Deuten Sie auf die Aussagen im Buch und fragen Sie: „Welche Argumente hören Sie in dem Gespräch?". Die TN hören das Gespräch zu Ende, wenn nötig auch mehrmals, und kreuzen an. Geübtere TN lösen die Aufgabe in Stillarbeit, ungeübtere TN arbeiten zu zweit. Abschluss im Plenum. *Lösung: 1, 2, 3, 5, 6*	AB-CD 1/12	
c	EA	4. Die TN lesen die Aussagen in b noch einmal und markieren farbig, wie im Beispiel vorgegeben, welche Argumente für bzw. gegen den Ratenkauf sprechen. Abschlusskontrolle im Plenum. Fragen Sie die TN nach weiteren Argumenten und notieren Sie diese ggf. an der Tafel. *Lösung: Für den Ratenkauf: 1, 3, 7 / Gegen den Ratenkauf: 2, 4, 5, 6*	Folie/IWB	

3	Kursgespräch: Einstellungen zum Ratenkauf		
GA	1. Fragen Sie die TN, ob sie selbst schon einmal etwas auf Raten gekauft haben und welche Gründe es dafür gab. Die TN tauschen sich in Kleingruppen von drei bis vier TN darüber aus.		

fakultativ: Um das Thema abzuschließen, können Sie eine Kursstatistik zum Thema machen. Schreiben Sie dazu beispielsweise Folgendes an die Tafel:

	Ja	Nein	Ergebnis
Haben Sie schon einmal etwas auf Raten gekauft?			
Finden Sie Ratenkauf gut?			
...			

Jeder TN bekommt so viele Klebepunkte wie Fragen. Alle kommen gleichzeitig zur Tafel und kleben ihre Punkte an die betreffende Stelle. Werten Sie dann gemeinsam die Kursstatistik aus.

Hinweis: Über Geld und Geldprobleme zu sprechen, ist in vielen Kulturen ein Tabu. Möglicherweise befinden sich einige Ihrer TN auch momentan in einer finanziell schwierigen Lage, über die sie nicht sprechen möchten. Um dies zu umgehen, können Sie z. B. Rollenkarten verteilen oder wählen lassen, sodass die TN in die Rolle von Ratenkaufbefürwortern und -gegnern schlüpfen können. Sie sollten das Thema und die Diskussion darüber aber nicht weglassen, denn den TN werden im Alltag immer wieder Angebote wie in dieser Übung begegnen und sie sollten nach dieser Unterrichtssequenz die Vor- und Nachteile von Ratenkäufen abwägen und sich eine Meinung dazu bilden können.

| **Projekt** | Wenn Ihre TN Ratenkauf gegenüber positiv eingestellt sind, können Sie mit ihnen das Thema vertiefen, um auf mögliche Gefahren dabei hinzuweisen. Fordern Sie die TN auf, Werbeprospekte, die mit tollen Finanzierungsangeboten locken, zu sammeln. Geben Sie den TN dafür ca. 2 bis 3 Wochen Zeit, denn häufig erhält man solche Angebote als Hauswurfsendung und die TN sollten ausreichend Gelegenheit haben, ihre Post nach solchen Angeboten durchzusehen. An einem dafür vorgesehenen Unterrichtstag bringen die TN ihre Prospekte mit und analysieren diese in Kleingruppen von drei bis vier TN. Besprechen Sie mit den TN die Kriterien, nach denen Sie die Angebote untersuchen wollen. Mögliche Bewertungskriterien wären beispielsweise: „Was wird angeboten? Zu welchem Preis? Wie lange ist das Angebot gültig? Was sind die Finanzierungskonditionen? Gibt es Zubehör, das vom Angebot ausgeschlossen ist? Gibt es sonst noch einen ‚Haken'?". Am Ende bewertet jede Gruppe ihre Angebote: Ist ein echtes Schnäppchen dabei oder sind es doch eher Lockangebote, bei denen man letztendlich mehr bezahlt? | | |

GESUND BLEIBEN

Folge 3: Sami hat Stress.

Einstieg in das Thema „Gesundheit"

	Form	Ablauf	Material	Zeit
1		**Beim ersten Hören: Vermutungen äußern und wesentliche Inhalte verstehen**		
	GA	1. Die Bücher sind geschlossen. Jede Kleingruppe sitzt um ein großes Blatt Papier herum, wenn möglich DIN A3, auf dem ein Wortigel mit dem Wort „Stress" in der Mitte steht. Jeder TN hat einen Stift und notiert Stichwörter, die ihm zu diesem Thema einfallen. Die TN sprechen zunächst nicht, sondern notieren nur. Geben Sie eine Zeit vor, z. B. fünf Minuten.	DIN-A3-Papier	
	GA	2. Die Bücher bleiben geschlossen. Die TN sprechen anhand ihrer Notizen über ihre Erfahrungen mit Stress. Geben Sie ggf. einige Fragen vor: „Wann hatten Sie besonders viel Stress? Gibt es Situationen, die besonders stressig sind? Was tun Sie dagegen?"	DIN-A3-Papier	
	EA/PA	3. Die TN öffnen die Bücher und sehen sich die Fotos der Foto-Hörgeschichte an. Sie lesen die Aufgabe und kreuzen an, warum Sami und Ella ihrer Meinung nach in den Park gehen.		
	GA	4. Die TN hören dann die Foto-Hörgeschichte und vergleichen. Abschlusskontrolle im Plenum, klären Sie dabei unbekannten Wortschatz, z. B. „eifersüchtig". *Lösung: a machen eine Pause, b Sami, c Ella gibt Sami*	CD 1/30–33	
2		**Beim zweiten Hören: Detailinformationen verstehen**		
	EA/PA	1. Die TN lesen die Aussagen und markieren aus dem Gedächtnis. Dann hören sie die Foto-Hörgeschichte noch einmal, überprüfen und ergänzen fehlende Markierungen. Anschließend Kontrolle im Plenum. *Lösung: a Stress, konzentrieren, b Zeit für, c zu einem Arzt, d Spaziergang, vereinbart*	CD 1/30–33	
	WPA	2. *fakultativ:* Wenn Sie mit den TN noch weiter über die Foto-Hörgeschichte sprechen möchten, schneiden Sie die Kärtchen der Kopiervorlage aus. Jeder TN erhält ein Kärtchen. Wenn Sie mehr TN im Kurs haben, teilen Sie einige Kärtchen doppelt aus. Die TN gehen im Kursraum herum und suchen sich eine Partnerin / einen Partner. Ein TN stellt seine Frage, der andere antwortet. Dann stellt der zweite seine Frage und der erste antwortet. Die beiden TN tauschen ihre Kärtchen und suchen sich eine neue Partnerin / einen neuen Partner.	KV L3/FHG	
3		**Nach dem Hören: Eine Geschichte nacherzählen**		
	PL	1. Die TN hören Ellas Geschichte vom Holzfäller noch einmal.	CD 1/34	
	PA	2. Die TN lesen die Stichworte und erzählen abwechselnd die Geschichte nach.		
	PL	3. Fragen Sie die TN, was die Geschichte bedeuten soll. Können die TN eine „Lehre" mit eigenen Worten formulieren? (Manchmal ist es besser, sich für etwas anderes Zeit zu nehmen. Dann klappt die eigentliche Arbeit viel schneller.)		
	EA/PL	4. *fakultativ:* Kennen die TN ähnliche Geschichten? Die TN können ihre Geschichte als Hausaufgabe vorbereiten, indem sie sich Stichworte wie in 3 aufschreiben. In der nächsten Kursstunde können einige TN erzählen.		
4		**Über Entspannungstipps sprechen**		
	EA	1. Die TN überfliegen den Text und überlegen, welcher Tipp für Sami besonders wichtig ist.		
	PL	2. Ein TN liest das Beispiel in der Sprechblase vor. Wiederholen Sie ggf. an der Tafel anhand des Beispiels kurz den Konjunktiv II.		

	Form	Ablauf	Material	Zeit
	GA	3. In Kleingruppen diskutieren die TN darüber, welcher Tipp für Sami besonders wichtig ist. Gehen Sie herum und achten Sie auf die Verwendung des Konjunktivs. Korrigieren Sie aber vorsichtig, denn die Aufgabe soll in erster Linie ein Redeanlass an.		
Ellas Film		Ella filmt ihre Joggingstrecke und erzählt dabei von ihrem Burn-out und warum sie jetzt regelmäßig Sport macht. Sie können den Film als Einführung des Themas vor A1 nutzen oder zur Präsentation der Redemittel in C2.	„Ellas Film" Lektion 3	

A AUF BEWEGUNG SOLLTE GEACHTET WERDEN.

Passiv Präsens mit Modalverben

Lernziel: Die TN können über Gesundheitstipps und Untersuchungen beim Arzt sprechen und in diesem Kontext Vorgänge beschreiben.

	Form	Ablauf	Material	Zeit
A1		**Leseverstehen: Einen Informationstext über Anti-Stress-Mittel verstehen und wiedergeben**		
a	PA/EA	1. Die TN lesen den kompletten Text, aus dem sie schon einen Auszug im Kursbuch, S. 35 gelesen haben und suchen passende Überschriften zu den Tipps 3, 4, 6 und 7. In Kursen mit überwiegend ungeübten TN können Sie das Leseverstehen auch spielerischer angehen, indem Sie den Text für jeden TN kopieren, wobei die Überschriften zu 1, 2 und 5 ebenfalls getilgt sind. Jeder TN erhält alle Textteile, aber auseinandergeschnitten. Schreiben Sie jede Überschrift (s. Lösungsvorschlag) groß auf einen Zettel und verteilen Sie sie im Kursraum. Die TN lesen die Texte und legen sie zu den passenden Überschriften. Eine weitere Binnendifferenzierung ist möglich, indem die TN zu zweit arbeiten oder weniger Textteile erhalten. Abschlusskontrolle im Plenum. Klären Sie dabei unbekannten Wortschatz. *Lösungsvorschlag: 3 Musik, 4 richtig atmen, 6 positiv denken, 7 Konzentration auf eine Sache*		
b	GA	2. Die TN arbeiten zu dritt. Jeder TN wählt zwei Tipps aus, die er noch einmal liest, und macht sich dazu Notizen. Anschließend stellt jeder TN seine zwei Tipps in der Gruppe vor, wobei die Bücher geschlossen sind und die Tipps nur anhand der Notizen vorgestellt werden.		
A2		**Erweiterungsaufgabe: Anti-Stress-Tipps bewerten**		
	GA	1. Die TN arbeiten in den Gruppen aus A1 b weiter. Die Bücher bleiben geschlossen. Zeigen Sie die Aufgabe auf Folie / am IWB. Die TN lesen die Aufgabe und die Beispiele. Dann erzählen die TN in der Gruppe, wie sie die Tipps finden und wie es bei ihnen ist. Gehen Sie herum und helfen Sie evtl. bei Formulierungsschwierigkeiten. *Hinweis:* Hier passt thematisch auch der Lesetext „Lachen ist gesund!" aus der Rubrik „Zwischendurch mal ..." (Kursbuch, S. 44).	Folie/IWB ZDM	
	EA/HA	Arbeitsbuch 1		
A3		**Präsentation des Passivs Präsens mit Modalverben**		
	PL/EA Wiederholung	Arbeitsbuch 2: im Kurs: Wiederholen Sie kurz das Passiv Präsens, indem Sie den ersten Satz aus a und b an die Tafel schreiben. Fragen Sie die TN nach dem Unterschied in den beiden Sätzen, zunächst inhaltlich (in b wird keine Person / kein Subjekt genannt). Markieren Sie dann die Verben und erklären Sie noch einmal kurz, wo die Verben im Passiv Präsens stehen. Die Sätze 2–4 bearbeiten die TN dann selbstständig. Anschließend Kontrolle im Plenum.		

EA/PA	1. Die TN ergänzen die Tabelle anhand des Textes in A1. Abschlusskontrolle im Plenum. *Lösung: sollte … vermieden werden, können … gesammelt werden*			
PL	2. Notieren Sie das erste Beispiel an der Tafel und markieren Sie die Verben. Erläutern Sie die Form des Passivs Präsens mit Modalverben: Das Modalverb steht an zweiter Stelle und das Partizip II + „werden" am Ende. Erstellen Sie zur Erinnerung eine Liste mit den Modalverben. Wenn nötig, verfahren Sie mit den weiteren Beispielen aus der Tabelle ebenso. Weisen Sie die TN auch auf die Grammatikübersicht 1 (Kursbuch, S. 42) hin. Die kleine Übung rechts kann im Kurs oder als Hausaufgabe gemacht werden.			
EA/HA	Arbeitsbuch 3			
EA/HA Grammatik entdecken	Arbeitsbuch 4: Die TN ergänzen die Sätze und vergegenwärtigen sich noch einmal die Satzstellung beim Passiv Präsens mit Modalverben.			
EA/HA	Arbeitsbuch 5			
EA/HA ⬌	Arbeitsbuch 6–7: Wenn Sie die Übungen im Kurs durchführen, lösen alle Übung 6. Geübtere TN ergänzen außerdem Übung 7. Wenn Sie die Übungen als Hausaufgabe aufgeben, sollten sie von allen bearbeitet werden.			

A4 Anwendungsaufgabe 1 zum Passiv Präsens mit Modalverben

EA/PA	1. Die TN lesen die Aufgabenstellung und schreiben die Sätze im Passiv. Dann vergleichen sie mit ihrer Partnerin / ihrem Partner. Abschlusskontrolle im Plenum. *Lösung: A Der Blutdruck muss gemessen werden.; B Blut muss abgenommen werden.; C Das Gewicht muss geprüft werden.; D Der Bauch muss untersucht werden.*			
TiPP	Abschlusskontrolle einmal anders: Lassen Sie einen geübten TN, der sehr zügig mit der Aufgabe fertig geworden ist, seine Lösung an die Tafel schreiben, während die anderen noch arbeiten. So können die TN ihre Sätze sofort selbst kontrollieren.			
GA	2. *fakultativ:* Die TN sitzen in Kleingruppen von drei Personen zusammen. Verteilen Sie an jede Gruppe die Kopiervorlage, Spielfiguren und einen Würfel. Die TN spielen das Spiel nach den Regeln auf dem Spielplan. Sie können das Spiel auch zu einem späteren Zeitpunkt als Wiederholung einsetzen.	KV L3/A4, Spielfiguren, Würfel	
🌍	In diesem Zusammenhang können Sie auch als landeskundlichen Input erklären, dass man in Deutschland vor Operationen oder bestimmten Untersuchungen ein Aufklärungsgespräch mit einem Arzt führen und eine Einverständniserklärung unterschreiben muss, in der man bescheinigt, dass man über Risiken informiert wurde.			
EA/HA	Arbeitsbuch 8			

A5 Aktivität im Kurs: Anwendungsaufgabe 2 zum Passiv mit Modalverben

EA/PA/ GA	1. Die TN notieren fünf Sätze, was in der Arztpraxis auf dem Bild noch alles gemacht werden muss. *Variante:* Zeigen Sie die Aufgabe auf Folie / am IWB. Bilden Sie Gruppen von vier TN. Geben Sie eine bestimmte Zeit vor, etwa zehn Minuten. Die Gruppen sollen so viele Sätze wie möglich zu der Zeichnung notieren. Die Sätze müssen sich auf das Bild beziehen. Für jeden grammatisch korrekten Satz gibt es einen Punkt. Die Gruppe mit den meisten Punkten hat gewonnen. Als Preis sind Hustenbonbons zu empfehlen. *Musterlösung: Das Spielzeug muss aufgeräumt werden. Das Fenster muss geschlossen werden. Die Blumen müssen gegossen werden. Das Poster muss aufgehängt werden.*	ggf. Folie/IWB	

B MAN HOLT SICH DEN RAT EINES FACHMANNS.

Genitiv

Lernziel: Die TN können Fitnessübungen beschreiben und machen.

	Form	Ablauf	Material	Zeit
B1		**Präsentation des Genitivs**		
a	PL	1. Sprechen Sie mit den TN darüber, was sie regelmäßig für ihre Gesundheit tun.		
	EA/PA	2. Die TN sehen sich die Fotos an und lesen die Gesundheitstipps. Dann ordnen die TN die Gesundheitstipps dem jeweils passenden Foto zu. Abschlusskontrolle im Plenum. Klären Sie dabei ggf. unbekannten Wortschatz. *Lösung: 1 C, 2 A, 3 B*		
b ⟷	EA/PA	3. Die TN lesen die Texte noch einmal und markieren wie im Beispiel. Ungeübte TN arbeiten zu zweit. Anschließend ergänzen sie die Tabelle. Abschlusskontrolle im Plenum, indem Sie die Tabelle auf Folie / am IWB zeigen. *Lösung: (von oben nach unten) des Rückens, des Trainings, der Beine, eines Fachmanns, eines Medikaments, einer Spezialistin*	Folie/IWB	
	PL	4. Erklären Sie anhand der Tabelle die Funktion des Genitivs: Er beschreibt, zu wem oder was etwas gehört. „Die Kräftigung des Rückens" ist „die Kräftigung vom Rücken". Diese Umschreibung des Genitivs ist den TN bereits bekannt. Weisen Sie die TN darauf hin, dass maskuline und neutrale Nomen im Genitiv Singular zusätzlich die Endung „-s" oder „-es" bekommen. Aus *Schritte plus Neu 3 / Lektion 1*, ist den TN der Genitiv bei Vornamen bereits bekannt. Wenn nötig, erinnern Sie die TN daran („Sabines Nacken"). Bei Namen steht der Genitiv vor dem Nomen, während er sonst dahintersteht. Weisen Sie die TN auch auf die Grammatikübersicht 2 (Kursbuch, S. 42) hin. Die kleine Übung rechts bearbeiten die TN im Kurs.	Folie/IWB	
	EA/PA ⟷	5. *fakultativ:* Bereiten Sie zu Hause nummerierte Karten vor, auf denen Sie Begriffe, die als „Besitzer" fungieren können, wie „die Lehrerin", „der Kursteilnehmer", „der Mann", „die Schule" etc. notieren. Diese Karten hängen Sie im Kursraum an Gegenstände, die den TN bekannt sind. Kleben Sie z. B. die Karte „der Kursteilnehmer" an ein Wörterbuch. Die TN gehen mit Papier und Stift herum und notieren zunächst die Nummer der Karte, dann (für unser Beispiel): „Das ist das Wörterbuch des Kursteilnehmers.". Die TN müssen also immer den Gegenstand notieren und den Besitzer, der auf der Karte steht. Schreiben Sie auch ein oder zwei Vornamen auf die Karten. Ungeübtere TN arbeiten zu zweit.	Karten	
	PA ⟷	6. *fakultativ:* Jedes Pärchen erhält einen Satz Domino-Karten der Kopiervorlage. Die TN mischen die Karten und teilen sie auf. Der erste TN legt eine Domino-Karte. Der zweite legt eine Karte rechts oder links an, wobei das linke Wort mit dem rechten mit dem Genitiv sinnvoll verbunden werden muss. Der jeweils anlegende TN sagt die entsprechende Kombination, z. B. „der Lichtschalter", „der Kursraum": „der Lichtschalter des Kursraums". Da verschiedene Kombinationen möglich sind, kann es passieren, dass das Domino nicht aufgeht. Ungeübtere TN legen die Domino-Karten offen auf den Tisch und legen jeweils sinnvolle Karten an und bilden die entsprechenden Genitivformen. Gehen Sie herum und helfen Sie bei Schwierigkeiten.	KV L3/B1	
	EA/HA	Arbeitsbuch 9, 11		
	PL	Arbeitsbuch 10: im Kurs: Besprechen Sie mit den TN die verschiedenen Möglichkeiten, wie der Genitiv in Wörterbüchern verzeichnet sein kann. Gehen Sie dabei auch auf die Wörterbücher der TN ein.		

B2		Anwendungsaufgabe zum Genitiv		
	EA/PA	1. Die TN ergänzen die Genitivformen und ordnen anschließend zu.		
	PL	2. Die TN hören die Erklärungen und kontrollieren, bzw. korrigieren, wenn nötig. Abschlusskontrolle im Plenum. *Lösung: A zur Bewegung der Kniegelenke, B zur Kräftigung der Beinmuskulatur, C zur Dehnung des Nackens, Zur Steigerung des Trainings; 1 B, 2 A, 3 C*	CD 1/35	
	PL	3. Die TN stehen auf, hören die Übungen noch einmal und machen mit. Stoppen Sie nach jeder Übung und geben Sie den TN Zeit, eine Minute die Übung zu machen. Machen Sie erst dann mit, wenn die TN mit der Übung begonnen haben, damit die TN auf die Anweisungen hören müssen und sich nicht in erster Linie an Ihnen orientieren.	CD 1/35	
	EA/HA	Arbeitsbuch 12		
⟷	EA/HA	Arbeitsbuch 13–14: Wenn Sie die beiden Übungen im Kurs durchführen, lösen alle TN Übung 13. Geübtere TN ergänzen außerdem auch Übung 14. Wenn Sie die Übungen als Hausaufgabe aufgeben, sollten sie von allen bearbeitet werden.		

B3		Aktivität im Kurs: Anweisungen zu Fitnessübungen geben und verstehen		
a	PA	1. Die TN schreiben und zeichnen paarweise eine Anleitung für eine Fitnessübung wie in B2.		
b	PA	2. Die TN tauschen ihre Anleitung mit einem oder mehreren Paaren und probieren sie aus. *Hinweis:* Thematisch passt hier auch der Lesetext „Lachen ist gesund!" aus der Rubrik „Zwischendurch mal ..." (Kursbuch, S. 44).	ZDM	

TiPP	Manchmal lässt die Aufmerksamkeit der TN spürbar nach, weil sie zu lange gesessen haben. Solche Phasen sind insbesondere in Intensivkursen und am Abend völlig normal. Geben Sie den TN dann doch einmal mit Bewegung wieder Lust und Kraft für den Unterricht. Öffnen Sie die Fenster und bitten Sie die TN, sich im Kreis aufzustellen. Machen Sie eine kleine Übung vor, gehen Sie z. B. einen großen Schritt nach vorn, klatschen Sie einmal in die Hände und gehen Sie wieder zurück. Fordern Sie die TN auf, mitzumachen. Diese Übung wiederholen Sie dreimal. Dann zeigt der TN rechts neben Ihnen eine Übung etc.

C GESUNDHEITSSPRECHSTUNDE

Lernziel: Die TN können einen Rat suchen und anderen einen Ratschlag / eine Empfehlung geben.

	Form	Ablauf	Material	Zeit
C1		**Hörverstehen: Detailinformationen in einem Gespräch über Gesundheitsprobleme verstehen**		
a	PL	1. Die Bücher sind geschlossen. Bereiten Sie zu Hause ein Plakat vor, auf dem „Gesundheitliche Beschwerden" steht. Verteilen Sie kleine Zettel. Die TN sollen leichte Krankheiten und Beschwerden aufschreiben, mit denen man trotzdem noch arbeiten oder zur Schule gehen kann. Pro Zettel notieren die TN eine „Krankheit" und heften ihre Zettel auf das Plakat. Sprechen Sie mit den TN über diese Beschwerden. Stellen Sie sicher, dass alle Begriffe bekannt sind.	Plakat, kleine Zettel	

🌐		Weisen Sie die TN darauf hin, dass gesundheitliche Probleme ein beliebtes Konversationsthema in Deutschland sind. Es gilt als freundlich und aufmerksam, sich nach dem Befinden zu erkundigen oder nach der Ursache zu fragen, wenn jemand schlecht aussieht, krumm geht o. Ä. Natürlich kann man sich auch bei wirklich schweren Krankheiten nach dem Befinden erkundigen, aber dazu braucht man Fingerspitzengefühl, denn es ist nicht immer passend, und nicht immer möchte der Betroffene darauf angesprochen werden.		
	PL	2. Die TN schlagen die Bücher auf. Die TN lesen die Überschrift „Gesundheitssprechstunde". Fragen Sie, was das ist und was Hörer in einer Radiosendung mit diesem Namen wohl hören werden. Fragen Sie die TN, ob sie solche Sendungen im Radio hören oder solche Kolumnen in Zeitungen / im Internet lesen.		
	EA/PA	3. Die TN lesen die Fragen und hören den Anfang des Gesprächs. Sie machen sich Notizen zu den Fragen. Nach dem Hören vergleichen Sie mit ihrer Partnerin / ihrem Partner. Abschlusskontrolle im Plenum. *Lösung: 2 seit einigen Monaten, 3 nein, noch nicht, 4 47 Jahre, 5 sie arbeitet als Kellnerin, 6 zu viel Stress*	CD 1/36	
b	EA/PA	4. Die TN lesen die Aussagen. Dann hören sie das ganze Gespräch und kreuzen an. Weisen Sie die TN darauf hin, dass mehrere Aussagen richtig sein können. Abschlusskontrolle im Plenum. *Lösung: 1 Schlafmangel, 2 einen Besuch beim Arzt, 3 führt ein Gespräch, macht Untersuchungen, 4 den Augen, der Wirbelsäule, 5 beim Hausarzt, im Internet, 6 Krankenkassen* *Hinweis: An dieser Stelle passt thematisch auch der „Fokus Alltag: Hilfe bei Gesundheitsproblemen" (Arbeitsbuch, S. 43).*	CD 1/37	
C2		**Aktivität im Kurs: Um Rat fragen und Ratschläge geben**		
a	EA/PA	1. Die TN decken zunächst die Tabelle ab und lesen die Redemittel. Dann hören sie das Radiogespräch aus C1 noch einmal und markieren alle Redemittel, die in diesem Gespräch vorkommen. Abschlusskontrolle im Plenum. *Lösung: Können Sie mir einen Rat geben?; Sie sollten ...; Kennen Sie vielleicht ein gutes Medikament?; Es ist/wäre am besten, Sie ...; Was können/würden Sie mir empfehlen/raten?; Kennt jemand von Ihnen ...?; Ich würde an Ihrer Stelle ...*	CD 1/37	
	EA/PA	2. Die TN übertragen die Tabelle ins Heft und ordnen die Redemittel aus dem Redemittelkasten zu. Abschlusskontrolle im Plenum. Weisen Sie die TN auch auf die Rubriken „Einen Rat suchen: Was können Sie mir empfehlen?" und „Etwas empfehlen / Einen Rat geben: Ich würde an Ihrer Stelle ..." auf der Kommunikationsseite (Kursbuch, S. 42) hin. Die kleine Übung rechts können die TN als Hausaufgabe bearbeiten. *Lösung: einen Rat suchen: Können Sie mir einen Rat geben?; Kennen Sie vielleicht ein gutes Medikament?; Was können/würden Sie mir empfehlen/raten?; Kennt jemand von Ihnen ...?; Hat jemand von Ihnen schon mal ... gemacht?; etwas empfehlen / einen Rat geben: Sie sollten ...; Es ist/wäre am besten, Sie ...; Mit ... habe ich (nur) gute/schlechte Erfahrungen gemacht.; Dagegen müssen Sie unbedingt etwas tun!; ... soll wirklich helfen.; Ich würde an Ihrer Stelle ...; Ich empfehle Ihnen ...* *Variante: Die TN schließen die Bücher. Geben Sie die Tabelle an der Tafel vor, die TN übertragen sie ins Heft. Diktieren Sie dann die Redemittel einzeln hintereinander. Die TN schreiben sie jeweils in die richtige Spalte.* *Hinweis: In Kursen mit überwiegend geübten TN kontrollieren die TN ihre Tabellen mithilfe der Kommunikationsseite selbst.*		
b	GA	3. Die TN schreiben gesundheitliche Probleme auf einen Zettel. Wenn Sie als Einstieg in C1 das Plakat genutzt haben, können Sie die Zettel wieder ablösen und diese benutzen. Mischen Sie die Zettel und verteilen Sie sie neu.	Zettel	

	Form	Ablauf	Material	
	WPA	4. Die TN suchen sich eine Partnerin / einen Partner und spielen kleine Gespräche, indem sie ihre Partnerin / ihren Partner um einen Rat bitten. Dann tauschen die TN „ihre Krankheiten" und suchen eine neue Partnerin / einen neuen Partner. Zeigen Sie dabei die Redemittel auf Folie/IWB.	Folie/IWB, Zettel	
	EA/HA	Arbeitsbuch 15		
	EA/HA ⟷	Arbeitsbuch 16–17: im Kurs: Alle TN lösen Übung 16. Lerngewohnte TN können außerdem Übung 17 bearbeiten. Bei der Abschlusskontrolle können lernungewohnte TN Übung 17 ergänzen.		

D GESUNDHEITSVORSORGE

Lernziel: Die TN können eine Kursstatistik erstellen und darüber sprechen.

	Form	Ablauf	Material	Zeit
D1		**Leseverstehen: Einen Informationstext der Krankenkasse zur Gesundheitsvorsorge verstehen**		
a	PA	1. Die TN beraten sich mit ihrer Partnerin / ihrem Partner darüber, was Gesundheitsvorsorge ist. Sie lesen die Aussagen im Buch und kreuzen an. Abschlusskontrolle im Plenum. *Lösung: ... obwohl Sie noch gar nicht krank sind. Denn Sie möchten nicht krank werden.*		
b	EA/PA	2. Die TN lesen den Informationstext der Krankenkasse und kreuzen an, zu welchen Situationen es ein passendes Angebot bei der Krankenkasse gibt.		
	EA/PA	3. Geben Sie die Wendungen „Zum Wohl Ihrer Gesundheit", „Vorbeugung von Erkrankungen" und „zusätzliche Leistungen" an der Tafel vor. Die TN lesen den Text ein zweites Mal und unterstreichen die Wendungen. Dabei klären sie mit ihrer Partnerin / ihrem Partner die Bedeutung. Wörterbücher dürfen benutzt werden, aber achten Sie darauf, dass die TN auch untereinander eine Erklärung auf Deutsch versuchen. Besprechen Sie die Ergebnisse im Plenum. Erst dann Abschlusskontrolle im Plenum von b. *Lösung: 2, 3, 4* *Hinweis:* An dieser Stelle passt thematisch der Lesetext „Der Verlust der Mitte", der auch einen Redeanlass bietet, aus der Rubrik „Zwischendurch mal ..." (Kursbuch, S. 45).	⟨ZDM⟩	
	Projekt	4. *fakultativ:* Bilden Sie Kleingruppen von TN, die in derselben Krankenkasse sind. Gemeinsam besuchen die TN die Geschäftsstelle ihrer Krankenkasse und lassen sich Info-Broschüren geben oder fragen nach Veranstaltungen und machen sich Notizen. Ist ein persönlicher Besuch nicht möglich, weil es keine Geschäftsstelle am Ort gibt, bereiten die TN im Kurs ein Telefongespräch vor und erkundigen sich telefonisch. Im Plenum berichten die TN, welche Kurse es gibt. Die TN berichten über Vorsorgemaßnahmen oder Fitnessprogramme, an denen sie schon teilgenommen haben. Wer noch keinen solchen Kurs besucht hat, wählt aus den gesammelten Info-Broschüren eine Veranstaltung aus, die sie/ihn interessiert, und begründet, warum sie/er diesen Kurs gern machen würde.	Info-Broschüren	
	EA/HA Prüfung	Arbeitsbuch 18: im Kurs: Diese Übung bereitet auf Hören, Teil 1 der Prüfung *Deutsch-Test für Zuwanderer* vor. Die TN hören die Ansagen nur einmal. Weisen Sie die TN auch auf den Lerntipp hin, den sie auch in der Prüfung später beherzigen sollten.	AB-CD 1/13–16	

D2	Aktivität im Kurs: Eine Kursstatistik erstellen		
PA	1. Die TN übertragen den Fragebogen ins Heft. Mit der Partnerin / dem Partner formulieren sie aus den Stichwörtern Fragen und ergänzen diese in dem Fragebogen.		
PA	2. Die TN machen mit ihrer Partnerin / ihrem Partner ein Interview und kreuzen die Antworten in der Tabelle an.		
PL	3. Erstellen Sie eine Kursstatistik mithilfe eines Fragebogens an der Tafel. Die TN markieren ihre Ergebnisse aus dem Partnerinterview an der Tafel jeweils mit einem Strich. Ersetzen Sie danach die Striche der Übersicht halber durch Zahlen. Sie können auch noch nach „männlich" und „weiblich" differenzieren.		
PA/PL	4. Weisen Sie die TN auf den Info-Kasten hin. Die TN schreiben einen kleinen Text über die Kursstatistik, Formulierungshilfen finden die TN im Redemittelkasten. Die Beispiele für statistische Beschreibungen im Buch helfen ihnen dabei. Gehen Sie herum und helfen Sie bei Schwierigkeiten. Besprechen Sie einige Texte im Plenum. Sammeln Sie die anderen ein und korrigieren Sie sie. In Kursen mit überwiegend lernungewohnten TN schreiben Sie den Text mit den TN zusammen an der Tafel. Die TN schreiben ihn anschließend ab. Weisen Sie die TN auch auf die Rubrik „Über eine Statistik sprechen: Drei Viertel unseres Kurses …" auf der Kommunikationsseite (Kursbuch, S. 42) sowie den Lerntipp rechts hin.		
TiPP	Erstellen Sie aus den besten Texten einen Lückentext für die nächste Stunde. So können Sie einerseits ein gutes Beispiel vorführen und andererseits den Wortschatz trainieren.		
EA/HA	Arbeitsbuch 19		

D3	Kursgespräch: Über eigene Vorsorgemaßnahmen sprechen		
PL	1. Regen Sie ein Gespräch im Plenum an. Gehen Sie auch auf landestypisches Verhalten bei der Gesundheitsvorsorge ein. Gibt es etwas, was für die TN typisch deutsch ist oder typisch für ihre Heimatländer? *Hinweis:* Hier können Sie den Film „Eisstockschießen" aus der Rubrik „Zwischendurch mal …" (Kursbuch, S. 44) einflechten.	ZDM	
GA	2. *fakultativ:* Verteilen Sie die Kärtchen der Kopiervorlage an Kleingruppen von vier TN. Die Gruppen legen diese Thesen zur Gesundheit verdeckt auf den Tisch. Reihum ziehen die TN ein Kärtchen und sprechen darüber, ob sie die These für wahr oder falsch halten. Die anderen Gruppenmitglieder reagieren darauf, sodass sich kurze Diskussionen ergeben (können).	KV L3/D3	
EA/HA	Arbeitsbuch 20		

E KRANKMELDUNG UND AUFGABENVERTEILUNG

Lernziel: Die TN können sich auf der Arbeit krankmelden und Aufgaben verteilen.

	Form	Ablauf	Material	Zeit
E1		Hörverstehen: Einem Anruf am Arbeitsplatz Detailinformationen entnehmen		
a	PL	1. Wenn Sie TN in Kurs haben, die arbeiten oder schon in D-A-CH gearbeitet haben, fragen Sie, was sie tun, wenn sie krank sind / getan haben, als sie krank waren. Initiieren Sie ein kleines Gespräch darüber, auch, welche Schwierigkeiten TN evtl. dabei haben/hatten. Fragen Sie auch, was in den jeweiligen Heimatländern im Krankheitsfall üblich ist.		

	EA/PA	2. Die TN lesen die Aussagen und hören den Anfang des Gesprächs. Sie kreuzen ihre Lösungen an. Abschlusskontrolle im Plenum. *Lösung: 1 eine Kollegin, 2 weil sie sich krankmelden möchte, 3 ist krankgeschrieben, 4 vorbereiten*	CD 1/38	
b	EA/PA	3. Die TN lesen die Aufgabe. Lerngewohnte TN können ggf. bereits einige Lösungen markieren. Spielen Sie dann das ganze Gespräch so oft wie nötig vor. Die TN vergleichen ihre Lösungen bzw. markieren. Abschlusskontrolle im Plenum. *Lösung: sich um die Getränke kümmern, den Flug und das Hotel für Herrn Dr. Nuke buchen*	CD 1/39	
	PL	4. Berufstätige TN erzählen kurz, was an ihrem Arbeitsplatz gemacht werden muss, wenn sie krank sind, und wer die Aufgaben dann übernimmt. Bei Fabrikarbeit kann es z. B. sein, dass die TN Aufgaben nicht explizit umverteilen müssen, sondern dass dies automatisch durch einen Vorgesetzten geschieht.		

E2	Systematisierung der Redemittel für eine Krankmeldung am Arbeitsplatz			
	EA/PL	1. Die TN sehen sich die Rubriken an und ordnen sie den entsprechenden Redemitteln zu. Die TN ergänzen ggf. noch eigene Vorschläge. Anschließend Kontrolle im Plenum. Ergänzen Sie dann die Vorschläge der TN an der Tafel unter den entsprechenden Rubriken. Spielen Sie auch das Gespräch noch einmal vor. Die TN notieren Redemittel daraus. Besprechen Sie mit den TN dann noch einmal, dass man bei höflichen Bitten oft den Konjunktiv „seien", „könnten", „wären" etc. benutzt. Weisen Sie die TN auch auf die entsprechenden Rubriken auf der Kommunikationsseite (Kursbuch, S. 43) hin. Die kleine Übung rechts können die TN in Partnerarbeit im Kurs machen. Einige TN spielen ihre Gespräche im Anschluss im Plenum vor. *Lösung: 2 auf Bitten reagieren, 3 erklären, was zu tun ist, 4 jemanden um etwas bitten, 5 auf Krankmeldungen reagieren*	CD 1/39	

E3	Aktivität im Kurs: Ein Rollenspiel: sich krankmelden und Aufgaben verteilen			
a	PA	1. Die TN wählen eine Situation und eine Rolle. Berufstätige TN können auch eine Situation, die an ihrem Arbeitsplatz eintreten kann, vorbereiten. *fakultativ:* Wenn Sie noch mehr unterschiedliche Rollenspiele im Unterricht durchführen wollen, dann können Sie auf die Kopiervorlage im Lehrwerkservice unter www.hueber.de/schritte-plus-neu zurückgreifen.	KV L3/E3 im Lehrwerkservice	
b	PA	2. Die TN überlegen sich für ihre jeweilige Situation weitere Aufgaben, die verteilt werden müssen wie in E1b, und notieren diese.		
c	PA ⟷	3. Die TN spielen ein Gespräch und benutzen dabei Sätze aus den Redemitteln in E2. Ungeübtere TN bereiten ihre Gespräche schriftlich vor. Einige TN können abschließend ihre Gespräche im Plenum vorspielen.		
	EA/HA	Arbeitsbuch 21		
	EA/PA Schreib-training	Arbeitsbuch 22: im Kurs: Die TN lesen die Aufgabenstellung und schreiben nach den Vorgaben eine Nachricht. Weisen Sie die TN vor dem Schreiben auf den Tipp hin. Geben Sie eine Zeit vor, z. B. zehn Minuten. Dann tauschen die TN ihre Nachricht mit einer Partnerin / einem Partner und schreiben eine Antwort. Geben Sie auch dafür eine Zeit, z. B. sieben Minuten, vor. Dann tauschen die Paare ihre Nachrichten mit einem anderen Paar, das die Nachrichten kontrolliert. Geben Sie dazu Fragen an der Tafel vor: „Sind die Sätze richtig? Sind alle Wörter richtig geschrieben? Stimmen die Artikel? Kommen alle Vorgaben vor?"		

EA/PL	Arbeitsbuch 23: im Kurs: Sicher haben die TN im Lauf der Deutschkurse ein Gefühl für den Wortakzent deutscher Wörter entwickelt. Die Systematik weicht bei Fremdwörtern oft ab, da zum Beispiel aus dem Französischen übernommene Wörter auch hinten betont werden (alle Wörter auf „-(t)ion"). Die TN lesen die Wörter in a und versuchen selbstständig eine Aussprache. Fragen Sie auch, wie die Wörter in der Muttersprache der TN heißen, damit sie vergleichen können. Spielen Sie dann die Wörter von der CD vor, die TN hören die „deutsche" Aussprache der Wörter. Sie hören noch einmal und markieren den Wortakzent. Danach überlegen die TN in b, welche Wörter mit den Endungen „-in", „-em", „-tion", „-ment", ... sie noch kennen, und markieren auch den Wortakzent. Erklären Sie, dass Wörter auf „-ieren" im Allgemeinen aus den romanischen Sprachen übernommen sind. Die TN hören die Beispiele in c und sprechen sie nach. Fragen Sie, wo die Betonung bei diesen Verben liegt (Auf der Endung „-ieren"). Kennen die TN andere Wörter mit dieser Endung? Sammeln Sie im Kurs. Wer Lust hat, kann versuchen, ein kleines Gedicht mit diesen Verben zu schreiben. Jede Zeile endet auf eins der Verben.	AB-CD 1/17–18	
EA/HA Prüfung	Arbeitsbuch 24: im Kurs: Diese Übung bereitet die TN auf den Prüfungsteil Lesen, Teil 4 des *Deutsch-Tests für Zuwanderer* vor. Geben Sie den TN eine Zeit vor, hier acht Minuten.		
GA	Wenn Sie noch Zeit haben, können Sie hier die Wiederholung zu Lektion 3 anschließen.	KV L3/Wiederholung	
Lektionstests	Einen Test zu Lektion 3 finden Sie hier im LHB auf den Seiten 172–173. Verweisen Sie auch auf den Selbsttest im Arbeitsbuch auf Seite 42.	KV L3/Test	

AUDIOTRAINING

	Form	Ablauf	Material	Zeit
Audiotraining 1: Gesundheitstipps				
	EA/HA	Die TN hören einen Tipp „Achten Sie auf ausreichend Bewegung!", den sie in einen Tipp ohne Nennung einer Person umformulieren sollen. Die TN antworten in den Sprechpausen mit „Es sollte auf ausreichend Bewegung geachtet werden." Nach der Sprechpause hören die TN die korrekte Aussage.	CD 1/40	
Audiotraining 2: Gesundheitsstatistik im Kurs				
	EA/HA	Die TN hören die Aussage „Die Hälfte unseres Kurses macht einmal pro Woche Sport." In einer Echoübung wiederholen die TN die Aussage und achten auf Aussprache und Betonung. Zur Kontrolle wird die Aussage von einem zweiten Sprecher wiederholt.	CD 1/41	
Audiotraining 3: Ich brauche einen Rat!				
	EA/HA	Die TN hören von einem Sprecher eine Aussage: „Ich brauche einen Rat." und eine Person. Die TN bilden daraus eine Nachfrage: „Den Rat eines Fachmannes?". Zur Kontrolle wird die Nachfrage von einem zweiten Sprecher wiederholt.	CD 1/42	

ZWISCHENDURCH MAL …

	Form	Ablauf	Material	Zeit
Lesen		**Lachen ist gesund! (passt z. B. zu A2 oder B3)**		
1	PL	1. Die Bücher sind geschlossen. Schreiben Sie folgende Thesen untereinander an die Tafel: a Lachen ist gesund. b Lachen fühlt sich gut an. c Probleme werden kleiner, wenn man sie weglacht. d Viel Lachen ist häufig hilfreicher als Arzneimittel. e Man sollte nicht grundlos lachen. f Wichtig ist, dass das Lachen ehrlich ist. g Babys und Kinder lachen häufiger als Erwachsene. h Wer oft lacht, muss nie mehr joggen. Bitten Sie die TN, per Handzeichen abzustimmen, ob sie diesen Thesen zustimmen oder nicht. Halten Sie das Ergebnis an der Tafel fest.		
	EA/PA	2. Die TN schlagen die Bücher auf und lesen den Text. Sie überprüfen die Thesen an der Tafel und vergleichen mit dem Text. Abschlusskontrolle im Plenum. *Lösung: richtig: a, b, d, f, g*		
	PL	3. Fragen Sie die TN nach Informationen, die für sie neu oder überraschend waren. Kennen sie noch mehr Argumente für die These, dass Lachen gesund ist? Gibt es vielleicht eine ähnliche Wendung oder ein Sprichwort in der Muttersprache der TN?		
2	GA	1. Die TN sprechen in Kleingruppen von fünf bis sechs TN über alles, worüber sie lachen können, und erzählen auch von Situationen, die sie sehr lustig fanden. Gehen Sie herum und regen Sie die anderen Gruppenmitglieder jeweils zu Nachfragen an bzw. helfen Sie bei Bedarf, die Gespräche in Gang zu bringen.		
		Eisstockschießen (passt z. B. zu D2)		
1	PL/GA	1. Die TN sehen den Film zunächst ohne Ton. Stoppen Sie bei Minute 1:53. Die TN sprechen in Kleingruppen darüber, wie das Spiel wohl funktioniert. Was ist das Ziel?		
	PL	2. Die TN sehen den Film nun mit Ton und komplett. Klären Sie dann im Plenum, was man für das Spiel braucht und wie es funktioniert. Was haben die TN sonst noch über den Sport erfahren? Ggf. sehen die TN den Film dazu noch einmal.		
2	GA	1. Die TN sprechen darüber, ob sie diese Sportart interessiert und ob sie sie einmal ausprobieren möchten.		
3	GA	1. Anschließend sprechen die TN über ihre Lieblingssportart. Gehen Sie herum und regen Sie die TN auch zu Nachfragen an.		
		Der Verlust der Mitte (passt z. B. zu D1)		
1	EA/PA	1. *fakultativ:* Die Bücher sind geschlossen. Jeder TN erhält eine Kopiervorlage und schneidet die Textteile auseinander. Die TN lesen die Teile und legen sie in eine sinnvolle Reihenfolge. Ungeübtere TN arbeiten zu zweit. Abschlusskontrolle im Plenum.	KV L3/ZDM	
	GA	2. *fakultativ:* In Kleingruppen klären die TN unbekannten Wortschatz mithilfe ihrer Wörterbücher. Anschließend Klärung des Wortschatzes im Plenum.	Wörterbücher	
	EA/PA	3. Die TN schlagen die Bücher auf und lesen den Text. Sie kreuzen an, welche Aussagen zum Text ihrer Meinung nach richtig sind. Abschlusskontrolle im Plenum. *Lösung: b, c*		
	GA	4. Wenn Sie nicht mit der Kopiervorlage gearbeitet haben, dann klären die TN nun unbekannten Wortschatz mithilfe ihrer Wörterbücher. Anschließend Klärung des Wortschatzes im Plenum.	Wörterbücher	

2	GA	1. Die TN erzählen, ob in ihrem Heimatland viel Fleisch gegessen wird. Sie erzählen den anderen in der Gruppe, was für sie gesundes Essen bedeutet.		
		Hinweis: Wenn Sie TN aus vielen verschiedenen Ländern haben, können die TN auch eine kleine Präsentation zu den Essgewohnheiten ihres Heimatlandes vorbereiten. Geben Sie den TN dann noch ein paar Fragen zur Anregung, z. B. „Was wird oft und viel gegessen? Was ist besonders teuer/billig?" Einige TN präsentieren ihren Vortrag im Plenum.		
TiPP		Wenn die TN an diesem Thema interessiert sind, können die Gruppen auch ein Plakat dazu erstellen, was für ihre Gruppe gesundes Essen bedeutet. Das Plakat kann mit Bildern aus Zeitungen, Zeitschriften und/oder dem Internet illustriert werden.		

FOKUS ALLTAG: HILFE BEI GESUNDHEITSPROBLEMEN

Die TN können wesentliche Informationen zu Medikamenten im Internet verstehen.

	Form	Ablauf	Material	Zeit
1		**Hörverstehen: Globalinformationen verstehen**		
	PL	1. Die TN decken den Text mit dem Heft ab, sehen sich das Bild an und beschreiben die Situation. Fragen Sie die TN, welche gesundheitlichen Probleme der Mann auf dem Foto nach der Arbeit haben könnte. Fragen Sie auch nach Tipps, die die TN für die genannten Probleme haben.		
	EA/PA	2. Die TN hören die Gespräche und kreuzen ihre Lösungen an. Weisen Sie die TN darauf hin, dass mehrere Lösungen richtig sein können. Abschlusskontrolle im Plenum. *Lösung: a Rückenschmerzen., Seinen Kollegen., Seine Hausärztin., b Entspannungsbäder., Ein Wärmepflaster.*	AB-CD 1/19–20	
		Die TN sollten wissen, dass es ein breites Spektrum an alternativen Heilverfahren gibt, die jedoch von den Krankenkassen oft nicht übernommen werden. Weisen Sie die TN darauf hin, wenn nötig, und sammeln Sie gemeinsam einige dieser Heilmethoden. Demgegenüber bieten die Krankenkassen aber auch kostenfreie Kurse und Aktivitäten an, z. B. Yoga, die Heilungsprozesse unterstützen oder Krankheiten vorbeugen.		
2		**Leseverstehen: Eine Medikamenteninformation aus dem Internet verstehen**		
a	PL	1. Die Bücher sind geschlossen. Fragen Sie die TN, ob sie in Deutschland schon einmal ein Medikament gekauft und benutzt haben. Meistens sind Überschriften zu den Informationen als Fragen formuliert. Fragen Sie die TN, welche Fragen sie kennen, bzw. welche Fragen sie erwarten würden. Halten Sie sie an der Tafel fest.		
	EA/PA	2. Die TN schlagen die Bücher auf und lesen die Informationen. Sie ordnen die Fragen zu. Abschlusskontrolle im Plenum. Klären Sie dabei unbekannten Wortschatz. *Lösung: (von oben nach unten) 3, 4, 2, 5, 1, 6, 8, 7*		
b	EA/PA	3. Die TN lesen den Text noch einmal und kreuzen an, welche Aussagen richtig sind. Schnellere TN korrigieren zusätzlich die falschen Aussagen. Abschlusskontrolle im Plenum. *Lösung: 1*		
	PA	4. *fakultativ:* Während die TN noch einmal konzentriert den Text lesen, schreiben Sie die Fragen aus a in anderer Reihenfolge an die Tafel. Dann schließen die TN die Bücher. Die TN befragen sich mit ihrer Partnerin / ihrem Partner gegenseitig, der jeweils andere TN antwortet frei.		

SPRACHEN

Folge 4: Chili con carne?

Einstieg in das Thema „Sprachen"

	Form	Ablauf	Material	Zeit
1		**Vor dem Hören / Beim ersten Hören: Vermutungen äußern und vergleichen**		
	PA	1. Deuten Sie auf die Fotos und fragen Sie: „Warum treffen sich Ella und Max? Worüber sprechen sie? Warum ruft Ella Vivi an?". Die TN sehen sich die Fotos an und stellen mit ihrer Partnerin / ihrem Partner Vermutungen an.	Folie/IWB	
	PA/PL	2. Die TN hören die Foto-Hörgeschichte und vergleichen mit ihren Vermutungen. Klären Sie bei Bedarf auch, was „Chili con carne" ist.	CD 2/1–4, Folie/IWB	
2		**Beim zweiten Hören: Wesentliche Inhalte verstehen**		
	EA/PA ⟷	1. Die TN lesen die Aussagen. Dann hören sie die Foto-Hörgeschichte noch einmal und kreuzen an. Geübtere TN lösen die Aufgabe in Stillarbeit, ungeübtere TN arbeiten zu zweit. Abschlusskontrolle im Plenum. *Lösung: a Max, b Ella, c Max, d Ella, e Ella, f Ella, g Max*	CD 2/1–4	
3		**Nach dem Hören: Die eigene Meinung äußern**		
	PL	1. Deuten Sie noch einmal auf die Foto-Hörgeschichte und fragen Sie: „Wie finden Sie das Verhalten von Max und Ella?". Die TN lesen die Sprechblasen und äußern ihre eigene Meinung.	Folie/IWB	
4		**Erweiterungsaufgabe: „Ellas Kolumne": Wesentliche Inhalte verstehen**		
	EA	1. Die TN lesen zuerst die Leitfragen und dann Ellas Kolumne.		
	PA	2. Die TN beantworten zusammen mit ihrer Partnerin / ihrem Partner die Fragen. Abschlusskontrolle im Plenum, um das Textverständnis zu sichern. *Musterlösung: eine Nachbarin; im Treppenhaus, gestern Nachmittag; es war sehr heiß; ein Eis im Café essen; nein, danke*		
5		**Anwendungsaufgabe: Über eigene Erfahrungen sprechen**		
	PL	1. Greifen Sie die Frage „Was hat Ella ‚durch die Blume' gesagt?" aus Aufgabe 4 noch einmal auf und gehen Sie auf den Ausdruck „etwas durch die Blume sagen" näher ein. Fragen Sie weiter: „Was hat Ella in der Foto-Hörgeschichte durch die Blume gesagt?". Die TN sagen, dass Ella keine Lust hat, Max zu treffen. Machen Sie anhand der Foto-Hörgeschichte und der Kolumne deutlich, dass „etwas durch die Blume sagen" eine oft genutzte Möglichkeit ist, um beispielsweise eine Einladung oder Hilfe höflich abzulehnen.		
	PL	2. Fragen Sie die TN, ob sie schon einmal etwas Ähnliches erlebt haben. Die TN lesen die Sprechblasen und berichten von ihren Erfahrungen. Dabei können sie selbst etwas durch die Blume gesagt haben oder auch eine höfliche Absage erhalten haben.		
	Ellas Film	*fakultativ:* In „Ellas Film" „Was wäre, wenn ...?" befragen sich Ella und Vivi gegenseitig, was sie sich wünschen oder tun würden, wenn ... Sie können den Film beispielsweise einsetzen, um nach A4 die irrealen Wunschsätze in Kleingruppen spielerisch weiter zu üben.	„Ellas Film" Lektion 4	

A WENN ICH DU WÄRE, WÜRDE ICH …

Konjunktiv II: Irreale Bedingungen mit *wenn*

Lernziel: Die TN können über Irreales sprechen und höflich absagen.

	Form	Ablauf	Material	Zeit
A1		**Wiederholung des Konjunktiv II, Präsentation der irrealen Bedingungssätze mit *wenn***		
	EA	1. Deuten Sie auf die beiden Fotos und fragen Sie: „Was denken Ella und Max?" Die TN lesen die Sätze und ordnen zu. Da die Beispiele vom Wortschatz her einfach und eindeutig sind, werden die TN damit keine Schwierigkeiten haben. Abschluss-kontrolle im Plenum. *Lösung: a 1, b 2, c 2, d 1, e 1*	Folie/IWB	
	PL	2. Fragen Sie die TN im Anschluss: „Findet Ella Max toll?" und „Hat sie Zeit für ihn?". Schreiben Sie einige der irrealen Bedingungssätze an die Tafel und ergänzen Sie gemeinsam mit den TN, wie die Realität aussieht, um zu verdeutlichen, dass es sich hier um irreale Bedingungen handelt, die nicht der Realität entsprechen. 	Irreale Bedingung	Realität
---	---
Wenn ich ihn richtig toll finden würde, hätte ich natürlich immer Zeit für ihn.	Ich finde ihn nicht toll. Deshalb habe ich keine Zeit für ihn.
Wenn sie nicht so viel arbeiten müsste, könnten wir jetzt was trinken gehen.	Sie muss viel arbeiten. Deshalb können wir jetzt nichts trinken gehen.
Wenn sie am Wochenende nichts vor-hätte, …	…	 Erklären Sie, dass im Nebensatz mit „wenn" eine Bedingung genannt wird, die zurzeit noch nicht erfüllt oder auch gar nicht erfüllbar ist. Im Hauptsatz folgt dann, was passieren würde, wenn die Bedingung erfüllt wäre. Weisen Sie die TN darauf hin, dass der Hauptsatz auch mit „dann" eingeleitet werden kann. Am Sinn ändert das nichts. Wenn nötig, besprechen Sie weitere Beispiele. Stellen Sie sicher, dass die TN die Bedeutung der irrealen Bedingungssätze ver-standen haben, bevor Sie ihre Aufmerksamkeit auf die grammatische Form lenken.		
	EA	3. Fordern Sie die TN auf, die Verben in den irrealen Bedingungssätzen im Buch zu markieren und die grammatische Form zu benennen. Der Konjunktiv II ist den TN bereits aus *Schritte plus Neu 4 / Lektion 8* bekannt – allerdings um Wünsche und Träume auszudrücken, die (noch) nicht verwirklicht worden sind. Verweisen Sie an dieser Stelle auch auf die Beispiele im Grammatik-Kasten rechts.		
	GA	4. *fakultativ:* Wenn Sie sichergehen wollen, dass die TN sich an die Konjugation im Konjunktiv II erinnern, können Sie die TN in vier Gruppen einteilen und jede Gruppe auffordern, zur Wiederholung eines der vier Verben zu konjugieren und die Konjugation jeweils auf ein Plakat zu schreiben, das dann im Kursraum aufge-hängt wird.	Plakat	
	EA	5. Ergänzen Sie auf Zuruf den Beispielsatz im Grammatik-Kasten unten. *Lösung: Wenn ich ihn richtig toll finden würde, hätte ich natürlich immer Zeit für ihn.*	Folie/IWB	

	PL	6. Lenken Sie die Aufmerksamkeit der TN dann auf die Wortstellung im Haupt- und Nebensatz und bitten Sie die TN, jeweils die Position des Subjekts bzw. des Verbs zu bestimmen. Es sollte dabei klar werden, dass bei vorangestelltem Bedingungssatz mit „wenn", ein Hauptsatz mit Inversion folgt. Das kennen die TN bereits von den Sätzen mit „obwohl" aus Lektion 2. Verweisen Sie auch auf die Grammatikübersicht 1 und die Redemittelübersicht „Über irreale Bedingungen sprechen: Wenn ich ... könnte, ..." (Kursbuch, S. 54). Als Hausaufgabe ergänzen die TN wahlweise die drei Beispielsätze neben der Grammatikübersicht oder schreiben fünf eigene Sätze mit „wenn" wie im Beispiel neben der Redemittelübersicht. Beginnen Sie die nächste Stunde mit der Präsentation der Sätze in Kleingruppen und fordern Sie die TN auf, sich gegenseitig zu korrigieren. *Musterlösung (Schreibaufgabe): Wenn ich morgen Urlaub hätte, könnte ich den ganzen Tag in der Sonne liegen. Wenn ich nochmal 15 wäre, würde ich in der Schule ein bisschen besser aufpassen. Wenn ich fliegen könnte, dann müsste ich nie mehr das Auto, den Zug oder ein Flugzeug nehmen.*	Folie/IWB	
	EA/PA Wiederholung	Arbeitsbuch 1		
	EA/HA	Arbeitsbuch 2–3		
A2		**Anwendungsaufgabe 1: Irreale Bedingungssätze mit *wenn***		
	PA	1. Präsentieren Sie die Situation und fragen Sie: „Wie würden Sie reagieren?". Die TN lesen die Sprechblase und bilden anhand der Stichpunkte im Buch weitere irreale Bedingungssätze mit „Wenn ich in dieser Situation wäre, würde ich ...".		
	EA/HA	Arbeitsbuch 4		
	EA/PA/HA ⬌	Arbeitsbuch 5–6: im Kurs: Alle TN bearbeiten Übung 5. Wer schneller fertig ist, ergänzt außerdem die Sätze in Übung 6. Fordern Sie die TN auf, die Sätze auf ein extra Blatt zu schreiben und Ihnen die Sätze zur Korrektur abzugeben. Wenn Sie die Übungen als Hausaufgabe aufgeben, bearbeiten alle TN beide Übungen.		
A3		**Anwendungsaufgabe 2: Eine Einladung höflich absagen**		
a	EA/PA ⬌	1. Die TN lesen die Aufgabenstellung und bringen die Sätze in die richtige Reihenfolge. Geübtere TN lösen die Aufgabe in Stillarbeit, ungeübtere TN arbeiten zu zweit. Abschlusskontrolle im Plenum. *Lösung: (von oben nach unten) 2, 1, 4, 3*		
b	EA/PA ⬌	2. Die TN schreiben anhand der Tipps in a eine E-Mail an die Kollegin aus A2. Geübtere TN lösen die Aufgabe in Stillarbeit, ungeübtere TN arbeiten zu zweit. Abschlusskontrolle im Plenum. Wer möchte, kann seine E-Mail vorlesen. *Musterlösung: Liebe Theresa, vielen Dank für die Einladung, ich habe mich sehr gefreut! Ich würde sehr gern zu deiner Party kommen, aber leider kann ich nicht kommen. An diesem Abend habe ich ein Geschäftsessen mit meinen Kollegen – sogar unser Chef wird kommen! Ich wünsche dir aber eine tolle Party und ich hoffe, dass ich beim nächsten Mal kommen kann. Viele Grüße!*		
A4		**Aktivität im Kurs: Kettenspiel**		
	PL	1. Die TN lesen die Beispiele im Buch. Stellen Sie einem TN eine der Fragen. Dieser antwortet frei und stellt einem anderen TN die nächste Frage. Verfahren Sie so mit allen Beispielen aus dem Buch.		

PA	2. Die TN notieren in Partnerarbeit eigene Fragen. Geben Sie ein Zeitlimit vor, z. B. 10 Minuten. Gehen Sie herum und helfen Sie bei Schwierigkeiten. Anschließend stellen die TN ihre Fragen einem anderen Paar. *Variante:* Die TN sehen zuerst zur Inspiration „Ellas Film" „Was wäre, wenn...?" an. Dann erfinden sie selbst weitere Fragen nach dem gleichen Muster und befragen sich gegenseitig. Gehen Sie herum und helfen Sie bei Schwierigkeiten.		
WPA	3. *fakultativ:* Geben Sie jedem TN ein Kärtchen der Kopiervorlage. Die TN suchen sich eine Partnerin / einen Partner und stellen sich eine Frage mit „wenn", wie sie durch das Kärtchen impliziert wird. Die Partnerin / Der Partner antwortet frei, dann tauschen die TN ihre Kärtchen und suchen sich neue Partner.	KV L4/A4	
EA/PA	4. *fakultativ:* Wenn Sie mit Ihren TN das freie Schreiben üben wollen, können Sie an dieser Stelle die Schreibaufgabe „Sag's mit 50 Worten!" aus „Zwischendurch mal ..." (Kursbuch, S. 56) einsetzen.	ZDM	
EA//HA 👄	Arbeitsbuch 7–8: im Kurs: Die Konjunktiv-Formen sind bei den Modalverben, „haben", „sein" und „werden" den Präteritum-Formen sehr ähnlich. Das kann Probleme bei der Lautdiskriminierung verursachen. Sie brauchen die Übungen aber nur zu machen, wenn Sie TN unterrichten, die mit der Diskriminierung von „u" und „ü", „o" und „ö" oder der Aussprache dieser Laute Schwierigkeiten haben. Gehen Sie vor, wie im Arbeitsbuch beschrieben.	AB-CD 1/21–22	

B ICH BIN WIRKLICH IN EILE WEGEN MEINER ARBEIT.

Präposition *wegen* + Genitiv

Lernziel: Die TN können eine Radiosendung zum Thema Fremdsprachen verstehen und Sprachlerntipps geben.

	Form	Ablauf	Material	Zeit
B1		**Präsentation der Präposition *wegen***		
	PL	1. Deuten Sie auf das Foto und fragen Sie die TN, was auf diesem Bild passiert ist und worüber Max und Ella gesprochen haben. Die Bücher bleiben geschlossen. Die TN erinnern sich daran, dass Ella Max' Einladung zum Kaffeetrinken abgelehnt hat und begründen das.	Folie/IWB	
	PL/EA	2. Deuten Sie auf die Sprechblase im Buch und fragen Sie: „Wie kann man das auch sagen?". Die TN lesen das Beispiel und kreuzen an. Abschlusskontrolle im Plenum. Machen Sie anhand des Beispiels deutlich, dass man mit der Präposition „wegen" genauso wie mit der Konjunktion „weil" eine Begründung angeben kann, „wegen" aber keinen Nebensatz einleitet, sondern direkt vor dem Substantiv steht, das den Grund angibt. Zeigen Sie auf den Grammatik-Kasten und erklären Sie, dass „wegen" zwar den Genitiv verlangt, in der gesprochenen Sprache aber auch oft der Dativ gebraucht wird. *Lösung: Ich bin wirklich in Eile, weil ich arbeiten muss.* Verweisen Sie auch auf die Grammatikübersicht 2 (Kursbuch, S. 54). Die kleine Schreibaufgabe lösen die TN in Stillarbeit oder als Hausaufgabe. Lassen Sie die TN einige ihrer Sätze vorlesen und notieren Sie an der Tafel mit. Korrigieren Sie bei Bedarf mit den TN gemeinsam. *Lösung (Schreibaufgabe): Wegen des Wetters.; Wegen meiner Grippe.; Wegen der Note in Mathe.*		
	EA/HA	Arbeitsbuch 9		

B2		Hörverstehen: Eine Umfrage verstehen		
a	EA	1. Die TN lesen vor dem Hören Aufgabe a. *Hinweis:* Versuchen Sie, die TN daran zu gewöhnen, die Aufgabentexte selbst- ständig und allein vor dem Hören zu lesen. Das ist eine wichtige Strategie für Prüfungen.		
	EA	2. Die TN hören die Anmoderation der Sendung und kreuzen an. Abschlusskontrolle im Plenum. *Lösung: Zuwanderer erzählen, wie sie Deutsch gelernt haben*	CD 2/5	
b	EA	3. Die TN lesen Aufgabe b, hören die Interviews einmal durchgehend und notieren die jeweilige Muttersprache. Abschlusskontrolle im Plenum. *Lösung: 1 Arabisch, 2 Türkisch, 3 Spanisch, 4 Russisch*	CD 2/6–9	
c ⟷	EA/PA	4. Die TN lesen Aufgabe c. Erst dann hören sie die Interviews ein zweites Mal und ordnen zu. Geübtere TN lösen die Aufgabe in Stillarbeit, ungeübtere TN arbeiten zu zweit. Abschlusskontrolle im Plenum. *Lösung: (von oben nach unten) 4, 2, 3, 1*	CD 2/6–9	
	EA/PL	5. Bitten Sie die TN, im Buch alle Sätze zu unterstreichen, die eine Folge nennen, und notieren Sie diese auf Zuruf an der Tafel. Fordern Sie die TN auf, Ihnen die Wörter zu nennen, die signalisieren, dass hier eine Folge angegeben wird, und markieren Sie die Konjunktionen. Deswegen habe ich mir oft deutsche Filme oder Serien im Fernsehen angesehen. Daher braucht man immer eine gute Motivation, warum man das macht. Darum muss mein Deutsch einfach sehr gut sein. Die TN kennen aus *Schritte plus Neu 4 / Lektion 11* bzw. von der Wiederholung in Lektion 2 bereits die Konjunktion „deshalb". Zeigen Sie nun auf den Info-Kasten und weisen Sie die TN darauf hin, dass alle genannten Konjunktionen dasselbe bedeuten und daher beliebig ausgetauscht werden können. Auch die Wortstellung ist identisch. Wichtig ist aber, dass sich der Satz mit „deswegen" immer auf den vorangehenden Satz oder Abschnitt bezieht, in dem die Ursache genannt wird.		
	PL	6. *fakultativ:* Wenn Sie mit Ihren TN die Sätze mit „wegen" noch einmal fokussieren wollen, bitten Sie die TN, Ihnen die Sätze zu nennen, die einen Grund angeben, und notieren Sie diese ebenfalls an der Tafel. Fordern Sie die TN auf, die Sätze anders zu formulieren, und stellen Sie die beiden Aussagen gegenüber, um die Wortstellung noch einmal bewusst zu machen. <table><tr><td>mit Präposition „wegen"</td><td>mit „deswegen", „daher", etc.</td></tr><tr><td>Ich habe <u>wegen</u> meiner Kinder Deutsch gelernt.</td><td>Meine Kinder hatten keine Lust mehr zu übersetzen. <u>Deswegen</u> habe ich Deutsch gelernt.</td></tr><tr><td><u>Wegen</u> meiner Muttersprache habe ich keine Probleme mit der Aussprache.</td><td>Meine Muttersprache hat ähnliche Laute wie das Deutsche, <u>daher</u> habe ich keine Probleme mit der Aussprache.</td></tr></table>		
	PL	7. *fakultativ:* Fragen Sie die TN, welche Motivation sie für das Deutschlernen haben. Achten Sie darauf, dass die Sätze korrekt gebildet werden, und korrigieren Sie ggf. sanft, indem Sie den Satz noch einmal korrekt wiederholen.		
	EA/HA	Arbeitsbuch 10		
⟷	EA/PA/HA	Arbeitsbuch 11–12: im Kurs: Alle TN ergänzen die Sätze in Übung 11. Wer schnel- ler fertig ist, liest die Aufgabenstellung in Übung 12 und erfindet eine Ausrede zu einer der genannten Situationen. Geben Sie den TN abschließend die Möglichkeit, diese zu präsentieren. Wenn Sie die Übungen als Hausaufgabe aufgeben, bearbei- ten alle TN beide Übungen.		

B3		Aktivität im Kurs: Tipps zum Deutschlernen		
a	PA	1. *fakultativ:* Kopieren Sie vorab die Kopiervorlage und verteilen Sie sie an die TN. Fragen Sie, was die Bilder mit Sprachenlernen zu tun haben: „Was machen die Leute, um Deutsch zu lernen?". Die TN betrachten die Bilder und stellen Vermutungen an. Anschließend ordnen sie die Aussagen den Bildern zu und vergleichen ihre Lösung mit ihrer Partnerin / ihrem Partner. Dann überlegt jeder für sich, wie er selbst am besten Deutsch lernt. Die TN lesen die Sprechblasen in Aufgabe 2 und tauschen sich mit ihrer Partnerin / ihrem Partner darüber aus, wie sie selbst am besten lernen und welcher Lerntyp sie dann vermutlich sind. *Hinweis:* Die meisten Menschen lernen auf mehrere Weisen, d. h. sie sind in der Regel Mischtypen. Wichtig ist aber zu wissen, welche Lernweisen einem am ehesten liegen, um z. B. die passenden Lernangebote auszuwählen und das eigene Lernen sinnvoll gestalten zu können.	KV L4/B3a	
	EA	2. Bitten Sie die TN, zu überlegen, was sie konkret tun, um Deutsch zu lernen und stichpunktartig einige Lerntipps zu notieren.		
	PL	3. Hängen Sie ein Plakat mit dem Titel „Lerntipps" an die Wand. Verteilen Sie Zettel an die TN, auf denen sie ihre persönlichen Lerntipps notieren können. Die TN kleben ihre Tipps auf das Plakat, stellen sie vor und berichten über eigene Erfahrungen damit.	Plakat, Zettel	
b	PA/PL	4. Die TN lesen die Aufgabenstellung sowie das Beispiel in der Sprechblase und die Redemittel. Dann tauschen sie sich mit ihrer Partnerin / ihrem Partner darüber aus, was für sie beim Deutschlernen wichtig ist, begründen dies und geben sich gegenseitig Lerntipps. Die Stichpunkte aus a dienen dabei als Gedankenstütze. Verweisen Sie an dieser Stelle auch auf die Redemittelübersicht „Wichtigkeit ausdrücken und begründen: Für mich ist ... wichtig, weil ..." und den Lerntipp (Kursbuch, S. 54). Gehen Sie herum und achten Sie darauf, dass die TN die vorgegebenen Strukturen benutzen. Korrigieren Sie ggf. sanft. Wer möchte, kann am Ende im Plenum seinen „Top-Tipp" präsentieren.		
	GA/PL	5. *fakultativ:* Fragen Sie die TN, wie sie sich ihren idealen Sprachkurs vorstellen. Kopieren Sie dazu die Kopiervorlage für jede Gruppe einmal auf DIN-A3-Papier. Die TN ergänzen zunächst weitere Stichpunkte auf der Vorlage. Geben Sie eine Bearbeitungszeit von ca. 15 Minuten vor. Die Gruppen einigen sich auf fünf Stichpunkte, die für sie die wichtigsten sind, und nummerieren sie auf ihrer Kopiervorlage. Abschließend stellen sie ihre Ergebnisse im Plenum vor. Überlegen Sie gemeinsam, welche Wünsche zukünftig in diesem Kurs berücksichtigt werden können/sollen.	DIN-A3-Papier, KV L4/B3b	
	EA/HA	Arbeitsbuch 13		

C ENTSCHULDIGUNG, KÖNNTEN SIE DAS BITTE WIEDERHOLEN?

Lernziel: Die TN können höflich nachfragen.

	Form	Ablauf	Material	Zeit
C1		**Hörverstehen: Die Hauptaussagen verstehen**		
a	EA/PA	1. Die TN lesen die Aufgabenstellung und die vier Aussagen. Dann hören sie die Gespräche, wenn nötig mehrmals, und ordnen zu. Geübtere TN lösen die Aufgabe in Stillarbeit, ungeübtere TN arbeiten zu zweit. Abschlusskontrolle im Plenum. *Lösung: A 3, B 2, C 4, D 1*	CD 2/10–13	
b	EA/PA	2. Die TN lesen die Sätze und kreuzen an, welche Aussagen sie höflicher finden. Geübtere TN lösen die Aufgabe in Stillarbeit, ungeübtere TN arbeiten zu zweit. Abschlusskontrolle im Plenum. *Lösung: 3 A, 4 B, 5 B, 6 B, 7 A*		
c	EA/PA	3. Fragen Sie: „Welche Sätze hören Sie?" Die TN hören die Gespräche noch einmal und markieren in b. Geübtere TN lösen die Aufgabe in Stillarbeit, ungeübtere TN arbeiten zu zweit. Abschlusskontrolle im Plenum. *Lösung: 3 A, 4 B, 5 B, 6 B, 7 A*	CD 2/10–13	
		Besprechen Sie mit den TN anschließend, welche Wörter oder Verbformen die Fragen in den Beispielen höflicher machen. Es sollte deutlich werden, dass man unter anderem mit „Tut mir leid", „Entschuldigung" und „bitte" sowie mit Modalverben und dem Konjunktiv II eine Frage höflich formulieren kann.		
C2		**Aktivität im Kurs: Rollenspiel**		
	PL	1. Die TN lesen die Redemittel. Klären Sie, wenn nötig, Wortschatzfragen und verweisen Sie an dieser Stelle auch auf die Redemittelübersichten „Um Informationen bitten: Wissen Sie, ob ...?", „Etwas nicht verstehen und nachfragen: Und was bedeutet ...?" und „Um Wiederholung bitten: Könnten Sie das bitte wiederholen?" (Kursbuch, S. 55). Machen Sie die TN auf den Lerntipp aufmerksam und fordern Sie sie auf, die Fragen in der kleinen Schreibaufgabe rechts höflicher zu formulieren. Vergleichen Sie diese gemeinsam im Kurs. *Musterlösung (Schreibaufgabe): Können Sie mir sagen, wann der Arabischkurs beginnt? Wissen Sie, ob man hier auch Salsa lernen kann? Können Sie mir sagen, wo die Kurse stattfinden? Wissen Sie, wie viel der Intensivkurs kostet?*		
	PA	2. Die TN lesen die drei Karteikarten und wählen eine Situation, zu der sie ein höfliches Gespräch spielen möchten. Geübtere TN spielen das Gespräch zunächst nur mündlich, ungeübtere können das Gespräch zuerst notieren, bevor sie es spielen. Gehen Sie herum und helfen Sie bei Schwierigkeiten. Wer schneller fertig ist, spielt ein weiteres Gespräch oder schreibt ein sehr höfliches bzw. ein sehr unhöfliches Gespräch auf und gibt es Ihnen zur Korrektur ab. Wer möchte, kann eines der Gespräche zum Abschluss im Plenum präsentieren. Die anderen raten, um welche Situation es geht.	KV L4/C2 im Lehrwerkservice	
		fakultativ: Wenn Sie weitere Gesprächssituationen mit Ihren TN üben möchten, können Sie auch auf die Kopiervorlage im Lehrwerkservice unter www.hueber.de/schritte-plus-neu zurückgreifen.		
	EA/GA/PL	3. *fakultativ:* Wenn Sie mit Ihren TN das Thema „Verständnisschwierigkeiten" auf humorvolle Weise weiter vertiefen möchten, können Sie das Hörverstehen „Missverständnisse" und „Das Abkürzungsspiel" aus „Zwischendurch mal ..." (Kursbuch, S. 56–57) einsetzen.	ZDM	
	EA/HA	Arbeitsbuch 14–16		

D KINDER LERNEN DEUTSCH.

Lernziel: Die TN können eine Radiosendung verstehen und über Mehrsprachigkeit sprechen.

	Form	Ablauf	Material	Zeit
D1		**Hörverstehen: Wichtige Details verstehen**		
a	PL	1. Fragen Sie, was das Thema der Sendung sein könnte. Die TN lesen den Titel und entscheiden sich für eine der Lösungen. Abschlusskontrolle im Plenum. *Lösung: ein Sprachkurs für Kinder*		
b	PL	2. Fragen Sie, was für ein Projekt „Deutsch aus dem Zaubersack" sein könnte und welche Rolle der Sack dabei spielen könnte. Die TN stellen Vermutungen an.		
	EA	3. Die TN lesen die Aufgabenstellung. Dann hören sie die Radiosendung und kreuzen an. Abschlusskontrolle im Plenum. *Lösung: 1 nur ausländische Kinder. 2 Deutsch. 3 sie zwei oder mehrere Sprachen können.*	CD 2/14	
c	EA	4. Bevor die TN die Radiosendung noch einmal hören, lesen sie die Aussagen im Buch und unterstreichen pro Satz zwei wichtige Wörter, die ihnen die schnelle Entscheidung beim Hören erleichtern. Besprechen Sie ggf. mit den TN gemeinsam, welche Wörter man unterstreichen könnte.		
	EA/PA ⟷	5. Die TN hören noch einmal und kreuzen an, was richtig ist. Geübtere TN lösen die Aufgabe in Stillarbeit, ungeübtere TN arbeiten zu zweit. *Hinweis: In der Radiosendung gibt es längere monologische Passagen, die Ihren TN möglicherweise Schwierigkeiten bereiten. Spielen Sie den Track daher, wenn nötig, noch einmal vor und fordern Sie die TN auf, sich nur auf die Lösung der Aufgabe zu konzentrieren. Dazu ist es nicht notwendig, jedes Wort zu verstehen. Abschlusskontrolle im Plenum.* *Lösung: 2, 3, 4, 5, 7*	CD 2/14	
	PL	6. *fakultativ:* Diskutieren Sie mit den TN über die Sprachkenntnisse und -probleme von Kindern „Wo gibt es Probleme? Was ist positiv/negativ an dieser Situation?" Betonen Sie die Vorteile von Mehrsprachigkeit und überlegen Sie gemeinsam, welche Möglichkeiten zum Sprachenlernen es für Kinder gibt.		
Projekt		7. *fakultativ:* Wenn das Thema für Ihre TN relevant ist, fordern Sie sie auf, im Internet zu recherchieren und herauszufinden, welche Kindergärten und Kindertagesstätten vor Ort ähnliche Angebote für Kinder haben und wo Kinder sonst noch mit anderen Kindern zusammen Deutsch oder auch die Muttersprache lernen können. Geben Sie den TN ausreichend Zeit für die Recherche und unterstützen Sie sie dabei. Geben Sie einen Zeitrahmen für die Recherche und Vorbereitung der Präsentation, z.B. in Form von Plakaten, vor. Planen Sie genügend Zeit für die Präsentationen ein, um die Ergebnisse der Recherche und auch die mündliche Präsentation der TN angemessen würdigen zu können. *Hinweis: Oft wird in den Familien von Migranten und Geflüchteten zwar die Muttersprache gesprochen, aber die Kinder und Jugendlichen sind mit der Schriftsprache nicht vertraut. Um Mehrsprachigkeit zu fördern, sollten die Kinder auch die Möglichkeit erhalten, in ihrer Muttersprache lesen und schreiben zu lernen. Angebote dazu gibt es oft im außerschulischen Bereich.*		
	EA/HA	Arbeitsbuch 17		

D2		Leseverstehen: Wichtige Inhalte verstehen		
a	PL	1. Fragen Sie im Kurs, ob jemand selbst mit mehreren Sprachen aufgewachsen ist und welche Erfahrungen er/sie damit gemacht hat. Die TN berichten von ihrer Mehrsprachigkeit. Wer möchte, kann den anderen auch eine Kostprobe seiner Sprachkenntnisse geben. Einigen Sie sich dazu vorher auf einen Satz, den die TN in allen ihren Sprachen sprechen und/oder schreiben sollen. Auf diese Weise wird das große sprachliche Potenzial im Kurs sichtbar und Mehrsprachigkeit als Wert anerkannt. Die sprachlichen Bemühungen Ihrer TN erscheinen in diesem Kontext als ein weiterer Schritt zur Erweiterung ihrer Mehrsprachigkeit.		
	EA	2. Deuten Sie auf die Forumsbeiträge und fragen Sie: „Welche Sprache sprechen die Jugendlichen? Welche lernen sie?". Die TN lesen die Forumsbeiträge und ergänzen die Informationen. Abschlusskontrolle im Plenum. *Lösung: BigFeet88 spricht Griechisch und Deutsch. Er lernt Englisch und Französisch.; Juli_Star spricht Rumänisch und Deutsch. Sie lernt Englisch und Französisch*		
b	GA	3. Die TN lesen die Aufgabenstellung und diskutieren in der Kleingruppe. Gehen Sie herum und helfen Sie bei Schwierigkeiten.		
	EA Prüfung	**Arbeitsbuch 18:** im Kurs: Die TN lesen die Aufgabenstellung und den Gästebucheintrag. Fordern Sie die TN auf, die Schlüsselwörter zu unterstreichen und die Hauptaussage des Textes in einem Satz zusammenzufassen. Besprechen Sie die Lösung im Plenum. Anschließend lesen die TN die Aufgabenstellung in a und machen sich Notizen. Bevor die TN nun ebenfalls einen Forumsbeitrag verfassen, lesen sie die Redemittel in b. Fordern Sie die TN auf, diese in ihrem Text zu verwenden und sie sich möglichst einzuprägen, da sie diese immer wieder – auch in der Prüfungssituation – brauchen werden, um ihre Meinung ausdrücken zu können. Verweisen Sie die TN an dieser Stelle auch auf den Lerntipp. Geben Sie den TN ca. 25 Minuten Zeit, um ihren eigenen Forumsbeitrag zu schreiben. Dies entspricht der Zeit, die ihnen in der Prüfung *Goethe-Zertifikat B1*, Schreiben, Aufgabe 2 für die gleiche Aufgabenstellung zur Verfügung steht. Auf diese Weise trainieren die TN nicht nur den Umgang mit dieser konkreten Aufgabenstellung, sondern lernen auch, mit der dafür vorgesehenen Zeit umzugehen. Sammeln Sie die Texte ein und korrigieren Sie sie nach Möglichkeit anhand der Bewertungskriterien, die im Modellsatz der Prüfung unter www.goethe.de/pruefungen einsehbar sind. Achten Sie insbesondere darauf, dass die TN auf alle Fragen mit jeweils ein bis zwei Sätzen eingegangen sind und nicht weniger als 80 Wörter geschrieben haben. Im Zentrum der Bewertung steht der funktionale Aspekt, also ob die TN ihre Meinung klar verständlich formulieren können. Korrektheit steht erst an zweiter Stelle.		
	EA/HA	**Arbeitsbuch 19**		

E IN ZWEI SPRACHEN ZU HAUSE

Lernziel: Die TN können einen Text zum Thema „Mehrsprachigkeit" verstehen und über die eigene(n) Sprache(n) sprechen.

	Form	Ablauf	Material	Zeit
E1		Über die Bedeutung von Sprache sprechen		
	PL	1. Die TN lesen die Zitate. Fragen Sie, was mit den einzelnen Zitaten ausgedrückt wird. Die TN versuchen eine Paraphrasierung mit eigenen Worten.		

	PL	2. Die TN sprechen darüber, welches Zitat ihnen gefällt und warum. Haken Sie ggf. nach, um ein möglichst interessantes Kursgespräch in Gang zu bringen: „Warum verbinden Sie Sprache mit Heimat? Was bedeutet für Sie ‚Seele'?" etc.		
E2		**Leseverstehen: Einen Buchauszug lesen**		
a	EA/PL	1. Die TN lesen die Informationen zur Autorin. Gehen Sie dann kurz auf den Buchtitel ein: Erklären Sie, dass „Hans" früher ein typisch deutscher Männername war und die Autorin dadurch deutlich macht, dass es in ihrem Buch auch um das „typisch Deutsche" geht. Natürlich kann man keinen Hans bestellen, sondern es handelt sich um eine Verfremdung von „Einmal Currywurst mit scharfer Soße". Auch die Currywurst wird ja als typisch deutscher Imbiss sehr stark mit Deutschland in Verbindung gebracht.		
b	PA	2. Die TN lesen die Aussagen zum Text, bevor sie den Textauszug aus „Einmal Hans mit scharfer Soße" lesen. Die TN kreuzen an, was richtig ist, und tauschen sich anschließend mit ihrer Partnerin / ihrem Partner darüber aus. Wer früher fertig ist, ergänzt die Sätze der Rubrik „Schon fertig?" in Stillarbeit. Abschlusskontrolle im Plenum. Sprechen Sie mit den TN auch darüber, was „Mehrsprachigkeit" für die Autorin bedeutet und ob sie ähnliche Erfahrungen gemacht haben. Die TN haben vielleicht in ihrem Heimatland mehrere Sprachen oder Dialekte gesprochen oder sind nun eventuell damit konfrontiert, dass ihre Kinder bereits besser Deutsch sprechen als sie selbst. *Lösung: 1 findet es ganz normal, dass sie sehr gut Deutsch spricht. 2 fast kein Deutsch. 3 eine Mischung aus Deutsch und Türkisch.*		
	PA/GA	3. *fakultativ:* Die TN lesen den Text noch einmal und formulieren mit ihrer Partnerin / ihrem Partner drei bis fünf Fragen zum Text. Dann setzen sie sich mit einem anderen Paar zusammen und stellen sich gegenseitig Fragen.		
	PL	4. *fakultativ:* Sprechen Sie mit den TN über das Thema „Einwanderung". Was wissen die TN in Bezug auf die deutschsprachigen Länder zu diesem Thema und möglichen Problemen und Herausforderungen? Gibt es in ihrem Land auch Einwanderer? Aus welchen Ländern? In welcher Sprache kommunizieren sie mit den Einheimischen? *Hinweis:* Eventuell sind einige Ihrer TN nach Deutschland geflüchtet und haben auf der Flucht vieles erlebt, über das sie lieber nicht sprechen möchten. Oder sie sind mit Problemen konfrontiert, die ihnen große Sorgen bereiten. Respektieren Sie ggf. den Wunsch der TN, sich nicht äußern zu wollen, geben Sie ihnen bei Bedarf auch den Raum, ihre Sorgen loszuwerden. Je nach Situation und Kurskonstellation kann das entweder im Kurs stattfinden oder außerhalb – etwa in einer separaten Sprechstunde oder in der Pause. Für viele TN ist es wichtig, zu sehen, dass Sie Anteil nehmen und sich auch für sie als Person interessieren. Ohne „gesehen" zu werden, kann es für viele schwer sein, die Motivation für das Deutschlernen aufzubringen.		
E3		**Kursgespräch über Mehrsprachigkeit**		
a	EA	1. Die TN lesen die Stichwörter und übersetzen einige in ihre Muttersprache.		
	PL	2. Die TN vergleichen anschließend die Stichwörter mit der muttersprachlichen Übersetzung und berichten im Kurs über die Wörter, die interessante Ähnlichkeiten oder Unterschiede zu den deutschen Wörtern zeigen. Die eigene Sprache wird in vielen Sprachen als „Muttersprache" bezeichnet. Lassen Sie die TN ggf. darüber spekulieren, warum das so ist oder woher diese Bezeichnung rühren könnte.		

b	PA ⟷	3. Die TN finden sich paarweise zusammen und machen mithilfe des Fragebogens im Buch ein Interview mit ihrer Partnerin / ihrem Partner und notieren sich dabei stichpunktartige die Antworten. Wer schneller fertig ist, kann weitere Fragen formulieren und sie seiner Partnerin / seinem Partner stellen.		
		Verweisen Sie an dieser Stelle auch auf die Redemittelübersicht: „Über sich sprechen: … ist meine Muttersprache." (Kursbuch, S. 55) und die kleine Schreibaufgabe daneben.		
c	PL/ WPA	4. Bilden Sie mit den TN einen Kreis. Die TN lesen die Beispiele in den Sprechblasen stellen dann die Sprachkenntnisse ihrer Partnerin / ihres Partners vor. Geben Sie auch die Möglichkeit zu Rückfragen an die jeweilige Person selbst. Bei großen Gruppen können Sie die Gruppe auch teilen, damit die Präsentation nicht zu lange dauert. Hören Sie dann abwechselnd bei beiden Gruppen zu.		
		Variante: Wenn Sie möchten, dass die TN mit verschiedenen TN sprechen, insbesondere mit TN, mit denen sie sonst nicht so oft in Kontakt sind, können Sie den Fragebogen mehrfach kopieren und in einzelne Fragen zerschneiden. Jeder TN erhält eine Frage. Die TN finden sich paarweise zusammen, befragen sich gegenseitig mündlich und tauschen anschließend die Karten. Dann wechseln sie zum nächsten freien Partner. Geben Sie je nach Gruppengröße ein Zeitlimit vor, z. B. 15 Minuten. Bei dieser Variante findet abschließend keine gegenseitige Präsentation statt.		
	EA	5. *fakultativ:* Die TN schreiben einen Text über sich selbst und ihre Mehrsprachigkeit und geben ihn Ihnen zur Korrektur ab und/oder hängen ihn im Kursraum auf. Auf diese Weise können die TN z. B. in der Pause noch einmal nachlesen – ein schöner Anlass für ein Pausengespräch mit anderen TN.		
	EA/ PA/PL	6. *fakultativ:* Wenn Sie TN im Kurs haben, die auf Jobsuche sind, können Sie an dieser Stelle mit „Fokus Beruf: Ein Stellengesuch aufgeben" arbeiten (Arbeitsbuch, S. 53).		
	EA/HA	**Arbeitsbuch 20:** im Kurs: Fragen Sie die TN, was ihr Lieblingswort auf Deutsch ist. Sammeln Sie an der Tafel und lassen Sie die TN ihre Wahl kurz begründen. Die TN ordnen in a die Wörter den Fotos zu und spekulieren in b darüber, was jemandem an diesen Wörtern besonders gut gefallen könnte. Die TN hören die Interviews in c und vergleichen mit ihren Vermutungen. Anschließend hören sie die Interviews noch einmal und ergänzen die Informationen.	AB-CD 1/23–25	
	EA/HA	**Arbeitsbuch 21:** im Kurs: Greifen Sie noch einmal die Frage nach dem eigenen deutschen Lieblingswort auf. Die TN überlegen und machen sich – jeder für sich – Notizen, warum ihnen das Wort gefällt. Dann lesen sie die Satzanfänge im Buch und schreiben eine Begründung zu ihrem schönsten deutschen Wort. Die TN präsentieren ihre Lieblingswörter in Kleingruppen oder im Plenum.		
	GA	Wenn Sie noch Zeit haben, können Sie hier die Wiederholung zu Lektion 4 anschließen.	KV L4/Wiederholung	
Lektionstests		Einen Test zu Lektion 4 finden Sie hier im LHB auf den Seiten 174 – 175. Verweisen Sie auch auf den Selbsttest im Arbeitsbuch auf Seite 52.	KV L4/Test	

AUDIOTRAINING

	Form	Ablauf	Material	Zeit
Audiotraining 1: Warum ziehst du nach Leipzig?				
	EA/HA	Die TN hören eine Frage und ein Stichwort, das sie für die Antwort nutzen sollen, z. B. „Warum ziehst du nach Leipzig?" und „Arbeit". Die TN antworten: „Wegen meiner Arbeit." Dabei kommt es vor allem auf die Satzmelodie an. Nach der Sprechpause hören die TN die korrekte Antwort.	CD 2/15	
Audiotraining 2: Was würdest du tun, wenn du morgen Urlaub hättest?				
	EA/HA	Die TN hören die Frage: „Was würdest du tun, wenn du morgen Urlaub hättest?" und Stichworte, wie z. B. „lange schlafen". Sie antworten in ganzen Sätzen: „Wenn ich morgen Urlaub hätte, würde ich lange schlafen." Dabei kommt es vor allem auf die Satzmelodie an. Nach der Sprechpause hören die TN die korrekte Antwort.	CD 2/16	
Audiotraining 3: Warum? Deswegen!				
	EA/HA	Die TN hören verschiedene Aussagen. Sie hören z. B. „Ich bin müde. Ich gehe früh ins Bett." – „deswegen". Die TN sollen einen vollständigen Satz mit der vorgegebenen Konjunktion bilden, z. B. „Ich bin müde. Deswegen gehe ich früh ins Bett." Dabei kommt es vor allem auf die Satzmelodie an. Nach der Sprechpause hören die TN die Aussage noch einmal.	CD 2/17	

ZWISCHENDURCH MAL ...

	Form	Ablauf	Material	Zeit
Spiel		**Das Abkürzungsspiel (passt z. B. zu C2)**		
1	PL/EA	1. Schreiben Sie „www" an die Tafel und fragen Sie die TN, was das bedeutet. Führen Sie den Begriff „die Abkürzung" ein und fordern Sie die TN auf, den Text im Buch zu lesen.		
	GA	2. Die TN finden sich in Kleingruppen zusammen und lösen die Abkürzungen, wie in der Sprechblase vorgegeben, auf. Abkürzungen, die sie nicht kennen, schlagen sie arbeitsteilig im Internet nach. Geben Sie ein Zeitlimit von 10 bis 15 Minuten vor. Gruppen, die schneller fertig sind, notieren weitere deutsche Abkürzungen, die sie kennen – eine Abkürzung pro Karte. Stellen Sie ausreichend Kärtchen bereit.	Kärtchen	
	PL	3. Abschlusskontrolle im Plenum. Notieren Sie die Lösungen an der Tafel. Geben Sie den TN die Möglichkeit, ihre Karten mit weiteren Abkürzungen an der Tafel aufzuhängen und den anderen die Bedeutung zu erklären. *Lösung: SPD = die Sozialdemokratische Partei Deutschlands, DDR = die Deutsche Demokratische Republik, FAZ = die Frankfurter Allgemeine Zeitung, BASF = die Badische Anilin und Soda Fabrik, MfG = Mit freundlichem Gruß / Mit freundlichen Grüßen, MwSt. = die Mehrwertsteuer, ADAC = der Allgemeine Deutsche Automobil Club, PIN = die persönliche Identifikationsnummer, VW = Auto, hergestellt von Volkswagen, BMW = Auto, hergestellt von den Bayrischen Motorenwerken, TAN = die Transaktionsnummer, ZDF = das Zweite Deutsche Fernsehen, AG = die Aktiengesellschaft / die Arbeitsgruppe, u.A.w.g. = um Antwort wird gebeten, usw. = und so weiter, DIN = das Deutsche Institut für Normung, MEZ = die Mitteleuropäische Zeit, HDGDL = Hab' dich ganz doll lieb (Netzjargon), FDP = die Freie Demokratische Partei, DB = die Deutsche Bahn, Hbf. = der Hauptbahnhof, LKW = der Lastkraftwagen* *Hinweis:* Weisen Sie die TN darauf hin, dass man „BMW" meist als Bezeichnung für ein einzelnes Auto benutzt. Der Artikel ist dann „der" und nicht „das".		

	GA	4. *fakultativ:* Wenn Sie Ihren TN die Gelegenheit geben wollen, weitere deutsche Abkürzungen spielerisch zu entschlüsseln, können Sie die Kopiervorlage einsetzen. Die TN erhalten pro Kleingruppe ein Kartenset und spielen Domino. Geben Sie anschließend Gelegenheit zu Wortschatzfragen.	KV L4/ZDM	
2	GA	1. Die TN lesen das Beispiel im Buch und erfinden eigene Bedeutungen. Je lustiger, desto besser. Die TN stellen ihre Sätze im Plenum vor.		

Schreiben		**Sag's mit 50 Worten! (passt z. B. zu A4)**		
1	PL	1. Bitten Sie einen TN, die Satzanfänge vorzulesen. Gehen Sie bei Bedarf auf Wortschatzfragen ein. Fordern Sie die TN dann auf, einen Satzanfang auszuwählen und einen Text von mindestens 50 Worten zu schreiben.		
	EA/PA ⟷	2. Die TN lesen die beiden Textbeispiele und schreiben einen eigenen Text mit mindestens 50 Wörtern. Geübtere TN lösen die Aufgabe in Stillarbeit, ungeübtere arbeiten zu zweit.		
2	GA	1. Die TN präsentieren ihre Texte in Kleingruppen. Sammeln Sie die Texte anschließend zur Korrektur ein.		

Hören		**Missverständnisse (passt z. B. zu C2)**		
	PL	1. Die TN sehen sich die Fotos an und stellen Vermutungen an, wer die Personen sind und worüber sie sprechen. Die Bücher bleiben noch geschlossen.	Folie/IWB	
	EA	2. Fragen Sie: „Warum ruft Fritz zu Hause an? Was soll Josefine tun?". Die TN hören das Gespräch und machen sich Notizen. Die Bücher bleiben noch geschlossen.	CD 2/18	
	EA	3. Die TN hören das Gespräch noch einmal und ergänzen das Gespräch im Buch. Abschlusskontrolle im Plenum. *Lösung: Ich habe fast keinen Empfang. Ich brauche mein Passwort. Es ist im Regal. Ich brauche das Passwort jetzt. Geh mal in mein Zimmer. Es steht in dem kleinen Handbuch links oben.*	CD 2/18	
	PL	4. *fakultativ:* Fragen Sie die TN, ob sie etwas Ähnliches erlebt haben und was dabei herauskam. Die TN berichten von lustigen Missverständnissen.		

FOKUS BERUF: EIN STELLENGESUCH AUFGEBEN

Die TN können ein Stellengesuch aufgeben.

	Form	Ablauf	Material	Zeit
		Da dieser Fokus möglicherweise nur für einen Teil der TN von Interesse ist, können die Übungen auch als Hausaufgabe gegeben werden.		
1		**Leseverstehen: Die wesentlichen Inhalte verstehen**		
a	EA/PA ⬌	1. Die TN lesen Yusufs Stellengesuch als Zeitungsanzeige (1) und als Profiltext im Internet (2). Dann markieren sie im Profiltext die Erklärungen für die Abkürzungen in 1 und machen sich Notizen, wie im Beispiel vorgegeben. Geübtere TN lösen die Aufgabe in Stillarbeit, ungeübtere TN arbeiten zu zweit. Gehen Sie herum und helfen Sie bei Schwierigkeiten. Abschlusskontrolle im Plenum: Schreiben Sie die Abkürzungen an die Tafel und ergänzen Sie auf Zuruf die Vollformen. Die TN sollten sich diese einprägen, denn die Abkürzungen werden den TN auch bei Stellenanzeigen immer wieder begegnen. *Lösung: flex. – flexibel, motiv. – motiviert, engag. – engagiert, jg. – jung, fünfjähr. – fünfjährig, mod. – modern, kreat. – kreativ, internat. – international, Dt. – Deutsch, Engl. – Englisch, Türk. – Türkisch, unbefr. – unbefristet, Fortb. – Fortbildung*		
b	EA/PA ⬌	2. Die TN lesen Yusufs Profiltext noch einmal. Die TN ergänzen die fehlenden Informationen mithilfe der Zeitungsanzeige (1). Geübtere TN lösen die Aufgabe in Stillarbeit, ungeübtere TN arbeiten zu zweit. Abschlusskontrolle im Plenum. Geben Sie Gelegenheit zu Wortschatzfragen. *Lösung: Berufserfahrung, fließend, sofort, Vollzeitstelle, Team, eine unbefristete Beschäftigung, Vollzeit*		
	PL	3. *fakultativ:* Fragen Sie, wie Yusuf sich beschreibt und was für eine Stelle er wo sucht. Die TN antworten in eigenen Worten.		
2		**Ein Stellengesuch im Internet aufgeben**		
a	EA	1. Die TN lesen die Aufgabenstellung, tragen die Stichpunkte aus dem Schüttelkasten in die Tabelle ein und ergänzen diese um passende Wörter aus Yusufs Texten. Klären Sie bei Bedarf Wortschatzfragen oder lassen Sie die TN neue Wörter, wie z. B. „kontaktfreudig", selbstständig im Wörterbuch nachschlagen. *Lösung: Wer und wie bin ich? flexibel, teamfähig, selbstständig, kontaktfreudig, zuverlässig, verantwortungsbewusst, motiviert, engagiert, jung; Was kann ich? gut mit … umgehen können, gute Computer-/Sprachkenntnisse/Kenntnisse in … haben, Berufserfahrung, fließend in Deutsch/…; Was suche ich? Vollzeit/Teilzeit/auf Stundenbasis arbeiten, ab sofort / ab nächsten Monat / … suchen, modernes/kreatives/internationales/… Team, unbefristet, Möglichkeit zur Fortbildung* *Hinweis:* Fordern Sie die TN auf, die Tabelle in ihr Heft zu schreiben, damit sie alle Wörter übersichtlich eintragen können und immer wieder zur Hand haben, wenn sie sie brauchen.		
	PL	2. Sammeln Sie mit den TN an der Tafel weitere typische Eigenschaften, die gern zur Beschreibung der eigenen Person in Stellengesuchen benutzt werden. Fragen Sie auch nach besonderen Kenntnissen, die bei Arbeitgebern erwünscht sind. Die TN ergänzen ihre Tabelle im Heft.		
	EA	3. Die TN markieren in der Tabelle, was auf sie selbst zutrifft, und ergänzen ggf. weitere Charaktereigenschaften, Kenntnisse und Berufsziele.		

b	EA/HA	4. Die TN schreiben anhand der Stichpunkte einen Profiltext für sich. Gehen Sie herum und helfen Sie bei Schwierigkeiten. Wenn Sie nicht so viel Zeit im Kurs haben, können Sie die TN den Text auch als Hausaufgabe schreiben lassen. Sammeln Sie die Texte der TN zur Korrektur ein.		
		Musterlösung: Persönliche Daten: Vorname: Teresa, Nachname: Carini		
		Zu meiner Person / Wer und wie bin ich?: Ich bin 28 Jahre alt und arbeite sehr gern im Team, da ich sehr kontaktfreudig bin. Außerdem bin ich zuverlässig und verantwortungsbewusst. Im Moment kümmere ich mich um meine zweijährige Tochter, davor habe ich drei Jahre engagiert als Sekretärin in einem kleinen Unternehmen in Bamberg gearbeitet.		
		Fähigkeiten und Erfahrungen / Was kann ich?: Ich habe sieben Jahre Berufserfahrung und kann besonders gut mit technischen Problemen umgehen. Ich habe sehr gute Computerkenntnisse und spreche fließend Deutsch und Italienisch.		
		Stellenbeschreibung / Was suche ich?: Ich suche ab sofort eine neue, unbefristete Teilzeitstelle und würde mich freuen, in einem modernen und kreativen Team als Sekretärin arbeiten zu können.		
Projekt		5. *fakultativ:* TN mit Internetzugang suchen als Hausaufgabe auf Jobportalen nach Profiltexten. TN ohne Internetzugang bringen Stellengesuche aus Tageszeitungen mit. Im Kurs werden die Stellengesuche in Kleingruppen gelesen und die Tabelle (Wer und wie bin ich? Was kann ich? Was suche ich?) wird weiter ergänzt.		
		Hinweis: Das Projekt eignet sich auch als Zwischenschritt, bevor die TN selbst Profiltexte schreiben, da sie durch die „realen" Beispiele ihren Wortschatz erweitern und Anregungen für ihre eigenen Formulierungen bekommen. Auch werden sie feststellen, dass sich vieles wiederholt. Diese wiederkehrenden Wörter, Formeln und Floskeln können sie sich zunutze machen.		
		Informieren Sie die TN darüber, dass Initiativbewerbungen in Deutschland erlaubt und sogar erwünscht sind.		

EINE ARBEIT FINDEN

Folge 5: Selbst was dafür tun

Einstieg in das Thema „Beruf und Arbeit"

	Form	Ablauf	Material	Zeit
1		**Beim ersten Hören: Schlüsselinformationen verstehen**		
	PL	1. Die Bücher sind geschlossen. Stellen Sie sicher, dass alle TN verstehen, was ein Beruf ist. Sprechen Sie dann mit den TN darüber, was sie denken, was für junge Leute bei der Berufswahl wichtig ist und welche Probleme es geben könnte. Halten Sie Stichpunkte an der Tafel fest.		
		Erklären Sie, dass man in Deutschland einen Beruf erlernt, indem man eine Ausbildung macht (die Praxis in einem Betrieb und die Theorie in der Berufsschule) und auch eine Prüfung ablegt. Man hat ein Zeugnis darüber. In vielen Ländern gibt es ein so differenziertes System nicht, sodass den TN oft nicht klar ist, was Beruf in Deutschland genau bedeutet. Machen Sie den Unterschied zu einer nur angelernten Tätigkeit, die man nach kurzer Einweisung in einem Betrieb ausüben kann, klar. Gehen Sie dabei auch kurz auf die Bezahlung ein, die in einem Beruf auf lange Sicht deutlich besser ist.		
	EA/PA	2. Die TN schlagen die Bücher auf, sehen sich kurz die Fotos an und lesen die Fragen. Dann hören die TN die Foto-Hörgeschichte. In Kursen mit überwiegend ungeübten TN teilen Sie den Kurs in vier Gruppen. Jede Gruppe konzentriert sich beim Hören nur auf eine Frage. Mit ihrer Partnerin / ihrem Partner sprechen die TN über die Fragen/Frage. Abschlusskontrolle im Plenum. *Musterlösung: Tante Lina hat Angst, dass Tobias keinen Ausbildungsplatz findet. Deshalb möchte Tante Lina, dass Ella Tobias hilft, eine Bewerbung zu schreiben. Ella rät Tobias, dass er selbst etwas dafür tun muss, seinen Traumjob zu bekommen. Ella übt ein Vorstellungsgespräch mit Tobias. Tobias hat sich auch bei der Hans-Meister-Schauspielschule beworben und einen von sieben Ausbildungsplätzen bekommen.*	CD 2/19–22	
2		**Nach dem zweiten Hören: Die Geschichte nacherzählen**		
	PA/PL	1. Die TN hören die Foto-Hörgeschichte noch einmal. Dann erzählen sie zu zweit die Geschichte anhand der Stichpunkte. Dabei können die TN nach jedem Foto oder nach jedem Stichpunkt wechseln. Regen Sie geübtere TN an, mehr zu den Stichpunkten zu erzählen, z. B. „Wie reagiert Ella auf Tante Linas Anruf? Wie verhält sich Tobias im Gespräch mit Ella?" Geübtere TN schreiben die Geschichte. Sammeln Sie sie zur Korrektur ein.	CD 2/19–22, KV L5/FHG	
		Variante: Die TN decken die Aufgabe vor dem Hören mit einem Heft ab. Verteilen Sie je einen Satz Karten der Kopiervorlage an die Paare. Die Paare ordnen die Karten nach der Reihenfolge der Geschichte. Danach hören die TN die Foto-Hörgeschichte noch einmal. Dann weiter wie oben. In Kursen mit ungeübteren TN erhält jeder TN eine Karte der Kopiervorlage. Kopieren Sie zusätzlich die vier Fotos aus dem Kursbuch und schneiden Sie sie auseinander. Legen Sie sie in verschiedenen Bereichen des Kursraums aus. Die TN gehen zunächst zu dem zu ihrer Karte passenden Foto. Dann stellen sich die TN, die bei einem Foto stehen, in der Reihenfolge der Geschichte auf. Reihum macht jeder TN aus den Stichworten auf seiner Karte einen Satz, sodass die TN die komplette Geschichte reihum erzählen.		
3		**Nach dem Hören: Über eine Redensart sprechen**		
	PL	1. Schreiben Sie den Titel „Für den Traumjob muss man etwas tun!" an die Tafel. Fragen Sie die TN, was das bedeuten könnte. Wenn die TN keine passenden Ideen haben, erklären Sie, dass diese Redensart sich auf Tobias bezieht, der für seinen Traumjob Bewerbungen schreiben muss.		

WPA	2. Die TN gehen im Kursraum herum und sprechen mit mehreren TN über die Redensart. Stimmt sie? Stimmt sie nicht? Gibt es den Traumjob überhaupt?			

4	**Erweiterungsaufgabe: „Ellas Kolumne": Wesentliche Inhalte verstehen**			
EA/PA	1. Die TN lesen die Kolumne und kreuzen an, welche Aussagen ihrer Meinung nach richtig sind. Abschlusskontrolle im Plenum. *Lösung: c*			

5	**Anwendungsaufgabe: Über eigene Erfahrungen sprechen**			
GA	1. Die TN sprechen in der Gruppe darüber, was ihnen bei der Berufswahl geholfen hat. Alternativ können die TN darüber sprechen, was sie sich bei der Berufswahl wünschen würden.			
Ellas Film	Tobias zeigt in dem Film, wie man sich in einem Bewerbungsgespräch verhalten sollte und wie man sich darauf vorbereiten kann. Sie können den Film als Einstieg vor B2 oder als Anregung vor B4 nutzen.	„Ellas Film" Lektion 5		

A FANG ENDLICH AN, BEWERBUNGEN ZU SCHREIBEN!

Infinitiv mit *zu*, *nicht/nur brauchen* + Infinitiv mit *zu*

Lernziel: Die TN können Stellenanzeigen verstehen und eine Bewerbung schreiben.

	Form	Ablauf	Material	Zeit
A1		**Präsentation des Infinitivs mit *zu***		
a	EA	1. Die TN hören die Aussagen, verbinden sie und ordnen zu, wer das sagt. Dann ergänzen die TN die Tabelle. Abschlusskontrolle im Plenum. *Lösung: (von oben nach unten) B Fang endlich an, Bewerbungen zu schreiben! A Es ist wirklich toll, Kunden zu beraten. C Hättest du Lust, als Verkäufer in einem Technik-Markt zu arbeiten?*	CD 2/23	
	PL	2. Schreiben Sie den letzten Satz an die Tafel und markieren Sie wie im Tafelbild unten. Erklären Sie den TN, dass bei Satzerweiterungen mit einem zweiten Verb dieses am Ende des Satzes und mit „zu" steht. Notieren Sie weitere Beispiele für Infinitivkonstruktionen an der Tafel. Außer bei Modalverben und einigen wenigen Ausnahmen stehen Ergänzungen mit Verb im Deutschen mit „zu" + Infinitiv. Hättest du Lust ⟶ auf Kundenberatung? ⟶ , Kunden <u>zu</u> beraten? Eine Reihe anderer Ausdrücke und Verben mit Infinitiv mit „zu" werden auch im Grammatik-Kasten genannt. Machen Sie mit den TN für jeden Ausdruck einen Beispielsatz. Zeigen Sie dabei, dass die Erweiterung mit „zu" und Verb mit einem Komma steht. Falls im Unterricht ein trennbares Verb auftaucht, erklären Sie den TN, dass bei diesen Verben „zu" zwischen der Vorsilbe und der Stammform des Verbs steht. Diese Verben werden trotzdem zusammengeschrieben: „fernzusehen, anzufangen, ..." Weisen Sie die TN auch auf die Grammatikübersicht 1 (Kursbuch, S. 66) hin. Die kleine Übung rechts können Sie als Wiederholungsübung am nächsten Kurstag einsetzen.		

	GA	3. *fakultativ:* Kopieren Sie den oberen Teil der Kopiervorlage auf Folie oder zeigen Sie ihn auf dem IWB. Die TN sitzen in Vierergruppen zusammen und erhalten je Gruppe einen Satz mit Kärtchen der Kopiervorlage. Der erste TN einer Gruppe zieht eine Karte, sucht sich einen passenden Satzanfang aus und bildet einen Satz wie im Beispiel. Dann ist der nächste TN an der Reihe. Geübtere TN versuchen, eine Begründung für ihre Aussage zu geben, z. B. „Ich habe keine Lust, die Grammatik zu üben, weil ich lieber mit euch ins Konzert gehen würde."	Folie/IWB, KV L5/A1	
b	EA	4. Die TN notieren auf einem Zettel drei Sätze zum Thema „Beruf" über sich.		
	PL	5. Sammeln Sie die Sätze ein und verteilen Sie sie neu. Jeder TN liest seine „neuen" Sätze vor. Die anderen raten, zu wem diese Sätze passen. *Hinweis:* An dieser Stelle passt thematisch das Lied „Es ist Zeit, endlich aufzuwachen!" aus der Rubrik „Zwischendurch mal ..." (Kursbuch, S. 68).	⬛ZDM	
	EA/PA Grammatik entdecken	Arbeitsbuch 1: im Kurs: Die TN machen sich die Satzstellung des Infinitivs mit „zu" noch einmal bewusst. Die Übung kann von geübteren TN in Stillarbeit gelöst werden. Ungeübtere TN arbeiten paarweise zusammen.		
	EA/HA	Arbeitsbuch 2		
	EA/PA	Arbeitsbuch 3–4: Wenn Sie die beiden Übungen im Kurs durchführen, lösen alle TN Übung 3. Geübtere TN ergänzen außerdem auch Übung 4. Wenn Sie die Übungen als Hausaufgabe aufgeben, sollten sie von allen bearbeitet werden.		
	EA/HA	Arbeitsbuch 5		

A2		**Leseverstehen 1: Stellenanzeigen verstehen**		
a	PL	1. Die Bücher sind geschlossen. Sprechen Sie mit den TN kurz darüber, wie sie selbst Arbeit gefunden haben, was sie getan haben oder tun würden, um Arbeit zu finden. Die TN sammeln die Möglichkeiten, die es gibt, eine Stelle zu finden (Stellenanzeigen in Tageszeitungen und Internet, persönliche Kontakte, ...).		
	PL	2. Erklären Sie den Begriff „Branche", indem Sie als Beispiel „Handwerk" an die Tafel schreiben und die TN nach Berufen in dieser Branche fragen. Notieren Sie die genannten Berufe. Fragen Sie dann weiter nach Handel. Nehmen Sie bei Bedarf auch Branchen hinzu, die im Buch nicht erwähnt sind wie Textil-, Druckbranche, Landwirtschaft und vor allem Industrie.		
	EA/PA	3. Die TN öffnen ihr Buch, lesen die Stellenanzeigen und ordnen sie den Branchen zu. Abschlusskontrolle im Plenum. *Lösung: B Hotel, Gastronomie; C Pflege; D Handel*		
	PL	4. Schreiben Sie das Beispiel mit „brauchen" aus Anzeige D an die Tafel. Markieren Sie „zu". Unterstreichen Sie dann „brauchen ... keine". Erklären Sie den TN, dass „brauchen" hier die Bedeutung von „müssen" hat: Im Unterschied zu „müssen" wird „brauchen" mit „zu" + Infinitiv benutzt. Weisen Sie die TN auch auf den Grammatik-Kasten hin. Auch „brauchen nicht" und „brauchen nur" werden mit „zu" benutzt: „Ich brauche heute nur noch drei Stunden zu arbeiten." *Hinweis:* Oft benutzt man auch die Form „Ich muss heute nicht einkaufen gehen." Das ist grammatikalisch korrekt, aber die Form mit „brauchen" („Ich brauche heute nicht einkaufen zu gehen.") klingt in deutschen Ohren eleganter. Weisen Sie auch darauf hin, dass in der Umgangssprache „zu" oft wegfällt. Erklären Sie den TN außerdem, dass man „brauchen" auch als Vollverb benutzen kann, z. B. „Ich brauche Geld." Hier hat es die Bedeutung von „Ich möchte oder muss Geld haben."		
	PL	5. Fragen Sie die TN, was sie heute nicht zu tun brauchen. Notieren Sie einige Beispiele an der Tafel.		

	GA	6. *fakultativ:* Verteilen Sie die Kopiervorlage L5/A2, Spielfiguren und Würfel. Die TN spielen zu viert und bilden Sätze. Das Spiel ist zu Ende, wenn alle TN im Ziel angelangt sind.	KV L5/A2, Spielfiguren, Würfel	
b	EA/PA	7. Die TN lesen die Stellenanzeigen noch einmal und unterstreichen in verschiedenen Farben, welche beruflichen Kenntnisse und welche persönlichen Fähigkeiten verlangt werden. Markieren Sie bei der Abschlusskontrolle auf Folie oder dem IWB. *Lösung: berufliche Kenntnisse: A Branchenerfahrung im Bereich Fotovoltaik, abgeschlossene Ausbildung zum Elektriker/Elektroniker, gute MS-Office-Kenntnisse; B erfahrene(n) Serviceangestellte(n); C Berufserfahrung von Vorteil; persönliche Fähigkeiten: A gute Deutschkenntnisse, Zuverlässigkeit und selbstständige Arbeitsweise; B gute Englisch- und Französischkenntnisse; C Pkw-Führerschein; D freundlich und zuverlässig*	Folie/IWB	
	EA/HA	Arbeitsbuch 6–8		

A3 Leseverstehen 2: Ein Bewerbungsschreiben verstehen

a	EA/PA	1. Die TN lesen das Bewerbungsschreiben – ohne Wörterbücher. Die Bewerbung soll zunächst nur global verstanden werden. Die TN ergänzen im Brief, auf welche Stelle aus A2 Dario sich bewirbt. Abschlusskontrolle im Plenum. *Lösung: Bewerbung als Servicetechniker Fotovoltaik (Elektroinstallateur)*		
b	EA/PA	2. Die TN lesen das Bewerbungsschreiben noch einmal und unterstreichen die beruflichen und persönlichen Fähigkeiten, die Dario nennt. Sie schreiben die dazu passenden Fähigkeiten und Anforderungen aus der Anzeige auf die Schreibzeilen neben dem Schreiben. *Lösung: abgeschlossene Ausbildung zum Elektriker, Erfahrung im Bereich Fotovoltaik, Montage- und Reisebereitschaft, gute Deutschkenntnisse, selbstständige Arbeitsweise, Zuverlässigkeit, gute MS-Office-Kenntnisse*		

A4 Anwendungsaufgabe: Einen Bewerbungsbrief schreiben

	EA/PA Schreibtraining	Arbeitsbuch 9: im Kurs: Zur Vorbereitung auf die Aufgabe A4 bearbeiten die TN zunächst die Übung aus dem Arbeitsbuch. Die TN machen sich hier den Aufbau eines Bewerbungsschreibens und wichtige wiederkehrende Wendungen bewusst. Weisen Sie die TN auch auf den Lerntipp hin.		
	EA	1. Die TN wählen aus den Stellenanzeigen in A2 ein Angebot aus oder bringen eigene Stellenangebote aus Tageszeitungen und dem Internet mit und suchen sich daraus etwas aus, was zu ihren Fähigkeiten passt. Dann machen die TN sich Notizen zu folgenden Fragen: Welche Fähigkeiten werden verlangt? Welche Fähigkeiten habe ich selbst, die für diese Arbeit wichtig sind? Warum möchte ich diese Arbeit machen? Gehen Sie herum und helfen Sie bei Schwierigkeiten.	ggf. Stellenangebote aus Zeitungen/ Internet	
	EA	2. Die TN schreiben mithilfe der Satzanfänge im Redemittelkasten einen Bewerbungsbrief. Sammeln Sie die Briefe ein und korrigieren Sie sie. Weisen Sie die TN auch auf die Rubrik „Sich schriftlich bewerben: Mit großem Interesse ..." auf der Kommunikationsseite (Kursbuch, S. 66) hin. *Hinweis:* Schnellere TN notieren, welche Fähigkeiten sie für ihren (Traum)Beruf brauchen		
	GA	3. *fakultativ:* Die TN sitzen in Kleingruppen von vier TN zusammen und erhalten vier Anschreiben, möglichst nicht die eigenen. Sie lesen die Briefe und notieren zu jedem Brief, was sie positiv daran finden und wo sie noch Verbesserungsvorschläge haben. Sie begründen ihre Entscheidungen. Am Ende erhält jeder seinen Brief mit den Kommentaren der anderen zurück und versucht, die Verbesserungsvorschläge einzuarbeiten. Danach können Sie die Briefe zur Korrektur einsammeln.		

Eine Bewerbungsmappe besteht in Deutschland üblicherweise aus dem Anschreiben, in dem die eigenen Fähigkeiten und Berufserfahrungen dargelegt werden, einem Lebenslauf mit Foto, der meistens mit dem aktuellen Status beginnt und die Lebensstationen nach rückwärts chronologisch beschreibt, und Kopien der wichtigsten Arbeitszeugnisse. Bei Berufsanfängern gehört auch das Schulabschlusszeugnis dazu. Immer mehr Firmen wünschen eine Online-Bewerbung: Die Bewerber füllen vorgegebene Felder aus. Wenn Firmen eine „Kurzbewerbung" fordern, genügen Anschreiben und Lebenslauf, die meist in einer PDF-Datei als Anhang einer Mail geschickt werden.

B WÄHREND SEINES LETZTEN SCHULJAHRES …

Temporale Präpositionen *während, außerhalb, innerhalb* mit Genitiv

Lernziel: Die TN können ein Bewerbungsgespräch führen.

	Form	Ablauf	Material	Zeit
B1		**Präsentation der temporalen Präpositionen *während, außerhalb, innerhalb***		
	EA/PA	1. Die TN lesen die Sätze und kreuzen an, was sie bedeuten. Abschlusskontrolle im Plenum. *Lösung: a Tobias hat im letzten Jahr die Schule besucht und zur gleichen Zeit an mehreren Berufsberatungskursen teilgenommen. b Tobias macht in seiner Freizeit witzige Clips für das Internet. c Nach wenigen Wochen hat er einen Platz an der Schauspielschule bekommen.*		
	PL	2. Verdeutlichen Sie den TN die Bedeutung der Präpositionen noch einmal an der Tafel, indem Sie sie an einem Zeitstrahl zeigen. Erklären Sie, dass Evas Geburtstag am 20. April <u>außerhalb</u> der Ferien liegt. Carlos' Geburtstag am 10. April dagegen liegt <u>innerhalb</u> der Ferien. Mutlu macht vom 3. bis zum 17. April Urlaub, er ist <u>während</u> der Ferien im Urlaub. Die TN sehen sich den Grammatik-Kasten im Buch an. Machen Sie deutlich, dass „während", „innerhalb" und „außerhalb" mit dem Genitiv benutzt werden, den die TN bereits aus *Schritte plus Neu 5 / Lektion 3* kennen. Machen Sie mit den TN weitere Beispielsätze aus dem Kursalltag, z. B. „Einige TN holen sich während der Pause einen Kaffee." Weisen Sie die TN auch auf die Grammatikübersicht 2 (Kursbuch, S. 66) hin.		
		Osterferien 20.. Mutlu macht Urlaub. 3. April Carlos' Geburtstag (10. April) 17. April Evas Geburtstag (20. April)		
	GA	3. *fakultativ:* Jede Gruppe erhält einen Satz Kärtchen der Kopiervorlage. Der erste TN zieht ein Kärtchen und bildet mit der Angabe darauf und einer der Präpositionen „innerhalb", „außerhalb" oder „während" einen Satz. Die TN sollten dabei möglichst authentische Aussagen über sich machen. Dann zieht der nächste TN ein Kärtchen etc. Ungeübtere TN versehen die Kärtchen vor dem Spielen mit Artikelpunkten wie im Grammatik-Kasten.	KV L5/B1	
	EA/HA	Arbeitsbuch 10		

B2		Anwendungsaufgabe zu den temporalen Präpositionen		
a	PL	1. Fragen Sie die TN, ob sie schon einmal bei einem Bewerbungsgespräch waren. Wenn ja, erzählen die TN kurz von ihren Erfahrungen: Wie war das? Waren die TN nervös? Was war gut / nicht so gut? Wenn nicht, überlegen die TN, wie sie sich ein mögliches Bewerbungsgespräch vorstellen: Welche Probleme haben sie vielleicht? Was ist schwierig?		
	EA/PA ⟵⟶	2. Die TN lesen die Tipps für ein Bewerbungsgespräch und ordnen die Präpositionen zu. Hilfe finden die TN im Wiederholungskasten. In Kursen mit überwiegend ungeübten TN besprechen Sie vor dem Lesen die Bedeutung der Präpositionen noch einmal, indem Sie mit den TN Beispiele aus dem Alltag machen, z. B. „Beim Frühstück höre ich Radio." etc. Abschlusskontrolle im Plenum. *Lösung: 1 vor, bis, vom … an, 3 während, 4 während, 5 vor*		
b	GA	3. Die TN lesen die Tipps noch einmal und sprechen darüber, was sie von den Tipps halten bzw. was sie gegen Nervosität bei Bewerbungsgesprächen oder bei Prüfungen machen. *Hinweis:* Hierzu passt thematisch „Ellas Film", in dem es weitere Tipps gibt, die in das Gruppengespräch einbezogen werden können.		
	EA/HA	Arbeitsbuch 11		
	HA/EA Prüfung	Arbeitsbuch 12: Mit dieser Übung können die TN sich auf Lesen, Teil 5 der Prüfung *Deutsch-Test für Zuwanderer* vorbereiten. Geben Sie den TN dazu eine Zeit vor, z. B. zehn Minuten.		
	HA/EA Prüfung	Arbeitsbuch 13: Diese Übung entspricht dem Prüfungsteil Hören, Teil 3 der Prüfung *Goethe-Zertifikat B1*. Geben Sie den TN eine Minute Zeit, um die Aussagen zu lesen. Danach hören die TN das Gespräch. Machen Sie deutlich, dass die TN das Gespräch nur einmal hören. *Hinweis:* Spielen Sie das Gespräch ggf. nach oder während der Besprechung noch einmal vor, damit die TN die Möglichkeit haben, ihre falschen Antworten nachzuvollziehen.	AB-CD 1/26	
B3		Hörverstehen: Ein Bewerbungsgespräch verstehen		
a	PL/PA	1. Die TN sehen sich die Themen an. Stellen Sie sicher, dass alle TN die Themen verstehen. Danach markieren die TN, wer wohl eine Frage zu diesem Thema stellt, der Bewerber oder die Personalchefin. Dann schreiben die TN mit ihrer Partnerin / ihrem Partner zu jedem Thema eine Frage, die die Personalchefin bzw. der Bewerber stellen könnten. Abschlusskontrolle im Plenum. *Musterlösung: Schulabschluss: Welchen Schulabschluss haben Sie?; Gehalt: Wie viel verdiene ich im ersten Lehrjahr?, Praktikum: Wie lange hat Ihr Praktikum gedauert?, Grund für die Bewerbung: Und warum haben Sie sich gerade bei uns beworben?, technische Kenntnisse: Kennen Sie sich mit elektrischen Geräten denn gut aus?, Kenntnisse von PC-Programmen: Mit welchen Programmen haben Sie schon gearbeitet?, Sprachkenntnisse: Sprechen Sie noch eine Sprache außer Englisch?, Arbeitszeiten: Wie lang ist denn die tägliche Arbeitszeit?*		
	EA/PA	2. Die TN hören nun das Gespräch und markieren, über welche Themen gesprochen wird. Abschlusskontrolle im Plenum. *Lösung: Praktikum, technische Kenntnisse, Sprachkenntnisse*	CD 2/24	

b	EA/PA	3. Die TN hören das Gespräch noch einmal und markieren, was Frau Seiffert im Gespräch tatsächlich sagt. Danach vergleichen die TN mit ihrer Partnerin / ihrem Partner. Abschlusskontrolle im Plenum. Weisen Sie die TN auch auf die Rubrik „Über die eigene Arbeit sprechen: Ich habe ein Praktikum bei … gemacht." (Kursbuch, S. 67) hin. Die kleine Aufgabe rechts können die TN als Hausaufgabe bearbeiten oder, wenn Sie genug Zeit haben, im Kurs. Gehen Sie dann herum und helfen Sie bei Schwierigkeiten. *Lösung: Setzen Sie sich doch bitte. Erzählen Sie doch bitte etwas über sich. Konnten Sie während Ihres Praktikums schon praktische Erfahrungen sammeln? Haben Sie auch technische Kenntnisse oder Fähigkeiten? Haben Sie auch Sprachkenntnisse? Gut, Herr …, wir melden uns dann innerhalb der nächsten Woche bei Ihnen. Vielen Dank, dass Sie hier waren.*	CD 2/24	
	HA/EA	Arbeitsbuch 14–15		
B4		**Aktivität im Kurs: Rollenspiel**		
a	EA	1. Die TN notieren, auf welche Stelle sie sich gern bewerben würden, und machen sich dazu Notizen. *fakultativ:* Wenn Sie das Rollenspiel authentischer gestalten wollen, dann bringen Sie richtige Stellenanzeigen aus der Zeitung / dem Internet mit oder lassen die TN entsprechende Anzeigen als Hausaufgabe suchen. *fakultativ:* Zur Unterstützung der Aktivität können Sie auch auf die Kopiervorlage im Lehrwerkservice unter www.hueber.de/schritte-plus-neu zurückgreifen.	ggf. Stellenanzeigen, KV L5/B4 im Lehrwerkservice	
b ⟷	PA/GA	2. Die TN spielen zu zweit Bewerbungsgespräche zu den Stellen aus a. Hilfe finden die TN in B3 b. Zeigen Sie das Dialoggerüst während der Gespräche der TN auf Folie / auf dem IWB, sodass die TN sich daran orientieren können. Ungeübtere TN spielen die Gespräche zu dritt, dabei wird die Rolle der Personalchefin / des Personalchefs mit zwei TN besetzt, die sich gegenseitig ergänzen. Diese Rolle ist schwieriger zu spielen, da sie nicht unbedingt den Erfahrungen der TN entspricht und daher abstrakter ist. *fakultativ:* Die TN können die Gespräche auch mit dem Smartphone aufnehmen und anschließend in Kleingruppen noch einmal ansehen und besprechen, was schon gut war, was man besser machen könnte etc. *Hinweis:* An dieser Stelle passt zur Vorbereitung des Rollenspiels auch „Ellas Film".	Folie/IWB	

C BERUFSBERATUNG

Lernziel: Die TN können über Berufswünsche und -interessen sprechen.

	Form	Ablauf	Material	Zeit
C1		**Leseverstehen: Einen Informationstext der Berufsberatung anhand von Leitfragen verstehen**		
	PL	1. Fragen Sie die TN, ob sie die Bundesagentur für Arbeit kennen. Sprechen Sie mit den TN darüber, ob sie schon einmal dort waren und was sie dort gemacht haben. Klären Sie auch, wo sich die Bundesagentur in ihrer Stadt / ihrer Region befindet.		
	PA	2. Die TN lesen den Text und beantworten die Fragen. Abschlusskontrolle im Plenum. *Lösung: a Schulabgänger, Berufstätige; b aktuelle Situation, Fragen, Wünsche*		

C2		Anwendungsaufgabe und Aktivität im Kurs: Über berufliche Wünsche sprechen		
a	GA	1. Die Bücher sind geschlossen. Verteilen Sie als Vorübung Zettel an die TN. Jeder TN soll einen Beruf, den er interessant findet, notieren. Sammeln Sie die Zettel ein und mischen Sie sie. Die TN sitzen in Kleingruppen von drei bis vier TN zusammen und erhalten pro Gruppe vier Zettel. Erstellen Sie an der Tafel eine Tabelle:	Zettel	
		<table><tr><td>Beruf</td><td>Tätigkeiten</td><td>Arbeitsort</td><td>Arbeitszeiten</td><td>Besondere Fähigkeiten</td></tr><tr><td></td><td></td><td></td><td></td><td></td></tr></table>		
		Die Gruppen übertragen die Tabelle auf ein Blatt Papier und füllen die Tabelle für ihre vier Berufe aus.		
	GA	2. Die Gruppen stellen ihre Ergebnisse einer anderen Gruppe vor.		
	EA	3. Die TN öffnen ihr Buch und füllen für sich den Fragebogen aus.		
b	PA	4. Die TN befragen die Partnerin / den Partner und machen sich Notizen. Weisen Sie die TN auf den Redemittelkasten und auf die Rubrik „Von beruflichen Wünschen erzählen: Ich kann mir gut vorstellen, …" auf der Kommunikationsseite (Kursbuch, S. 66) hin. Regen Sie die TN dazu an, nicht nur mit Ja oder Nein zu antworten, sondern diese Redemittel zur Differenzierung ihrer Antworten zu benutzen und ihre Entscheidungen zu begründen.		
c	GA	5. Jedes Paar, das sich gegenseitig in b befragt hat, findet sich mit zwei anderen Paaren zusammen. Jeder TN stellt der Gruppe die Antworten seiner Partnerin / seines Partners vor. Alle überlegen gemeinsam, welche Berufe zu diesen Interessen passen könnten. Dabei helfen ihnen die Informationen, die sie mithilfe der Tabelle zu verschiedenen Berufen bereits zusammengetragen haben. *Hinweis:* Hier können Sie den Film „Zelihas Grillhaus" aus der Rubrik „Zwischendurch mal …" (Kursbuch, S. 69) einflechten, der thematisch dazu passt.	ZDM	
	HA/EA	Arbeitsbuch 16–17		
	EA/PA	Arbeitsbuch 18: im Kurs: In dieser Übung werden die TN für die Differenzierung von -ng und n-g, also das Zusammen- oder Getrennt-Sprechen dieser Buchstabenkombination, sensibilisiert.	AB-CD 1/27–29	

D SMALL TALK: VON DER ARBEIT ERZÄHLEN

Lernziel: Die TN können über die Arbeit sprechen.

	Form	Ablauf	Material	Zeit
D1		**Hörverstehen: Small Talk über die Arbeit verstehen**		
a	PL/EA	1. Die TN sehen sich die drei Fotos an. Fragen Sie zu jedem Foto, wo die Personen sind, worüber sie sprechen und wie es ihnen gerade geht. Spielen Sie dann die Gespräche vor. Die TN ordnen die Fotos zu. Abschlusskontrolle im Plenum. *Lösung: 1 C, 2 B, 3 A*	CD 2/25–27	

b	EA/PA	2. Die TN lesen die Aufgabenstellung. Sie hören die drei Gespräche noch einmal so oft wie nötig und ordnen zu. Abschlusskontrolle im Plenum. *Lösung: 1 Überstunden haben ☹, zu viel Arbeit ☹, eine Stelle suchen ☹, ein Bewerbungsgespräch ☺; 2 neue Leute kennenlernen ☺, Schicht arbeiten ☺, sich selbstständig machen ☹; 3 abwechslungsreiche Aufgaben ☺, neuer Arbeitsplatz und neue Kollegen ☹*	CD 2/25–27	
		Hinweis: An dieser Stelle passt thematisch das Lied „Es ist Zeit, endlich aufzuwachen!" aus der Rubrik „Zwischendurch mal ..." (Kursbuch, S. 68).	ZDM	
D2	**Aktivität im Kurs: Rollenspiel**			
	PL/PA	1. Die TN lesen die Situation und die Rollenkarten. Sammeln Sie mit den TN ggf. weitere Ideen für Situationen. Die TN spielen in Partnerarbeit ein Gespräch. Weisen Sie die TN auf die Redemittel im Buch und auf die Rubriken „Sich nach der Arbeit erkundigen: Noch immer so viel Arbeit?", „Über die Arbeit sprechen: Es ist anstrengend, ..." und „Ein Gespräch beenden: Schade, ich muss jetzt leider ..." auf der Kommunikationsseite (Kursbuch, S. 67) hin, die den TN helfen, in ihren Gesprächen passende Formulierungen zu finden. Die kleinen Übungen rechts können die TN als Hausaufgabe oder vor dem Rollenspiel im Kurs bearbeiten. Wer mag, kann sein Gespräch anschließend im Plenum vortragen.	KV L5/D2 im Lehrwerkservice	
		Hinweis: Hierzu passt das Rätsel „Hallo! Ich bin Lina." aus der Rubrik „Zwischendurch mal ..." (Kursbuch, S. 69).	ZDM	
		fakultativ: Zur Erweiterung der Aktivität können Sie auch auf die Kopiervorlage im Lehrwerkservice unter www.hueber.de/schritte-plus-neu zurückgreifen.		
	PL	2. *fakultativ:* Sprechen Sie mit den TN über das Small-Talk-Thema „Beruf": Ist es für die TN ein Thema, über das sie sich häufig unterhalten? Ist es in ihrem Kulturkreis ein übliches Thema? Sprechen sie über die eigene Arbeit eher positiv oder eher negativ?		
	EA/HA	Arbeitsbuch 19–20		
	GA	*fakultativ:* Wenn Sie noch Zeit haben, können Sie hier die Wiederholung zu Lektion 5 anschließen.	KV L5/Wiederholung	
Lektionstests		Einen Test zu Lektion 5 finden Sie hier im LHB auf den Seiten 176–177. Verweisen Sie auch auf den Selbsttest im Arbeitsbuch auf Seite 62.	KV L5/Test	

AUDIOTRAINING

	Form	Ablauf	Material	Zeit
Audiotraining 1: Dann fang endlich an!				
	EA/HA	Die TN hören eine negative Aussage „Ich habe noch keine Bewerbungen geschrieben.", die sie mit der Einleitung „Dann fang endlich an, ..." umformulieren sollen. Die TN antworten in den Sprechpausen mit „Dann fang endlich an, Bewerbungen zu schreiben." Nach der Sprechpause hören die TN die korrekte Aussage.	CD 2/28	
Audiotraining 2: Während des Unterrichts.				
	EA/HA	Die TN hören von einem Sprecher eine Frage: „Wann bist du krank geworden?" und ein Nomen. Die TN bilden daraus die Antwort mit „während": „Während des Unterrichts." Zur Kontrolle wird die Antwort von einem zweiten Sprecher wiederholt.	CD 2/29	

Audiotraining 3: Ich habe Verkäufer gelernt!			
EA/HA	Die TN hören die Aussage „Ich habe Verkäufer gelernt." In einer Echoübung wiederholen die TN die Aussage und achten auf Aussprache und Betonung. Zur Kontrolle wird die Aussage von einem zweiten Sprecher wiederholt.	CD 2/30	

ZWISCHENDURCH MAL …

	Form	Ablauf	Material	Zeit
	Lied	**Es ist Zeit, endlich aufzuwachen! (passt z. B. zu A1 oder D1)**		
1	PA	1. Die TN betrachten die Fotos im Kursbuch. Sie überlegen, wie die Personen sich fühlen und was sie vielleicht denken. Sie spekulieren über die Gründe, warum es den Personen so geht. *fakultativ:* Die TN unterhalten sich mithilfe von Übung 1 der Kopiervorlage über die Personen. Gehen Sie herum und helfen Sie bei Wortschatzfragen.	KV L5/ZDM (1)	
	PL	2. Einige TN stellen exemplarisch ihre Vermutungen vor. Regen Sie einen Meinungsaustausch an: Sind die anderen einverstanden? Hatten sie andere Vorstellungen über die Personen?		
	PL	3. Spielen Sie das Lied vor. Beim ersten Hören hören die TN zu und lesen den Text mit. Beim zweiten Hören können die TN mitsingen oder mitklatschen.	CD 2/31	
	PL/EA/PA	4. Der Liedtext enthält viele Wendungen, die den TN vielleicht noch nicht bekannt sind. Klären Sie mit den TN die Bedeutung dieser Wendungen. *fakultativ:* Die TN lesen die Wendungen in Übung 2 der Kopiervorlage und versuchen mithilfe der Stichwörter eine Bedeutungserklärung. In Übung 3 der Kopiervorlage ergänzen die TN die passenden Ausdrücke aus Übung 2. Diese Übung kann auch als Hausaufgabe gemacht werden. Abschlusskontrolle im Plenum. *Hinweis:* Eine Übersetzungshilfe zu geben, anderen ein Wort oder einen Ausdruck zu erklären, ist übrigens ein Lernziel nach dem Europäischen Referenzrahmen. Hier können die TN mithilfe der vorgegebenen Redemittel üben.	KV L5/ZDM (1)	
	PL	5. Das Lied trifft Aussagen über das Verhalten vieler Menschen im Berufsleben – aus einer deutschen Perspektive und deshalb über deutsche Personen. Daher kann das Lied in Ihrem Kurs Anlass zur Diskussion geben: Vielleicht können die TN ja aus ihrer Kultur ein so lethargisches Verhalten nicht nachvollziehen, weil Eigeninitiative immer gern gesehen ist, oder – umgekehrt – der Aufruf zu mehr Kreativität und dem Verlassen ausgetretener Pfade führt zu Unverständnis, weil die TN so etwas aus der eigenen Kultur nicht kennen. Ermuntern Sie die TN in einem freien Gespräch zur Auseinandersetzung mit dem Inhalt des Liedes.		
2	PA	1. Die TN finden selbst Änderungsvorschläge für ihren Job, ihr Zuhause, den Deutschunterricht etc. Die Vorschläge werden schriftlich festgehalten.		
	GA	2. Jedes Paar liest seine Sätze einem anderen Paar vor. Die beiden Paare diskutieren, inwiefern die Vorschläge reine Wunschträume sind oder ob sie realisierbar sind und wie.		
	PL	3. Zum Abschluss hören die TN das Lied noch einmal.	CD 2/31	

Rätsel		**Hallo! Ich bin Lina. (passt z. B. zu D2)**		
	GA ⟷	1. In Kursen mit überwiegend geübten TN sind die Bücher zunächst geschlossen. Geben Sie die in der Liste angegebenen Wörter an der Tafel vor. Die TN schreiben in Kleingruppen einen Text, in dem alle Wörter vorkommen sollen. Es sollte ein zusammenhängender Text sein. Einige Gruppen lesen ihre Texte vor, die anderen kontrollieren beim Zuhören, ob alle Wörter vorkommen. In Kursen mit ungeübteren TN beginnen Sie mit Punkt 2.		
	EA/PA	2. Die TN lesen den Text über Lina und ordnen die angegebenen Wörter zu. Lassen Sie den TN dann etwas Zeit, das Rätsel zu lösen. Nur wenn die TN damit Schwierigkeiten haben, erklären Sie, dass die erste Zahl in der Klammer den Buchstaben in dem Wort angibt, der ins Lösungswort eingetragen werden muss, und zwar unter der Zahl, die nach dem Pfeil kommt. Abschlusskontrolle im Plenum. *Lösung: Berufserfahrung, Möbelfirma, produzieren, Abteilung, Kollegen, Kantine, Mitarbeiter, Unternehmen, Chefin; Lösungswort: Stellenanzeige* *Hinweis:* Hier haben die TN ein gutes Beispiel für eine Erzählung über den eigenen Berufsweg. Als Hausaufgabe können die TN nach dem Beispiel einen Text über sich schreiben und als mündliche Erzählung lernen. Wer möchte, kann im Kurs über sich erzählen.		
		Zelihas Grillhaus (passt z. B. zu C2)		
1	EA/PL	1. Die TN sehen den Film zunächst ohne Ton. Stoppen Sie bei Minute 1:55. Geben Sie den TN dann eine Minute Zeit, um zu notieren, was Zeliha im Film alles macht. Abschlusskontrolle im Plenum. *Lösungsvorschlag: Salat waschen und schneiden, Tomaten schneiden und in die Theke legen, Teig für Pide machen, Fruchtsäfte machen, bedienen, Essen einpacken*		
	EA/PA	2. Die TN sehen den Film nun komplett und mit Ton. Sie machen sich Notizen zu Zeliha. Anschließend vergleichen sie ihre Notizen mit ihrer Partnerin / ihrem Partner. Abschlusskontrolle im Plenum. *Lösung: Herkunft: türkische Familie, Großvater in den 60-er Jahren aus der Türkei nach Deutschland ausgewandert, Zeliha ist in Deutschland geboren; Ausbildung: Schule in Deutschland besucht, Mittlere Reife; Berufsausbildung zur Zahnarzthelferin und Einzelhandelskauffrau, dann Selbstständigkeit und Eröffnung ihres Restaurants, genießt es, hat guten und offenen Kontakt zu Kunden; Spezialität: frische Säfte, knackige Salate, knusprige Pommes, Börek, Pide, Döner*		
	EA/PA ⟷	3. *fakultativ:* Verteilen Sie die Kopiervorlage. Die TN lesen die Aussagen in Übung 1 und markieren zunächst aus dem Gedächtnis. Dann sehen sie den Film noch einmal und kontrollieren bzw. kreuzen an und vergleichen mit ihrer Partnerin / ihrem Partner. Geübtere TN bearbeiten zusätzlich Übung 2 und korrigieren die falschen Aussagen. Abschlusskontrolle im Plenum.	KV L5/ZDM (2)	
	PL	4. *fakultativ:* Besprechen Sie anhand von Übung 3 die Bedeutung der Wendung „Zeliha und ihre Familie sind gut angekommen in Deutschland.". Sprechen Sie mit den TN auch darüber, was die TN denken, was zum „Ankommen" dazugehört. Wann ist jemand in Deutschland „angekommen"?	KV L5/ZDM (2)	
2	GA	1. Die TN sprechen darüber, ob ihnen Zelihas Grillhaus gefällt und ob sie dort essen gehen würden. Die TN sollten ihre Meinung begründen. Gehen Sie herum und helfen Sie bei Schwierigkeiten und/oder Wortschatzfragen.		

FOKUS BERUF: ETWAS VERHANDELN

Die TN kennen die Gepflogenheiten in Bewerbungsgesprächen zum Thema „Gehalt" und können über ihre Gehaltsvorstellungen verhandeln.

	Form	Ablauf	Material	Zeit
		Da dieser Fokus möglicherweise nur für einen Teil der TN von Interesse ist, können die Übungen auch als Hausaufgabe gegeben werden.		
1		**Leseverstehen: Informationen zum Thema „Gehalt" in Bewerbungsgesprächen verstehen**		
a	EA/PA	1. Die TN überfliegen den Text und kreuzen an, wofür sie hier Tipps bekommen. Abschlusskontrolle im Plenum. *Lösung: Für Gespräche mit dem Arbeitgeber*		
b	EA/PA	2. Die TN lesen die Tipps noch einmal und kreuzen an, was richtig ist. Abschlusskontrolle im Plenum. *Lösung: 1, 3*		
	PL	3. Fragen Sie die TN, wie das Thema „Gehalt" in ihren Heimatländern in Bewerbungsgesprächen behandelt wird.		
2		**Hörverstehen: Ein Gespräch mit dem Personalchef verstehen**		
a	PL	1. Die TN sehen sich das Foto an und beschreiben kurz, was die Situation ist. TN, die solche Gespräche kennen, können kurz darüber berichten, wie es war, wie sie sich gefühlt haben und ob das Thema „Gehalt" angesprochen wurde. Wenn ja, wie.		
	EA/PA ⟷	2. Die TN hören den ersten Teil des Gesprächs und kreuzen die richtigen Aussagen an. Geübtere TN achten zusätzlich darauf, welche anderen Gehaltssummen noch genannt werden. Abschlusskontrolle im Plenum. *Lösung: 1 Vollzeitstelle, 2 1900 Euro, 3 nicht einverstanden*	AB-CD 1/30	
b	EA/PA	3. Die TN lesen die Aussagen und hören dann den zweiten Teil des Gesprächs. Sie kreuzen ihre Lösung an. Abschlusskontrolle im Plenum. *Lösung: 1 viel mehr, 2 vier Jahre, 3 öfter*	AB-CD 1/31	
c	EA/PA	4. Die TN lesen die Aussagen und hören dann den dritten Teil des Gesprächs. Sie kreuzen ihre Lösung an. Abschlusskontrolle im Plenum. *Lösung: 2*	AB-CD 1/32	
3		**Kursgespräch: Über das Bewerbungsgespräch sprechen**		
	PA	1. Die TN vergleichen das Gespräch mit den Tipps in Aufgabe 1 und überlegen, was Frau Lampart alles beachtet hat.		
	PL	2. Sprechen Sie mit den TN über das Bewerbungsgespräch von Frau Lampart. Wie bewerten die TN es? Würden sie es genauso machen wie Frau Lampart? Was würden sie anders machen?		

DIENSTLEISTUNG

Folge 6: Mädchen für alles

Einstieg in das Thema „Dienstleistung"

	Form	Ablauf	Material	Zeit
1		**Vor dem Hören / Beim ersten Hören: Vermutungen äußern und überprüfen**		
	PL	1. Deuten Sie auf die Wendung „Mädchen für alles" und fragen Sie, was das bedeuten könnte. Die TN betrachten die Fotos und stellen Vermutungen an. *Hinweis:* Lösen Sie das Rätsel aber noch nicht auf, auch nicht falls jemand bereits auf die richtige Bedeutung kommt, sondern greifen Sie die Frage nach dem ersten Hören noch einmal auf.		
	EA/PA	2. Deuten Sie auf die Fotos und die Sprechblasen und fragen Sie: „In welcher Situation sagt Leon was?". Die TN sehen sich die Fotos noch einmal genauer an, lesen die Sprechblasen und ordnen zu. Geübtere TN lösen die Aufgabe in Stillarbeit, ungeübtere TN arbeiten zu zweit. Geben Sie den TN die Möglichkeit zu Wortschatzfragen.	Folie/IWB	
	EA/PA	3. Die TN hören die Foto-Hörgeschichte und vergleichen mit ihren Lösungen. Geübtere TN lösen die Aufgabe in Stillarbeit, ungeübtere TN arbeiten zu zweit. Abschlusskontrolle im Plenum. *Lösung: 1 B, 2 A, 3 D, 4 C*	CD 3/1–4	
	PL	4. Fragen Sie nun noch einmal nach, was der Ausdruck „Mädchen für alles" im Deutschen bzw. „Task Rabbit" im Englischen bedeutet und warum die Bezeichnung auf Leon zutrifft. Bei Bedarf können Sie Ellas Erklärung noch einmal vorspielen. Es sollte klar werden, dass damit jemand bezeichnet wird, der alle möglichen anfallenden Aufgaben lösen muss. Das sind oft Aufgaben, die andere nicht so gern machen oder aus verschiedenen Gründen nicht lösen können.	CD 3/2	
2		**Beim zweiten Hören: Detailinformationen verstehen**		
	PL	1. Fragen Sie die TN, was sie bereits von Leon wissen, und sammeln Sie die Stichworte an der Tafel.		
	EA/PA	2. Die TN lesen die Sätze und ergänzen – soweit möglich – aus dem Gedächtnis oder aufgrund des Kontextes. Geübtere TN lösen die Aufgabe in Stillarbeit, ungeübtere TN arbeiten zu zweit.		
	EA/PA	3. Die TN hören die Foto-Hörgeschichte noch einmal und vergleichen mit ihren Lösungen oder ergänzen die Sätze. Geübtere TN lösen die Aufgabe in Stillarbeit, ungeübtere TN arbeiten zu zweit. Abschlusskontrolle im Plenum. *Lösung: Foto 1: Zeit, Lust; Foto 2: selbstständig, Büroarbeiten; Foto 3: Problem, findet; Foto 4: Foto*	CD 3/1–4	
3		**Erweiterungsaufgabe: „Ellas Kolumne": Wesentliche Inhalte verstehen**		
	EA/PA	1. Die TN lesen „Ellas Kolumne" und kreuzen an, welche der beiden Aussagen passt. Geübtere TN lösen die Aufgabe in Stillarbeit, ungeübtere TN arbeiten zu zweit. Abschlusskontrolle im Plenum. *Lösung: b*		
	GA	2. Lesen Sie noch einmal gemeinsam das Zitat und Ellas Schlussfolgerung (Zeile 18–23) und fragen Sie die TN, was sie in ihrem Leben geändert haben oder ändern wollen. Die TN tauschen sich in Kleingruppen darüber aus.		

▦ **Ellas Film**	*fakultativ:* „Ellas Film" zeigt Ella und Leon bei der Übergabe des Porzellanelefanten in Herrn Sanders Büro. Dabei erfährt der Zuschauer, dass dieser mit Leons Arbeit sehr zufrieden ist. Er lobt Leons Zuverlässigkeit und empfiehlt ihn weiter. Sie können den Film beispielsweise nach B3 einsetzen, um weiter auf berufliche Kompetenzen zu sprechen zu kommen. Fordern Sie die TN zunächst auf, sich die Foto-Hörgeschichte noch einmal in Erinnerung zu rufen. Bei Bedarf können sie sich auch die Fotos noch einmal ansehen. Fragen Sie dann, welche der in B3a genannten Kompetenzen die TN Leon zuschreiben würden, und bitten Sie sie, dies zu begründen. Anschließend sehen die TN „Ellas Film" und achten darauf, welche der genannten Kompetenzen bzw. welche anderen Kompetenzen Herr Sanders an Leon besonders schätzt. Weisen Sie die TN darauf hin, dass diese nicht konkret beim Namen genannt, sondern umschrieben werden. *Lösungsvorschlag: Zuverlässigkeit, kommunikative Kompetenz (Networking) und Selbstständigkeit, Eigeninitiative (Leon merkt sich alles, denkt mit und versteht genau, was Herr Sanders haben möchte, ohne lange zu fragen. Leon kennt viele Leute.)*	„Ellas Film" Lektion 6

A ES IST NICHT LEICHT, ABER ES LOHNT SICH.

Verben und Ausdrücke mit *es*

Lernziel: Die TN können Texte über Geschäftsideen verstehen und über Geschäftsideen sprechen.

	Form	Ablauf	Material	Zeit
A1		**Präsentation der Verben und Ausdrücke mit *es***		
	PL	1. Ein TN liest den ersten Satz. Fragen Sie: „Wer sagt das? Ella oder Leon?". Die TN erinnern sich an die Foto-Hörgeschichte und nennen die Lösung.	Folie/IWB	
	EA/PA ⟷	2. Die TN lesen die anderen Aussagen und kreuzen an. Geübtere TN lösen die Aufgabe in Stillarbeit, ungeübtere TN arbeiten zu zweit.		
	EA	3. Die TN hören die Aussagen und vergleichen mit ihren Lösungen. Abschlusskontrolle im Plenum. Gehen Sie auf die Bedeutung von „es lohnt sich" ein. *Lösung: a Ella, b Ella, c Leon, d Leon, e Ella*	CD 3/5	
A2		**Bewusstmachung der Verwendung von *es***		
	PL	1. Fragen Sie: „Wann benutzt man ‚es'?". Die TN sehen sich noch einmal die Sätze in A1 an und markieren „es". Fordern Sie die TN auf, die Beispiele zu gruppieren, und notieren Sie diese an der Tafel und markieren Sie „es".		

Es war drei Uhr ...	Es ist unglaublich!	Wenn es mal regnet, ...
	Es war nicht leicht, ...	
	Es ist verrückt!	

Vielleicht können die TN schon selbst benennen, dass „es" benutzt wird, um die Uhrzeit anzugeben und die Wetterlage zu beschreiben, aber auch in festen Wendungen vorkommt. Fragen Sie die TN, ob sie noch andere Ausdrücke mit „es" kennen.

EA/PA ⟷	2. Die TN sehen sich den Grammatik-Kasten an und ordnen zu. Geübtere TN lösen die Aufgabe in Stillarbeit, ungeübtere TN arbeiten zu zweit. Abschlusskontrolle im Plenum. Gehen Sie darauf ein, dass „Wie geht's?" die Kurzform von „Wie geht es dir/euch/Ihnen?" ist, aber vor allem in informellen Schreib- oder Gesprächssituationen benutzt wird. Verweisen Sie auch auf die Grammatikübersicht 1 (Kursbuch, S. 78). *Lösung: Tages- und Jahreszeiten, Wetter, Befinden*	Folie/IWB	
EA/PA/HA Grammatik entdecken ⟷	Arbeitsbuch 1–2: im Kurs: Die TN lesen die E-Mail in Übung 1 und ergänzen die Ausdrücke mit „es" aus dem Schüttelkasten. Geübtere TN lösen die Aufgabe in Stillarbeit, ungeübtere TN arbeiten zu zweit. Die TN ergänzen dann in Übung 2 alle Ausdrücke mit „es" aus Übung 1. Gehen Sie bei Bedarf auf Wortschatzfragen ein. Hier lernen die TN noch weitere Ausdrücke mit „es".		
EA/HA	Arbeitsbuch 3		

A3	**Leseverstehen: Geschäftsideen verstehen**			
a PL	1. Die Bücher sind geschlossen. Deuten Sie auf die Fotos und fragen Sie: „Was glauben Sie? Wer führt einen Altenpflegedienst? Wer besitzt ein Lebensmittelgeschäft? Und wer hat in Berlin ein Restaurant aufgemacht?". Die TN stellen Vermutungen an und begründen diese.	Folie/IWB	
EA	2. Die TN schlagen die Bücher auf, lesen die Texte und kreuzen an. Abschlusskontrolle im Plenum. *Lösung: Hung Nguyen hat in Berlin ein Restaurant aufgemacht. Songül Nevin führt einen Altenpflegedienst. Victor Krumm besitzt ein Lebensmittelgeschäft.*		
b EA/GA	3. Die TN lesen die Texte noch einmal und markieren alle Zahlen. Anschließend ergänzen sie die Informationen zu den drei Personen. Die TN finden sich in Kleingruppen von jeweils drei TN zusammen. Jeder berichtet anhand der Stichpunkte über eine der drei Personen. Die anderen vergleichen mit ihren Notizen. *Variante: Die TN arbeiten in Kleingruppen von drei TN. Jeder liest einen der drei Texte und ergänzt die Angaben. Anschließend präsentieren die TN nacheinander ihre Person. Die anderen hören zu und ergänzen ihre Angaben. Abschlusskontrolle im Plenum. Gehen Sie bei Bedarf auf Wortschatzfragen ein. Lösung: Hung Nguyen: 29: Alter, 1980: Arbeit des Vaters in der DDR, 23: zum Studium nach Berlin, 3: vor drei Jahren Eröffnung seines Restaurants Songül Nevin: 42: Alter, 40: vor über 40 Jahren Ankunft ihrer Eltern in Deutschland, 7: sieben Jahre lang Arbeit im Krankenhaus, 5: vor fünf Jahren Gründung ihres Altenpflegedienstes, 12: Anzahl Mitarbeiterinnen Victor Krumm: 58: Alter, 15: vor fünfzehn Jahren Selbstständigkeit mit Lebensmittelgeschäft, 80: achtzig Prozent der Kunden sind Russen, 30: Artikel damals, 700: Artikel heute*		

PL	4. Notieren Sie Folgendes an der Tafel:			

> Es war nicht leicht, <u>aber</u> es lohnt sich. Es war nicht einfach, Pflegekräfte mit türkischem Hintergrund <u>zu finden.</u>

	Fordern Sie die TN auf, die Struktur der beiden Sätze zu vergleichen. Es sollte klar werden, dass nach einer festen Wendung, wie „Es ist (nicht) leicht/einfach, …" sowohl ein weiterer Satz mit einer Konjunktion angeschlossen werden kann oder aber auch ein Infinitiv mit „zu" folgen kann. Fordern Sie die TN auf, weitere Beispiele aus dem Text über Songül Nevin herauszusuchen. Abschlusskontrolle im Plenum. *Lösungsvorschlag: Doch irgendwann ist es ihnen zu anstrengend <u>und</u> dann freuen sie sich über unsere Hilfe. (Z. 29–30); Denn Türken sind es nicht gewohnt, alte Menschen von Pflegediensten <u>betreuen zu lassen</u>. (Z. 28–29)* Erinnern Sie die TN in diesem Zusammenhang an die Verwendung des Verbs „lassen", das die TN bereits aus *Schritte plus Neu 4* / Lektion 13 kennen und an den Infinitiv mit „zu", den die TN bereits aus Lektion 5 kennen.			
GA	5. *fakultativ:* Wenn Sie mit Ihren TN die Ausdrücke mit „es" spielerisch üben möchten, können Sie die Kopiervorlage einsetzen. Kopieren Sie die Spielkarten für Kleingruppen von drei bis vier TN. Die TN legen die Karten umgedreht auf den Tisch und ziehen reihum eine Karte. Sie lesen den Satzanfang vor und vervollständigen den Satz.	KV L6/A3		
EA/HA	Arbeitsbuch 4–5			

A4	**Aktivität im Kurs: Über Geschäftsideen sprechen**			
PA	1. Die TN sprechen mit ihrer Partnerin / ihrem Partner über die Geschäftsideen in A3. Fordern Sie die TN auf, zu begründen, warum sie diese gut oder nicht so gut finden. Alternativ können sie einander auch von eigenen Geschäftsideen berichten und dabei auf die Redemittelübersicht „Über Träume und Wünsche sprechen: Es wäre schön, …" (Kursbuch, S. 78) zurückgreifen.			
EA/HA	Arbeitsbuch 6: im Kurs: Die Auslautverhärtung, also die Artikulation von „b", „d", „g" als „p", „t" bzw. „k" am Silben- und Wortende ist für viele TN ein Problem, da das Schriftbild sie irritiert: Sie sprechen die Konsonanten so aus, wie sie sie als Buchstaben sehen, nämlich als weiche Konsonanten. Oder es gibt Schwierigkeiten bei der Rechtschreibung, da die TN einen harten Laut hören und deshalb einen harten Laut schreiben. Mit dieser Übung können die TN die Besonderheit der Auslautverhärtung entdecken. Spielen Sie die Aussagen in a vor und fordern Sie die TN auf, zu markieren, wenn sie statt einem b ein p, statt einem g ein k und statt einem d ein t hören. In b hören die TN die Beispiele und sprechen nach. In c lassen Sie die TN die Regel anschließend möglichst selbst finden. Sie sollten erkennen, dass die Konsonanten „b", „d", „g" im Auslaut wie „p", „t" und „k" gesprochen werden wie in „Geld" oder „bald", am Silbenanfang aber als weiches „b" oder „d" sowie als „g" ausgesprochen werden.	AB-CD 1/33–34		

B ICH WILL BEI DEM LADEN SEIN, UM DORT ZU WARTEN.

Konjunktionen *um … zu* + Infinitiv und *damit*

Lernziel: Die TN können über Kenntnisse und Kompetenzen im Beruf sprechen.

	Form	Ablauf	Material	Zeit
B1		**Präsentation der Konjunktionen *um … zu* + Infinitiv und *damit***		
	EA/PL	1. Erinnern Sie die TN an die Foto-Hörgeschichte und fragen Sie: „Was ist richtig?". Die TN lesen die beiden Beispiele und kreuzen an. Abschlusskontrolle im Plenum. Ergänzen Sie dann gemeinsam mit den TN den Grammatik-Kasten. *Lösung: a Leon will als Erster bei dem Laden sein, um dort Schuhe für einen Kunden zu kaufen. b Leon kauft diese Schuhe, damit sein Kunde ausschlafen kann.*	Folie/IWB	
	PL	2. Fragen Sie die TN, wie man die Fragen formulieren müsste, um „Um dort Schuhe für einen Kunden zu kaufen" oder „Damit sein Kunde ausschlafen kann." als Antwort zu bekommen. Schreiben Sie „Wozu?" an die Tafel und erklären Sie, dass man mit „um … zu" und „damit" einen Zweck nennen kann. Während die Konjugation „um" immer mit einer Infinitivkonstruktion benutzt wird, leitet „damit" einen Nebensatz ein. Machen Sie den TN anhand folgenden Beispiels den Unterschied zwischen Zweck und Grund deutlich:		

Leon kauft die Schuhe, [damit] sein Kunde ausschlafen kann. (Wozu?)
Leon kauft die Schuhe, [um] viel Geld [zu] verdienen. (Wozu?)
Leon kauf die Schuhe, [weil] er den Auftrag bekommen hat. (Warum?)

Während mit „weil" der Grund, also Ausgangspunkt einer Handlung benannt wird, wird mit „um … zu" und „damit" der Zweck, also das Ziel einer Handlung genannt.

Stellen Sie nun noch einmal „um … zu" und „damit" gegenüber:

Leon kauft die Schuhe.   Sein Kunde kann ausschlafen.
Wer?   Wer?

→ Leon kauft die Schuhe, [damit] sein Kunde ausschlafen kann.

Leon kauft die Schuhe.   Er verdient viel Geld.
Wer?   Wer?

→ Leon kauft die Schuhe, [damit] er viel Geld verdient.

→ Leon kauft die Schuhe, [um] viel Geld [zu] verdienen.

Machen Sie anhand des Tafelbildes Folgendes deutlich: Wenn das Subjekt in der Konstruktion mit „damit" in beiden Sätzen identisch ist, kann die Infinitivkonstruktion mit „um … zu" verwendet werden. Das Subjekt wird dann nur einmal genannt. Eine Formulierung mit „damit" wäre in dem Beispiel nicht sprechüblich, da unökonomisch.
Verweisen Sie auch auf die Grammatikübersicht 2 (Kursbuch, S. 78). Die kleine Schreibaufgabe lösen die TN als Hausaufgabe.
Musterlösung: Eine Taschenlampe braucht man, um unter das Sofa leuchten zu können. Ein Smartphone braucht man, damit man auch unterwegs ins Internet kann. Einen Regenschirm braucht man, damit man nicht nass wird. Eine Mütze braucht man, um nicht zu frieren. Einen Laptop braucht man, damit man unterwegs arbeiten kann. Eine Schere braucht man, um etwas auszuschneiden.

EA/PA Grammatik entdecken ⟷	Arbeitsbuch 7: im Kurs: Die TN lesen das Beispiel und ergänzen die anderen Sätze nach dem gleichen Muster. Geübtere TN lösen die Aufgabe in Stillarbeit, ungeübtere TN arbeiten zu zweit. Greifen Sie ein Beispiel heraus und fragen Sie z. B. nach dem Subjekt in den Sätzen „Margareta ist nach Deutschland gekommen." und „Sie möchte ihr Deutsch verbessern.", um zu verdeutlichen, dass dieses in beiden Sätzen identisch ist und die Infinitivkonstruktion mit „um ... zu" daher üblich ist.		
EA/HA	Arbeitsbuch 8–9		
EA/PA Grammatik entdecken	Arbeitsbuch 10: im Kurs: Die TN lesen das Beispiel und ergänzen die anderen Sätze selbstständig. Fordern Sie die TN auf, den Unterschied zwischen den Beispielen in A und B zu erklären. Es sollte dabei klar werden, dass es sich in A um identische Subjekte handelt, während es in B um unterschiedliche handelnde Personen geht.		
EA/HA	Arbeitsbuch 11		
EA/PA/HA ⟷	Arbeitsbuch 12–13: im Kurs: Alle TN bearbeiten Übung 12. Wer früher fertig ist, verbindet außerdem die Satzteile in 13a und formuliert dann Sätze mit „damit" und „um ... zu", wie im Beispiel vorgegeben. Weisen Sie die TN darauf hin, dass die Formulierung mit „um ... zu" nicht immer möglich ist. Wenn Sie die Übungen als Hausaufgaben aufgeben, bearbeiten alle TN beide Übungen.		

B2	**Anwendungsaufgabe *um ... zu* + Infinitiv und *damit***		
PA ⟷	1. Die TN lesen die Aufgabenstellung und sprechen die Sätze abwechselnd in Partnerarbeit. Geübtere TN überlegen sich weitere Beispiele und formulieren die Sätze. *Lösung: Leon macht diesen Job, um selbstständig zu arbeiten.; ..., damit seine Kunden diese Dinge nicht selbst erledigen müssen.; ..., um möglichst viele verschiedene Menschen kennenzulernen.; ..., um viel rumzukommen.; ..., um nicht den ganzen Tag im Büro zu sitzen.; ..., damit sein Alltag interessanter wird.*		

B3	**Hörverstehen: Ein Interview über soziale Kompetenzen verstehen**			
a	EA	1. Fordern Sie die TN auf, die Stichworte zu lesen. Gehen Sie zunächst noch nicht näher auf die Bedeutung ein. Diese können die TN anschließend selbst aus dem Kontext erschließen:		
	EA	2. Die TN hören den Anfang eines Interviews und kreuzen an, welche sozialen Kompetenzen genannt werden. Abschlusskontrolle im Plenum. *Lösung: Teamfähigkeit, Konfliktfähigkeit, kommunikative Kompetenz, Motivation, Engagement*	CD 3/6	
b	EA/PA ⟷	3. Die TN lesen die Fragen und Antworten. Dann hören sie das Interview weiter und ordnen zu. Geübtere TN lösen die Aufgabe in Stillarbeit, ungeübtere TN arbeiten zu zweit. Spielen Sie das Interview bei Bedarf mehrmals vor. Abschlusskontrolle im Plenum. Gehen Sie dann auch auf Wortschatzfragen der TN ein. *Lösung: 2 a, 3 f, 4 d, 5 e, 6 c*	CD 3/7	
	PA	4. *fakultativ:* Wenn Sie das Thema „Berufliche Kompetenzen" weiter vertiefen wollen, können Sie an dieser Stelle „Ellas Film" einsetzen.		
	EA/HA	Arbeitsbuch 14		

B4	**Aktivität im Kurs: Frage-Antwort-Spiel**			
	EA	1. Die TN lesen die Aufgabenstellung und sehen sich die Beispiele an. Jeder beschriftet ein blaues und ein grünes Kärtchen (oder schreibt alternativ mit Blau und Grün). Wer schneller fertig ist, beschriftet weitere Kartenpaare.	blaue/grüne Kärtchen (oder Stifte)	

	Form	Ablauf	Material	Zeit
	GA	2. Die TN mischen ihre Karten und legen sie dann offen auf den Tisch. Ein TN beginnt und stellt eine Frage mit „Wozu braucht man ...?". Ein anderer TN antwortet mithilfe einer der Karten und nimmt das Kartenpaar an sich. Er stellt die nächste Frage etc. Wenn keine passenden Paare mehr auf dem Tisch liegen, ist das Spiel beendet. Gehen Sie herum und helfen Sie bei Schwierigkeiten.		

C ETWAS TUN, STATT NUR ZU TRÄUMEN

Konjunktionen *statt ... zu* + Infinitiv und *ohne ... zu* + Infinitiv

Lernziel: Die TN können Ratschläge für Probleme im Arbeitsalltag geben.

	Form	Ablauf	Material	Zeit
C1		**Präsentation der Konjunktionen *statt/ohne ... zu* + Infinitiv**		
	PL	1. Schreiben Sie Beispiel a an die Tafel: Man sollte etwas tun. Aber man träumt nur. Man sollte etwas tun, statt nur zu träumen. Fordern Sie die TN auf, die Struktur der Sätze miteinander zu vergleichen und eine Regel für Sätze mit „statt ... zu" zu formulieren. Es sollte deutlich werden, dass man mit der Infinitivkonstruktion mit „statt ... zu" genauso einen Gegensatz ausdrücken kann wie mit einem Hauptsatz mit „aber". Im Satz mit „statt ... zu" wird gewöhnlich genannt, was nicht getan wird oder nicht getan werden sollte. Die Formulierung mit „statt ... zu" ist sprachüblicher, da ökonomischer. Voraussetzung ist aber, dass das Subjekt in beiden Sätzen identisch ist.		
	PL	2. Die TN formulieren analog Satz b mit „statt ... zu". Notieren Sie den Satz auf Zuruf an der Tafel.		
	PL	3. Notieren Sie Beispiel c an der Tafel: Man kann nichts Neues lernen. Man muss Fehler machen. Man kann nicht Neues lernen, ohne Fehler zu machen. Fordern Sie die TN auf, die Struktur der Sätze miteinander zu vergleichen und eine Regel für Sätze mit „ohne ... zu" zu formulieren. Es sollte deutlich werden, dass man mit der Infinitivkonstruktion mit „ohne ... zu" nennt, was man nicht vermeiden kann oder nicht tut bzw. tun sollte.		
	PA	4. Die TN formulieren analog Satz d. Abschlusskontrolle im Plenum. Verweisen Sie abschließend auch auf den Grammatik-Kasten und die Grammatikübersicht 3 (Kursbuch, S. 78). Die kleine Schreibaufgabe lösen die TN als Hausaufgabe und geben sie Ihnen zur Korrektur ab. *Lösung: b Man möchte viel rumkommen, statt nur im Büro zu sitzen. c Man kann nichts Neues lernen, ohne Fehler zu machen. d Man möchte selbstständig arbeiten, ohne ständig einen Chef vor der Nase zu haben.* *Musterlösung (Schreibaufgabe): Ich würde nachmittags gern mal ins Freibad gehen, statt immer Hausaufgaben machen zu müssen. Ich würde gern mal etwas kochen, ohne es gleich anbrennen zu lassen. Ich würde gern mal die öffentlichen Verkehrsmittel nutzen, ohne Verspätung zu haben.*		

	EA Grammatik entdecken	Arbeitsbuch 15: im Kurs: Die TN lesen die Beispiele in a und markieren „nicht" und „kein". Fordern Sie die TN auf, zu benennen, wann in den beiden Beispielen „nicht" und „kein" benutzt wird und wann nicht. Die TN lesen dann die Aufgabenstellung in b und kreuzen an. Es sollte deutlich werden, dass mit „statt ... zu" und „ohne ... zu" ein Gegensatz oder eine nicht erfüllte Erwartung ausgedrückt wird, ohne „nicht" oder „kein" zu benutzen.		
	EA/HA	Arbeitsbuch 16		

C2		**Anwendung der Konjunktionen** *statt ... zu* **und** *ohne ... zu* **+ Infinitiv**		
a	EA	1. Deuten Sie auf den Forumsbeitrag und fragen Sie: „Was ist das Problem? Was wünscht sich Melly99?". Die TN lesen den Forumsbeitrag. Abschlusskontrolle im Plenum: Die TN benennen das Problem und was sich die junge Frau wünscht. *Lösung: Melly99 ist unglücklich in ihrem Job und langweilt sich, es hat ihr von Anfang an nicht in der Firma gefallen. Sie wünscht sich Teamarbeit, interessante Aufgaben und ein junges, motiviertes Team.*		
b	PL	2. Fragen Sie die TN, wie sie sich an Mellys Stelle verhalten würden, und sammeln Sie gemeinsam Stichpunkte an der Tafel. Diese werden dann in Aufgabe C3 wieder aufgegriffen.		
	EA/PA	3. Die TN lesen dann die Beispiele im Buch und formulieren weitere Ratschläge für Melly. Abschlusskontrolle im Plenum. *Lösung: 2 Man sollte um interessantere Aufgaben bitten, statt sofort zu kündigen. 3 Man sollte keine neue Stelle suchen, ohne mit dem Betriebsrat zu sprechen. 4 Man sollte regelmäßig kleine Pausen machen, statt ständig auf die Uhr zu schauen. 5 Man sollte versuchen, mehr Verantwortung zu übernehmen, statt sich immer nur zu langweilen. 6 Man sollte mit netten Kollegen etwas trinken gehen, statt sich über unsympathische Kollegen zu ärgern.*		
	GA	4. *fakultativ:* Wenn Sie mit Ihren TN das Thema „Unglücklich im Job" ausweiten sowie die Infinitivsätze mit „statt/ohne ... zu" weiter üben und die Konjunktionen „um ... zu" bzw. „damit" aus Schritt B wiederholen möchten, können Sie die Kopiervorlage einsetzen. Kopieren Sie dazu je einen Kartensatz pro Kleingruppe (drei bis vier TN) und schneiden Sie die Karten aus. Die TN legen die Karten verdeckt auf den Tisch und ziehen reihum eine Karte. Der jüngste TN beginnt. Er liest den Satzanfang vor und vervollständigt den Satz. Die anderen hören gut zu und kontrollieren, ob der Satz richtig ist. Wenn ja, darf der Spieler die Karte behalten und der Nächste im Uhrzeigersinn ist an der Reihe. Ist der Satz nicht richtig, kann jemand anderes den Satz korrekt formulieren und erhält die Karte. Gewonnen hat, wer am Schluss die meisten Karten hat.	KV L6/C2	
	EA/HA	Arbeitsbuch 17		
	EA/PA/HA ⬅➡	Arbeitsbuch 18–19: im Kurs: Alle TN bearbeiten Übung 18. Wer fertig ist, formuliert mithilfe des Schüttelkastens in Übung 19 Sätze mit „ohne ... zu" und „statt ... zu". Wer möchte, kann zusätzlich eigene Sätze formulieren. Sammeln Sie die Sätze zur Korrektur ein. Wenn Sie die Übungen als Hausaufgabe geben, bearbeiten alle TN beide Übungen und geben Ihnen ihre Sätze zur Korrektur ab.		

C3		**Schreibaufgabe: Einen Forumsbeitrag verfassen**		
	PA	1. Fragen Sie, wie man höflich Ratschläge formulieren kann. Das kennen die TN aus *Schritte plus Neu 3* / Lektion 4 und *Schritte plus Neu 4* / Lektion 8. Die TN sehen sich die Redemittel im Buch an. Verweisen Sie auch auf die Redemittelübersicht „Höfliche Ratschläge geben: An Ihrer Stelle würde ich ..." (Kursbuch, S. 79). Die TN formulieren gemeinsam mit ihrer Partnerin / ihrem Partner einen Forumsbeitrag mit einigen Ratschlägen für Melly99. Die TN können dabei auch auf die Stichpunkte an der Tafel zurückgreifen, die sie in C2a gemeinsam gesammelt haben. Wer möchte, kann anschließend seinen Forumsbeitrag im Plenum präsentieren. Sammeln Sie die Texte zur Korrektur ein. *Musterlösung: Hallo Melly99! Das klingt wirklich nicht gut. Hier habe ich ein paar Ideen für dich und vielleicht wird deine Arbeit damit ja ein bisschen besser: Wie wäre es, wenn du versuchst, mehr Verantwortung zu übernehmen, und um interessantere Aufgaben bittest? Du könntest auch mit netten Kollegen etwas trinken gehen und am nächsten Arbeitstag solltest du die gleichen Kollegen mit in deine Arbeit einbinden. Am besten wäre es, wenn du mit deinem Chef oder deiner Chefin oder mit dem Betriebsrat sprichst. Was hältst du davon? Ich kann dir nur raten, nicht sofort eine neue Stelle zu suchen und zu kündigen. Viele Grüße!*		
	PL/EA	2. *fakultativ:* An dieser Stelle können Sie die Hörübung „Schnell, schnell ..." aus der Rubrik „Zwischendurch mal ..." (Kursbuch, S. 80) einsetzen. Bei der Bildbeschreibung können die TN noch einmal die Infinitivkonstruktionen mit „um ... zu", „statt ... zu" und „ohne ... zu" benutzen.	ZDM	
	EA/HA	Arbeitsbuch 20		

D VERKAUFSGESPRÄCHE

Lernziel: Die TN können ein Kundengespräch im Geschäft führen.

	Form	Ablauf	Material	Zeit
D1		**Hörverstehen: Kundengespräche verstehen**		
a	PL/GA	1. Die Bücher sind geschlossen. Die TN werfen sich einen weichen Ball oder ein Tuch zu. Wer den Ball bekommt, muss einen Beruf mit direktem Kundenkontakt nennen. *Variante:* Die TN erstellen in Kleingruppen von vier Personen eine Liste von Berufen mit direktem Kundenkontakt. Welche Gruppe hat zuerst zehn solcher Berufe gefunden? Sammeln Sie dann gemeinsam an der Tafel.	Ball/Tuch	
	PL	2. Die TN öffnen ihr Buch und sehen sich die Fotos an. Fragen Sie, wo die Personen gerade sind. Notieren Sie die Vorschläge an der Tafel und erstellen Sie mit den TN eine kleine Liste, was man in diesen Geschäften macht bzw. machen kann. *Lösungsvorschlag: A Im Kaufhaus / In der Boutique: Kleidung anprobieren, sich beraten lassen, ein Geschenk aussuchen; B Beim Optiker: eine Brille aussuchen, die Brille reparieren lassen; In der Drogerie / In der Apotheke: Kosmetik/Pflegeprodukte kaufen, ein Medikament kaufen, sich beraten lassen*		

	EA/PA	3. Die TN lesen die Aufgabenstellung, hören die Gespräche und ordnen zu. Geübtere TN lösen die Aufgabe in Stillarbeit, ungeübte TN arbeiten zu zweit. Abschlusskontrolle im Plenum. *Lösung: 1 B, 2 C, 3 A*	CD 3/8–10	
b	EA/PL	4. Die TN lesen die Aufgabenstellung. Fordern Sie sie auf, die drei Aussagen zu lesen und die Schlüsselwörter zu markieren. Besprechen Sie gemeinsam, welche Wörter hier die Schlüsselaussage tragen. Erklären Sie den TN, dass das eine wichtige Strategie für Prüfungen ist. Beim Hören sollten sie sich nur auf die Informationen zu den Schlüsselwörtern konzentrieren.		
	EA	5. Die TN hören die Gespräche noch einmal und kreuzen an. Abschlusskontrolle im Plenum. *Lösung: Gespräch 1: Der Kunde kann sich nicht entscheiden und möchte wiederkommen.; Gespräch 3: Der Kunde kauft den Pullover, ohne ihn anzuprobieren.*	CD 3/8–10	

D2		**Wiederholung und Erweiterung: Redemittel für Kundengespräche**		
	GA	1. Bereiten Sie zu Hause zwei Plakate mit der Überschrift „Typische Fragen/Antworten im Geschäft" vor. Notieren Sie in der oberen Hälfte „Verkäufer/Verkäuferin", in der unteren Hälfte „Kunde/Kundin". Die Bücher sind geschlossen. Teilen Sie den Kurs in zwei Gruppen. Jede Gruppe erhält ein Plakat und einen Stift. Die TN notieren typische Wendungen für Kundengespräche, die sie bereits kennen. Abschließend stellen die Gruppen ihre Ergebnisse im Plenum vor.	Plakate, dicke Stifte	
	PA	2. Die TN öffnen ihr Buch. Gehen Sie die Redemittelkategorien in der linken Spalte gemeinsam durch. Die TN sehen sich die Beispiele an und ordnen mit ihrer Partnerin / ihrem Partner die übrigen Redemittel zu. Zwei schnelle TN ergänzen, soweit nötig, die Plakate der beiden Gruppen (Punkt 1) mit den Redemitteln aus D2. Abschlusskontrolle im Plenum. Verweisen Sie hier auch auf die Redemittelübersicht: „Ein Verkaufsgespräch führen: Sie wünschen?" (Kursbuch, S. 78). Die kleine Schreibaufgabe lösen die TN als Hausaufgabe. Wer möchte, kann sein Gespräch am nächsten Tag präsentieren. Lassen Sie die Gespräche mit verteilten Rollen vorlesen. *Lösung: den Kunden ansprechen: Haben Sie einen (bestimmtem) Wunsch? Sie wünschen?; um Hilfe/Information bitten: Dürfte ich Sie etwas fragen? Ist es möglich, ...?; dem Kunden etwas anbieten: Darf ich Ihnen ... anbieten/empfehlen? Wie wär's mit ...? Kann ich sonst noch etwas für Sie tun?; sich nicht entscheiden können: Das muss ich mir noch überlegen. Es kommt darauf an, was es kostet. Ich kann mich noch nicht entscheiden.; das Gespräch beenden: Vielen Dank für Ihre Mühe/Hilfe.*		
	GA	3. *fakultativ:* Wenn Sie diese Redemittel spielerisch einüben wollen, können Sie die Kopiervorlage einsetzen. Die TN sitzen in Vierergruppen zusammen. Jede Gruppe erhält einen Satz Dominosteine und legt passende Steine aneinander.	KV L6/D2	
	PL/PA	4. *fakultativ:* Zur Erweiterung des Wortschatzes können Sie hier das Gedicht „Verkaufsgespräch" aus der Rubrik „Zwischendurch mal ..." (Kursbuch, S. 81) einsetzen.	ZDM	

D3		**Aktivität im Kurs: Rollenspiel**		
	PL	1. Kopieren Sie das Dialoggerüst auf Folie oder zeigen Sie es am IWB. Entwerfen Sie eine Beispielsituation, z. B. in der Drogerie. Der Kunde möchte ein Waschmittel ohne Parfüm kaufen, weil er gegen Duftstoffe allergisch ist. Erstellen Sie mit den TN einen Beispieldialog auf der Folie / am IWB.	Folie/IWB	

GA	2. Die TN arbeiten in Kleingruppen (à drei TN). Sie entscheiden sich für eine der beiden Situationen. Zwei TN spielen einen passenden Dialog und orientieren sich dabei am Dialoggerüst. Der dritte TN nimmt das Rollenspiel mit dem Smartphone auf. Dann wird gewechselt, bis alle einmal beide Rollen innehatten. Die Gruppe schaut sich die eigenen Filme noch einmal an und entscheidet, welchen sie den anderen vorspielen wollen.	Smartphones	
	Variante: Kopieren Sie die Situationsvorschläge auf kleine Kärtchen. Sie brauchen für die Hälfte der TN je ein Kärtchen. Die anderen TN erhalten große Zettel mit den passenden Geschäftsnamen. Sie stellen sich hinter ihren Tischen auf, die jetzt Verkaufstische sind. Die TN mit den Kärtchen suchen einen TN mit dem passenden Laden aus und führen mit ihm ein Gespräch nach dem Muster des Dialoggerüstes. Anschließend tauschen Verkäufer und Kunde die Plätze. Der ehemalige Verkäufer erhält die Rollenkarte. Die Kundengruppe tauscht die Kärtchen untereinander. Jeder TN sucht sich einen passenden Laden aus. Wieder führen die TN Verkaufsgespräche. Führen Sie noch einige weitere Rollenwechsel durch, sodass alle TN im Laufe der Aktivität verschiedene Rollen übernehmen und die Redemittel aktiv einsetzen.		
PA/WPA	3. *fakultativ:* Wenn Ihren TN das Rollenspiel Spaß macht, können Sie sie nach einigen Durchgängen mit den vorgegebenen Rollenkarten auffordern, selbst Zettel mit Gegenständen, die gekauft werden müssen, und ggf. Ladenschilder zu schreiben.	KV L6/D3 im Lehrwerkservice	
	Variante: Zur Unterstützung der Aktivität können Sie auch auf die Kopiervorlage im Lehrwerkservice unter www.hueber.de/schritte-plus-neu zurückgreifen. Kopieren Sie die Kopiervorlage und verteilen Sie diese an die Kundengruppe. Schreiben Sie zusätzlich passende Ladenschilder und verteilen Sie sie an die TN. Die TN spielen weiter, wie oben beschrieben.		
GA	4. *fakultativ:* Wenn Ihre TN Spaß am Formulieren haben, können Sie hier das Spiel „Kennen Sie iam?" aus der Rubrik „Zwischendurch mal …" (Kursbuch, S. 80) einsetzen und Ihre TN einen kurzen Werbespot zu einem Fantasieprodukt aufnehmen und dann präsentieren lassen.	ZDM	
EA/HA	Arbeitsbuch 21		
EA/PA Prüfung	Arbeitsbuch 22: im Kurs: Mit dieser Übung können Sie Ihre TN auf den *Deutsch-Test für Zuwanderer* (Hören, Teil 2) vorbereiten. Weisen Sie die TN auf den Lerntipp hin, in dem es darum geht, vor dem Hören alle Antwortmöglichkeiten durchzulesen, Schlüsselwörter zu markieren und sich beim Hören auf diese zu konzentrieren, wie sie es in D1 geübt haben.	AB-CD 1/35–39	

E REKLAMATION

Lernziel: Die TN können eine Reklamation schreiben.

	Form	Ablauf	Material	Zeit
E1		**Leseverstehen: Eine Reklamation verstehen**		
a	PL	1. Fragen Sie die TN, ob sie schon einmal etwas reklamiert haben, und bitten Sie sie, davon zu berichten. Die TN nennen eigene Beispiele.		
	EA/PA ⟷	2. Die TN lesen die Textstücke und bringen sie in die richtige Reihenfolge. Geübtere TN lösen die Aufgabe in Stillarbeit, ungeübtere TN arbeiten zu zweit. Abschlusskontrolle im Plenum. *Lösung: 7, 5, 6, 2, 4, 3, 1*		

TiPP		Schreiben Sie die Reklamation auf Zuruf in der richtigen Reihenfolge an die Tafel. Die TN schreiben mit. Auf diese Weise erhalten die TN ein Musterschreiben, an dem sie sich orientieren können.		
b	EA	3. Die TN sehen sich die Fotos an und kreuzen an, was zur Reklamation in a passt. Abschlusskontrolle im Plenum. Klären Sie dabei auch die Bezeichnungen für die anderen abgebildeten Kofferteile und gehen Sie bei Bedarf auch auf andere Wortschatzfragen zur Reklamation in a ein. *Lösung: B*		

E2	**Anwendungsaufgabe: Eine Reklamation schreiben**			
	PL	1. Gehen Sie gemeinsam mit den TN die Redemittel durch und klären Sie Verständnisfragen. Verweisen Sie auch auf die Redemittelübersicht „Eine Reklamation schreiben: Leider musste ich feststellen, dass …" (Kursbuch, S. 79) und den Tipp rechts, wo die wesentlichen Punkte einer Reklamation noch einmal genannt werden.		
	PA	2. Die TN lesen die beiden Situationsbeschreibungen und wählen zusammen mit ihrer Partnerin / ihrem Partner eine Situation aus. Mithilfe der Reklamation in E1 bzw. der Tafelabschrift formulieren die TN selbstständig eine schriftliche Reklamation. Gehen Sie herum und helfen Sie bei Schwierigkeiten. *Musterlösung:* *A: Sehr geehrte Damen und Herren,* *am 04.07.20.. habe ich in Ihrer Filiale einen Drucker gekauft. Leider musste ich feststellen, dass er nicht funktioniert, obwohl ich mich in allem an die Bedienungsanleitung gehalten habe. Obwohl ich auch schon Ihre Hotline angerufen habe, meldet der Drucker nur weiterhin „Fehler 5700" und druckt nicht. Das ist sehr ärgerlich. Ich möchte Sie bitten, das Gerät umzutauschen. Ist dies innerhalb der nächsten zwei Wochen nicht möglich, so möchte ich mein Geld zurück. Bitte bestätigen Sie mir schriftlich bis zum 25.07.20.. , dass Sie meine Reklamation erhalten haben. Über eine schnelle Bearbeitung würde ich mich sehr freuen.* *Mit freundlichen Grüßen* *B: Sehr geehrte Damen und Herren,* *am 15.05.20.. habe ich bei Ihnen einen Bürostuhl bestellt. Heute wurde er endlich geliefert, allerdings ein anderes Modell als das, das ich bestellt hatte. Das ist wirklich ärgerlich, da ich nun bereits acht Wochen darauf warten musste. Obwohl ich Ihnen schon zwei E-Mails geschrieben habe, habe ich keine Antwort erhalten. Ich möchte Sie auffordern, dass Sie mir mein Geld zurückerstatten. Wenn ich bis zum 25.07.20.. nichts von Ihnen höre, dann muss ich leider einen Anwalt hinzuziehen.* *Mit freundlichen Grüßen*		
	EA/PA/ GE	3. *fakultativ:* Wenn Sie mit Ihren TN auch telefonische Reklamationen üben möchten, können Sie an dieser Stelle den „Fokus Beruf: Kundenwünsche" (Arbeitsbuch, S. 74) einsetzen.		
	EA/HA	Arbeitsbuch 23		
	EA/HA Schreib- training	Arbeitsbuch 24: im Kurs: In a beschäftigen sich die TN mit typischen Sätzen schriftlicher Reklamationen und ordnen diese zu. In Teil b formulieren die TN selbstständig eine Reklamation anhand der vorgegebenen Stichpunkte.		
	GA	*fakultativ:* Wenn Sie noch Zeit haben, können Sie hier die Wiederholung zu Lektion 6 anschließen.	KV L6/Wiederholung	
Lektions- tests		Einen Test zu Lektion 6 finden Sie hier im LHB auf den Seiten 178–179. Verweisen Sie auch auf den Selbsttest im Arbeitsbuch auf Seite 73.	KV L6/Test	

AUDIOTRAINING

	Form	Ablauf	Material	Zeit
Audiotraining 1: Jan ist früh aufgestanden.				
	EA/HA	Die TN hören zwei Aussagen, die sie mit „um … zu" verbinden sollen, z. B. „Jan ist früh aufgestanden. Er will früh zur Arbeit gehen." Die TN formulieren: „Jan ist früh aufgestanden, um früh zur Arbeit zu gehen." Dabei kommt es auch auf die Satzmelodie an. Nach der Sprechpause hören die TN den korrekten Satz.	CD 3/11	
Audiotraining 2: Man sollte etwas tun!				
	EA/HA	Die TN hören zwei Aussagen, die sie mit „statt … zu" verbinden sollen, z. B. „Man sollte etwas tun und nicht nur träumen!" Die TN formulieren: „Man sollte etwas tun, statt nur zu träumen." Dabei kommt es auch auf die Satzmelodie an. Nach der Sprechpause hören die TN den korrekten Satz.	CD 3/12	
Audiotraining 3: Es ist jetzt Sommer.				
	EA/HA	Die TN hören verschiedene Aussagen mit „Es …". Sie hören z. B. „Es ist jetzt endlich Sommer." Die TN wiederholen den Satz und achten dabei besonders auf die Satzmelodie. Nach der Sprechpause hören die TN die Aussage noch einmal.	CD 3/13	

ZWISCHENDURCH MAL …

	Form	Ablauf	Material	Zeit
	Hören	**Schnell, schnell … (passt z. B. zu C3)**		
1	PL	1. Zeigen Sie auf das Bild und fragen Sie die TN, was sie sehen. Die TN beschreiben, was es am Bahnhof alles gibt und was die Personen tun. Notieren Sie neuen Wortschatz an der Tafel. Fordern Sie die TN auf, Vermutungen anzustellen, warum oder wozu die Personen so handeln. Fragen Sie z. B. „Wozu beeilt sich der Mann mit dem Hund?". Hier können die TN die Infinitivsätze mit „um … zu", „statt … zu" und „ohne … zu" zur Bildinterpretation nutzen.	Folie/IWB	
	EA/PA ⟷	2. Die TN lokalisieren die Personen(paare) A bis D auf dem Bild. Dann hören sie die Gespräche und ordnen zu. Geübtere TN lösen die Aufgabe in Stillarbeit, ungeübtere TN arbeiten zu zweit. Abschlusskontrolle im Plenum. *Lösung: 1 C, 2 D, 3 B, 4 A*	CD 3/14–17	
2	EA/PA ⟷	1. Fragen Sie, welche der Aussagen richtig ist. Die TN lesen die Aussagen 1 bis 4. Dann hören sie die Gespräche noch einmal und kreuzen an. Abschlusskontrolle im Plenum. Geübtere TN können die falschen Aussagen mündlich korrigieren. *Lösung: 2*	CD 3/14–17	
	PA	2. *fakultativ:* Wenn Sie weiter auf die Gespräche eingehen und mit den verschiedenen Bedeutungen und Verwendungsmöglichkeiten von „gehen" arbeiten möchten, können Sie die Kopiervorlage einsetzen.	KV L6/ZDM	
3	GA	1. Die TN suchen sich verschiedene Figuren auf dem Bild aus und formulieren in der Kleingruppe, was diese sagen oder denken könnten. *Musterlösung: Mann mit Hund: „Halt, Waldi, nicht so schnell!"; Kind: „Hallo, Waldi! Wie schön dich wiederzusehen!"; sich umarmendes Pärchen: „Am liebsten würde ich mitfahren! / Am liebsten würde ich hierbleiben!"*		

	Form	Ablauf	Material	Zeit
	PL	2. Die TN präsentieren die Aussagen oder Gedanken der Figuren. Die anderen raten, um welche Personen es sich handelt.		
Spiel		**Kennen Sie *iam*? (passt z. B. zu D3)**		
1	GA	1. Die TN lesen die Aufgabenstellung und überlegen gemeinsam, was „iam" sein könnte. Analog zum Beispiel erstellen sie einen kurzen Werbespot und nehmen ihn mit dem Smartphone auf.	Smartphones	
2	PL	1. Die TN präsentieren ihren Werbespot im Kurs. Wenn Ihre TN für Wettbewerbe zu haben sind, können Sie gemeinsam den witzigsten oder kreativsten Werbespot wählen und prämieren.		
Gedicht		**Verkaufsgespräch (passt z. B. zu D2)**		
1	EA	1. Die TN hören das Gedicht und lesen mit. Fordern Sie die TN auf, dabei die Sätze zu markieren, die sie beim Einkaufen schon einmal gehört haben.	CD 3/18	
	PL	2. Die TN nennen, was sie markiert haben, und erklären sich bei Bedarf gegenseitig, was die Sätze bedeuten. Gehen Sie anschließend auf weitere Wortschatzfragen ein.		
2	PA/GA	1. Die TN finden sich zu zweit oder in Kleingruppen zusammen und tauschen sich darüber aus, wie ein/e Verkäufer/in sein sollte und was er/sie tun sollte und was nicht. Fordern Sie die TN auf, ihre Aussagen auch zu begründen. Gehen Sie herum und helfen Sie bei Schwierigkeiten.		

FOKUS BERUF: KUNDENWÜNSCHE

Die TN können höflich auf Kundenwünsche eingehen und Vorschläge machen.

	Form	Ablauf	Material	Zeit
		Da dieser Fokus möglicherweise nur für einen Teil der TN von Interesse ist, können die Übungen auch als Hausaufgabe gegeben werden.		
1		**Beim ersten Hören: Wesentliche Inhalte verstehen**		
	EA/PL	1. Die TN lesen die Aufgabenstellung. Klären Sie bei Bedarf die Bedeutung von „es ist etwas falsch gelaufen" und erwähnen Sie, dass man alternativ auch sagen kann „es ist etwas schief gelaufen".		
	EA	2. Die TN hören die Gespräche und notieren, wer jeweils mit wem spricht. Spielen Sie die Gespräche, wenn nötig, mehrfach vor. Abschlusskontrolle im Plenum. *Lösung: Gespräch 1: K + A, Gespräch 2: A + F, Gespräch 3: K + A*	AB-CD 1/40–42	
2		**Beim zweiten Hören: Details verstehen**		
	EA/PA	1. Die TN hören die Gespräche noch einmal und bringen die Sätze in die richtige Reihenfolge. Spielen Sie die Gespräche ggf. mehrfach vor. Geübtere TN lösen die Aufgabe in Stillarbeit, ungeübtere arbeiten zu zweit. Abschlusskontrolle im Plenum. *Lösung: 9, 1, 3, 6, 2, 4, 7, 5, 8*	AB-CD 1/40–42	

3	Rollenspiel			
GA	1. Die TN arbeiten zu dritt. Sie lesen die drei Rollenkarten und verteilen sie untereinander.			
GA	2. Die TN lesen zuerst die Redemittel zu Telefongespräch 1. Der Kunde / Die Kundin und der/die Angestellte spielen das Gespräch. Dann wird gewechselt und die anderen beiden Gespräche werden gespielt. Gehen Sie herum und helfen Sie bei Schwierigkeiten. *Variante:* Wenn Ihre TN noch unsicher im freien Sprechen sind, können sie die Gespräche auch erst aufschreiben und dann spielen lassen. Die TN sollten dann aber versuchen, nicht Wort für Wort abzulesen, sondern das Gespräch zumindest in Teilen frei zu spielen. Der geschriebene Dialog stellt also nur einen Zwischenschritt auf dem Weg zum freien Sprechen dar.			
HA	3. *Hinweis:* Wenn Sie den Fokus Beruf als Hausaufgabe machen lassen, schreiben die TN die drei Telefongespräche auf und geben sie Ihnen zur Korrektur ab.			

RUND UMS WOHNEN

Folge 7: Streit ohne Ende

Einstieg in das Thema „Wohnen und Zusammenleben"

	Form	Ablauf	Material	Zeit
1		**Vor dem Hören / Beim Hören: Vermutungen äußern und vergleichen**		
	PL/PA	1. Die Bücher sind geschlossen. Zeichnen Sie einen Wortigel an die Tafel. Die TN nennen alle Wörter, die ihnen zum Thema „Wohnen" einfallen. Fragen Sie auch nach Wörtern, die wiederum zu den gesammelten Wörtern passen, und erweitern Sie so den Wortigel mehr und mehr. In Kursen mit überwiegend geübten TN können die TN den Wortigel auch in Partnerarbeit erstellen. Da es hier nur um die Aktivierung schon bekannten Wortschatzes geht, brauchen Sie den Wortigel nicht weiter zu besprechen. Gehen Sie aber in der Entstehungsphase herum und helfen bei Schwierigkeiten.		
	PL	2. Zeigen Sie die Fotos der Foto-Hörgeschichte auf Folie/IWB. Die TN äußern Vermutungen, warum die Geschichte „Streit ohne Ende" heißt. Die TN spekulieren, wer die Personen sind und worüber sie sich streiten. Halten Sie die möglichen Streitthemen an der Tafel fest. Speichern oder fotografieren Sie die Liste, Sie können sie in Aufgabe 4 und Lernschritt B noch einmal nutzen. Fragen Sie die TN auch, welche der Personen sie gern als Nachbarn hätten und welche nicht. Die TN sollten ihre Meinung begründen.	Folie/IWB	
	EA/PL	3. Die TN öffnen die Bücher, hören die Geschichte und vergleichen mit ihren Vermutungen an der Tafel. Erläutern Sie mit den TN anhand der Foto-Hörgeschichte konkret, warum die Geschichte „Streit ohne Ende" heißt.	CD 3/19–22	
2		**Beim zweiten Hören: Details der Geschichte verstehen**		
	EA/PL	1. Die TN lesen die Aussagen und kreuzen zunächst aus dem Gedächtnis an. Dann hören sie die Foto-Hörgeschichte noch einmal und überprüfen bzw. kreuzen an. Abschlusskontrolle im Plenum. *Lösung: b, c, d, f, h, i*	CD 3/19–22	
	EA/PL	2. *fakultativ:* Wenn Sie das Thema noch vertiefen möchten, verteilen Sie die Kopiervorlage. Die TN befassen sich hier intensiv mit Ellas Fragen, die die Nachbarn zum erzählen bringen sollen. Das kann als Anregung für Aufgabe 5 dienen. Die TN ordnen in den Interviews die Fragen zu. Anschließend hören sie die Foto-Hörgeschichte noch einmal und kontrollieren.	KV L7/FHG, CD 3/19–22	
3		**Nach dem Hören: Das Verhalten der Nachbarn bewerten und Lösungsvorschläge machen**		
	GA	1. Die TN bewerten das Verhalten von Herrn und Frau Hanfmann und Herrn Bremer. Dabei können die TN noch einmal darauf eingehen, wen sie sich eher als Nachbarn vorstellen könnten. Die TN diskutieren Lösungsvorschläge für die Hanfmanns und Herrn Bremer. Sie versuchen, sich innerhalb der Gruppe auf einen Vorschlag zu einigen.		
	PL	2. Abschließend stellen die Gruppen ihre Lösungsvorschläge im Plenum vor. Diskutieren Sie mit den TN die Vorschläge. Welcher könnte funktionieren? Warum?		
4		**Erweiterungsaufgabe: „Ellas Kolumne": Einen Text über Nachbarschaftsstreitigkeiten verstehen**		
	EA	1. Die TN lesen die Kolumne zwei- bis dreimal. Schreiben Sie währenddessen die Fragen aus dem Kursbuch an die Tafel. Nach dem Lesen schließen die TN ihre Bücher.		

PA	2. Die TN sprechen mit einer Partnerin / einem Partner über die Fragen zum Text und machen sich jeder Notizen dazu. Geben Sie den TN dazu drei bis vier Minuten Zeit. Dann wenden die TN sich einer anderen Partnerin / einem anderen Partner zu und besprechen noch einmal die Fragen, ggf. ergänzen sie ihre Notizen. Abschlusskontrolle im Plenum, wenn nötig. *Lösung: Bellen des Hundes, zu laute Musik, Rasen mähen (zu oft / zu selten), zu oft grillen, Müll wird nicht weggeräumt; die Nachbarn lassen sich gegenseitig in Ruhe und lösen Probleme mit Respekt voreinander*		
PL	3. *fakultativ:* Die TN vergleichen die Streitgründe aus dem Text mit den Gründen auf der Liste aus Aufgabe 1. Wenn Sie die Liste auch in Lernschritt B nutzen möchten, ergänzen Sie weitere Streitgründe aus dem Text, soweit noch nicht auf der Liste. Fragen Sie die TN auch, was häufige Gründe für Streit unter Nachbarn im jeweiligen Heimatland sind. Sind sie gleich oder verschieden? Warum?		

5	Anwendungsaufgabe: Über eigenen Ärger mit Nachbarn erzählen			
GA	1. Die TN erzählen, ob sie schon einmal Streit mit Nachbarn hatten und warum. Die anderen TN stellen Nachfragen wie Ella in ihren Interviews.		
Ellas Film	*fakultativ:* Ella besucht in dem Film ihre Nachbarn, stellt sie vor und beschreibt, warum sie mit ihnen zufrieden ist. Sie können den Film zur Einführung der neuen Strukturen vor A1 nutzen oder als Festigung nach A2.	„Ellas Film" Lektion 7	

A ... NICHT NUR LÄRM, SONDERN AUCH SCHMUTZ.

Zweiteilige Konjunktionen

Lernziel: Die TN können über Probleme beim Zusammenleben sprechen und eine Hausordnung verstehen und schreiben.

	Form	Ablauf	Material	Zeit
A1		**Präsentation der zweiteiligen Konjunktionen *nicht nur ..., sondern auch, zwar ..., aber, entweder ..., oder***		
	EA/PA	1. Die TN hören die Gesprächsausschnitte und ordnen zu. Abschlusskontrolle im Plenum. *Lösung: Das macht ja nicht nur Lärm, sondern auch Schmutz. Ich habe zwar Lösungsvorschläge gemacht, aber die Hanfmanns haben sich überhaupt nicht dafür interessiert. Der Anwalt hat geschrieben, dass wir entweder eine leisere Säge verwenden sollen, oder die Sache vor Gericht geht.*	CD 3/23	
	PL	2. Anhand der Beispielsätze verbinden die TN die Bedeutungen in der Tabelle. Erklären Sie dann die Bedeutung an der Tafel. Schreiben Sie den ersten Beispielsatz an die Tafel und formulieren Sie ihn um. Verfahren Sie dann mit den beiden anderen ebenso. Weisen Sie die TN an dieser Stelle auch auf die Grammatikübersicht 1 (Kursbuch, S. 90) hin. Die kleine Übung rechts können die TN in Kursen mit überwiegend geübten TN jetzt im Kurs bearbeiten. Ungeübtere TN bearbeiten sie als Hausaufgabe.		

		Das macht ja <u>nicht nur</u> Lärm, <u>sondern auch</u> Schmutz. (Das macht Lärm <u>und</u> Schmutz.) Ich habe <u>zwar</u> Lösungsvorschläge gemacht, <u>aber</u> die Hanfmanns haben sich überhaupt nicht dafür interessiert. (Ich habe Lösungsvorschläge gemacht. <u>Trotzdem</u> haben die Hanfmanns sich überhaupt nicht dafür interessiert.) ..., dass wir <u>entweder</u> eine leisere Säge verwenden sollen, <u>oder</u> die Sache vor Gericht geht. (..., dass wir eine leisere Säge verwenden sollen <u>oder</u> die Sache vor Gericht geht.)	
PL		3. *fakultativ:* Um die Bedeutung weiter zu verdeutlichen und einzuüben, verteilen Sie die Kopiervorlage an die TN oder zeigen Sie sie auf Folie/IWB. Die TN bilden anhand der Beispiele Sätze mit „nicht nur ..., sondern auch", „zwar ..., aber", „entweder ..., oder". Dabei müssen die Beispiele von den TN selbstständig sinnvoll kombiniert werden. Geübtere TN können auch weitere eigene Sätze bilden.	KV L7/A1, Folie/IWB
EA/HA		Arbeitsbuch 1–3	
EA/HA		Arbeitsbuch 4–5: Wenn Sie die beiden Übungen im Kurs durchführen, lösen alle TN Übung 4. Geübtere TN ergänzen außerdem auch Übung 5. Wenn Sie die Übungen als Hausaufgabe aufgeben, sollten sie von allen bearbeitet werden.	

A2		**Aktivität im Kurs: Kettenübung zu den zweiteiligen Konjunktionen**	
a	PA	1. Die TN schreiben zehn Wörter zum Thema „Wohnen" auf Kärtchen, für jedes Wort ein Kärtchen. *fakultativ:* Zur Erweiterung und Unterstützung der Aktivität können Sie auch auf die Kopiervorlage im Lehrwerkservice unter www.hueber.de/schritte-plus-neu zurückgreifen.	Kärtchen, KV L7/A2 im Lehrwerkservice
b	PA	2. Die TN mischen die Kärtchen und legen sie verdeckt auf den Tisch. Abwechselnd ziehen die TN ein Kärtchen. Der TN mit dem Kärtchen beginnt einen Satz mit „nicht nur ...", „zwar ..." oder „entweder ...". Die Partnerin / der Partner ergänzt den Satz. Schnellere Paare tauschen ihre Kärtchen mit einem anderen Paar und spielen eine zweite Runde.	

A3		**Leseverstehen: Familienregeln verstehen**	
a	EA/PA	1. Die TN überfliegen die Regeln. Dann lesen sie die Themen und ordnen die Regeln zu. Abschlusskontrolle im Plenum. *Lösung: 1 Kommunikation, 2 Mahlzeiten, 3 Pflichten im Haushalt, 4 Lärm und Ruhezeiten, 5 Eigentum & eigene Räume*	
b	EA/PA	2. Die TN lesen die Situationen und ergänzen, welche Regel aus a passt. Gleichzeitig überlegen sie, ob das Verhalten zur Regel passt, also regelkonform ist. Ungeübte TN arbeiten zusammen. Geübtere TN lösen die Aufgabe zuerst allein und besprechen sie dann mit der Partnerin / dem Partner. Abschlusskontrolle im Plenum. *fakultativ:* Schnellere TN überlegen sich weitere Situationen und schreiben sie auf. Sie können nach der Abschlusskontrolle im Plenum besprochen werden. *Lösung: 2 Regel 3, ja; 3 Regel 2, nein; 4 Regel 1, nein; 5 Regel 4, ja*	
c	EA/PL	3. Die TN lesen die Fragen im Buch. Welche Regeln finden sie sinnvoll, warum (nicht)? Wie ist es bei den TN selbst? Gibt es oder gab es früher solche Familienregeln bei den TN? Geben Sie ihnen fünf Minuten Zeit, über diese Fragen nachzudenken und sich ggf. Notizen zu machen.	

	Form	Ablauf	Material	
	PL	4. Ein TN liest das Beispiel vor. Weisen Sie die TN dann auf die Redemittel hin. Stellen Sie für die folgende Gruppenarbeit die Regel auf, dass jeder Redebeitrag mit einer der drei Fragen aus dem Redemittelkasten schließen muss. Der angesprochene TN beginnt dann mit der Beantwortung der Frage, bevor er seinen eigenen Redebeitrag beisteuert und wieder mit einer der drei Fragen das Wort weitergibt. *Hinweis:* Um diese Struktur zu unterstreichen, kann mit der Frage auch ein Stift oder ein anderer Gegenstand weitergegeben werden. Wer den Gegenstand hat, redet. Mit der Frage wird er weitergegeben. Weisen Sie die TN auch auf die Redemittel „Über Gepflogenheiten sprechen: War das bei euch auch so?" auf der Kommunikationsseite (Kursbuch, S. 91) hin.	Stifte oder andere Gegenstände	
	GA	5. Die TN erzählen über ihre Familienregeln.		
	EA/HA	Arbeitsbuch 6		
A4		**Aktivität im Kurs: Regeln für eine Hausordnung schreiben**		
	GA	1. Die TN wählen zunächst eine der Situationen und fünf Themen. Dann überlegen die TN ihre Hausordnung und schreiben sie auf ein Plakat.	Plakate	
	PL	2. Die TN präsentieren ihre Hausordnung anhand des Plakats im Plenum. Diskutieren Sie im Anschluss an jeder Präsentation mit den TN darüber, wie sie die jeweilige Hausordnung finden. *Hinweis:* Hier passt thematisch der Film „Unsere WG" aus der Rubrik „Zwischendurch mal ..." (Kursbuch, S. 93).	Plakate ▭ZDM▭	
	EA/HA	Arbeitsbuch 7		

B HÄTTE ICH BLOSS NICHTS GESAGT!

Konjunktiv II Vergangenheit

Lernziel: Die TN können Konflikte mit Nachbarn lösen. Sie können Kritik höflich formulieren und höflich auf Kritik reagieren.

	Form	Ablauf	Material	Zeit
B1		**Präsentation des Konjunktivs II der Vergangenheit**		
	EA/PA	1. Spielen Sie den TN die Wünsche von Herrn Bremer vor. Die TN ergänzen die Wünsche. Abschlusskontrolle im Plenum. *Lösung: Wären sie bloß nie hierher gezogen! Wäre ich bloß nicht zum Rechtsanwalt gegangen! Hätten wir bloß eine Lösung gefunden!*	CD 3/24	
	PL	2. Fragen Sie die TN, was Herr Bremer sich wünscht und was er wirklich gemacht hat. Schreiben Sie dann das erste Beispiel an die Tafel und unterstreichen Sie „hätte" und das Partizip II. Zeigen Sie anhand des Beispiels, wie mit „hätte" bzw. „wäre" und dem Partizip II, das die TN inzwischen ja sehr gut kennen, das Bedauern darüber ausgedrückt wird, dass eine Handlung nicht mehr erfüllbar ist, weil die Realität der Gegenwart entgegensteht. Wiederholen Sie ggf. die Konjugation von „wäre" und „hätte", die die TN bereits aus *Schritte plus Neu 4* / Lektion 8 kennen. Weisen Sie die TN auch auf die Grammatikübersicht 2 und 3 (Kursbuch, Seite 90) hin. Die kleine Übung rechts können die TN als Hausaufgabe bearbeiten.		

		Herr Bremer hat etwas gesagt. Hätte Herr Bremer bloß nichts gesagt. ↓ Das ist die Wirklichkeit! Nichts zu sagen, ist nicht mehr möglich.		
		Hinweis: In der Form als Ausruf „Hätte/Wäre ich (doch) bloß …!" kommt der Konjunktiv II der Vergangenheit besonders häufig vor. In *Schritte plus Neu 5* wird er daher nur in solchen Wendungen geübt. Vermeiden Sie es, an dieser Stelle weitere Verwendungsmöglichkeiten des Konjunktivs II (z. B. in „wenn"-Sätzen à la „Wenn ich weitergeträumt hätte, hätte ich …") zu üben.		
	EA/HA	Arbeitsbuch 8–9		

B2		**Anwendungsaufgabe zum Konjunktiv II der Vergangenheit**		
	EA/PA ⟷	1. Lesen Sie die Sprechblase möglichst theatralisch vor, um den TN ein Beispiel zu geben. Bilden Sie zwei Gruppen. TN, die noch Schwierigkeiten mit der Formenbildung haben, schreiben die Ausrufe des Bedauerns zunächst auf. Gehen Sie herum und helfen Sie, wenn nötig. Geübte TN finden sich paarweise zusammen und sprechen abwechselnd die Ausrufe. Ermuntern Sie sie, noch weitere zu finden. Geben Sie abschließend den ungeübten TN Gelegenheit, ihre schriftlichen Sätze vorzulesen. Dabei können auch geübte TN noch einmal kontrollieren, ob sie selbst alles richtig gemacht haben. Weisen Sie die TN auf den Info-Kasten hin. Wichtig: Die Wörter „nur", „doch", „bloß" gehören bei diesen formelhaften Ausrufen des Bedauerns immer mit dazu! *Hinweis:* Gehen Sie hier nicht näher auf das Thema „Modalpartikeln" ein. Es genügt, wenn die TN die Emotionalität dieser Ausrufe erfassen.		
	GA ⟷	2. *fakultativ:* Wenn Sie die Ausrufe weiter üben möchten, verteilen Sie je eine Kopiervorlage, Spielfiguren und einen Würfel an jede Kleingruppe. Jeder TN stellt seine Figur auf ein beliebiges Feld. Der erste TN würfelt, schaut sich das Bild an und formuliert einen Wunsch, der zu der Situation auf dem Bild passt, z. B. „Ach, wäre ich doch bloß früher aufgestanden." Dann würfelt der Nächste. Bilder, zu denen die TN einen Satz gesagt haben, werden mit einem Streichholz gekennzeichnet und beim Setzen der Figuren nicht mehr mitgezählt, sodass das Spielfeld immer kleiner wird. Ist kein Feld mehr frei, kann weitergespielt werden, bis alle Felder wieder frei sind, wenn bei einem richtigen Satz jeweils ein Streichholz entfernt wird. *Variante.* Geübtere TN können auch ein Wettspiel machen, indem sie sich auf ein Bild einigen und in einer Minute so viele Sätze zu dem Bild notieren, wie sie können. Gewonnen hat, wer die meisten richtigen Sätze geschrieben hat.	KV L7/B2, Spielfiguren, Würfel, Streichhölzer	
	EA/HA	Arbeitsbuch 10		
	EA/HA ⟷	Arbeitsbuch 11–12: Wenn Sie die beiden Übungen im Kurs durchführen, lösen alle TN Übung 11. Geübtere TN bearbeiten außerdem auch Übung 12. Wenn Sie die Übungen als Hausaufgabe aufgeben, sollten sie von allen bearbeitet werden.		
	EA/PA	Arbeitsbuch 13: im Kurs: Dass in *Schritte plus Neu* viel Wert auf die Intonation und die Satzmelodie gelegt wird, haben Sie sicher bereits festgestellt. Hier geht es um die Satzmelodie bei irrealen Wünschen. Die TN hören Übung 13 und sprechen die Sätze möglichst emotional nach. Wenn die TN auch eigene Sätze sprechen möchten, können sie ihre Sätze aus Übung 12 mit viel Emotion mit ihrer Partnerin / ihrem Partner sprechen.	AB-CD 1/43	

B3	Hörverstehen: Beschwerden unter Nachbarn verstehen		
a	PA	1. Geben Sie den TN ausreichend Zeit, die Zeichnungen zu betrachten. Die Bilder 1 bis 3 zeigen die Personen, die sich beschweren. Die TN stellen Vermutungen an, worüber sich die Personen beschweren.	

TiPP	Wenn Sie die TN langsam auf den zweiten Teil der mündlichen Prüfung des *Deutsch-Tests für Zuwanderer* vorbereiten wollen, lassen Sie vor dem Hören einzelne TN die Bilder beschreiben. Stellen Sie dazu einige Fragen: „Wie viele Personen sind auf dem Bild?", „Wie alt sind sie?", „Wo sind die Personen und was machen sie?". Abschließend können die TN ihre eigenen Gedanken zu der Situation auf dem Bild darlegen.

	PA	2. Die TN hören die Gespräche unter den Nachbarn und verbinden die Gesprächs-partner und die Gründe. Abschlusskontrolle im Plenum. *Lösung: 1 D, 2 B, 3 E*	CD 3/25–27
b	EA/PA	3. Die TN hören noch einmal und notieren das jeweilige Problem, das die Personen mit ihren Nachbarn haben. Sie notieren auch, ob und welche Lösungen die Nach-barn für den Konflikt vorschlagen und ob sie angenommen werden. Abschluss-kontrolle im Plenum, besprechen Sie dabei auch, wie die Leute sich beschweren. Ist das höflich? Und wie reagieren die Nachbarn? *Lösung: 1 Problem: Die Nachbarin wäscht spät abends die Wäsche. Lösung: Sie wäscht nach zehn Uhr nicht mehr. 2 Problem: Die Lampen wackeln und das Geschrei der Kinder nimmt kein Ende. Lösung: Der Nachbar will zum Vermieter gehen. 3 Problem: Herr Vogelsang hat diese Woche an zwei Abenden gegrillt und der Qualm zieht in die Wohnung der Nachbarin. Lösung: Er sollte nicht zweimal pro Woche grillen und nicht jedes Mal im Hof. Er kann sich hinten in die rechte Ecke setzen.* *Hinweis:* An dieser Stelle passt thematisch der Lesetext „Von Tür zu Tür" aus der Rubrik „Zwischendurch mal ..." (Kursbuch, S. 93).	CD 3/25–27 **ZDM**
	EA/HA	Arbeitsbuch 14, 16	
	EA/HA Schreib-training ◀━━▶ Prüfung	**Arbeitsbuch 15:** Die TN schreiben im ersten Teil einen höflichen Beschwerdebrief zu einer vorgegebenen Situation. Redemittel für höfliche Formulierungen finden die TN im Redemittelkasten. In Kursen mit ungeübten TN können Sie diese Übung zusätzlich entlasten, wenn Sie mit den TN das Bild, also die Situation, besprechen und Schlüsselwörter an der Tafel festhalten. Erst dann beginnen die TN zu schreiben. Im zweiten Teil schreiben die TN eine Entschuldigung an die Nachbarn zu einer vorgegebenen Situation. Dazu decken die TN die Redemittel aus a mit einem Heft ab. Diese Übung bereitet auf den Prüfungsteil Schreiben, Aufgabe 3 der Prüfung *Goethe-Zertifikat B1* vor. Die TN haben dann 15 Minuten Zeit zum Schreiben. Sam-meln Sie die Briefe ein und korrigieren Sie sie.	

B4	Aktivität im Kurs: Rollenspiel: Konflikte mit Nachbarn lösen		
	PA	1. Die TN wählen eine Situation aus B3, die sie nachspielen möchten, oder denken sich selbst eine Situation aus. (Wenn Sie bei der Arbeit an der Foto-Hörgeschichte in Aufgabe 1 eine Liste mit Problemen erstellt haben, können Sie sie hier den TN als Ideenfundgrube zur Verfügung stellen.) Geben Sie ausreichend Zeit, damit die TN ihre Rolle ein wenig skizzieren können und die Redemittel lesen können. Die TN sollten entscheiden, ob sie eine eher freundliche oder eine unfreundliche Per-son spielen möchten, und wählen einige Redemittel für ihre Rolle und markieren diese. Weisen Sie die TN auch auf die Redemittel „Höflich Kritik äußern: Ich hätte da eine Bitte:", „Auf Kritik erstaunt reagieren: Das ist ja merkwürdig.", „Auf Kritik freundlich reagieren: Klar, geht in Ordnung." und „Auf Kritik verärgert reagieren: Das ist ja lächerlich." auf der Kommunikationsseite (Kursbuch, S. 91) hin.	

	Form	Ablauf	Material	
	PA	2. Die TN spielen ihr Streitgespräch mit der Partnerin / dem Partner durch.		
	GA	3. Bilden Sie je nach Kursgröße zwei bis vier größere Gruppen. Die Paare einer jeden Gruppe spielen ihrem Publikum ihr Streitgespräch vor. *Variante:* Wenn die TN nach dieser Phase einige Sicherheit auch mit den Redemitteln erlangt haben, verteilen Sie Zettel mit Nachbarschaftsproblemen an die Hälfte der TN Ihres Kurses. Die TN suchen sich eine Partnerin / einen Partner ohne Problemzettel und üben ein weiteres Gespräch. Dann werden die Zettel neu verteilt, diesmal an die TN, die in der ersten Runde keinen Zettel bekommen haben. *Hinweis:* Um die TN dazu anzuregen, auch einige unfreundliche Gespräche zu spielen, können Sie auch Vorgaben machen. Die TN bekommen das Thema und Sie geben an, ob es freundlich oder unfreundlich sein soll. Das bringt nicht nur Spaß, sondern fordert die TN auch. Viele TN würden sonst nie ein unfreundliches Gespräch spielen.	Zettel mit Nachbarschaftsprobleme	

C WOHNUNGSSUCHE

Wiederholung: Verben mit Präpositionen

Lernziel: Die TN können über die eigene Wohnsituation schreiben.

	Form	Ablauf	Material	Zeit
	EA/HA	**Arbeitsbuch 17:** Die TN wiederholen die Verben mit Präpositionen, die sie bereits aus *Schritte plus Neu 3* / Lektion 5 kennen. Sammeln Sie mit den TN weitere Verben an der Tafel. Die TN machen, wenn nötig, Beispielsätze dazu.		
C1		**Leseverstehen: Forumsbeiträge zum Thema „Wohnen" verstehen**		
a	PA/PL	1. Die TN lesen den Forumsbeitrag von Samira1992. Mit der Partnerin / dem Partner sprechen sie über Samiras Probleme bei der Wohnungssuche. Abschlusskontrolle im Plenum. *Lösung: Samira1992 findet keine passende Wohnung, die zentral liegt und bezahlbar ist.* *Hinweis:* Hierzu passt der Landeskunde-Text „Wo und wie werden wir leben?" aus „Zwischendurch mal ..." (Kursbuch, S. 92), mit dem Sie die TN für das Thema „Wohntrends" sensibilisieren können.	ZDM	
	PL	2. Die TN schließen die Bücher. Fragen Sie, ob und welche Tipps die TN für Samira1992 haben. Halten Sie Stichpunkte an der Tafel fest. Lassen Sie die TN auch von eigenen Erfahrungen bei der Wohnungssuche in Deutschland erzählen.		
b	EA/PA	3. Die TN öffnen die Bücher und lesen die Forumsbeiträge und die Aussagen. Sie ordnen die Aussagen den Forumsbeiträgen zu. Abschlusskontrolle im Plenum. *Lösung: 1 Vincent35, 2 Albatros87, 3 Bella, 4 DoroF*		
	PL/EA/PA	4. Die TN vergleichen die Tipps der Forumsteilnehmer mit den eigenen an der Tafel. Wenn die TN noch andere Tipps gegeben haben, schreiben die TN die Tipps um zu Forumsbeiträgen. Ungeübtere TN arbeiten zu zweit. Einige TN können ihre Beiträge vorlesen.		

	PL	5. Weisen Sie auf den Grammatik-Kasten hin und erinnern Sie die TN daran, dass manche Verben mit einer festen Präposition stehen (vgl. *Schritte plus Neu 3 / Lektion 5*). Sammeln Sie weitere Beispiele aus den Forumsbeiträgen an der Tafel (sich entscheiden für, schreiben von, denken an). Erläutern Sie, dass die – den TN bekannten – Präpositionaladverbien nur bei Sachen und Abstrakta benutzt werden. Handelt es sich um Personen, wird die Präposition mit einem Fragewort bzw. einem Personalpronomen benutzt. Schreiben Sie zur Veranschaulichung ein Beispiel an die Tafel. Weisen Sie die TN auch auf die Grammatikübersicht 4 (Kursbuch, S. 90) hin.		
		Woran hat Samira1992 noch nicht gedacht? An eine WG. Sie will *daran* denken. An wen will Vincent35 denken? An Samira1992. Er denkt *an sie*.		
	GA	6. *fakultativ:* Wenn Sie die Fragewörter mit den TN weiter üben möchten, verteilen Sie an jede Kleingruppe einen Satz Kärtchen der Kopiervorlage und einen Würfel. Die Kärtchen werden gemischt und liegen verdeckt als Stapel auf dem Tisch. Schreiben Sie an die Tafel: „1, 3, 5 = Person; 2, 4, 6 = Sache". Der erste TN zieht ein Kärtchen, z. B. „sich ärgern über", und würfelt. Je nach der gewürfelten Zahl stellt er an den TN rechts von ihm eine Frage, z. B. bei einer 3: „Über wen hast du dich zuletzt geärgert?". Der TN antwortet, zieht dann das nächste Kärtchen usw.	KV L7/C1, Würfel	
C	EA/PA	7. Die TN lesen noch einmal und kreuzen an. Abschlusskontrolle im Plenum. *Lösung: 1*		
	EA/PA	8. Die TN schreiben vier eigene Sätze, die richtig oder falsch sein können, und tauschen sie mit der Partnerin / dem Partner. Die Partnerin / der Partner entscheidet, welche Sätze richtig sind. Danach besprechen beide die Sätze.		
	EA/HA Grammatik entdecken	Arbeitsbuch 18: Die TN verdeutlichen sich anhand der Übung noch einmal die Fragewörter bei Verben mit Präpositionen. Besprechen Sie auch den Lerntipp rechts. Geben Sie den TN Zeit, geeignete Beispielsätze zu schreiben. Hängen Sie sie ggf. im Kursraum aus.		
	EA/PA	Arbeitsbuch 19		

C2	Aktivität im Kurs: Über die eigene Wohnsituation schreiben		
EA ⟷	1. Die TN lesen die Fragen im Buch und schreiben dann anhand der Fragen einen Text über die eigene Wohnsituation. Ungeübtere TN beantworten die Fragen, geübtere TN versuchen, freiere Texte zu schreiben, in denen sie auch auf andere Aspekte eingehen, z. B. Probleme mit Nachbarn, Größe der Wohnung, Haustiere etc.		
PL	2. Sammeln Sie die Texte ein und verteilen Sie sie neu. Die TN lesen „ihren" Text vor, die anderen raten, wer den Text geschrieben hat. *Hinweis:* Hier passt thematisch auch der Film „Unsere WG" aus der Rubrik „Zwischendurch mal ..." (Kursbuch, S. 93).	ZDM	
EA/HA	Arbeitsbuch 20		
EA/HA Prüfung	Arbeitsbuch 21: im Kurs: Richtig-/Falsch-Aufgaben sind Bestandteil aller Prüfungen. Die TN setzen sich zunächst mit dem Lesetext auseinander. Die Übungen a und b erleichtern das Leseverstehen dieses sehr formalen Textes und sind nicht Teil der eigentlichen Prüfung. Erst Übung c entspricht dem Prüfungsteil Lesen, Teil 4 des *Deutsch-Tests für Zuwanderer*. Allerdings haben die TN hier nur 3 Richtig-/Falsch-Aufgaben zum Text.		

D GARTEN IM NIEMANDSLAND

Lernziel: Die TN können einen Text über ein Haus und seine Geschichte verstehen.

	Form	Ablauf	Material	Zeit
D1		**Leseverstehen 1: Einem Text wichtige Jahreszahlen entnehmen**		
	PL	1. Die Bücher sind geschlossen. Fragen Sie die TN, was sie über deutsche Geschichte wissen. Halten Sie Stichpunkte an der Tafel fest, wenn möglich mit ungefährer Jahreszahl. Wenn die Stichwörter nicht fallen, schreiben Sie „DDR" und „BRD" an die Tafel und fragen Sie die TN, was sie dazu wissen.		
	EA/PA	2. Die TN öffnen die Bücher und lesen die Aufgabenstellung. Die TN verbinden die Texte mit den Jahreszahlen. Danach lesen die TN den Text in D2 und vergleichen. Mit der Partnerin / dem Partner gleichen sie dann ebenfalls die Lösung ab. Abschusskontrolle im Plenum, klären Sie dann auch unbekannten Wortschatz. *Lösung: b 4, c 1, d 3*		
	EA/HA	Arbeitsbuch 22		
D2		**Leseverstehen 2: Eine Lebensgeschichte global verstehen**		
	EA/PA	1. Die TN lesen die Lebensgeschichte von Osman Kalin noch einmal und ergänzen die Tabelle: Was macht Osman Kalin wann? Abschlusskontrolle im Plenum.	ggf. Plakate	
⟵⟶		*Hinweis:* Schnellere TN sammeln Wörter zum Thema „Geschichte/Politik" und halten sie auf einem Plakat fest. *Lösung: 1963: Osman Kalin kommt nach Deutschland. 1982: Er zieht mit seiner Familie nach Kreuzberg und sieht das kleine Grundstück an der Mauer. Er beginnt, dort einen Garten anzulegen. 1989/1990: Osman Kalin vergrößert den Garten und baut ein zweistöckiges Häuschen.*		
		2. Weisen Sie die TN auf den Grammatik-Kasten hin. Die TN kennen schon die Präposition „wegen" mit dem Genitiv. Erklären Sie, dass „trotz" dieselbe Bedeutung wie „obwohl" oder „trotzdem" hat. Weisen Sie die TN auch auf die Grammatik-übersicht 5 (Kursbuch, S. 90) hin. Machen Sie mit den TN weitere Beispiele aus dem Alltag der TN und schreiben Sie die Sätze an die Tafel, z. B. „Trotz des Regens fährt Ahmed mit dem Fahrrad zur Schule."		
	EA/HA	Arbeitsbuch 23		
D3		**Leseverstehen 3: Eine Lebensgeschichte im Detail verstehen**		
	EA/PA	1. Die TN lesen Osman Kalins Lebensgeschichte in D2 noch einmal und kreuzen an, welche Aussagen richtig sind. Abschlusskontrolle im Plenum. *Lösung: a zwar der DDR gehörte, aber nicht genutzt wurde. b der DDR, c ohne, d Trotzdem können er und sein Haus auf dem Grundstück bleiben.*		
D4		**Hörverstehen: Meinungen zu einem Thema verstehen**		
a	PL	1. Die Bücher sind geschlossen. Die TN hören zunächst nur den Vorspann der Sendung. Stoppen Sie nach „Entschuldigung, darf ich Sie fragen, was Sie von diesem Haus hier halten?" Fragen Sie die TN, um was für eine Sendung es sich handelt und was das Thema ist (eine Umfrage; Wie finden die Leute das Haus von Osman Kalin?).	CD 3/28	
	EA	2. Die TN öffnen die Bücher hören fünf Meinungen zu Osman Kalins Haus. Die TN markieren zunächst nur, ob die Personen das Haus gut ☺ oder schlecht ☹ finden. Abschlusskontrolle im Plenum. *Lösung: 1 ☺, 2 ☹, 3 ☹, 4 ☺, 5 ☺*	CD 3/29–33	

b	EA/PA	3. Die TN lesen die Aussagen und ordnen zunächst aus dem Gedächtnis zu, welche Aussage zu welcher Person passt. Dann hören die TN die Umfrage noch einmal und korrigieren bzw. ordnen zu. Abschlusskontrolle im Plenum. *Lösung: (von oben nach unten) 4, 3, 2, 5*	CD 3/28–33	
	EA/HA	Arbeitsbuch 24–25	AB-CD 1/44–47	

D5	**Die eigene Meinung sagen**			
	GA	1. Bevor die TN ihre Meinung zu dem Haus von Osman Kalin sagen, suchen sie mit dem Smartphone weitere Informationen und Bilder zu dem Haus. Geben Sie den TN dazu 3–5 Minuten Zeit.	Smartphone	
	WPA	2. Ein TN liest die Sprechblase vor. Dann gehen die TN im Kursraum herum und sprechen mit fünf weiteren TN über ihre Meinung zu dem Haus.		
	PL	3. *fakultativ:* Einige TN berichten über ihre Gespräche. Gab es mehr positive oder negative Meinungen?		
	GA	*fakultativ:* Wenn Sie noch Zeit haben, können Sie hier die Wiederholung zu Lektion 7 anschließen.	KV L7/Wiederholung	
Lektionstests		Einen Test zu Lektion 7 finden Sie hier im LHB auf den Seiten 180–181. Verweisen Sie auch auf den Selbsttest im Arbeitsbuch auf Seite 83.	KV L7/Test	

AUDIOTRAINING

	Form	Ablauf	Material	Zeit
Audiotraining 1: Meine Nachbarn!				
	EA/HA	Die TN hören einen Satz: „Frau Müller aus dem Erdgeschoss ist streng und un- höflich.", den sie in den Sprechpausen in einen Satz mit „nicht nur …, sondern auch" umformulieren sollen: „Frau Müller aus dem Erdgeschoss ist nicht nur streng, sondern auch unhöflich.". Nach der Sprechpause hören die TN den korrekten Satz.	CD 3/34	
Audiotraining 2: Hätte ich doch bloß …				
	EA/HA	Die TN hören von einem Sprecher einen Satz: „Ich ärgere mich, dass ich etwas gesagt habe." Die TN bilden daraus einen irrealen Wunsch, also einen Satz mit dem Konjunktiv II der Vergangenheit: „Hätte ich doch bloß nichts gesagt!". Zur Kontrolle wird der Wunsch von einem zweiten Sprecher wiederholt.	CD 3/35	
Audiotraining 3: Wir hatten doch abgemacht, …				
	EA/HA	Die TN hören eine Aussage „Wir hatten doch abgemacht, dass du neuen Kaffee kaufst." und von einem zweiten Sprecher eine erstaunte Reaktion darauf: „Tat- sächlich?". In einer Echoübung wiederholen die TN die Reaktion und achten auf Aussprache und Betonung. Zur Kontrolle wird die Aussage von einem zweiten Sprecher wiederholt.	CD 3/36	

ZWISCHENDURCH MAL …

	Form	Ablauf	Material	Zeit
		Wo und wie werden wir leben? (passt z. B. zu C1)		
1	PL	1. Die Bücher sind geschlossen. Schreiben Sie folgende Thesen an die Tafel: Deutschland wird viel älter werden. Deutschland wird viel jünger werden. Große Teile Ostdeutschlands verlieren Einwohner. Große Teile Süddeutschlands verlieren Einwohner. Immer mehr Menschen werden auf dem Land leben. Immer mehr Menschen werden in den Städten leben. Wohnen wird wieder billiger werden. Wohnen wird immer teurer. Fragen Sie die TN, welche Thesen sie für richtig halten. Die TN geben Handzeichen. Halten Sie die Ergebnisse an der Tafel fest. Wenn es sich ergibt, können Sie mit den TN auch eine kurze Diskussion über diese Thesen führen.		
	EA/PA	2. Die TN öffnen die Bücher und lesen den Text. Die TN ergänzen das Diagramm zu Trend Nummer 1. Ungeübtere TN arbeiten hier zu zweit. Abschlusskontrolle im Plenum. *Lösung: hellgrün und lila: unter 60 Jahre; orange: über 60 Jahre; hellgrün: 20 bis 60 Jahre; lila 0 bis 20 Jahre*		
2	GA	1. Die TN lesen den Text noch einmal und bilden Interessengruppen, je nachdem welchen Trend sie besonders interessant finden. Die TN überlegen in den Gruppen, warum das so ist. Was können Gründe für den Trend sein? Sie halten ihre Überlegungen in Stichworten fest.		
	PL	2. Die Gruppen stellen nacheinander ihre Überlegungen anhand ihrer Notizen im Plenum vor. Regen Sie jeweils eine Diskussion dazu an. Fragen Sie die TN auch, wie sie die Situation in ihrer Heimat einschätzen. *Hinweis:* In Kursen mit überwiegend geübten TN können die TN auch versuchen, Informationen im Internet über den jeweiligen Trend zu finden.		
	Lesen	**Von Tür zu Tür (passt z. B. zu B3)**		
1	EA/PL	1. Die Bücher sind geschlossen. Die TN überlegen einen Moment, was sie alles mit Türen verbinden, wofür Türen wichtig sind, wofür sie ein Symbol sein könnten. Machen Sie dazu ein kurzes Gespräch im Plenum.		
	PL	2. Bereiten Sie zu Hause Kärtchen vor, auf denen Sie jeweils eine Redewendung bzw. eine Erklärung schreiben. Verteilen Sie die Kärtchen im Kurs. Wenn Sie mehr TN haben, schreiben Sie einige Redewendungen und Erklärungen doppelt. Die TN suchen zu ihrer Redewendung die passende Erklärung bzw. zu ihrer Erklärung die passende Redewendung. Gehen Sie herum und kontrollieren Sie die Paare. Machen Sie keine Abschlusskontrolle im Plenum, denn im nächsten Schritt sollen die TN nun den Text lesen und alle Wendungen zuordnen. Nur in Kursen mit überwiegend ungeübten TN können Sie hier eine Abschlussbesprechung im Plenum machen. Das erleichtert den TN dann die Arbeit mit dem Text.	Kärtchen	
	EA/PA	3. Die TN schlagen die Bücher auf und lesen den Text. Dann ordnen sie die Redewendungen und Sprichwörter aus dem Text den kurzen Erklärungen zu. Abschlusskontrolle im Plenum. *Lösung: b 2, c 7, d 5, e 4, f 3, g 1, h 8* *Hinweis:* Erklären Sie den TN, dass solche Sprichwörter und Redewendungen auch im Alltag in Gesprächen benutzt werden. Sprichwörter oder Redewendungen, die den TN besonders gefallen, sollten sie auswendig lernen.		

2	GA/PL	1. Die TN überlegen, ob es in ihrer Sprache ähnliche Redewendungen gibt, und versuchen, sie ins Deutsche zu übertragen. Geben Sie den TN dazu einige Minuten Zeit, damit sie sich mit TN, die aus dem gleichen Land kommen, besprechen können. Anschließend stellen die TN die Sprichwörter im Plenum vor. *Hinweis:* Bei Schwierigkeiten können die TN ggf. ein Wörterbuch oder eine Übersetzer-App auf dem Smartphone hinzuziehen.		
3	PL	1. Fragen Sie die TN, ob sie weitere deutsche Sprichwörter und Redewendungen kennen. Sammeln Sie sie an der Tafel und besprechen Sie mit den TN die Bedeutung. Erinnern Sie die TN ggf. an einige Titel der Foto-Hörgeschichte aus *Schritte plus Neu 3* und *4*: z. B. „Von nichts kommt nichts.", „Übung macht den Meister!" oder „Eine Hand wäscht die andere."		
	TiPP	Damit die TN sich einige dieser Sprichwörter und Wendungen einprägen, schreiben Sie sie einzeln auf Plakatstreifen und hängen Sie sie im Kursraum auf. Am besten klappt es, wenn Sie nicht alle sofort aufhängen, sondern drei bis vier eine Woche hängen lassen und diese dann durch drei bis vier neue ersetzen. Daraus können Sie auch ein kursbegleitendes Ritual machen, indem Sie zwei TN bestimmen, die die nächsten drei bis vier Sprichwörter aussuchen dürfen und die Plakatstreifen erstellen. Dabei können dann auch neue hinzukommen, die die TN z. B. auf der Straße gehört haben.		
		Unsere WG (passt z. B. zu A4 oder C2)		
1	EA	1. *fakultativ:* Verteilen Sie die Kopiervorlage an die TN. Die TN markieren in Übung 1, welche Probleme sie für die größten in einer WG halten.	KV L7/ZDM	
	GA	2. *fakultativ:* Die TN stellen ihr Ergebnis in der Gruppe vor und begründen ihre Meinung.	KV L7/ZDM	
	PL	3. *fakultativ:* Die TN sehen den ersten Teil des Films bis 2:08 und markieren in Übung 2a, wie zufrieden Aljoscha, Mona und Paulette mit ihrer WG sind. Abschlusskontrolle im Plenum.	KV L7/ZDM	
	EA/PA	4. *fakultativ:* Die TN lesen die Aussagen in Übung 2b und markieren zunächst aus dem Gedächtnis, was richtig ist. Dann sehen sie den ersten Teil bis 2:08 noch einmal und markieren bzw. korrigieren. Abschlusskontrolle im Plenum.	KV L7/ZDM	
	EA/PA	5. *fakultativ:* Die TN sehen den zweiten Teil des Films ab 2:09 und ergänzen in Übung 3, wer wie mit Problemen umgeht. Abschlusskontrolle im Plenum.	KV L7/ZDM	
	PL	6. Die TN sprechen darüber, wer ihnen am sympathischsten ist. Die TN begründen ihre Meinung.		
2	PL	1. Die TN erzählen, ob sie WG-Erfahrung haben oder ob sie gern in einer WG wohnen würden.		

FOKUS ALLTAG: EINE WOHNUNGSANZEIGE AUFGEBEN

Die TN können eigene Wohnungsanzeigen aufgeben.

	Form	Ablauf	Material	Zeit
1		**Wortfeld „Abkürzungen in Wohnungsanzeigen"**		
	EA/PA	1. Die TN ordnen zur Wiederholung die Abkürzungen zu. Abschlusskontrolle im Plenum. *Lösung: b Tel., c Blk., d qm, e NK, f EBK, g su., h inkl., i MM, j Kü., k Hzg., l Zi., m Whg.,* *n max., o gü.*		

	PA/PL	2. *fakultativ:* Die TN sammeln weitere Abkürzungen (z. B.: WM – Warmmiete; TG – Tiefgarage, ...). Sammeln Sie nach einiger Zeit im Plenum an der Tafel.		
2		**Hörverstehen: Wohnungsanzeigen**		
	EA	1. Die TN lesen die Wohnungsanzeigen. Geben Sie bei Bedarf Gelegenheit zu Wortschatzfragen. Dann hören die TN die drei Gespräche so oft wie nötig und ordnen die passende Anzeige zu. Abschlusskontrolle im Plenum. *Lösung: 1 D, 2 C, 3 F*	AB-CD 1/48–50	
3		**Eine Wohnungsanzeige schreiben**		
a	EA/PA	1. Fragen Sie die TN, ob sie selbst schon einmal eine Wohnungsanzeige aufgegeben haben? Nein? Dann können sie jetzt üben: Die TN wählen eine Zeichnung aus und schreiben dazu eine passende Anzeige. *Hinweis:* Alternativ können die TN auch eine Anzeige zu ihrer realen Wohnungssuche schreiben. Dann entfällt in b das Zuordnen zu den Zeichnungen.		
b	PA	2. Die TN tauschen ihre Anzeige mit der Partnerin / dem Partner. Sie/Er versucht zu erraten, zu welcher Zeichnung die Anzeige gehört.		
c	PA	3. Die TN sprechen mit ihrer Partnerin / ihrem Partner darüber, warum sie in diesem Haus / dieser Wohnung wohnen möchten.		
	PL	4. Einige TN berichten exemplarisch im Plenum, zu welcher Zeichnung ihre Partnerin / ihr Partner eine Anzeige verfasst hat. Erinnern Sie die TN ggf. an die Wörter Reihenhaus, Hochhaus etc.		
	PL	5. *fakultativ:* Als Hausaufgabe sollen die TN die Telefonnummern der Anzeigenannahme der Lokalzeitungen herausfinden. Beauftragen Sie ein paar (geübtere) TN außerdem damit, bei den Anzeigenannahmen anzurufen und sich nach den Preisen für eine Wohnungsanzeige zu erkundigen. Die Ergebnisse werden im Kurs gesammelt.		

1 Lesen Sie die Wendungen. Welche kennen Sie? Markieren Sie.

○ du nervst! ○ Ich kann doch nicht zaubern! ○ Hey, was war das denn jetzt?
○ Mach keine blöden Witze! ○ Geht's noch ○ Sei nett zu ihr, ja? ○ das ist ein Witz.

1 ◀)) 1–4 **2 Lesen Sie die Gespräche und ergänzen Sie die Wendungen aus Übung 1. Hören Sie dann noch einmal und vergleichen Sie.**

Foto 1:

Ella: Ja? Ein Interview zum Thema „Glück"? Bis wann? Heute noch? Bis 18 Uhr! Sag
mal: _____, Sami? Nö, das mach' ich nicht. Ich bin heute Nachmittag unterwegs.
Privat, Sami! Das hatten wir gestern ausgemacht. Erinnerst du dich? Ein Notfall? Das ist
kein Notfall, _____. Um sechs soll der Text fertig sein und jetzt ist es
zwei. Kannst du mir sagen, wo ich auf die Schnelle einen interessanten Interviewpartner zum
Thema „Glück" herbekomme? Kannst du mir das sagen, Sami? Hach, du regst mich auf,
Mann! Der spinnt ja wohl! _____!

Foto 2:

Frau: Mein Bus kommt, Manfred! Sie wird es dir selbst erzählen. _____?
Tschüs! Gehen Sie zur Sauerbruchstraße 12. Das ist gleich um die Ecke. Dritter Stock,
Schulze.
Ella: Entschuldigung, ich verstehe nicht …
Frau: Das ist ein Freund von mir. Dort bekommen Sie Ihr Interview. Viel Glück!
Ella: Danke! Vielen Dank, äh … Hillie! _____?

Foto 4:

Ella: Sami, _____!
Sami: Ich wollte doch nur fragen, …
Ella: … ob Ella brav ihre Arbeit macht.
Sami: Tut mir leid, es war wirklich ein Notfall und …
Ella: Blablabla, um sechs hast du den Text.
Sami: Hey, super! Wen hast du interviewt?
Ella: Mich selbst.
Sami: Was? _____!
Ella: Wieso? Bin ich vielleicht kein Glückspilz, hm? Mit so 'nem Chef?

Lösung: Geht's noch; das ist ein Witz.; Ich kann doch nicht zaubern!; Sei nett zu ihr, ja?; Hey, was war das denn jetzt?; du nervst!;
Mach keine blöden Witze!

Schritte plus Neu 5, Lehrerhandbuch, 978-3-19-311085-5, © Hueber Verlag

1 Hier sind 20 Verben im Präteritum versteckt. Sie stehen waagrecht (→) und senkrecht (↓).
Achtung: ß = SS, Ä = AE; Ö = OE; Ü = UE

F	G	O	W	U	R	D	E	T	V
L	A	O	D	A	C	H	T	E	E
O	B	F	A	S	Y	X	W	I	R
G	I	N	G	S	S	T	A	R	B
L	T	I	S	P	C	S	R	A	R
I	R	Z	O	G	H	L	I	L	A
E	A	A	G	O	R	I	E	F	C
H	F	L	B	H	I	E	S	S	H
T	H	A	T	T	E	F	T	O	T
E	T	G	E	I	B	K	A	M	E

2 Tragen Sie die Verben in die Tabelle ein und schreiben Sie den Infinitiv und die Perfektform dazu.

Infinitiv	Präteritum	Perfekt
leihen	lieh	hat geliehen

Lösung: 1 starb, flog, gab, ging, verbrachte, brachte, war, kam, aß, schrieb, lag, hatte, hieß, lief, wurde, dachte, zog, rief, traf; 2 sterben – starb – ist gestorben; fliegen – flog – ist geflogen; geben – gab – hat gegeben; gehen – ging – ist gegangen; verbringen – verbrachte – hat verbracht; bringen – brachte – hat gebracht; sein – war – ist gewesen; kommen – kam – ist gekommen; essen – aß – hat gegessen; schreiben – schrieb – hat geschrieben; liegen – lag – hat gelegen; haben – hatte – hat gehabt; heißen – hieß – hat geheißen; laufen – lief – ist gelaufen; werden – wurde – ist geworden; denken – dachte – hat gedacht; ziehen – zog – hat gezogen; rufen – rief – hat gerufen; treffen – traf – hat getroffen

Als ich 12 Jahre alt war.

Als ich nach Deutschland gekommen bin.

Wann hast du / haben Sie Rad fahren gelernt?

Tut mir leid, das habe ich nie gelernt.

Rad fahren

Gitarre spielen

schreiben

nach Deutschland kommen

lesen

laufen

kochen

in die Schule kommen

dein/Ihr erstes Wort Deutsch lernen

Auto fahren

deine/Ihre erste Fremdsprache sprechen

schwimmen

die Uhrzeit lesen

tanzen

Schritte plus Neu 5, Lehrerhandbuch, 978-3-19-311085-5, © Hueber Verlag

Elias wohnt in einer WG. Er ist das ganze Wochenende nicht zu Hause gewesen. Als er abends zurückkommt, sieht es in der Wohnung chaotisch aus. Er fragt die anderen: „Was ist denn hier passiert?" Schreiben Sie, was vorher passiert ist.

a In Dörtes Zimmer lagen gestern alle ihre Bücher, Hefte und Stifte auf dem Boden. Vorher *hatte sie für ihre Prüfung gelernt. Aber sie hatte keine Lust gehabt und es hatte überhaupt nicht geklappt. Als dann noch ihre Freundin gekommen war und gefragt hatte, ob sie mit ins Kino gehen will, war Dörte wütend geworden und hatte alle Sachen auf den Boden geworfen.*

b In der Küche stand heute Morgen das ganze Geschirr auf dem Küchentisch.

c Mesut war schon im Keller, wollte gerade sein Fahrrad holen, da merkte er, dass er noch seine Hausschuhe trug.

d Rachel saß gestern mit Tränen in den Augen vor ihrem Kleiderschrank. Alle Kleidungsstücke lagen auf einem Berg neben ihr.

e Das ganze Badezimmer stand gestern unter Wasser.

Schritte plus Neu 5, Lehrerhandbuch, 978-3-19-311085-5, © Hueber Verlag

1 Welche Erklärung passt? Verbinden Sie.

a Schluss machen	**1** sich verlieben
b den Kopf frei kriegen	**2** an einen anderen Ort fahren
c keine Chance	**3** eine Beziehung beenden
d raus wollen	**4** an etwas nicht mehr denken wollen
e sich verknallen	**5** etwas funktioniert nicht so, wie man es denkt

1 ◀)) 13 **2 Was ist richtig? Hören Sie und kreuzen Sie an.**

a ○ Benno hat die Beziehung zu seiner Freundin beendet.
b ○ Benno war danach ziemlich allein.
c ○ Benno wollte erst einmal keine Frauen mehr sehen.
d ○ Lisa hatte eine Reise in die Berge zum Geburtstag bekommen.
e ○ Amalie war Benno in den Bergen total egal.
f ○ Lisa hatte keine Erfahrung mit dem Rad in den Bergen.
g ○ Benno hat sich so erschreckt, als Lisa um die Ecke kam, dass er hinfiel.
h ○ Lisa konnte auf dem steilen Weg nicht so schnell bremsen.
i ○ Benno hat Lisa ausgelacht.
j ○ Lisa verliebte sich sofort in Benno.

3 Liebe ist …

a Verbinden Sie.

a Liebe geht durch den Magen.	**1** Wer liebt, sieht die Fehler der Geliebten / des Geliebten nicht.
b Liebe macht blind.	**2** Eine Liebe aus früherer Zeit kann man nicht vergessen.
c Eine neue Liebe ist wie ein neues Leben.	**3** Wenn man gut kochen kann, ist der Partner noch verliebter.
d Alte Liebe rostet nicht.	**4** Wenn zwei sich lieben, streiten sie sich auch gern ein bisschen – zum Spaß.
e Was sich liebt, das neckt sich.	**5** Wer verliebt ist, für den sieht die Welt plötzlich neu und interessant aus.

b Welche Wendung passt Ihrer Meinung nach zur Geschichte von Benno?

Lösung: 1a3, b4, c5, d2, e1; 2 richtig: c, h, j; 3a a3, b1, c5, d2, e4

Schritte plus Neu 5, Lehrerhandbuch, 978-3-19-311085-5, © Hueber Verlag

Meine Traumserie

Schreiben Sie einen kurzen Text über Ihre Traumserie. Sie können dazu die Redemittel und Struktur unten nutzen.

> *Ich mag ... / Ich ... gern ...*
> *Meine Serie würde in ... spielen.*
> *Der Held / die Heldin hätte/wäre/würde ... Er/Sie ...*
> *...*
> *Ich glaube, ...*

_____

_____

_____

_____

_____

_____

_____

_____

_____

_____

_____

_____

_____

_____

_____

_____

Schritte plus Neu 5, Lehrerhandbuch, 978-3-19-311085-5, © Hueber Verlag

Das ist mein Glücksbringer, _____ ich immer zu Prüfungen mitnehme.	Das ist mein Glücksbringer, _____ mir schon oft geholfen hat.	Das ist mein Glücksbringer, _____ ich im Urlaub gekauft habe.	Das ist mein Glücksbringer, von _____ ich dir erzählt habe.
Das sind meine Turnschuhe, mit _____ ich regelmäßig Sport mache.	Das sind meine Turnschuhe, _____ ich vor ein paar Jahren gekauft habe.	Das sind meine Turnschuhe, _____ ich gern in der Freizeit trage.	Das sind meine Turnschuhe, ohne _____ ich nicht verreise.
Das ist mein Nachbar, _____ oft im Treppenhaus schimpft.	Das ist mein Nachbar, _____ du schon einmal getroffen hast.	Das ist mein Nachbar, _____ meine Blumen gießt, wenn ich im Urlaub bin.	Das ist mein Nachbar, _____ ich meine Schlüssel gegeben habe.
Das ist die Verkäuferin, _____ in der Metzgerei arbeitet.	Das ist die Verkäuferin, _____ zwei kleine Kinder hat.	Das ist die Verkäuferin, _____ ich jeden Morgen im Bus begegne.	Das ist die Verkäuferin, bei _____ ich gern einkaufe.
Das ist das Handy, _____ ich letztes Jahr gekauft habe.	Das ist das Handy, in _____ ich alle Telefonnummern gespeichert habe.	Das ist das Handy, _____ meine Cousine gern haben möchte.	Das ist das Handy, _____ auch gute Fotos macht.
Das ist die Kette, _____ ich meiner Mutter zum Geburtstag schenken möchte.	Das ist die Kette, _____ mir so gut gefällt.	Das ist die Kette, von _____ ich dir erzählt habe.	Das ist die Kette, _____ ich gestern im Schaufenster gesehen habe.
Das ist der Mann, _____ seinen Zug verpasst hat.	Das ist der Mann, mit _____ meine Nachbarin verabredet war.	Das ist der Mann, auf _____ ich gewartet habe.	Das ist der Mann, von _____ ich geträumt habe.
Das ist die Touristin, _____ den ganzen Tag nur am Strand liegt.	Das ist die Touristin, über _____ ich mich gestern geärgert habe.	Das ist die Touristin, von _____ ich dir erzählt habe.	Das ist die Touristin, _____ mit niemandem spricht.

Schritte plus Neu 5, Lehrerhandbuch, 978-3-19-311085-5, © Hueber Verlag

Was machen Sie am liebsten?	Was?	Wie oft? täglich / einmal / zweimal / selten / manchmal …	Wie lange? eine halbe / eine Stunde / … Stunden / … Minuten	Wann? am Wochenende / im Urlaub / in der Mittagspause / am Abend / zum Frühstück …	Wo? auf dem Sofa / in der Badewanne / im Park / im Hallenbad / beim Arzt …
Fernsehen	○ Krimis ○ Nachrichten ○ Serien ○ …				
Lesen	○ Romane ○ Gedichte ○ Zeitungen ○ …				
Musik	○ Jazz ○ Pop ○ Klassik ○ …				
Was macht Ihre Partnerin / Ihr Partner am liebsten?	Was?	Wie oft?	Wie lange?	Wann?	Wo?
Fernsehen	○ Krimis ○ Nachrichten ○ Serien ○ …				
Lesen	○ Romane ○ Gedichte ○ Zeitungen ○ …				
Musik	○ Jazz ○ Pop ○ Klassik ○ …				

Schritte plus Neu 5, Lehrerhandbuch, 978-3-19-311085-5, © Hueber Verlag

1 🔊 28 **1 Hören Sie das Gespräch noch einmal und kreuzen Sie an: richtig oder falsch?**

		richtig	falsch
a	Die Mutter zeigt ihrer Tochter Familienfotos.	○	○
b	Die Fotos sind aus den 1980er-Jahren.	○	○
c	Damals gab es zum ersten Mal gute Lieder auf Deutsch.	○	○
d	Das Lieblingslied von der Mutter ist „Eisbär".	○	○
e	Die Tochter kennt dieses Lied auch – als Remix.	○	○
f	Mutter und Tochter kennen beide den Song „Tausendmal berührt".	○	○
g	Die Mutter hat den Song schon lange nicht mehr gehört.	○	○
h	Das Lied erinnert die Mutter an ihren ersten Freund.	○	○

2 Was bedeuten die Ausdrücke? Kreuzen Sie an.

a Du wolltest dir bloß den Abend vertreiben.
   ○ Du wolltest einfach irgendetwas am Abend unternehmen – ohne ein besonderes Ziel.
   ○ Du wolltest den Abend nicht allein verbringen.

b Ich dachte nicht im Traum daran.
   ○ Ich hatte noch nie einen Traum darüber.
   ○ Ich habe auf keinen Fall daran geglaubt.

c Wir haben gar nix gecheckt.
   ○ Wir haben überhaupt nichts verstanden.
   ○ Wir haben vergessen zu kontrollieren.

d Wir kennen uns zu lange, als dass aus uns noch mal irgendwas wird.
   ○ Wir haben es lange versucht, aber es hat einfach nicht mit uns geklappt.
   ○ Wir können kein Paar werden, weil wir uns zu lange und zu gut kennen.

Lösung: 1 richtig: b, c, e, f, g; 2 a Du wolltest einfach irgendetwas am Abend unternehmen – ohne ein besonderes Ziel., b Ich habe auf keinen Fall daran geglaubt., c Wir haben überhaupt nichts verstanden., d Wir können kein Paar werden, weil wir uns zu lange und zu gut kennen.

Schritte plus Neu 5, Lehrerhandbuch, 978-3-19-311085-5, © Hueber Verlag

Was machen Sie, wenn Sie viel Arbeit haben?	Was hilft Ihnen bei Stress?
Mit wem besprechen Sie Probleme?	Wie finden Sie Ratschläge von Kollegen oder Freunden?
Was machen Sie zur Entspannung?	Hilft Ihnen Musik bei Stress?
Wo gehen Sie oft spazieren?	Wann hatten Sie zuletzt viel Stress?
Was machen Sie, wenn alle fünf Minuten Ihr Telefon klingelt?	Gehen Sie sofort zum Arzt, wenn Sie etwas haben?
Wie finden Sie Ellas Ratschlag?	Hilft es Ihnen, spazieren zu gehen, wenn Sie Stress haben?
Wie finden Sie Ellas Geschichte?	Sind Sie eher wie der erste Holzfäller oder wie der zweite Holzfäller?

Schritte plus Neu 5, Lehrerhandbuch, 978-3-19-311085-5, © Hueber Verlag

Ein Arbeitstag im Krankenhaus
Was muss/kann/darf/soll getan werden?

Sie brauchen einen Würfel und eine Spielfigur für jede Spielerin / jeden Spieler. Gehen Sie die gewürfelten Felder vor. Machen Sie Sätze. Auf einem Pause-Feld müssen Sie nichts tun.

Beispiel: in Zimmer 15 um 7 Uhr Fieber messen – In Zimmer 15 muss um 7 Uhr Fieber gemessen werden.

START →	in Zimmer 15 um 7 Uhr Fieber messen	jeden Morgen frische Handtücher aufhängen	Herrn Sommer keinen Kaffee zum Frühstück bringen	am Mittwoch um 8 Uhr Frau Bertil untersuchen	vor dem Mittagessen Frau Klein zwei Tabletten geben	Pause	um 12 Uhr Essen austeilen
Herrn Czernys Bein hochlegen	der alten Frau von Zimmer 43 beim Essen helfen	bei Frau Müller die Bettwäsche wechseln	Pause	Kopfhörer zum Radiohören in der Küche abholen	bei Frau Müller das Bett machen	auf dem Flur und in den Zimmern nicht rauchen	
um 13 Uhr die Tabletts vom Mittagessen einsammeln		um 15 Uhr Sabine in den Operationssaal fahren	Herrn Safak Blut abnehmen	in Zimmer 12 bis 18 neue Fernseher reparieren	in Zimmer 112 die Deckenlampe reparieren	Pause	
bei Herrn Kalender und Frau Zucker Blutdruck messen	Pause				schmutzige Wäsche sortieren und in die Reinigung geben	um 21 Uhr Schlaftabletten ausgeben	
ZIEL	um 6 Uhr alle Patienten wieder wecken	Pause	die Kollegen über die neuen Patienten informieren	nachts einen Kontrollgang machen	um 22 Uhr die Fenster schließen		

Schritte plus Neu 5, Lehrerhandbuch, 978-3-19-311085-5, © Hueber Verlag

Genitiv-Domino

die Sprachen-schule	der Lichtschalter	der Kursraum	die Teilnehmer
der Deutschkurs	der Bildschirm	der Computer	der Tisch
der Partner	der Computer	die Lehrerin	das helle Holz
die Tische	das Buch	die Teilnehmerin	das Handy
die Freundin	die Farben	die Buntstifte	die neuen Wörter
die Übung	das Ergebnis	der Test	die Nummer
die Seite	das Lächeln	die Partnerin	die Haltestelle
die Straßenbahn	das Foto	der Hund	die Lehrerin

Schritte plus Neu 5, Lehrerhandbuch, 978-3-19-311085-5, © Hueber Verlag

Schwimmen mit vollem Magen ist gefährlich.

Lesen bei schlechtem Licht schadet den Augen.

Bei kaltem Wetter muss man sich warm anziehen, sonst erkältet man sich.

Einen Apfel essen, ist wie einmal Zähne putzen.

Sport macht schlank.

Schwitzen ist gesund.

Ein Mensch braucht mindestens 8 Stunden Schlaf pro Tag.

Wer als Baby dick war, ist es auch als Erwachsener.

Lachen ist gesund.

Kurze Haare wachsen besser.

Schritte plus Neu 5, Lehrerhandbuch, 978-3-19-311085-5, © Hueber Verlag

Der Verlust der Mitte

Ein Kommentar von Sami Kirsch,
Chefredakteur des „Stadt-Kurier"

A
Das wirkt ziemlich übertrieben, wenn man bedenkt, dass wir weltweit einer der größten Hersteller von Schweinefleischprodukten sind.

B
Die einen haben Angst, dass sie mit mehr Obst und Gemüse ihren Lebensstil und ihre Freiheit verlieren. Die anderen glauben, dass man die Welt nur retten kann, wenn man gar kein Fleisch mehr isst. Solche Ängste und Übertreibungen bringen gar nichts, außer Ärger und Stress. Erinnern wir uns lieber an zwei gute alte Sprichwörter: „Leben und leben lassen!" und „Die Wahrheit liegt in der Mitte."

C
Aus diesem Grund wächst bei uns die Zahl der Menschen, die weniger oder gar kein Fleisch mehr essen. Vegetarier und Veganer machen heute schon fast ein Fünftel der deutschen Bevölkerung aus. Leider gibt es bei manchen von ihnen genauso verrückte Ansichten wie bei den extremen Fleischfreunden.

D
Wir leben in verrückten Zeiten. Vor einigen Jahren kam aus der Partei *Bündnis 90 / Die Grünen* eine ganz vernünftig klingende Idee. Kantinen könnten doch einen fleischfreien Tag einführen, schlugen sie vor. Ein Tag pro Woche könnte der Tag des vegetarischen Essens sein.

E
Und genauso klar ist, dass solche Tiefstpreise nur mit Produktionsmethoden möglich sind, die man als Kunde lieber nicht so genau kennen möchte.

F
Die politische Reaktion auf diesen sogenannten *Veggieday* war unglaublich. In den sozialen Netzwerken gab es wochenlang antigrüne Shitstorms. Von einer „Verbotsrepublik" wurde gesprochen und von einer „Erziehungsdiktatur".

G
Das meiste Fleisch wird bei uns in riesigen, industriell wirtschaftenden Betrieben produziert. In Deutschland werden etwa 60 Kilo Fleisch pro Person und Jahr gegessen und in den Supermärkten kann man Schweinekoteletts schon ab 3,90 Euro pro Kilo kaufen. Dabei ist ja längst klar, dass zu viel Fleisch sehr schlecht für die Gesundheit und für die Umwelt ist.

Schritte plus Neu 5, Lehrerhandbuch, 978-3-19-311085-5, © Hueber Verlag

morgen regnen	die Sonne nie mehr scheinen
genug Geld haben	du/Sie morgen die Zertifikats-prüfung machen können
im Lotto gewinnen	eine Reise gewinnen
plötzlich alle deine/Ihre Möbel weg sein	heute keinen Deutschkurs haben
noch ein Kind sein	plötzlich perfekt Deutsch sprechen können
morgen die Sonne scheinen	dein/Ihr Freund mit Familie in deine/Ihre Wohnung einziehen
einen interessanten Mann / eine interessante Frau im Internet kennenlernen	im Schlaf lernen können
es kein Geld auf der Welt geben	einen Tag lang Politik in Deutsch-land machen können
nie mehr fernsehen dürfen	dein/Ihr Auto/Fahrrad kaputt sein
morgen der Kurs zu Ende sein	heute in dein/Ihr Heimatland fliegen können

Schritte plus Neu 5, Lehrerhandbuch, 978-3-19-311085-5, © Hueber Verlag

1 Lesen Sie den Text und ordnen Sie die Aussagen den Bildern zu.

Wie lernen wir eigentlich Fremdsprachen?

Fremdsprachen lernen, ja klar! Aber wie? Es gibt viele Wege, eine Sprache zu lernen. Und:
Es gibt keinen richtigen oder falschen Weg. Wichtig ist nur, dass jeder erkennt, welche Methode
für ihn selbst am besten funktioniert. Doch was sind das für Methoden? Wir haben für Sie einige
„Lerntypen" gezeichnet. Erkennen Sie, wie die Leute lernen? Dann ordnen Sie die Aussagen
unten den Lerntypen zu.

A

B

C

D

E

○ Ich muss immer erst genau verstehen, wie die Sprache funktioniert. Dann kann ich auch
   etwas sagen.

○ Für mich ist das Hören der Sprache besonders wichtig. Was ich oft höre, das kann ich
   dann auch verstehen und sprechen.

○ Ich muss die Dinge fühlen und – am allerwichtigsten – in die Hand nehmen, dann kann
   ich es mir besser merken.

○ Ich muss vor allen Dingen sprechen – das ist total wichtig für mich. Dabei lerne ich
   eigentlich alles automatisch.

○ Mir helfen Farben und Symbole beim Lernen. Ich stelle mir zum Beispiel ein neues Wort
   in einer bestimmten Farbe vor – und dann kann ich es auch.

2 Welcher Lerntyp ist Ihnen ähnlich? Wie lernen Sie am liebsten? Sprechen Sie.

> *Also, so genau kann ich das gar nicht sagen. Ich mache gern Grammatikübungen. Ich höre aber auch viel Radio. Ich bin dann wohl Lerntyp A und Lerntyp C.*

> *Ich weiß gar nicht, Manches habe ich noch gar nicht ausprobiert. Vielleicht bin ich Lerntyp D.*

Lösung: (von oben nach unten) A, C, B, E, D

Zu welchen Zeiten sollte Ihr
Deutschkurs sein?

– zweimal in der
Woche, morgens
– jeden Tag zwei
Stunden
– ...

Was wünschen Sie sich
außerdem?

– mehr Kontaktmög-
lichkeiten zu Deutschen
– weniger Grammatik-
erklärungen
– ...

Wie würden Sie gern
lernen?

– mehr mit dem
Computer
– mal einen Film sehen
– ...

**Der
ideale
Sprachkurs**

Wann sollten Prüfungen
sein?

– immer am Ende
einer Lektion
– am Ende eines
Kurses
– ...

Was sollte Ihr Kursraum /
Ihre Schule haben?

– eine Cafeteria für die
Pausen
– eine Bücherei
– ...

Welche Themen würden
Sie sich wünschen?

– mehr aktuelle
Themen, z. B. aus
den Nachrichten
– Texte über
Österreich und die
Schweiz
– ...

Was sollte im Kursbuch
sein?

– viele Bilder
– vor allem Lesetexte
– ...

Schritte plus Neu 5, Lehrerhandbuch, 978-3-19-311085-5, © Hueber Verlag

Abkürzungsdomino

Viele Grüße	GmbH	Gesellschaft mit beschränkter Haftung, die	BRD
Bundesrepublik Deutschland, die	SZ	Süddeutsche Zeitung, die	etc.
et cetera = lateinisch: und so weiter	AGB	Allgemeine Geschäfts-bedingungen, die	Pkw
Personenkraftwagen, der	km/h	Kilometer pro Stunde = Stundenkilometer, der	LG
Liebe Grüße	WG	Wohngemeinschaft, die	dt.
deutsch	kWh	Kilowatt pro Stunde, das	ggf.
gegebenenfalls	i. A.	im Auftrag	BAMF
Bundesamt für Migra-tion und Flüchtlinge, das	u. a.	unter anderem	e. V.
eingetragener Verein, der	d. h.	das heißt	VG

2 🔊 19–22 **Bringen Sie die Stichpunkte in die richtige Reihenfolge. Hören Sie dann und vergleichen Sie.**

✂

○ Ella: Tobias guter Schauspieler

○ Tobias Praktikum bei MediaUniverse gemacht

○ Ella fragen – Tobias bei Bewerbung helfen

○ Tobias Platz an der Schauspielschule bekommen

○ Lina sich Sorgen machen – Tobias keinen Ausbildungsplatz finden

○ Sohn Tobias – schlechten Schulabschluss machen

○ Tobias gut mit Technik auskennen

○ Lina – Ella anrufen

○ Tobias um Job bewerben

○ Ella Idee: Tobias als Fachverkäufer bewerben

○ Lina und Ella überrascht: Tobias an Schauspielschule beworben

○ Tobias zum Vorstellungsgespräch eingeladen – mit Ella Gespräch üben

---

Lösung: 1 Lina – Ella anrufen, 2 Sohn Tobias – schlechten Schulabschluss machen, 3 Lina sich Sorgen machen – Tobias keinen Ausbildungsplatz finden, 4 Ella fragen – Tobias bei Bewerbung helfen, 5 Tobias Praktikum bei MediaUniverse gemacht, 6 Tobias gut mit Technik auskennen, 7 Ella Idee: Tobias als Fachverkäufer bewerben, 8 Tobias um Job bewerben, 9 Tobias zum Vorstellungsgespräch eingeladen – mit Ella Gespräch üben, 10 Ella: Tobias guter Schauspieler, 11 Lina und Ella überrascht: Tobias an Schauspielschule beworben, 12 Tobias Platz an Schauspielschule bekommen

Schritte plus Neu 5, Lehrerhandbuch, 978-3-19-311085-5, © Hueber Verlag

Machen Sie Sätze.

(keine) Zeit haben   anfangen   (keine) Lust haben   versuchen   (keine) Angst haben
vergessen   (kein) Interesse haben   aufhören

Beispiel: <u>Ich habe keine Lust</u>, die Grammatik <u>zu</u> üben.

✂

die Grammatik üben	allein zu Hause sein
die Hausaufgaben machen	morgen pünktlich bei dir/Ihnen sein
das Geschirr in den Schrank stellen	eine Diät machen
regelmäßig Sport treiben	endlich ein Buch lesen
einen Französischkurs besuchen	rauchen
heute Abend essen gehen	von großen Hunden gebissen werden
etwas Warmes kochen	die unregelmäßigen Verben auswendig lernen
über das Wetter schimpfen	nachts allein im Park spazieren gehen
jeden Tag wenigstens einen Apfel oder anderes Obst essen	am Wochenende ins Kino gehen
sich über die Nachbarn ärgern	meine Wohnung renovieren

Schritte plus Neu 5, Lehrerhandbuch, 978-3-19-311085-5, © Hueber Verlag

Was brauchen Sie? Was brauchen Sie nicht zu tun? Was müssen/können Sie tun? Machen Sie Sätze.

Beispiel: Als Lehrer braucht man viel Geduld.

START →	als Krankenschwester medizinische Fachausdrücke kennen ←	als Koch in der Küche arbeiten ↓	als Koch eine feine Zunge ←	als Pfarrer die Menschen lieben ↓	
als Lehrer viel Geduld	als Taxifahrer Führerschein	als Koch Gewürze	als Arzt Blut sehen können	als Dachdecker bei Schnee nicht auf Dächern arbeiten	
als Maler viele Farben	als Koch selten Computerkenntnisse	als Mechaniker keine Fremdsprache sprechen	als Sekretärin keinen Führerschein haben	als Verkäufer nie nachts arbeiten	
als Polizist gute Nerven	als Gärtner an der frischen Luft arbeiten	als Anwalt keinen Kaffee kochen	als Bauer mit Tieren umgehen können	als Chef keine dummen Fragen beantworten	
als Verkäufer nicht reisen	als Personalchef nie um Erlaubnis fragen	als Kunstmaler keine Wände streichen	als Tischler nicht im Büro arbeiten	als Friseur keine guten Nerven	
als Maler keine Bilder malen	als Firmenchef nie um Erlaubnis fragen	als Tischler viel mit Holz mögen	als Arzt nicht im Freien arbeiten	als Friseur den Laden fegen ←	als Verkäufer am Wochenende arbeiten
als Sekretärin Kaffee kochen ←	als Krankenschwester nicht operieren ↑	als Tierarzt Tiere mögen ←	als Seemann die Welt sehen ↑	als Taxifahrer gute Ortskenntnisse	ZIEL

Schritte plus Neu 5, Lehrerhandbuch, 978-3-19-311085-5, © Hueber Verlag

Machen Sie Sätze.

während   innerhalb   außerhalb

Beispiel: Ich habe außerhalb der Bürozeiten angerufen.

die Bürozeiten	unser Gespräch	der Kurs	die Öffnungs-zeiten des Fitnesscenters
die nächsten Tage	meine Schulzeit	die Sommer-ferien	der Deutsch-unterricht
die Wartezeit (beim Arzt)	die Sprechzeiten beim Arzt	die Öffnungs-zeiten im Supermarkt	meine Arbeitszeit
mein Praktikum	das Wochenende	meine Arbeit	meine Freizeit
unsere Pause im Kurs	mein Urlaub	die Weihnachts-ferien	die Mittagspause

Schritte plus Neu 5, Lehrerhandbuch, 978-3-19-311085-5, © Hueber Verlag

1 **Sehen Sie die Bilder im Kursbuch an und beschreiben Sie die Personen. Wie geht es den Personen? Warum? Sprechen Sie mit Ihrer Partnerin / Ihrem Partner.**

gelangweilt   fröhlich   gestresst   aufmerksam   motiviert   konzentriert   traurig   entspannt
begeistert   überarbeitet   ...

> *Ich weiß nicht, vielleicht ist er gerade sehr konzentriert. Aber er liest keine guten Nachrichten.*

> *Der Mann wirkt auf mich nicht sehr motiviert. Ich glaube, er hat zu viel Arbeit.*

2 **Was bedeuten diese Sätze? Erklären Sie. Die Stichwörter helfen Ihnen.**

etwas Neues ausprobieren   immer wieder dasselbe denken, sagen und machen und trotzdem zu keinem
Ergebnis kommen   negativ sein   am besten sofort anfangen   selbst aktiv werden
keine Probleme damit haben zu tun, was andere sagen

a Ihr dreht euch dauernd nur im Kreis!

b Es ist Zeit, mal endlich aufzuwachen!

c Hört auf, die Welt so grau zu machen.

d Geht doch mal auf neuen Wegen!

e Macht's euch denn nichts aus, immer
nur zu funktionieren?

f Ihr solltet keine Zeit verlieren.

> *Das heißt (so viel wie): ...*
> *Das bedeutet: ...*
> *Mit anderen Worten bedeutet / heißt das: ...*
> *Ich verstehe den Satz so: ...*
> *Man soll ...*

3 **Ergänzen Sie die Gespräche mit dem passenden Ausdruck aus Übung 2.**

a ◆ Stell dir vor, wir sollen jetzt alle zwei Stunden länger arbeiten – ohne mehr Lohn. Aber
was will man machen? So ist das Berufsleben heute.

   ○ Mensch, Evi, ich finde wirklich: *Es ist Zeit, mal endlich aufzuwachen* und etwas
dagegen zu tun!

b ◆ Bei dir in der Firma werden zwei Kfz-Mechatroniker gesucht. Samuel und ich überlegen, ob
wir uns da bewerben.

   ○ Was gibt es da zu überlegen? _____ und
sofort eure Bewerbung losschicken.

c ◆ Puh, war das heute wieder ein Tag! Vier Stunden hat die Teamsitzung gedauert, aber meinst
du, wir wären zu einem Ergebnis gekommen?

   ○ Das Gefühl habe ich bei eurer Firma schon lange: _____
_____, aber Ergebnisse gibt es keine.

d ◆ Also, in unserem Land ist es ganz normal, dass wir alles machen, was der Chef sagt.

   ○ Wirklich? _____? Ich könnte das nicht, ich
muss immer meine eigene Meinung sagen.

Lösung: 2 Lösungsvorschlag: a Ihr denkt, sagt, macht immer wieder das Gleiche und kommt trotzdem zu keinem Ergebnis. b Euch sollte nicht mehr alles egal sein. c Seid nicht so negativ. d Probiert doch mal etwas Neues aus. e Habt ihr kein Problem damit zu tun, was andere sagen? f Ihr solltet am besten sofort damit anfangen. 3 b Ihr solltet keine Zeit verlieren; c Ihr dreht euch dauernd nur im Kreis; d Macht's euch denn nichts aus, immer nur zu funktionieren

Schritte plus Neu 5, Lehrerhandbuch, 978-3-19-311085-5, © Hueber Verlag

1 Sehen Sie den Film an. Kreuzen Sie an: richtig oder falsch?

	richtig	falsch
a Zeliha ist in Deutschland aufgewachsen.	○	○
b Zelihas Großvater heißt Kayseri.	○	○
c Zeliha hat in einer Textilfabrik gearbeitet.	○	○
d Zeliha hat zunächst Zahnarzthelferin gelernt.	○	○
e Zeliha hat sich mit ihrem Chef selbstständig gemacht.	○	○
f Viele Menschen mit ausländischen Wurzeln machen sich in Deutschland selbstständig.	○	○
g 2014 waren 700 000 Menschen in Firmen von Menschen mit Migrationshintergrund beschäftigt.	○	○
h Zeliha trinkt gern selbstgepresste Fruchtsäfte.	○	○
i Zeliha findet es toll, dass sie ihre eigene Chefin ist.	○	○
j Zelihas Restaurant hat viele Kunden.	○	○
k Zeliha ist gerade in Deutschland angekommen.	○	○

2 Sehen Sie den Film noch einmal. Korrigieren Sie die falschen Sätze in Übung 1.

**3 Was bedeutet „Zeliha und ihre Familie sind gut angekommen in Deutschland".
Markieren Sie.**

a ○ Zeliha und ihre Familie sind nach einer langen Reise wieder nach Deutschland zurückgekommen.

b ○ Zeliha und ihre Familie sind in Deutschland gut integriert, d. h. sie haben ihren Platz in der Gesellschaft und in Deutschland gefunden.

Schritte plus Neu 5, Lehrerhandbuch, 978-3-19-311085-5, © Hueber Verlag

Lösung: 1 richtig: a, d, f, i, j; 2 b heißt ist ... geboren, c Zeliha Zelihas Großvater, e mit ihrem Chef, g 700 000 1,3 Millionen, h Zeliha trinkt gern
Zelihas Spezialität sind, k ist gerade und ihre Familie sind; 3 b

Es ist leicht, ... (zu + Infinitiv)	Es ist nicht leicht, ... (zu + Infinitiv)	Es ist schön, ... (zu + Infinitiv)	In Deutschland gibt es ...
In meinem Land gibt es ...	Wenn es dunkel ist, ...	Wenn es schwierig wird, ...	Es fällt mir leicht, ... (zu + Infinitiv)
Es fällt mir schwer, ... (zu + Infinitiv)	Wenn es Sommer ist, ...	Wenn es Winter ist, ...	Wenn es regnet, ...
Es gefällt mir, ... (zu + Infinitiv)	Wenn es kalt ist, ...	Wenn es heiß ist, ...	Wenn das Wetter schön ist, ...
Es lohnt sich, ... (zu + Infinitiv)	Wenn es möglich ist, ...	Es macht Spaß, ... (zu + Infinitiv)	Es macht keinen Spaß, ... (zu + Infinitiv)
Früher gab es ...	Es war nicht einfach, ... (zu + Infinitiv)	Es ist anstrengend, ... (zu + Infinitiv)	Ich bin es gewohnt, ... (zu + Infinitiv)
Ich bin es nicht gewohnt, ... (zu + Infinitiv)	Es hat geklappt, ... (zu + Infinitiv)	Es hat nicht geklappt, ... (zu + Infinitiv)	Wenn es klappt, ...

Schritte plus Neu 5, Lehrerhandbuch, 978-3-19-311085-5, © Hueber Verlag

Sie sollten sich einen anderen Job suchen, um … zu …

Sie sollten kündigen, statt … zu …

Sie sollten regelmäßig die Jobanzeigen lesen, ohne … zu …

Sie sollten mit Ihrem Chef sprechen, damit er …

Sie sollten mit Ihren Kollegen zusammen Mittagspause machen, um … zu …

Sie sollten Ihrer Chefin einen Vorschlag machen, statt … zu …

Sie sollten bei der nächsten Teambesprechung einen Vorschlag machen, damit …

Sie sollten Ihren Chef um eine Weiterbildung bitten, um … zu …

Sie sollten mit Ihren Kollegen über Teamarbeit sprechen, damit sie …

Sie sollten sich im Jobcenter beraten lassen, um … zu ….

Sie sollten sich weiterqualifizieren, um … zu …

Sie sollten …

Schritte plus Neu 5, Lehrerhandbuch, 978-3-19-311085-5, © Hueber Verlag

Domino

Das ist mir zu teuer / zu …	*dem Kunden etwas anbieten*	Wie wär's mit?	*das Gespräch beenden*
Darf ich Ihnen … empfehlen?	*das Gespräch beenden*	Wenn Sie noch Wünsche haben, melden Sie sich bei uns.	*um Hilfe/Informationen bitten*
Vielen Dank für Ihre Mühe.	*den Kunden ansprechen*	Ich hätte gern …	*sich nicht entscheiden können*
Kann ich etwas für Sie tun?	*um Hilfe/Informationen bitten*	Ich kann mich noch nicht entscheiden.	*den Kunden ansprechen*
Dürfte ich Sie etwas fragen?	*sich nicht entscheiden können*	Haben Sie einen (bestimmten) Wunsch?	*um Hilfe/Informationen bitten*
Das muss ich mir noch überlegen.	*sich nicht entscheiden können*	Ist es möglich …?	*dem Kunden etwas anbieten*
Es kommt darauf an, was es kostet.	*um Hilfe/Informationen bitten*	Kann ich sonst noch etwas für Sie tun?	*den Kunden ansprechen*
Entschuldigung, können Sie mir helfen?	*dem Kunden etwas anbieten*	Sie wünschen?	*sich nicht entscheiden können*
Darf ich Ihnen … anbieten?	*dem Kunden etwas anbieten*	Sind Sie sicher?	*das Gespräch beenden*

Schritte plus Neu 5, Lehrerhandbuch, 978-3-19-311085-5, © Hueber Verlag

Schritte plus Neu 5, Lehrerhandbuch, 978-3-19-311085-5, © Hueber Verlag

3 ◀)) 14–17

1 Hören Sie die Gespräche 1–3 noch einmal. Was ist richtig? Kreuzen Sie an.

Gespräch 1: Was ist die Meinung des Mannes auf der Kiste?
○ Die Menschen hätten mehr Freizeit, wenn sie schneller arbeiten würden.
○ Schnelleres Arbeiten bringt nicht mehr Zeit.

Was ist sein Vorschlag?
○ Die Menschen sollen nicht mehr so hektisch sein und sich Zeit lassen.
○ Die Menschen sollen Zeit sparen, dann können sie die schönen Dinge des Lebens besser genießen.

Gespräch 2: Was ist Herrn Müllers Problem?
○ Er hat sehr viel Arbeit und kann sich nicht ausruhen.
○ Er hat keine Arbeit und ist deshalb gestresst.

Was ist die Lösung für sein Problem?
○ Er muss sich doppelt so oft entspannen und nur die Hälfte der Zeit arbeiten.
○ Er soll immer wieder die Anti-Stress-Maske tragen.

Gespräch 3: Warum hat der Kunde es eilig?
○ Er will zu Fuß nach Hamburg gehen.
○ Sein Zug fährt gleich ab.

Was erklärt ihm der Hotdog-Verkäufer?
○ Züge können nicht gehen und Menschen können nicht fahren.
○ Züge können abfahren und Menschen können mitfahren.

2 „Gehen" hat viele Bedeutungen. Ordnen Sie zu.

| **a** funktionieren | **b** möglich sein | **c** passen, Platz haben | **d** gekauft werden | **e** den Arbeitsplatz aufgeben |

1 Meine Uhr geht nicht mehr. Ich muss wohl eine neue Batterie kaufen. ○
2 Der Zitronenkuchen geht zurzeit am besten. Wir mussten heute schon 15 Kuchen backen. ○
3 Meine Lieblingskollegin geht Ende des Monats. Sie hat eine neue Stelle in Berlin. ○
4 Ins Kino? Heute habe ich leider keine Zeit, aber morgen geht es. Einverstanden? ○
5 Das Sofa ist viel zu groß. Das geht nie durch die Tür! ○

Lösung: 1 Gespräch 1: Schnelleres Arbeiten bringt nicht mehr Zeit., Die Menschen sollen nicht mehr so hektisch sein und sich Zeit lassen.;
Gespräch 2: Er hat sehr viel Arbeit und kann sich nicht ausruhen., Er soll immer wieder die Anti-Stress-Maske tragen.; Gespräch 3: Sein Zug
fährt gleich ab., Züge können nicht gehen und Menschen können nicht fahren.
2 1a, 2d, 3e, 4b, 5c

Streit ohne Ende

3 ◀⑴ 19–22 **Lesen Sie die Interviews und ordnen Sie Ellas Fragen zu. Hören Sie dann noch einmal und kontrollieren Sie.**

Foto 1

> Und Sie verstehen sich gut mit Ihren Nachbarn?   Worüber streiten Sie sich denn mit Herrn Bremer?
>
> Aber nicht mit allen, oder?   Wie lange leben Sie denn schon hier in dieser Wohnsiedlung?

Ella:	Vielen Dank, Herr und Frau Hanfmann, dass ich dieses Interview mit Ihnen machen darf.
Herr Hanfmann:	Kein Problem.
Ella:	_____
Herr Hanfmann:	Wir wohnen jetzt seit sechs Jahren hier.
Ella:	_____
Frau Hanfmann:	Sehr gut! Natürlich! Sehr gut!
Ella:	_____ Wenn ich richtig informiert bin, hatten Sie mit einem Nachbarn in den letzten fünf Jahren drei Gerichtsprozesse.
Frau Hanfmann:	Tja, was will man machen?
Herr Hanfmann:	Wir haben nicht damit angefangen.
Ella:	Aha.

Foto 2

> Lösungsvorschläge?   Aber konnten Sie das Ihren Nachbarn nicht einfach ruhig und freundlich sagen,
>
> Herr Bremer?   Wie haben die Hanfmanns reagiert?   Mit wem?   Und Sie? Was haben Sie gemacht?

Herr Bremer:	Schauen Sie mal da raus! Da! Sehen Sie das Brennholz? Wissen Sie, wie oft der Hanfmann sägt? Und immer direkt neben meinem Wohnzimmerfenster? Das macht ja nicht nur Lärm, sondern auch Schmutz.
Ella:	Ich verstehe. _____
Herr Bremer:	Das habe ich versucht! Ich habe mich mit ihnen getroffen.
Ella:	_____
Herr Bremer:	Mit den Hanfmanns. Ich habe Lösungsvorschläge gemacht.
Ella:	_____
Herr Bremer:	Na ja, ich hätte zum Beispiel gern feste Zeiten ausgemacht.
Ella:	Feste Zeiten fürs Sägen?
Herr Bremer:	Ja. Da wäre ich halt einfach nicht zu Hause gewesen.
Ella:	Das klingt doch ganz vernünftig. _____
Herr Bremer:	Die haben sich überhaupt nicht dafür interessiert. „Wollen Sie mir vorschreiben, wann ich säge? Das ist ja lächerlich. Das geht Sie wirklich nichts an. Ich kann sägen, wann ich will, wenn ich mich an die Ruhezeiten halte."
Ella:	Verstehe.
Herr Bremer:	Ich habe gedacht: Hätte ich bloß nichts gesagt!

Schritte plus Neu 5, Lehrerhandbuch, 978-3-19-311085-5, © Hueber Verlag

Foto 3

Was stand da drin?   Und was hat das Gericht gesagt?   Und dann haben Sie einfach weitergesägt?

Frau Hanfmann:	Lösungsvorschläge? Der Bremer?
Herr Hanfmann:	Na ja, er hat zwar schon ein paar Vorschläge gemacht, aber die waren nicht sehr sinnvoll.
Ella:	
Herr Hanfmann:	Ja genau. Und stellen Sie sich vor: Kurz danach waren plötzlich zwei Mikrofone an seinem Haus.
Frau Hanfmann:	Ein paar Wochen später haben wir dann Post von seinem Rechtsanwalt bekommen.
Ella:	
Frau Hanfmann:	Dass unsere Säge zu laut ist. Dass wir entweder eine leisere Säge verwenden sollen oder die Sache geht vor Gericht.
Herr Hanfmann:	Das ist ja wohl die Höhe! Das war eine völlig normale Säge!
Frau Hanfmann:	Und überhaupt ist unsere Holzheizung UMWELTFREUNDLICH! WIR haben NICHT so eine alte Ölheizung wie der Bremer, WIR nicht!
Ella:	Aha.

Foto 4

Und das zweite Mal?   Ist es danach besser geworden mit dem Lärm?   Sie hatten dann aber wieder neuen Streit mit den Hanfmanns?   Und das ging beide Male bis vors Gericht?   Erzählen Sie doch mal!   Und jetzt?

Herr Bremer:	Ich habe recht bekommen. Die Säge war VIEL zu laut. Die Hanfmanns mussten eine neue Säge kaufen, und sie mussten die Gerichtskosten zahlen.
Ella:	
Herr Bremer:	Na ja, ein bisschen, aber nicht viel. Ich habe dann Lärmschutzfenster einbauen lassen. Das war nicht billig.
Ella:	
Herr Bremer:	Es ist trotz der Fenster noch immer sehr laut. Aber na ja, es geht jetzt …
Ella:	
Herr Bremer:	ICH mit IHNEN? Nein. SIE mit MIR.
Ella:	
Herr Bremer:	Die hatten sich total darüber geärgert, dass sie eine neue Säge kaufen mussten. Deshalb sollte ich nun auch Ärger bekommen. Das erste Mal ging es um einen langen Kratzer in ihrem Auto. Sie haben behauptet, den hätte ich gemacht.
Ella:	
Herr Bremer:	Da ging es um Müll auf ihrem Grundstück. Ich hätte den dort hingeworfen, haben sie behauptet.
Ella:	
Herr Bremer:	Ich wohne seit über vierzig Jahren hier. Ich hatte nie Streit mit den Nachbarn, bis die Hanfmanns kamen. Wären sie doch bloß niemals hierher gezogen!
Ella:	Mann, ist das eine traurige Geschichte!

Machen Sie Sätze.

nicht nur ..., sondern auch ...   zwar ..., aber ...   entweder ..., oder ...

Beispiel: Im Baumhaus kann man nicht nur billig wohnen, sondern man hat auch eine schöne Aussicht.

Das Baumhaus
· billig wohnen
· eine schöne Aussicht haben
· Supermarkt weit weg
· Kinder haben viel Platz zum Spielen
· ruhig
· grillen stört keinen

Die Villa
· modern
· sehr teuer
· viel Platz
· große Zimmer
· viel Arbeit (putzen)
· große Fenster
· ein großer Garten

Der Wohnwagen
· überallhin mitnehmen
· klein und eng
· billig
· nicht zentral
· im Winter oft kalt
· Kinder haben kein eigenes Zimmer
· kein Internet

Der Wolkenkratzer
· super Aussicht
· zentrale Lage
· Nachbarn kennen sich nicht
· kein Garten/Balkon
· bezahlbare Miete
· keine Parkplätze

Der Bauernhof
· gute Luft
· frische Eier
· Stadtzentrum weit weg
· unbedingt ein Auto brauchen
· direkt im Grünen sein
· nicht so teuer

Das Einfamilienhaus
· eigener Garten
· weit zur Stadtmitte
· viel Ruhe
· keine U-Bahn / kein Bus
· grillen stört keinen
· weiter Weg zur Arbeit

Schritte plus Neu 5, Lehrerhandbuch, 978-3-19-311085-5, © Hueber Verlag

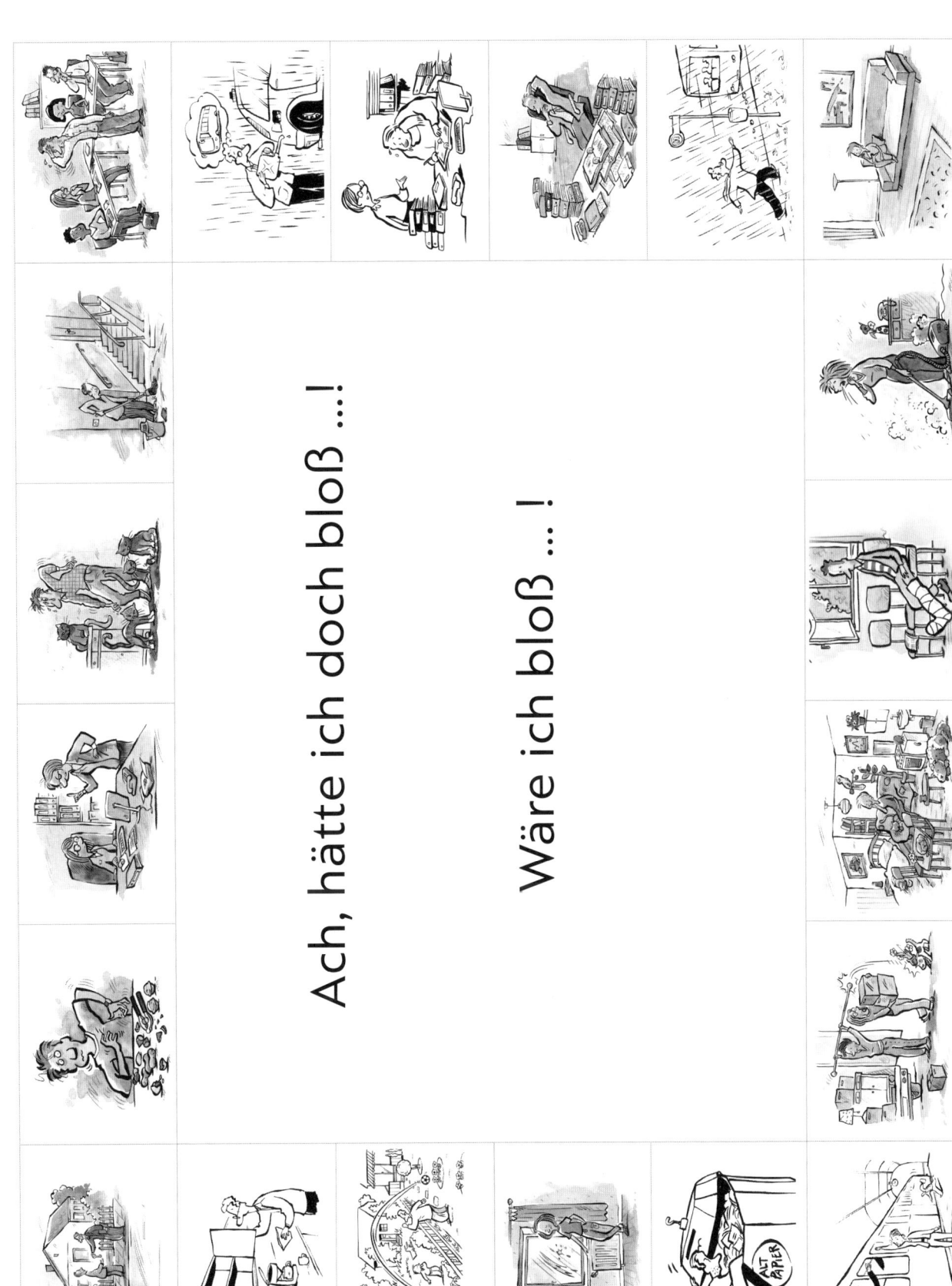

Ach, hätte ich doch bloß ...!

Wäre ich bloß ...!

sich kümmern um	schreiben von	sich ärgern über	denken an
warten auf	sich interessieren für	sich entscheiden für	sich beschweren über
sich freuen auf	erzählen von	träumen von	sich freuen über
sich erinnern an	zufrieden sein mit	sich kümmern um	sprechen über
Angst haben vor	fahren mit	verzichten auf	spielen mit

Schritte plus Neu 5, Lehrerhandbuch, 978-3-19-311085-5, © Hueber Verlag

1 Sehen Sie sich die Stichpunkte an. Was sind für Sie die größten Probleme in einer WG? Kreuzen Sie an.

○ Kochen ○ Möbel
○ Ordnung ○ Besuch
○ Miete ○ Bad/Dusche
○ Sauberkeit ○ Lärm

2 Unsere WG

a Sehen Sie den ersten Teil des Films bis 2:08. Wie zufrieden sind Aljoscha, Mona und Paulette mit ihrer WG? Markieren Sie.

Aljoscha Mona Paulette
☺ ☹ ☹ ☺ ☹ ☹ ☺ ☹ ☹

b Sehen Sie den ersten Teil des Films noch einmal. Was ist richtig? Kreuzen Sie an.

1 ○ Weil es zu wenige Wohnheime gibt, leben viele Studenten in WGs.
2 ○ Aljoscha kann mit Paulette sehr gut zusammenleben.
3 ○ Aljoscha kocht gern mit Mona zusammen.
4 ○ Mona hat nicht viel Geld, deshalb hat sie das Zimmer schnell genommen.
5 ○ Mona würde lieber mit zwei Männern zusammenwohnen
6 ○ Paulette findet, dass sie in einer schrecklichen WG wohnt.
7 ○ Ein Freund von Paulette würde nicht noch einmal in diese Stadt zum Studium kommen.

c Sehen Sie den zweiten Teil des Films ab 2:09. Wie gehen Aljoscha, Mona und Paulette mit Problemen in der WG um? Ergänzen Sie die Namen.

_____: Wenn man über die Probleme spricht, ist es nicht so schlimm.
_____: Wenn man will, kann man aus allem ein Problem machen.
_____: Die Sauberkeit im Badezimmer ist immer ein Problem.

Schritte plus Neu 5, Lehrerhandbuch, 978-3-19-311085-5, © Hueber Verlag

Lösung: 2 a Aljoscha ☹, Mona ☺, Paulette ☹; 2 b richtig: 1, 2, 4, 7; 2 c (von oben nach unten) Paulette, Aljoscha, Mona

Lektion 1, Wiederholung: Partnerspiel

Form	Ablauf	Material	Zeit
PA	Jedes Paar erhält einen Satz Kärtchen der Kopiervorlage. Die Kärtchen werden gemischt und gleichmäßig aufgeteilt. Der erste TN liest den Satz mit der Lücke vor. Zur besseren Orientierung können die TN für die Lücke eine Geste, z. B. Wedeln mit der Hand, oder ein sprachliches Zeichen, z. B. „mmh", vereinbaren. Die Partnerin / Der Partner ergänzt den Satz und sagt ihn komplett. Dabei sollten die TN sich die Kärtchen nach Möglichkeit nicht zeigen, sondern versuchen, die Sätze nur zu hören. Gehen Sie herum und helfen Sie bei Schwierigkeiten.	KV L1/Wiederholung	
⟷	In Kursen mit überwiegend ungeübten TN können Sie die TN auch in Kleingruppen arbeiten lassen. Dann werden die Kärtchen verdeckt auf dem Tisch ausgelegt und die TN decken nacheinander ein Kärtchen auf und ergänzen jeweils. Das Spiel endet, wenn alle Kärtchen aufgedeckt sind.		

Lektion 2, Wiederholung: Würfelspiel

Form	Ablauf	Material	Zeit
GA	Kopieren Sie die Kopiervorlage mehrmals. Jede Kleingruppe von drei bis vier TN erhält einen Spielplan, Spielfiguren und einen Würfel. Alle stellen ihre Spielfiguren auf das Startfeld. Wer zuerst eine Eins würfelt, beginnt. Die TN würfeln, rücken ihre Figur entsprechend viele Felder vor und lesen die Aufgabe vor. Wer den Satz sinnvoll bzw. korrekt ergänzen kann, darf auf dem Feld stehen bleiben. Wer dies nicht kann, muss zwei Felder zurück und dort bis zur nächsten Runde warten. Wer auf ein Ereignisfeld (grau) kommt, folgt den Anweisungen. Gewonnen hat, wer zuerst genau ins Ziel würfelt oder, wenn Sie keine Zeit haben, das Spiel über mehrere Runden zu spielen, wer zuerst über das Ziel hinauswürfelt.	KV L2/Wiederholung, Spielfiguren, Würfel	

Lektion 3, Wiederholung: Frage und Antwort

Form	Ablauf	Material	Zeit
GA	Die TN sitzen in Kleingruppen zusammen. Jede Gruppe erhält einen Satz Karten, einen Würfel und für jeden TN eine Spielfigur. Die Karten werden gemischt und verdeckt in einem Kreis auf dem Tisch ausgelegt. Die TN setzen ihre Spielfiguren jeweils auf ein beliebiges Feld (ein Feld = eine Karte). Der erste TN würfelt, zieht seine Figur vor und deckt die Karte auf, auf der seine Figur landet. Er löst die Aufgabe auf der Karte. Kann er sie nicht lösen, dreht er die Karte wieder um und sie verbleibt im Spielkreis. Löst er sie, nimmt er sie aus dem Spiel, sodass der Kreis sich verkleinert. Dann würfelt der zweite TN usw. Gewonnen hat, wer die Aufgabe der letzten Karte löst.	KV L3/Wiederholung, Spielfiguren, Würfel	

Lektion 4, Wiederholung: Würfelspiel

Form	Ablauf	Material	Zeit
GA	Kopieren Sie die Kopiervorlage mehrmals. Jede Kleingruppe von drei bis vier TN erhält einen Spielplan, Spielfiguren und einen Würfel. Alle stellen ihre Spielfigur auf das Startfeld. Wer zuerst eine Eins würfelt, beginnt. Die TN würfeln, rücken ihre Figur entsprechend viele Felder vor und lesen die Aufgabe vor. Wer die Aufgabe lösen kann, darf auf dem Feld stehen bleiben. Wer dies nicht kann, muss zwei Felder zurück und dort bis zur nächsten Runde warten. Gewonnen hat, wer zuerst genau ins Ziel würfelt oder, wenn Sie nicht so viel Zeit haben, das Spiel über mehrere Runden zu spielen, wer zuerst über das Ziel hinauswürfelt.	KV L4/Wiederholung, Spielfiguren, Würfel	

Lektion 5, Wiederholung: Frage und Antwort

Form	Ablauf	Material	Zeit
WPA	Bereiten Sie die Kärtchen vor: Schneiden Sie die Kärtchen aus, knicken Sie die Antwortseiten (grau) jeweils nach hinten, sodass auf der einen Seite der Kärtchen die Frage und auf der anderen die Antwort steht. Im Kurs erhält jeder TN ein Kärtchen und sucht sich eine Partnerin / einen Partner. Die Partner zeigen sich gegenseitig nacheinander die Fragen auf den Kärtchen. Die Partnerin / der Partner antwortet, der andere kontrolliert anhand der (grauen) Antwort auf der Rückseite. Dann tauschen die Paare die Kärtchen und suchen sich einen neuen Partner.	KV L5/Wiederholung	
←→	In Kursen mit überwiegend ungeübten TN erhalten die TN immer paarweise ein Kärtchen. Hierbei können Sie auch festlegen, dass einer der Partner zunächst nur die Rolle des Helfenden hat. Nach einer Zeit werden die Rollen getauscht.		

TiPP	Spielen Sie mit, dann erhalten Sie einen Überblick über den Kenntnisstand Ihrer TN.

Lektion 6, Wiederholung: Würfelspiel

Form	Ablauf	Material	Zeit
GA	Kopieren Sie die Kopiervorlage und schneiden Sie die Karten aus. Jede Kleingruppe von drei bis vier TN erhält einen Spielplan, Karten, Spielfiguren und einen Würfel. Die Karten werden in drei Stapeln (weiß = Grammatik; dunkelgrau = Redemittel, hellgrau: Wortschatz) auf den Tisch gelegt. Alle TN setzen ihre Spielfigur auf ein beliebiges Feld in Ring 1 (außen). Der TN aus dem ersten Land im Alphabet fängt an. Er würfelt und zieht seine Spielfigur auf das entsprechende Feld. Kommt er auf ein leeres Feld, zieht er eine weiße Karte (Grammatik). Kann er die Aufgabe lösen, darf er die Karte behalten. Kann er die Aufgabe nicht lösen, wird die Karte wieder unter den Stapel gelegt. Dann ist der Nächste im Uhrzeigersinn dran. Kommt ein Spieler auf ein Ereignisfeld, folgt er dem Pfeil und wechselt in den entsprechenden Ring. Gewonnen hat, wer zuerst von jeder Kategorie drei Karten hat. *Hinweis:* Sie können die Karten für Ring 1 (Grammatik) um die Karten von Kopiervorlage L6/C2 erweitern.	KV L6/Wiederholung, Spielfiguren, Würfel	

Lektion 7, Wiederholung: Partnerspiel

Form	Ablauf	Material	Zeit
PA	Die TN sitzen sich zu zweit gegenüber. Ein TN erhält Kopie A, der andere TN Kopie B. Die TN lesen sich abwechselnd die Fragen vor. Die Partnerin / Der Partner antwortet. Wenn die Antwort korrekt ist, haken die TN die Frage in dem dafür vorgesehenen Feld (links von der Frage) ab. Bei einer falschen Antwort korrigiert der TN die Partnerin / den Partner und hakt die Frage nicht ab, sondern stellt sie am Schluss noch einmal. *Hinweis:* Musterantworten sind kursiv, die TN können hier auch anders antworten.	KV L7/Wiederholung	

Als ich gestern nach Hause gefahren bin, …	Als …, war ich ziemlich nervös.	Ich habe mir einmal sehr wehgetan, …
Ich war so glücklich, weil …	Wenn ich mit meinen Eltern telefoniere, …	Immer wenn …, ging es mir total gut.
Jedes Mal, wenn ich zur Schule gegangen bin, …	Als …, war ich sehr traurig.	Ich glaube (nicht) an …
Wir haben immer viel Spaß gehabt, wenn …	Bei uns in … bringt es Glück, wenn …	Ich habe zum ersten Mal …, als ich 13/14/15/16 war.
Als ich noch zur Schule ging, …	Ich wünsche dir, …	Als …, habe ich mich total gefreut.
Als …, musste ich vieles neu lernen.	Als ich meine Ausbildung / mein Studium beendet habe, …	Als ich endlich meinen Führerschein hatte, …

Schritte plus Neu 5, Lehrerhandbuch, 978-3-19-311085-5, © Hueber Verlag

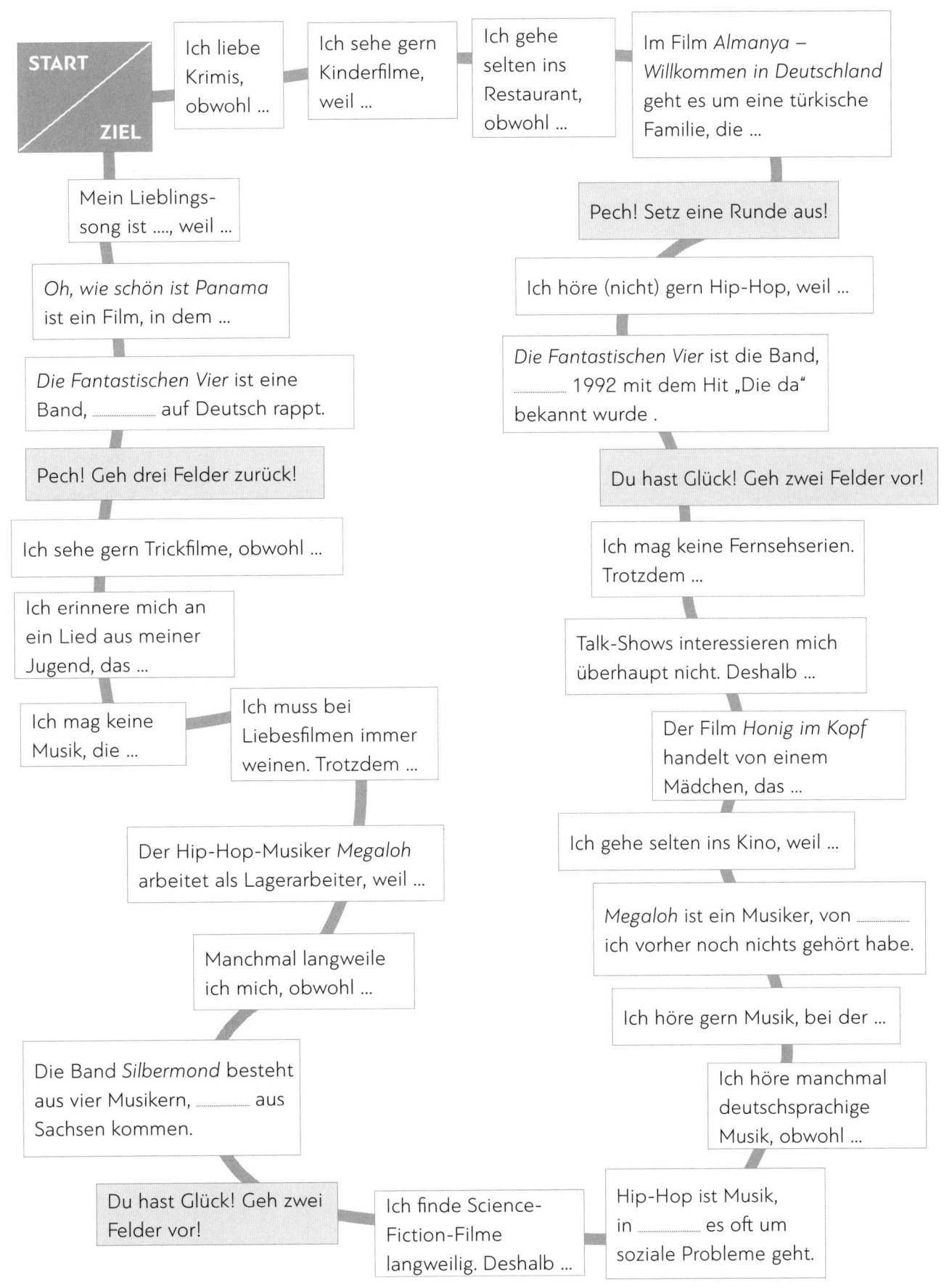

START / ZIEL

Ich liebe Krimis, obwohl …

Ich sehe gern Kinderfilme, weil …

Ich gehe selten ins Restaurant, obwohl …

Im Film *Almanya – Willkommen in Deutschland* geht es um eine türkische Familie, die …

Mein Lieblings-song ist …., weil …

Pech! Setz eine Runde aus!

Oh, wie schön ist Panama ist ein Film, in dem …

Ich höre (nicht) gern Hip-Hop, weil …

Die Fantastischen Vier ist eine Band, _____ auf Deutsch rappt.

Die Fantastischen Vier ist die Band, _____ 1992 mit dem Hit „Die da" bekannt wurde .

Pech! Geh drei Felder zurück!

Du hast Glück! Geh zwei Felder vor!

Ich sehe gern Trickfilme, obwohl …

Ich mag keine Fernsehserien. Trotzdem …

Ich erinnere mich an ein Lied aus meiner Jugend, das …

Talk-Shows interessieren mich überhaupt nicht. Deshalb …

Ich mag keine Musik, die …

Ich muss bei Liebesfilmen immer weinen. Trotzdem …

Der Film *Honig im Kopf* handelt von einem Mädchen, das …

Der Hip-Hop-Musiker *Megaloh* arbeitet als Lagerarbeiter, weil …

Ich gehe selten ins Kino, weil …

Manchmal langweile ich mich, obwohl …

Megaloh ist ein Musiker, von _____ ich vorher noch nichts gehört habe.

Die Band *Silbermond* besteht aus vier Musikern, _____ aus Sachsen kommen.

Ich höre gern Musik, bei der …

Ich höre manchmal deutschsprachige Musik, obwohl …

Du hast Glück! Geh zwei Felder vor!

Ich finde Science-Fiction-Filme langweilig. Deshalb …

Hip-Hop ist Musik, in _____ es oft um soziale Probleme geht.

Ergänzen Sie: die Farbe mein...... Augen	Was macht die Ärztin hier?	Erzählen Sie: Was muss in der Sprachschule gemacht werden? (abends Räume putzen)	Sie haben oft Rückenschmerzen. Fragen Sie Ihre Partnerin / Ihren Partner nach einem Rat.	Erzählen Sie: Was muss im Krankenhaus gemacht werden? (um 6 Uhr Patienten wecken)
Ihr Nachbar hat sehr viel Stress. Geben Sie ihm einen Rat.	Sagen Sie es anders: Zehn von zwanzig Teilnehmern in unserem Kurs sind verheiratet.	Sagen Sie es anders: das Lachen von dem Kind → das Lachen ...... Kinder	Wie heißt das? Sagen Sie es mit Artikel.	Was muss hier gemacht werden?
Erzählen Sie: Was sollte im Deutschkurs regelmäßig gemacht werden? (die Fenster regelmäßig öffnen)	Was macht der Arzt hier?	Wie viel ist das? Ergänzen Sie. Gruppe	Ergänzen Sie: der Rat ein...... Kollegin	Was macht der Arzt hier?
Sie haben in letzter Zeit viel Stress. Fragen Sie Ihre Partnerin / Ihren Partner nach einem Rat.	Sie sind krank und rufen in Ihrer Firma an. Was sagen Sie?	Was muss hier gemacht werden? 	Sagen Sie es anders: Fünfzehn von zwanzig Kindern im Kindergarten sind geimpft.	Sagen Sie es anders: die Fragen von meiner Nachbarin → die Fragen ...... Nachbarin
Wie heißt das? Sagen Sie es mit Artikel.	Erzählen Sie: Was muss im Krankenhaus gemacht werden? (morgens und mittags Patienten Essen bringen)	Wie viel ist das? Ergänzen Sie. Gruppe	Was macht die Ärztin hier? 	Ihre Nachbarin möchte Sport machen. Geben Sie ihr einen Ratschlag.

1. Reihe: © Thinkstock/iStock/saritwuttisan; 2. Reihe: Abb. 4 © Thinkstock/iStock/aycatcher; 3. Reihe: Abb. 2 © DIGITALstock/B. Leitner; Abb. 5 © Thinkstock/iStock/KatarzynaBialasiewicz; 5. Reihe: Abb. 1 © fotolia/Sandor Jackal; Abb. 4 © Thinkstock/iStock/AdamGregor

Schritte plus Neu 5, Lehrerhandbuch, 978-3-19-311085-5, © Hueber Verlag

START

Wann und warum haben Sie Ihre erste Fremdsprache gelernt? Erzählen Sie.

Jemand erklärt Ihnen den Weg zum Bahnhof. Sie haben den letzten Satz aber nicht verstanden. Was sagen Sie?

Was bedeutet „Muttersprache"? Erklären Sie.

Wie lernen Sie neue Wörter am besten? Erzählen Sie.

Was finden Sie im Deutschkurs wichtig? Begründen Sie.

Wo und wann sprechen Sie Deutsch? Erzählen Sie.

Ergänzen Sie: „Wenn ich _____ könnte, (dann) _____."

Wie viele Sprachen sollte ein Kind lernen? Was meinen Sie? Begründen Sie.

Was sind die positiven Seiten der Mehrsprachigkeit? Erklären Sie.

Ihr Gesprächspartner spricht undeutlich. Sie haben ein Wort nicht verstanden. Was sagen Sie?

Warum hilft Ihnen Ihre Muttersprache beim Deutschlernen (nicht)? Begründen Sie.

Ergänzen Sie: „Wenn ich _____, würde ich _____."

Was verbinden Sie mit Ihrer Muttersprache? Erzählen Sie.

Sie haben einem Kollegen versprochen, ihm beim Umzug zu helfen. Sie haben aber jetzt doch keine Zeit. Sagen Sie höflich ab.

Sie sind neu in der Stadt und kennen den Weg zum Rathaus nicht. Fragen Sie jemanden danach.

Was finden Sie wichtig, wenn Sie mit anderen Deutsch sprechen? Begründen Sie.

Ergänzen Sie: „Wenn ich _____ hätte, _____."

Wie lernen Sie am liebsten Deutsch? Erzählen Sie.

Warum lernen Sie Deutsch? Begründen Sie.

ZIEL

Sie sind bei einer Kollegin zum Geburtstag eingeladen, haben aber keine Lust. Sagen Sie höflich ab.

Die Frau auf dem Amt spricht zu schnell. Was sagen Sie?

Ergänzen Sie: „Wenn ich nicht _____, (dann) _____."

Schritte plus Neu 5, Lehrerhandbuch, 978-3-19-311085-5, © Hueber Verlag

Wie heißt die weibliche Form? der Arzt – die ___ der Verkäufer – die ___ der Krankenpfleger – die ___	Sagen Sie es mit *innerhalb, außerhalb* oder *während*: In der Arbeitszeit gehört das Handy in die Tasche.	Sagen Sie es anders: Das Positive sind die kurzen Arbeitszeiten.	Sagen Sie es anders: Du kannst sehr gut tanzen. – Du hast ___	Ergänzen Sie: Sie lernen einen Beruf. Sie machen ___
die Ärztin die Verkäuferin die Krankenschwester	Während der Arbeitszeit gehört das Handy in die Tasche.	Die kurzen Arbeitszeiten sind von Vorteil.	Talent	eine Ausbildung
Wie heißt das Wort? Erklären Sie es. die F_rt_ _ldung	Was machst du jetzt eigentlich genau? (Ihre Partnerin / Ihr Partner antwortet.)	Welche Anlagen hat eine Bewerbung?	Welchen Beruf hat sie? Sie schreibt für eine Zeitung und für das Internet.	Wie heißt das Wort? Erklären Sie es. die Ver_nt_ _ _tung
Fortbildung Eine berufliche Schulung oder ein beruflicher Kurs nach der Ausbildung.	*freie Lösung*	Lebenslauf und Zeugnisse	Sie ist Journalistin.	Verantwortung Man sorgt dafür, dass etwas oder jemand in Ordnung ist.
Sagen Sie es mit *innerhalb, außerhalb* oder *während*: Ich rufe dich in der nächsten Woche an.	Wie heißt die männliche Form? die Polizistin – der ___ die Serviceangestellte – der ___ die Hausmeisterin – der ___	Ergänzen Sie: Heute fange ich an, ...	Wie heißt das Wort? Erklären Sie es. die Vor_ _sset_ _ _g	Ergänzen Sie: Im nächsten Jahr versuche ich, ...
Ich rufe dich innerhalb der nächsten Woche an.	der Polizist der Serviceangestellte der Hausmeister	*freie Lösung* (z. B.: meine Wohnung zu renovieren.).	Voraussetzung Das muss man schon vorher können/mitbringen.	*freie Lösung* (z. B.: endlich mehr Sport zu machen.)

Schritte plus Neu 3, Lehrerhandbuch, 978-3-19-311083-1, © Hueber Verlag

✂

Ist das nicht stressig, dauernd …? (Ihre Partnerin / ihr Partner antwortet.)	Hast du noch nie daran gedacht, dich selbstständig zu machen? (Ihre Partnerin / ihr Partner antwortet.)	Ergänzen Sie: Während mein........ Ausbildung habe ich in einem WG-Zimmer gewohnt.	*Innerhalb, außerhalb* oder *während*? Was passt? Mit kleinen Kindern kann man nur … der Schulzeit in Urlaub fahren.	Sie wollen das Gespräch mit Ihrem Nachbarn beenden. Was sagen Sie?
freie Lösung (z. B.: nachts zu arbeiten?)	*freie Lösung*	meiner	außerhalb	*freie Lösung* (z. B. Oh, ich muss jetzt leider los!)
Was sagen Sie in einem Bewerbungsgespräch? Ergänzen Sie: Danke .... Einladung .... Gespräch.	Sagen Sie es anders: Ich mache das oft und sehr gut. – Ich bin es	Sagen Sie es mit *brauchen*: Ich muss heute nicht kochen.	Wie heißt das Wort? Erklären Sie es. n_b_ _be_	Ergänzen Sie: Heute habe ich keine Zeit, …
für die … zum	gewohnt	Ich *brauche* heute nicht zu kochen.	nebenbei Das ist nicht der Hauptberuf. Man macht das nebenbei.	*freie Lösung* (z. B.: mit dir einen Kaffee trinken zu gehen.)
Ergänzen Sie: Ich kann mir sehr gut vorstellen, …	Sagen Sie es mit *brauchen*: Du musst nur einmal umsteigen, wenn du zur Firma *Teknik* fährst.	Ergänzen Sie: Ich bin während .... ganz........ Sommerferien nicht hier.	Antworten Sie: Na, noch immer so viel los auf der Arbeit?	Ihre Bekannte, die Sie lange nicht gesehen haben, sagt: „Schade, ich muss jetzt leider dringend zu einem Termin." Was antworten Sie?
freie Lösung (z. B.: in einem Büro zu arbeiten.)	Du brauchst nur einmal umzusteigen, wenn du zur Firma *Teknik* fährst.	der ganzen	*freie Lösung*	*freie Lösung* (z. B.: Also dann. Es war schön, dich mal wieder zu sehen.)

Schritte plus Neu 5, Lehrerhandbuch, 978-3-19-311085-5, © Hueber Verlag

✂

Wie ist das Klima in Deutschland? → *Es ...*	Wie ist das Wetter heute? → *Es ...*	Was würden Sie gern lernen? → *Es wäre schön ...*	Wie würden Sie gern arbeiten? → *Es wäre schön ...*
Was möchten Sie gern einmal machen? → *Mein Traum wäre, ...*	Wohin würden Sie gern einmal reisen? → *Mein Traum wäre, ...*	Wie ist das Klima in Ihrem Lieblingsland? → *Es ...*	Was fällt Ihnen leicht? → *Es fällt mit leicht, ...*
Was fällt Ihnen schwer? → *Es fällt mit schwer ...*	Was finden Sie schwierig? → *Für mich ist es schwierig, ...*	Was macht Ihnen Spaß? → *Es macht mir Spaß, ...*	Was macht Ihnen keinen Spaß? → *Es macht mir keinen Spaß ...*
Was sind Sie gewohnt? → *Ich bin es gewohnt, ...*	Wie spät ist es jetzt? → *Es ist ...*	Wozu lernen Sie Deutsch? → *Um ... zu ...*	Wozu machen Sie Urlaub? → *...*
Wozu brauchen Sie ein Handy? → *Um ... zu ...*	Wozu bewirbst du dich? → *Um ... zu ...*	Wozu steht Ella so früh auf? → *Um ... zu ...*	Wozu steht Leon so früh auf? → *...*

✂

Sie möchten einem Kunden etwas anbieten. → *...?*	Sie bitten in einem Schuhladen um Hilfe. Sie brauchen eine andere Schuhgröße. → *...?*	Was würden Sie gern lernen? → *...*	Wie würden Sie gern arbeiten? → *...*
Das Sofa ist Ihnen zu teuer. Sie suchen etwas Billigeres. → *...*	Sie haben nichts Passendes gefunden und möchten das Gespräch beenden. → *...*	Sie möchten wissen, wie der Kunde bezahlen möchte. → *...*	Sie haben kein Bargeld dabei und möchten mit Karte bezahlen. → *...*
Sie können sich nicht entscheiden und fragen die Verkäuferin um Rat. → *...*	Eine Freundin ist mit ihrer Arbeit unzufrieden. → *Du solltest ...*	Ihre Kollegin hat ein Problem mit Ihrem Chef. → *Versuch/Versuchen Sie doch mal ...*	Ein Freund ist gestresst. → *Ich kann dir nur raten, ...*
Ein Freund arbeitet zu viel. → *An deiner Stelle ...*	Eine Freundin arbeitet auch am Wochenende. → *Du solltest vielleicht mal ...*	Eine Kollegin fragt Sie um Rat. Sie hat Probleme mit einem Kollegen. → *Wie wäre es, wenn ...*	Ihr Kollege arbeitet jeden Tag bis spät abends. Das gefällt seiner Familie nicht. → *Sie könnten ...*

✂

Nennen Sie drei Berufe mit Kundenkontakt.	Nennen Sie drei soziale Kompetenzen.	Was ist ein „Mädchen für alles"?	Ein Problem kann man ____
Etwas, das niemand wissen darf, nennt man ____	Manche Menschen wollen kein ____ eingehen. Sie brauchen Sicherheit.	lösen – Lösung ändern – ____	Wenn man seine Heimat vermisst, nennt man das ____
Pfeffer, Salz, Curry etc. sind ...	In einem Team oder einer Partnerschaft muss man auch K____ eingehen.	Jedes neue Elektrogerät wird mit einer ____ geliefert. Dort steht, wie man es benutzt.	Wenn einem eine neue Ware nicht gefällt, kann man sie ____.
eine Firma → *zwei F____ (Plural)*	ein Betrieb → *zwei B____ (Plural)*	das Risiko → *die R____ (Plural)*	Der Geschäftsmann, die Geschäftsfrau → *die Geschäfts____ (Plural m/f)*

Schritte plus Neu 5, Lehrerhandbuch, 978-3-19-311085-5, © Hueber Verlag

Schritte plus Neu 5, Lehrerhandbuch, 978-3-19-311085-5, © Hueber Verlag

Pech! Setz eine Runde aus!			↓		↓		
		↑				↑	
→							←
	Du hast Glück! Geh ein Feld vor!		↑				→
		Wie sagt man das?		**Antworten Sie!**	Pech! Setz eine Runde aus!		
←							
		↓		↓			←
→			↑				↓ Du hast Glück! Geh zwei Felder
	↑	Pech! Setz eine Runde aus!			↑		

A

○ **1** Ergänzen Sie: Heute Mittag gehe ich nicht nur in den Supermarkt, …
(sondern auch zur Apotheke)

○ **2** Ergänzen Sie: _____ hast du dich gestern so gefreut? – Über das neue Handy.
(Worüber)

○ **3** Sie werden zu spät wach, weil Sie den Wecker nicht gestellt haben.
Was wünschen Sie sich?
(Hätte ich doch bloß den Wecker gestellt!)

○ **4** Ihr Nachbar hört zu laut Musik. Was sagen Sie ihm? Seien Sie freundlich.
(Ich hätte da eine Bitte. Könnten Sie ihren Fernseher etwas leiser machen?)

○ **5** Antworten Sie: Über wen ärgern Sie sich oft?
(Über meine Freundin.)

○ **6** Ergänzen Sie: _____ du kommst mit, oder du bleibst zu Hause.
(Entweder)

○ **7** Ergänzen Sie: Denkst du oft an deine Heimat? – Ja, _____ denke ich sehr oft.
(daran)

○ **8** Sie und Ihre Frau / Ihr Mann haben den Geburtstag Ihrer Schwester vergessen.
Was wünschen Sie sich?
(Hätten wir doch bloß den Geburtstag nicht vergessen!)

○ **9** Ergänzen Sie: Jede Stadt hat auch eine _____ mit vielen Geschäften und Schaufenstern.
(Innenstadt)

○ **10** Sagen Sie es anders: Ich gehe trotz meiner Kopfschmerzen zur Arbeit.
(Obwohl ich Kopfschmerzen habe, gehe ich zur Arbeit.)

○ **11** Erzählen Sie: Gab es früher in Ihrem Haus eine Hausordnung?
(Ja, in unserem Haus musste die Haustür nach 22 Uhr immer abgeschlossen sein)

○ **12** Beschreiben Sie Ihre Wohnsituation: Womit sind Sie zufrieden? Worüber / Über wen
ärgern Sie sich? Wovon träumen Sie?
*(Ich wohne in einer 2-Zimmer-Wohnung. Damit bin ich sehr zufrieden. Sie liegt direkt an der
U-Bahn-Haltestelle. Das ist toll. Aber ich ärgere mich über meinen Nachbarn. Er hat einen
großen Hund und ich habe Angst vor Hunden. Ich träume von einem Nachbarn mit einer
Katze.)*

Schritte plus Neu 5, Lehrerhandbuch, 978-3-19-311085-5, © Hueber Verlag

B

○ **1** Ergänzen Sie: Ich habe zwar eine kleine Wohnung, ...
   (aber ich fühle mich dort sehr wohl.)

○ **2** Ergänzen Sie: _____ träumst du oft? – Von meinem Großvater.
   (Von wem)

○ **3** Sie verpassen den Bus, weil Sie zu lange mit Ihrem Smartphone gespielt haben.
   Was wünschen Sie sich?
   (Hätte ich doch bloß nicht so lange mit dem Smartphone gespielt!)

○ **4** Ihre Nachbarin beschwert sich, weil Sie abends um 23 Uhr Besuch bekommen.
   Sie antworten ihr ärgerlich.
   (Das geht Sie gar nichts an, wann ich Besuch bekomme.)

○ **5** Worauf können Sie gar nicht leicht verzichten?
   (Auf Schokolade.)

○ **6** Sagen Sie es anders: Trotz meines Urlaubs gehe ich heute zur Arbeit.
   (Obwohl ich Urlaub habe, gehe ich heute zur Arbeit.)

○ **7** Ergänzen Sie: Freust du dich auf den Besuch deiner Eltern? – Ja, _____ freue ich mich sehr.
   (darauf)

○ **8** Sie sind zu spät von zu Hause losgegangen und kommen zu spät zum Kino.
   Was wünschen Sie sich?
   (Wäre ich doch bloß früher von zu Hause losgegangen!)

○ **9** Ergänzen Sie: Zu einem Bleistift gehört auch ein _____
   (Radiergummi)

○ **10** Ergänzen Sie: Unser Haus hat _____ einen Balkon, sondern auch eine große Terrasse.
   (nicht nur)

○ **11** Erzählen Sie von früher: Gab es Regeln in Ihrer Familie?
   (Oh ja, wir mussten immer die Schuhe sofort ausziehen, wenn wir in die Wohnung kamen.)

○ **12** Beschreiben Sie Ihre Wohnsituation: Worüber freuen Sie sich? Worauf können Sie
   leicht / gar nicht verzichten? Was fehlt Ihnen?
   *(Ich wohne in einer 5-Zimmer-Wohnung. Ich freue mich über den vielen Platz. Ich könnte
   leicht auf das Putzen verzichten. Das ist bei fünf Zimmern echt viel. Was mir fehlt? Ein
   Putzroboter!)*

Schritte plus Neu 5, Lehrerhandbuch, 978-3-19-311085-5, © Hueber Verlag

Test zu Lektion 1

Name:_____

WORTSCHATZ

1 Was passt? Ordnen Sie zu.

| während | gefolgt | mehrere | ~~wunderte~~ | befand | ausgereicht | stieg | vergeblich | erreicht |

Eine Familie aus Dresden _wunderte_ sich sehr, als sie in Salzburg aus dem Auto _____ und ihre Hündin Jolly vor ihr stand. Die Familie war am Morgen in Dresden losgefahren, _____ die Hündin sich bei dem Nachbarn _____. Jolly hatte schon _____ Urlaube bei dem Nachbarn verbracht und es hatte nie Probleme gegeben. Diesmal war es anders. Nur eine Minute hatte _____ und die Hündin war dem Nachbarn davongelaufen. _____ hatte er sie den ganzen Tag gesucht. Über 550 Kilometer war die Hündin der Familie _____. Wie Jolly ihr Ziel _____ hat, weiß niemand. Auch der Nachbar war überglücklich, dass Jolly wieder da war. Den Rückweg durfte Jolly aber im Auto mitfahren.

Punkte _____ /8

GRAMMATIK

2 Ergänzen Sie in der richtigen Form.

Beispiel: Mein Bruder war glücklich. Er _hatte_ endlich die Führerscheinprüfung _geschafft_ (schaffen).

a   Eine Woche später war er noch glücklicher. Er _____ sich nämlich _____ (verlieben).

b   Er _____ seine Freundin auf einem Musikfestival in Leipzig _____ (kennenlernen).

c   Eine Woche später wollte er sich mit ihr in Leipzig treffen. Aber er war mal wieder zu spät und traf sie nicht mehr. Sie _____ schon _____ (gehen).

d   Mein dummer Bruder _____ einen ganzen Tag zu spät _____ (kommen).

Punkte _____ /4

3 Glück im Unglück! Ergänzen Sie in der richtigen Form.

Sevda _spielte_ (spielen) jede Woche Lotto. Seit fünf Jahren _____ (bringen) sie jede Woche ihren Lottoschein zum Lotto-Geschäft. Sevda _____ (kaufen) den Lotto-Schein immer bei der gleichen Frau im Lotto-Geschäft. Aber sie wusste nicht, dass die Frau einen Sohn _____ (haben). Sevda _____ (sehen) ihn nie im Geschäft. Vielleicht _____ (geben) es ihn gar nicht, _____ (denken) sie manchmal. Vorgestern _____ (gehen) sie wie immer zum Lotto-Geschäft und da stand er hinter Kasse. Es _____ (sein) Liebe auf den ersten Blick und Sevda _____ (lassen) ihren Lotto-Schein in ihrer Tasche. Als sie abends im Fernsehen die Zahlen _____ (sehen), _____ (kommen) genau ihre Zahlen auf dem Lotto-Schein, sechs Richtige und sie hatte den Schein nicht abgegeben. Aber Sevda war trotzdem glücklich, neben ihr auf dem Sofa _____ (sitzen) der Sohn der Lotto-Frau.

Punkte _____ /6

4 Was passt? Kreuzen Sie an.

Beispiel: ☒ Wenn   ○ Als   meine Tante zu Besuch kam, bin ich jedes Mal krank geworden.

a   Ich hatte Flugzeuge im Bauch, ○ wenn   ○ als   ich zum ersten Mal verliebt war.

b   ○ Wenn   ○ Als   meine Familie mich besucht, backe ich meistens frischen Kuchen.

Schritte plus Neu 5, Lehrerhandbuch, 978-3-19-311085-5, © Hueber Verlag

c Ich esse immer viel Schokolade, ○ wenn ○ als ich unglücklich verliebt bin.

d ○ Wenn ○ Als ich gestern im Kino war, habe ich tatsächlich neben dem tollen Schauspieler aus dieser Arztserie gesessen. Wie, du glaubst mir nicht?

Punkte ____ / 4

KOMMUNIKATION

5 Eine Schadensmeldung. Was passt? Ordnen Sie zu.

| Dabei | Ich hatte gerade | Daraufhin | Die Schadenhöhe beträgt | Ich bemerkte leider nicht, dass |

| ~~Der Unfall ist am ... passiert~~ | Versehentlich |

Der Unfall ist am 6. Oktober *passiert*. Ich war bei meinen Freunden Jutta und Ismail zu Besuch, weil sie mir ihren neuen Teppich zeigen wollten. _____ ich Öl an den Schuhen hatte. _____ meinen Freund Alex in seiner Autowerkstatt besucht. _____ machte ich dann mit meinen Schuhen auf dem Weg zum Sofa den neuen Teppich schmutzig. _____ versuchte ich, den Teppich sauber zu machen. _____ wurde alles nur schlimmer. Meine Freunde müssen sich einen neuen Teppich kaufen. _____ 1.400 Euro.

Punkte ____ / 6

SCHREIBEN

6 Schreiben Sie eine E-Mail.

meine Eltern besuchen → auf Terrasse sitzen → schöner Abend → Lust auf ein Glas Wein → Wein aus dem Keller holen wollen → Licht kaputt → nichts sehen → Treppe runterfallen → Fuß brechen → sehr wehtun → Vater ins Krankenhaus bringen

(E-Mail senden)

Liebe Michelle,
vor zwei Wochen hatte ich einen kleinen Unfall. Stell Dir vor: Als …

_____

_____

_____

_____

_____

_____

_____

Aber jetzt geht es mir schon wieder gut. Vielleicht besuchst Du mich mal und bringst eine Flasche Wein mit. ☺
Liebe Grüße
Georgio

Punkte ____ / 12

Gesamt ____ / 40

1 Markieren Sie die Wörter und notieren Sie sie mit dem bestimmten Artikel.

ALUSOÄMNEROPERATIONDELBANDBRESTEMARBEITSLOSIGKEITHGEESENTFOLGEMU
NGSCHAFTUABENTEUERLANGBERISTVERHÄLTNISVWUCHLIMORFIGURSTRATSERSPÖLST
MASONGUMSONERUSHUMORALLERMÜNSTGEWALTCHERISTUMPF

Beispiel: die Operation   c _____   f _____   i _____

a _____   d _____   g _____   j _____

b _____   e _____   h _____

Punkte _____ / 5

2 Ergänzen Sie *obwohl, trotzdem, weil* oder *deshalb*.

Beispiel: Manuela hört das Lied nicht mehr, _obwohl_ es einmal ihr Lieblingssong war.

a Ich mag keine Science-Fiction-Filme. _____ habe ich mir *Star Wars* nicht angesehen.

b Luisa geht mit ihrem Freund ins Kino, _____ der Film sie nicht interessiert.

c Der Film kommt erst um 23.20 Uhr. _____ sehe ich ihn mir an, weil mich das Thema interessiert.

d Roxanne sieht meistens zu Hause fern, _____ sie nach der Arbeit oft zu müde fürs Kino ist.

e Ayhan hört manchmal deutsche Musik, _____ er nicht jedes Wort versteht.

f Jan ist ein großer Fan von George Clooney. _____ sieht er sich jeden Film mit ihm an.

Punkte _____ / 3

3 Was passt? Ergänzen Sie.

Beispiel: „Jojo sucht das Glück" ist eine Serie, _die_ für Deutschlerner gemacht ist.

a „Pusteblume" ist eine Kindersendung, _____ alle Kinder in Deutschland kennen.

b Sportfans, _____ im Fernsehen jedes Fußballspiel sehen, sind selbst oft total unsportlich.

c Filme, bei _____ man lachen kann, finde ich klasse.

d Der Krimi, _____ wir letzten Freitag zusammen gesehen haben, hat den Deutschen Fernsehpreis gewonnen.

e Herr Brendel, _____ die beiden Katzen gehören, ist ein Öko. Er guckt nur Naturfilme.

f Frau Schulz, _____ du gestern den Fernseher in den dritten Stock getragen hast, ist ein Krimifan. Sie sieht sich fast jeden Abend einen Krimi an.

g Professor Birke, _____ keine Quizsendung verpasst, will unbedingt selbst einmal an einer Quizshow teilnehmen und gewinnen.

h Die „Sportschau" ist ein Sportmagazin, _____ jeden Samstag im Fernsehen läuft.

Punkte _____ / 8

Schritte plus Neu 5, Lehrerhandbuch, 978-3-19-311085-5, © Hueber Verlag

4 Positiv oder negativ? Kreuzen Sie an.

Beispiel: Gestern waren wir auf Beates Geburtstagsfest. Das war *echt gut.* ⊗ ☺ ☹ ☹

a Oje! Morgen muss ich *total früh* ☺ ☺ ☹ ☹ aufstehen. Meine Eltern kommen aus dem Urlaub zurück und ich soll sie um sechs Uhr am Flughafen abholen.

b Woody Allens Filme haben mir schon immer gefallen. Aber seinen neuen Kinofilm finde ich *besonders toll.* ☺ ☺ ☹ ☹ Ich habe schon lange nicht mehr so viel gelacht wie in diesem Film!

c Ich finde es *echt klasse* ☺ ☺ ☹ ☹, dass ihr zu meiner Party gekommen seid!

d Kennst du den Film „When night is falling"? Er ist in Deutschland leider *überhaupt nicht bekannt.* ☺ ☺ ☹ ☹

e Kirsten Dunst hat mir in „Spiderman II" *nicht so gut* ☺ ☺ ☹ ☹ gefallen. In „Spiderman I" hat sie besser gespielt.

f Der Film hat *ziemlich lange* ☺ ☺ ☹ ☹ gedauert, 40 Minuten länger als sonst.

Punkte _____ /3

KOMMUNIKATION

5 Was passt? Ordnen Sie zu.

| würde lieber | mag ich nicht so gern | ~~Ich habe da einen Vorschlag: Wollen~~ | hört sich nicht so interessant an |

wie wäre es, wenn | das möchte ich wirklich nicht | vielleicht Lust auf | interessiert mich | Einverstanden

lass uns doch | gute Idee

▲ Was machen wir denn heute Abend?

● *Ich habe da einen Vorschlag: Wollen* wir uns heute Abend mal diesen Krimi ansehen?

▲ Einen Krimi? Nein, Krimis _____, weil ich danach nicht schlafen kann.

● Aber der hier ist besonders gut.

▲ Das ist schon möglich, aber _____. Ich _____ den zweiten Teil von „Weissensee" sehen.

● Also, ich weiß nicht. Das _____. Ich würde lieber etwas Spannendes sehen.

▲ Hm. Hast du _____ „Ku'damm 56"? Die Serie spielt im Berlin der 1950er-Jahre. Das ist sicher spannend!

● Das kann schon sein, aber das Thema _____ nicht.

▲ Okay, _____ wir uns die Serie „Honigfrauen" ansehen würden?

● Das ist eine _____! Ich habe viel Gutes darüber gehört.

▲ Gut! Dann _____ ein paar Chips kaufen. Dann kann's losgehen!

● _____! Ich kaufe die Chips und du suchst inzwischen den Film im Internet!

▲ So machen wir es!

Punkte _____ /10

SCHREIBEN

6 Beschreiben Sie Ihren Lieblingsfilm / Ihre Lieblingsserie. Nennen Sie den Titel und erzählen Sie, worum es geht und warum Ihnen der Film / die Serie so gut gefällt. Schreiben Sie auf ein separates Blatt.

Punkte _____ /11

Gesamt _____ /40

Schritte plus Neu 5, Lehrerhandbuch, 978-3-19-311085-5, © Hueber Verlag

Test zu Lektion 3

Name: _____

1 Lösen Sie das Rätsel.

a Mensch, die Ärztin hat mich gleich für drei Wochen ...

b Morgen schlafe ich mal lange. Ich bin sehr ...

c Sag mal, solltest du nicht mehr auf dein Gewicht ...?

d Welches ... nimmst du gegen deine Knieschmerzen?

e Hast du einen Termin beim Zahnarzt ...?

f Augenblick noch, Herr Moser. Sie bekommen noch einen ... um den Finger.

g Muss das sein? Ich habe so Angst vor ...

h Dein Kopf ist ganz heiß. Du solltest wirklich mal ... messen.

i Lässt du dich dieses Jahr gegen Grippe ...?

Punkte _____ /9

2 Ergänzen Sie in der richtigen Form.

● Hallo, Herr Nachbar. Gut, dass ich Sie treffe. Könnten Sie bitte die Tür d_es_ Fahrradkeller_s_ immer abschließen?

■ Eigentlich mache ich das immer. Schon zur Sicherheit mein_____ Fahrrad_____.

● Aha! Dann habe ich noch eine Bitte: Die Schuhe Ihr_____ Freundin sind oft so schmutzig. Für die Sauberkeit d_____ Flur_____ wäre es gut, wenn Ihre Freundin sich die Schuhe unten an der Tür auszieht.

■ Wie bitte? Meinen Sie nicht, dass es für das Zusammenleben d_____ Nachbarn gut ist, etwas netter zu sein?

● Also, ich weiß wirklich nicht, was Sie damit meinen!

Punkte _____ /6

3 Was muss hier alles gemacht werden? Schreiben Sie sechs Sätze.

Beispiel: Der Spiegel muss geputzt werden.

_____

_____

_____

_____

_____

_____

Punkte _____ /6

Schritte plus Neu 5, Lehrerhandbuch, 978-3-19-311085-5, © Hueber Verlag

4 Was passt? Ordnen Sie zu.

Das machen die Leute aus meinem Kurs abends:

fernsehen	Computerspiele	lesen	kochen	stricken
28 %	66 %	30 %	75 %	3 %

weniger als ein Drittel   drei Viertel   ~~Fast keiner~~   genau zwei Drittel   mehr als ein Viertel

Fast keiner aus unserem Kurs strickt abends. Dafür spielen _____ abends
mit dem Computer. Die meisten, nämlich _____ , kochen noch. Aber nur
_____ lesen abends. Dafür sehen _____ abends noch fern.

Punkte ____ / 4

5 Was passt? Ordnen Sie zu.

Können Sie mir einen Rat geben?   soll wirklich helfen   Kennen Sie vielleicht ein gutes Medikament?
~~Dagegen müssen Sie unbedingt was tun.~~   Ich würde an Ihrer Stelle
habe ich nur schlechte Erfahrungen gemacht

- ● Guten Morgen, Frau Krämer. Wie sehen Sie denn aus?
- ■ Ach, ich habe so schreckliche Rückenschmerzen.
- ● *Dagegen müssen Sie unbedingt was tun.*
- ■ Ja, ich weiß. _____
- ● _____ Sport machen.
- ■ Schon, aber im Moment kann ich mich fast gar nicht bewegen. _____

- ● Also mit Medikamenten _____ . Aber vielleicht
  kaufen Sie ein Wärmepflaster, das _____ .
- ■ Das ist eine gute Idee. Das mache ich. Ich gehe gleich zur Apotheke.

Punkte ____ / 5

6 Sie haben Fieber. Der Arzt hat Sie bis Ende der Woche krankgeschrieben. Schreiben Sie eine Nachricht an Ihre Partnerin / Ihren Partner im Deutschkurs und sagen Sie, was sie/er tun soll.

- • Lehrerin informieren
- • Hausaufgaben aufschreiben und Arbeitsblätter mitnehmen
- • bitte am Wochenende kommen

Danken Sie für die Hilfe.

> Liebe(r) ...,
> ich habe hohes Fieber. Mein Arzt _____
> _____
> _____
> _____

Punkte ____ / 10

Gesamt ____ / 40

WORTSCHATZ

1 Was passt? Ordnen Sie zu.

Sprachkenntnisse   ~~Fremdsprachen~~   Aussprache   mischen   fließend   Schrift   Muttersprache   übersetzen

Beispiel: Heutzutage ist es wichtig, mehrere _Fremdsprachen_ zu lernen.

a   Als _____ bezeichnet man die erste Sprache, die man als Kind lernt.

b   Timo ist zweisprachig aufgewachsen. Darum spricht er _____ Deutsch und Türkisch.

c   Kinder, die mit mehreren Sprachen aufwachsen, können zwischen den Sprachen wechseln oder sie auch im Gespräch _____.

d   In einem Sprachtest werden die _____ geprüft.

e   Manche Ausdrücke kann man nicht 1:1 von einer Sprache in die andere _____.

f   Die korrekte _____ ist schwierig zu lernen, wenn es die Laute in der eigenen Muttersprache nicht gibt.

g   Manchmal muss man mit der neuen Sprache auch eine neue _____ lernen, z. B. Kyrillisch, wenn man Russisch lernt.

Punkte _____ /7

GRAMMATIK

2 Ergänzen Sie *wegen, weil* oder *darum*.

Beispiel: Ich möchte Deutsch lernen. _Darum_ besuche ich einen Deutschkurs.

a   Ahmed lernt Deutsch, _____ er für ein Jahr nach Österreich gehen möchte.

b   _____ einer Erkältung konnte ich gestern nicht kommen.

c   _____ es gestern stark geregnet hat, konnten wir nicht grillen.

d   Es hat sehr stark geregnet, _____ konnten wir nicht Tennis spielen.

e   Mary schreibt sich Vokabelkarten. _____ kann sie sich die neuen Wörter so gut merken.

f   _____ eines Unfalls fuhren gestern keine Straßenbahnen.

Punkte _____ /9

3 Was wäre, wenn ...? Ergänzen Sie.

Beispiel: Wenn ich am Samstagabend frei hätte, _würde ich ins Kino gehen_.

a   Wenn morgen meine Eltern zu Besuch kommen würden, _____

b   Wenn ich fünf Fremdsprachen sprechen könnte, _____

c   Wenn ich noch einmal 18 Jahre alt wäre, _____

d   Wenn ich 100 Euro finden würde, _____

Punkte _____ /6

KOMMUNIKATION

4 Was ist höflich? Kreuzen Sie an.

a   Sie bitten um Wiederholung, weil Sie etwas nicht verstanden haben.

○ Tut mir sehr leid, aber das habe ich nicht verstanden. Können Sie das bitte wiederholen?

○ Noch einmal!

○ Das Wort habe ich ja noch nie gehört!

b   Sie fragen zurück.

○ He, was sagst du?

○ Habe ich das richtig verstanden? Sie haben gesagt, dass ...

○ Was soll das heißen?

Schritte plus Neu 5, Lehrerhandbuch, 978-3-19-311085-5, © Hueber Verlag

c   Sie möchten sagen, dass jemand zu schnell spricht.

  ○ Hey, langsamer, bitte.

  ○ Nun mal nicht so schnell. Ich kann Sie ja kaum verstehen.

  ○ Könnten Sie bitte langsamer sprechen?

Punkte _____ /3

5 Was passt? Ordnen Sie zu.

| wie war bitte | können Sie mir sagen, wo | weißt du, wo | was bedeutet | darf ich Sie kurz etwas fragen |

~~könntest du das bitte wiederholen~~

Beispiel: Ihr Kollege Maik erklärt Ihnen etwas, aber Sie verstehen nicht alles, weil er sehr schnell spricht. Fragen Sie nach: „Entschuldige Maik, *könntest du das bitte wiederholen*?"

a   Sie sind neu in der Stadt und fragen nach der Bank: „Entschuldigung, _____ ich die Bank finde?"

b   In einem Gespräch mit Ihrem Chef geht es um „Überstunden abfeiern". Sie verstehen den Ausdruck nicht und fragen nach: „Entschuldigung, _____ ‚Überstunden abfeiern'?"

c   Sie suchen Ihren Chef Herrn Apelt und fragen eine Kollegin: „Hallo Paula, _____ ich Herrn Apelt finde?"

d   Sie werden angerufen. Der Anrufer meldet sich mit Namen, aber Sie verstehen ihn nicht. Sie fragen nach: „Entschuldigung, _____ Ihr Name?"

e   Sie stehen an der Bushaltestelle und verstehen den Fahrplan nicht. Sie beginnen ein Gespräch: „Entschuldigung, _____?"

Punkte _____ /5

6 Lesen Sie den Brief. Was ist richtig? Kreuzen Sie an.

Liebe(r) ...,

es ist toll, dass unsere beiden Sprachenschulen Brieffreundschaften vermitteln. Ich lerne hier in Madrid (Spanien) seit sechs Monaten Deutsch. Das ist sehr anstrengend, weil ich jeden Tag sechs Stunden Unterricht habe. Da bleibt nicht viel freie Zeit. Aber wenn ich doch mal Freizeit habe, dann spiele ich Fußball oder gehe zu Konzerten. Besonders Rockmusik mag ich. Und Du? Was machst Du so? Leider spreche ich außer Spanisch nur Deutsch und ein bisschen Englisch. Ich bin nicht so fleißig, weißt Du. Und Deutsch lerne ich auch nur, weil mein Bruder eine Frau aus Deutschland geheiratet hat und jetzt in Deutschland lebt, in Mainz. Kennst Du die Stadt? Na ja, irgendwann werde ich hinfahren.

Ich freue mich auf Deine Antwort.

Viele Grüße, Carmen

		richtig
a	Carmen spielt oft Fußball, weil sie viel Zeit hat.	○
b	Carmen spricht nur wenig Englisch.	○
c	Carmen ist eine fleißige Deutschschülerin.	○
d	Carmen lernt Deutsch, weil ihr Bruder jetzt in Deutschland lebt.	○
e	Carmen möchte später einmal nach Mainz reisen.	○

Punkte _____ /10

Gesamt _____ /40

Schritte plus Neu 5, Lehrerhandbuch, 978-3-19-311085-5, © Hueber Verlag

Name: _____

WORTSCHATZ

1 Was passt? Ordnen Sie zu.

Unterlagen   Aufgaben   überlegen   ~~Verantwortung~~   zurechtkommen   schriftliche   Voraussetzungen   Lebenslauf   Unterstützung   üblichen   nebenbei

- ◆ Hatten Sie denn in Ihrer alten Firma viel ___Verantwortung___ ?
- ○ Oh ja, und ich hatte sehr viele verschiedene _____: Ich war im Büro, im Verkauf und manchmal auch im Lager.
- ◆ Aha, das klingt alles sehr gut. Wie ich in Ihrem _____ lese, haben Sie Ihre Ausbildung noch während des Deutschkurses begonnen?
- ○ Ja, ich war sehr gut, meine Lehrerin meinte, ich hätte die _____ in der Sprache schon. Und es war ja auch kurz vor der Prüfung.
- ◆ Herr Ahmad, Ihre _____ sehen wirklich sehr gut aus. Ich nehme an, Sie hatten _____ von einem deutschen Muttersprachler?
- ○ Ja, das stimmt. Eine _____ Bewerbung ist doch noch etwas schwierig für mich.
- ◆ Ja, das kann ich gut verstehen. Wie sieht es denn mit den _____ PC-Programmen aus?
- ○ Ich habe letztes Jahr _____ eine Fortbildung dazu gemacht und bin sehr fit mit dem Computer.
- ◆ Sehr schön, Herr Ahmad. Wir _____ uns das. Sie hören dann von uns.
- ○ Gut, ich bin mir sicher, dass ich hier in der Firma sehr gut _____ würde.

Punkte ____ /10

GRAMMATIK

2 Mein neuer Job. Schreiben Sie Sätze mit *brauchen ... zu.*

Beispiel: (zur Firma nur zehn Minuten mit der Straßenbahn fahren)
Zur Firma brauche ich nur zehn Minuten mit der Straßenbahn zu fahren.

- **a** *(keine Überstunden mehr machen)*

  _____

- **b** *(nicht mehr stundenlang vor dem Computer sitzen)*

  _____

- **c** *(nur noch einmal im Monat am Wochenende arbeiten)*

  _____

Punkte ____ / 3

3 Wie wollen Sie arbeiten? Ergänzen Sie.

~~im Team arbeiten~~   den ganzen Tag draußen sein   künstlerisch tätig sein   anderen Menschen helfen   Kunden beraten   viel reisen

Beispiel: Es macht mir Spaß, _im Team zu arbeiten._
- **a** Es ist anstrengend, _____
- **b** Ich kann mir gut vorstellen, _____
- **c** Ich habe keine Lust, _____
- **d** Ich würde gern, _____
- **e** Es ist überhaupt nicht stressig, _____

Punkte ____ / 5

Schritte plus Neu 5, Lehrerhandbuch, 978-3-19-311085-5, © Hueber Verlag

4 Ergänzen Sie *innerhalb, außerhalb* oder *während* in der richtigen Form.

Beispiel: __Außerhalb der__ (die) Öffnungszeiten ist auch der Parkplatz des Supermarktes geschlossen.

a _____ (eine) Woche waren alle Fernseher verkauft.

b Sie rufen _____ (unsere) Sprechzeit an. Bitte versuchen Sie es in zwei Stunden noch einmal.

c Ständig fragt der Chef nach mir, auch _____ (meine) Mittagspause.

Punkte _____ /3

5 Was passt? Ordnen Sie zu.

Was machst du jetzt eigentlich genau? | Ich muss jetzt leider los. | ~~Noch immer so viel Arbeit?~~

Hast du noch nie daran gedacht, die Stelle zu wechseln? | Ich suche immer noch eine Stelle als

Außerdem muss ich auch eine Kollegin vertreten. | Es war schön, dich mal wieder zu sehen.

Hast du noch nie daran gedacht, dich selbstständig zu machen?

◆ Hallo Marion, lange nicht gesehen. Wie geht's? *Noch immer so viel Arbeit?*

○ Oh ja, die Firma hat so viele Aufträge wie nie. Wir arbeiten auch am Wochenende.

◆ Aha, aber sag mal: _____

○ Ich arbeite bei STARKSTROM, das ist eine große Elektrofirma. Ich bin da im Büro. _____ Sie ist schon seit drei Wochen krank.

◆ _____

○ Nein, eigentlich nicht. Ich arbeite wirklich gern in der Firma. Die Kollegen sind alle total nett. Und bei dir?

◆ _____ Serviceangestellte in der Gastronomie.

○ _____

◆ Doch, schon. Aber ich habe noch keinen schönen, freien Laden gefunden. Außerdem fehlt mir das Geld.

○ Oh, schon so spät. _____

◆ Also, dann tschüs. _____ Bis zum nächsten Mal.

Punkte _____ /7

6 Wählen Sie eine Stellenanzeige und schreiben Sie ein Bewerbungsschreiben auf ein separates Blatt.

A Für unser Restaurant suchen wir ab Oktober

eine(n) erfahrene(n) Serviceangestellte(n)

zur Vergrößerung unseres Teams. Erfahrung als Kellner(in) sind von Vorteil, aber kein Muss. Wir bieten eine Vollzeitstelle. Ihre vollständigen Bewerbungsunterlagen senden Sie bitte an: Frau Margret Pfitzer

B Wir suchen motivierte junge Leute, die Lust haben, eine Ausbildung zum

Elektroniker im Bereich Fotovoltaik

zu machen. Wenn Sie gern reisen, gute Deutschkenntnisse haben und zuverlässig sind, dann schicken Sie uns Ihre Bewerbung. Firma „Sonnenschein"

C **Pflichtbewusste(r) Krankenpfleger(in) gesucht.**

Ihre Aufgaben: Pflegedienst im Krankenhaus Voraussetzungen: Ausbildung als Krankenschwester/ Krankenpfleger, gern mit Berufserfahrung Bewerbung erbeten an:

Punkte _____ /12

Gesamt _____ /40

Schritte plus Neu 5, Lehrerhandbuch, 978-3-19-311085-5, © Hueber Verlag

Test zu Lektion 6

1 Was passt? Ordnen Sie zu.

jahrelang ~~gegründet~~ finanziell Wettbewerb Rücksicht mittlerweile ausschließlich

lohnt Ersatz entschlossen Risiko

Beispiel: Songül hat einen interkulturellen Pflegedienst _gegründet_. So etwas gab es vorher nicht.

a Auf kulturelle Unterschiede muss man auch in der Pflege _____ nehmen.

b Wir verkaufen _____ schwedische Produkte. Alles kommt aus Schweden.

c Ich habe einen alten Teller kaputt gemacht. Nun suche ich _____.

d Viele Menschen wollen kein _____ eingehen und lieber nichts verändern.

e Eine gute Ausbildung _____ sich. Dann findet man leichter eine gute Arbeit.

f Liana hat sich nach dem Studium _____, ins Ausland zu gehen.

g In vielen Berufen ist der _____ sehr groß. Jeder versucht, der Beste zu sein.

h Während seiner Ausbildung musste Martin immer sparen. Jetzt hat er einen guten Beruf und es geht ihm auch _____ gut.

i Früher hatte ich nur einen Onlineshop, aber _____ verkaufe ich auch auf Märkten.

j Tatjana hat _____ als Altenpflegerin gearbeitet. Jetzt möchte sie Medizin studieren.

Punkte _____ /5

GRAMMATIK

2 Was passt? Kreuzen Sie an und ergänzen Sie *zu* oder –.

Beispiel: Ich spreche mit meiner Chefin, ⊗ um ○ damit   interessantere Aufgaben _zu_ bekommen.

a Ich mache regelmäßig Pausen, ○ um ○ damit   nicht den ganzen Tag am Computer _____ sitzen, sondern mich ein bisschen _____ bewegen.

b Ich lese Fachzeitschriften, ○ um ○ damit   mich weiterbilden _____ können.

c Wir haben Teambesprechungen, ○ um ○ damit   alle _____ wissen, was sie machen sollen.

d Ich spreche oft mit meinen Kollegen, ○ um ○ damit   mit ihnen gemeinsam neue Ideen _____ entwickeln.

e Mein Chef fragt oft nach unserer Meinung, ○ um ○ damit   alle mitentscheiden _____ können.

f Wir feiern in der Firma manchmal zusammen, ○ um ○ damit   die Arbeitsatmosphäre _____ verbessern.

Punkte _____ /6

3 Schreiben Sie Sätze mit *ohne ... zu* oder *statt ... zu.*

Beispiel: nie Büro verlassen – Tür abschließen _Ich verlasse nie das Büro, ohne die Tür abzuschließen._

a Geschäftspartner lieber anrufen – E-Mails schreiben

_____

b zu Hause bleiben – mit Erkältung ins Büro kommen

_____

c keine Briefe wegwerfen – den Chef fragen

_____

d nicht in die Mittagspause gehen – den Anrufbeantworter einschalten

_____

Schritte plus Neu 5, Lehrerhandbuch, 978-3-19-311085-5, © Hueber Verlag

LEKTION 6   178

e   auch kurze Notizen mit dem Computer schreiben – sie mit der Hand schreiben

_____

f   abends nicht nach Hause gehen – den Computer ausschalten und den Schreibtisch aufräumen

_____

Punkte _____ /6

KOMMUNIKATION

4 Was passt? Verbinden Sie.

a   den Kunden / die Kundin ansprechen (2x)

b   um Hilfe/Information bitten

c   dem Kunden / der Kundin etwas anbieten

d   sich nicht entscheiden können

e   das Gespräch beenden (2x)

1   Wie wäre es mit einer grünen Jacke?

2   Kann ich etwas für Sie tun?

3   Die Vase ist mir zu groß und zu teuer.

4   Haben Sie einen Wunsch?

5   Ich muss mir das noch überlegen.

6   Vielen Dank für Ihre Mühe.

7   Dürfte ich Sie etwas fragen?

Punkte _____ /6

LESEN

5 Lesen Sie die Reklamation. Was ist richtig? Kreuzen Sie an.

E-Mail senden

Sehr geehrte Damen und Herren,

am 18.2.20.. haben Sie mir ein Smartphone geliefert. Anbei schicke ich Ihnen eine Kopie der Rechnung. Leider musste ich feststellen, dass die Kamera nicht funktioniert. Das ist sehr ärgerlich, denn ich brauche diese Funktion besonders auf Reisen. Ich möchte Sie bitten, das Handy umzutauschen. Ist dies innerhalb der nächsten zwei Wochen nicht möglich, möchte ich mein Geld zurück. Bitte bestätigen Sie mir schriftlich, dass Sie meine Reklamation erhalten haben.

Mit freundlichen Grüßen

Birgit Heckmann

		richtig
a	Frau Heckmann hat ein Problem mit ihrem Fotoapparat.	○
b	Sie braucht die Kamera, wenn sie verreist.	○
c	Sie möchte, wenn möglich, Ersatz haben.	○
d	Sie möchte eine Bestätigung ihrer Reklamation.	○

Punkte _____ /4

SCHREIBEN

6 Schreiben Sie eine Reklamation mit folgenden Punkten auf ein separates Blatt.

– Sie haben bei Elektrofux einen Kühlschrank gekauft.

– Wann haben Sie das Gerät gekauft?

– Was ist das Problem?

– Was soll die Firma tun?

– Was machen Sie, wenn weiterhin nichts passiert?

Punkte _____ /13

Gesamt _____ /40

Schritte plus Neu 5, Lehrerhandbuch, 978-3-19-311085-5, © Hueber Verlag

Test zu Lektion 7

Schritte plus Neu 5, Lehrerhandbuch, 978-3-19-311085-5, © Hueber Verlag

WORTSCHATZ

1 Markieren Sie die Wörter und ordnen Sie zu.

BAUGENEHMIGUNGUNGQUERSTRAßENENMIGRUNDSTÜCKERBRASENLIFTTREALTERNATIVE

Beispiel: Ich möchte ein Haus mit einem großen Garten und viel _Rasen_ haben.

a Wenn du ein großes Haus bauen willst, brauchst du dazu ein großes _____.

b Für ältere Menschen ist ein Haus mit _____ sehr wichtig, weil sie Treppen oft nicht mehr so gut steigen können.

c Wenn du eine Garage bauen willst, brauchst du unbedingt eine _____.

d Wäre eine Wohnung in der Innenstadt nicht eine _____ für dich? Dann musst du nicht immer so lang fahren.

e Nimm doch die Wohnung in der Emilstraße. Die ist nur ein paar _____ von mir weg.

Punkte _____ /5

2 Was passt? Ergänzen Sie in der richtigen Form.

miteinander   abmachen   schreien   fehlen   zentral   ~~aufmerksam~~   Lärm   hierher   entdecken

> E-Mail senden
>
> Lieber Samuel,
>
> jetzt bin ich endlich in das WG-Zimmer eingezogen. Mein Bruder hat mir beim Umzug geholfen.
> Dabei hat er sich einen Schrank auf den Fuß fallen lassen. Er hat vielleicht _____. Für
> den Rest des Umzugs hat er nur noch auf dem Sofa gesessen und _aufmerksam_ beobachtet, wer
> was wohin stellt.
> Die Wohnung liegt sehr _____, sodass ich es nicht weit zum Einkaufen habe. Meine
> Mitbewohner sind supernett, wir lachen viel _____. Obwohl hier alles toll ist,
> _____ mir mein kleiner Garten. Natürlich gibt es hier in der Stadt auch viel mehr
> _____ von der Straße. Na ja, man kann nicht alles haben.
> Wir hatten doch _____, dass Du kommst, wenn ich eingezogen bin. Wann kommst Du
> denn endlich _____? Ich habe auch schon ein kleines Café _____.
> Bis bald! Khalid

Punkte _____ /8

GRAMMATIK

3 Was wünscht sich Susi? Schreiben Sie.

Beispiel: (das alte Sofa verschenken)
   Ach, hätte ich doch das alte Sofa nicht verschenkt!

a (in eine so große Wohnung ziehen)

_____

b (Paul meine ganzen Bilder im Internet verkaufen)

_____

c (Judith mich zu einer größeren Wohnung überreden)

_____

Punkte _____ /3

4 Was passt? Ordnen Sie zu.

oder   sondern auch   zwar   entweder   nicht nur   ~~aber~~

a Ich mag _____ meine Wohnung sehr, _aber_ sie könnte ruhig etwas größer sein.

b Ich habe _____ eine Dusche, _____ eine Badewanne. Toll, oder?

c Tja, _____ wohnst du auf dem Land _____ in der Stadt, da musst du dich schon entscheiden.

Punkte ____ /5

5 Was passt? Ordnen Sie zu.

Klar, geht in Ordnung.   Das ist ja lächerlich!   ~~wir hatten doch abgemacht, dass~~

Tatsächlich? Das ist aber merkwürdig.   Es wäre schön, wenn Sie da etwas Rücksicht nehmen könnten.

Oh, daran habe ich noch gar nicht gedacht.   Das tut mir schrecklich leid.

a ▲ Herr Kolopke, _wir hatten doch abgemacht, dass_ die Haustür nach 23 Uhr abgeschlossen sein muss. Gestern war sie wieder auf, als ich um 23.30 Uhr nach Hause kam.

● _____ Ich dachte, ich hätte sie abgeschlossen.

▲ Das kann ja mal passieren. Denken Sie einfach das nächste Mal daran.

● _____

b ▲ Frau Miller, immer stellen Sie Ihren Kinderwagen vor die Briefkästen. Dann komme ich nicht an meine Post. _____

● _____ Der Kinderwagen hat Räder. Sie können ihn ganz einfach wegfahren.

▲ _____ Wenn Ihnen das recht ist, dann kann ich das so machen.

● Natürlich dürfen Sie das. Entschuldigen Sie, dass ich gerade so wütend war.

_____

Punkte ____ /6

6 Sie haben seit einiger Zeit Ärger mit Ihren Nachbarn. Suchen Sie sich eine Situation aus. Schreiben Sie dann eine E-Mail an Ihre Nachbarn. Beschreiben Sie das Problem und beschweren Sie sich höflich. Machen Sie auch einen Lösungsvorschlag.

A    B    C

Punkte ____ /13
Gesamt ____ /40

Schritte plus Neu 5, Lehrerhandbuch, 978-3-19-311085-5, © Hueber Verlag

Lektion 1   Glück im Alltag

Folge 1: Ellas Glückstag

Bild 1

Ella: Ja? Ein Interview zum Thema „Glück"? Hm, bis wann? Heute noch? Bis 18 Uhr! Sag mal: Geht's noch, Sami!? Nö, das mach' ich nicht. Ich bin heute Nachmittag unterwegs. Privat, Sami! Das hatten wir gestern ausgemacht. Erinnerst du dich? Ein Notfall? Das ist kein Notfall, das ist ein Witz. Um sechs soll der Text fertig sein und jetzt ist es zwei. Kannst du mir sagen, wo ich auf die Schnelle einen interessanten Interviewpartner zum Thema „Glück" herbekomme? Kannst du mir das sagen, Sami? Hach, du regst mich auf, Mann! Der spinnt ja wohl! Ich kann doch nicht zaubern!

Bild 2

Frau: Probleme, was?
Ella: H-hm.
Frau: Sie sind Journalistin, oder?
Ella: H-hm.
Frau: Ich habe Sie schon gesehen! Sie schreiben doch für den „Stadt-Kurier"?
Ella: Ja, stimmt.
Frau: Sie sind Ella!
Ella: Ella Wegmann, ja.
Frau: Sie machen diese Serie, wie heißt sie? „Ellas Tag", nicht wahr?
Ella: Ja, das ist richtig, ich ...
Frau: Moment, bitte ... Manfred? Ich bin's, Hillie! Sag mal, bist du gerade zu Hause? Wunderbar! Du, ich schicke jetzt eine hübsche junge Dame zu dir.
Ella: Was? Wie bitte?
Frau: Mein Bus kommt, Manfred! Sie wird es dir selbst erzählen. Sei nett zu ihr, ja? Tschüs! Gehen Sie zur Sauerbruchstraße 12. Das ist gleich um die Ecke. Dritter Stock, Schulze.
Ella: Entschuldigung, ich verstehe nicht ...
Frau: Das ist ein Freund von mir. Dort bekommen Sie Ihr Interview. Viel Glück!
Ella: Danke! Vielen Dank, äh ... Hillie! Hey, was war das denn jetzt?

Bild 3

Ella: Tut mir wirklich leid, Herr Schulze, ich hoffe, ich störe Sie nicht.
Schulze: Nein, gar nicht.
Ella: Wissen Sie, eigentlich wollte ich heute auf den Flohmarkt gehen und mir eine Schreibtischlampe kaufen. Meine ist kaputtgegangen.
Schulze: Eine Schreibtischlampe, warten Sie mal ...
Ella: Oh, die ist schön.
Schulze: Sie können sie haben, ich brauche sie nicht mehr.
Ella: Wirklich? Oh, vielen Dank!
Schulze: Bitte schön. So und nun sagen Sie mal: Was kann ich für Sie tun, Frau Wegmann?
Ella: Also, ich bin Journalistin und soll für den „Stadt-Kurier" ein Kurzinterview machen.

Schulze: Aha ...
Ella: Es geht um das Thema „Glück". Hillie meinte, ich soll zu Ihnen gehen.
Schulze: Ach! Jetzt verstehe ich.
Ella: Sie hatten also ein besonderes Glückserlebnis?
Schulze: Oh ja! Oh ja!
Ella: Prima! Dann erzählen Sie doch mal, Herr Schulze!
Schulze: Na schön. Es ist vor einem Jahr passiert, als ich noch Lotto gespielt habe.

Bild 4

Ella: Sami, du nervst!
Sami: Ich wollte doch nur fragen, ...
Ella: ... ob Ella brav ihre Arbeit macht.
Sami: Tut mir leid, es war wirklich ein Notfall und ...
Ella: Blablabla, um sechs hast du den Text.
Sami: Hey, super! Wen hast du interviewt?
Ella: Mich selbst.
Sami: Was? Mach keine blöden Witze!
Ella: Wieso? Bin ich vielleicht kein Glückspilz, hm? Mit so 'nem Chef?
Sami: Hast du, hast du wirklich niemanden gefunden?
Ella: Warte noch ein paar Minuten, dann weißt du es. Tschüs, bis morgen!
Sami: Ella, bitte!
Ella: Das war doch wirklich ein Glückstag heute: ein prima Tipp von einer netten Frau, ein interessanter Interviewpartner, eine neue Schreibtischlampe und zehn Minuten Angst für Sami.

Schritt B, B2 a

Kurt: Hallo, hier ist „Radio Elf", mein Name ist Kurt Seeger, es ist Donnerstagnachmittag, Viertel nach zwei und damit Zeit für „Kurts Interview". Meine heutige Gesprächspartnerin ist 28 Jahre jung, sie ist Journalistin, sie arbeitet für den „Stadt-Kurier", und wenn ich jetzt „Ellas Tag" sage, dann weiß wahrscheinlich schon jeder, von wem ich spreche: Willkommen bei „Radio Elf", Ella Wegmann!
Ella: Hallo Kurt! Was möchtest du über mich wissen?
Kurt: Ach, eine ganze Menge, Ella. Zum Beispiel: Bist du glücklich mit deinem Beruf?
Ella: Hmm, meine Arbeit macht Spaß, sie ist spannend, ich treffe interessante Leute, lerne jeden Tag was Neues dazu. „Glücklich" ist nicht ganz das richtige Wort. Sagen wir's besser so: Ich bin zufrieden mit meinem Beruf.
Kurt: Warum bist du eigentlich Journalistin geworden?
Ella: Ach, das war irgendwie schon klar, als ich noch ein Kind war.
Kurt: Echt?
Ella: Ja. Wenn irgendwer zu Besuch kam, wollte ich immer alles genau wissen von den Leuten. Dann hieß es immer: „Hey, du fragst mir ja ein Loch in den Bauch!" Oder: „Du wirst bestimmt mal Journalistin."
Kurt: Na so was! Das ist ja witzig! Und wann hast du dann zum ersten Mal wirklich für 'ne Zeitung geschrieben?
Ella: Hmm, das war, als ich elf war.
Kurt: Mit elf schon? Echt?

Ella: Ja, das war so: Meine Eltern hatten ein Ferienhaus gemietet, in einem kleinen Dorf in den Bergen und dort ist gerade eine Frau 100 Jahre alt geworden. Das hat mich so fasziniert! Also hab' ich die Frau besucht und hab' ihr ganz viele Fragen gestellt.

Kurt: Was hast du sie denn gefragt?

Ella: Na ja, wie kann man so alt werden? Wie fühlt man sich mit 100? Gab es vor 100 Jahren schon Spielzeug? Und so weiter.

Kurt: Und? Was hat sie dazu gesagt? Hat sie gelacht?

Ella: Nein, sie war total nett. Sie hat jede Frage genau beantwortet. Und ich hab' das alles aufgeschrieben und ihr dann eine Kopie von meinem Text geschenkt.

Kurt: Ja, aber dann ...

Ella: Nein warte, das mit der Zeitung kommt jetzt. Als wir nach dem Urlaub wieder zu Hause waren, kam ein Brief von ihr, mit einem Zeitungsartikel drin. Sie hatte meinen Text an die Zeitung geschickt. Und die haben ihn sofort gedruckt. Eine ganze Seite! Boah, war ich stolz!

Kurt: Na, das kann ich mir vorstellen! Tja, liebe Hörerinnen und Hörer: Immer wenn man so was hört, denkt man doch: Manche Leute haben einfach Glück und müssen nicht nach ihrem Traumberuf suchen. Zum Beispiel die Journalistin Ella Wegmann. Sie war heute mein Gast in „Kurts Interview". Vielen Dank, Ella!

Ella: Sehr gern, Kurt!

Kurt: Nächsten Donnerstag ist der Schauspieler Rico Sack bei mir. Viertel nach zwei. Nicht verpassen! Tschüs!

Schritt D, D1

Hanna: Du, Egon, jetzt muss ich dir noch schnell erzählen, was mir gestern passiert ist. Gestern habe ich doch Ulli beim Umzug geholfen.

Egon: Ach? Die Ulrike ist umgezogen? Das wusste ich gar nicht.

Hanna: Ja, ja, sag' ich doch! Also, wir waren bei ihr vorm Haus und ich hab' die lange Vorhangstange aus dem Umzugswagen geholt. Das war gar nicht so einfach, die ist nämlich ziemlich schwer – und plötzlich gab's einen Ruck und dann einen Knall.

Egon: Ach du liebe Zeit. Und?

Hanna: Na ja, weißt du, Ulli war gerade hinter mir, und dummerweise hatte sie zwei Kartons auf dem Arm und da drauf auch noch einen Blumentopf. Und genau den hab' ich mit der Stange erwischt. Der ist dann runtergefallen und hat Waldi genau am Kopf getroffen.

Egon: Das ist ja unglaublich! Der arme Hund!

Hanna: Warte! Es wird noch besser! Waldi bekam natürlich einen Riesenschreck – kannst du dir ja vorstellen – und hat Ulli voller Panik ins Bein gebissen.

Egon: Er hat deine beste Freundin gebissen? Ins Bein?

Hanna: Ja, sag' ich doch!

Egon: War's denn schlimm? Ich meine, für Ulrike. Hat's geblutet?

Hanna: Nein, nein. Zum Glück hat er nur ganz leicht zugebissen.

Egon: Ach so.

Hanna: Aber durch den Biss ist Ulli erschrocken und hat die Kartons fallen lassen.

Egon: Ach! Und?

Hanna: In einem waren teure Weingläser.

Egon: Oh nein!

Hanna: Und im anderen wertvolles altes Geschirr von Ullis Großmutter.

Egon: So 'n Mist! Was machst du denn jetzt? Hoffentlich hast du 'ne Haftpflichtversicherung!

Hanna: Ja, schon, aber ...

Egon: Mit denen musst du dich gleich in Verbindung setzen und den Schaden melden.

Hanna: Ah – so was hasse ich! Kannst du mir vielleicht dabei helfen?

Egon: Ich? Also weißt du!

Schritt E, E2

1

Harry: Hallo und herzlich willkommen bei RadioPlex. Wir bringen kurze Interviews zu aktuellen Themen. Am Mikrofon begrüßt euch Harry Haller. Heute stehe ich auf dem Bahnhofsplatz und gleich wird es hier total mystisch, denn ich möchte mehr über Glücksbringer und Rituale wissen. Hallo? Hallo?

Brigitte: Ja, bitte?

Harry: Wie heißt du?

Brigitte: Ich bin Brigitte.

Harry: Und glaubst du an Glücksbringer, Brigitte?

Brigitte: Na klar! Ich habe sogar mehrere Glücksbringer. Hier, diesen Schutzengel habe ich mal in Graz gekauft. Ich habe ihn immer mit dabei.

Harry: Und hat er dir wirklich schon mal Glück gebracht?

Brigitte: Natürlich! Gleich als ich ihn damals gekauft habe. Mein Freund hatte mich verlassen und ich habe mich total einsam gefühlt.

Harry: Aha, und dann?

Brigitte: Es war irre. Ich habe den Schutzengel gekauft und zehn Minuten später habe ich einen wahnsinnig tollen Mann kennengelernt.

Harry: Wow! Hast du noch mehr solche Glücksbringer?

Brigitte: Aber ja. Schau, das Herz da, ein rotes Feuerzeug, diese kleine Nagelfeile ...

Harry: So was könnte ich auch gebrauchen.

Brigitte: Nein, nein! Die kann ich nicht hergeben. Das bringt nämlich Unglück. Du musst dir schon selbst einen besorgen.

Harry: Okay, mache ich. Vielen Dank, Brigitte.

2

Harry: Und hier steht schon mein nächster Interviewpartner. Wie ist dein Name?

Paul: Ich bin Paul.

Harry: Hi, Paul. Gibt's in deinem Leben auch geheimnisvolle Glücksbringer oder Rituale?

Paul: Nein, nein, an so was glaube ich nicht. Tut mir leid, da kann ich dir nicht weiterhelfen.

Harry: Ja, dann ...

Paul: Ah, warte! Was mir gerade einfällt: Wenn ich in einer anderen Stadt bin, ...

Harry: Ja?

Paul: ... und wenn es mir dort so richtig gut gefällt, dann werfe ich eine Münze in einen Brunnen.

Harry: Ja, es heißt ja, dass man dann wieder in diese Stadt zurückkommt.

Paul: Genau. Und ich glaube zwar nicht wirklich dran, aber sicher ist sicher.

Harry: Und? Hat es schon mal funktioniert?

Paul: Ja, das hat es. Meine Freundin und ich haben unseren ersten gemeinsamen Urlaub in Rom verbracht. Damals habe ich eine Münze in einen Brunnen geworfen – und letzten Monat waren wir wieder dort. Auf Hochzeitsreise.

Harry: Na dann, herzlichen Glückwunsch! So, das war Paul. Vielen Dank.

3

Harry: Und wen haben wir da?

Julia: Ich bin Julia.

Harry: Julia, was sagst du zum Thema „Glücksbringer"?

Julia: Glücksbringer, hm ... Also, ich habe nichts, was ich immer bei mir habe oder so.

Harry: Mmmh.

Julia: Aber im Büro, da habe ich einen Stein. Den hat mein Sohn, als er noch klein war, im Wald gefunden, hat ihn mit nach Hause genommen und hat ein großes rotes Herz drauf gemalt.

Harry: Und dann hat er ihn dir geschenkt?

Julia: Ja, genau. Und seitdem liegt er auf meinem Schreibtisch. Ich glaube nicht wirklich, dass er mir Glück bringt. Aber er erinnert mich immer an meinen Sohn, und das gibt mir ganz viel Kraft.

Harry: Schöne Geschichte. Tja, so hat halt jeder seine eigene Vorstellung von einem Glücksbringer. Das war's für heute von uns. Bis morgen dann. Gleiche Zeit. Neues Thema.

Lektion 1, Audiotraining 1

Das war mein Geburtstag! Bilden Sie Sätze. Hören Sie zuerst ein Beispiel:

S2: Wir feiern meinen Geburtstag.

S1: Wir feierten meinen Geburtstag.

Und jetzt Sie:

S2: Wir feiern meinen Geburtstag.

S1: Wir feierten meinen Geburtstag.

S2: Wir laden viele Gäste ein.

S1: Wir luden viele Gäste ein.

S2: Fast alle Gäste kommen zum Fest.

S1: Fast alle Gäste kamen zum Fest.

S2: Wir machen Musik und sorgen für Stimmung.

S1: Wir machten Musik und sorgten für Stimmung.

S2: Spät in der Nacht gehen wir noch tanzen.

S1: Spät in der Nacht gingen wir noch tanzen.

S2: Dann rufen wir ein Taxi und fahren heim.

S1: Dann riefen wir ein Taxi und fuhren heim.

Lektion 1, Audiotraining 2

Das war damals! Bilden Sie Sätze. Hören Sie zuerst ein Beispiel:

S2: Wann war das?   beim Fernsehen arbeiten

S1: Das war damals, als ich beim Fernsehen gearbeitet habe.

Und jetzt Sie:

S2: Wann war das?   beim Fernsehen arbeiten

S1: Das war damals, als ich beim Fernsehen gearbeitet habe.

S2: Wann war das?   im Lotto gewinnen

S1: Das war damals, als ich im Lotto gewonnen habe.

S2: Wann war das?   viel Sport machen

S1: Das war damals, als ich viel Sport gemacht habe.

S2: Wann war das?   in den Urlaub fahren

S1: Das war damals, als ich in den Urlaub gefahren bin.

S2: Wann war das?   eine Wohnung suchen

S1: Das war damals, als ich eine Wohnung gesucht habe.

S2: Wann war das?   meinen Mann kennenlernen

S1: Das war damals, als ich meinen Mann kennengelernt habe.

Lektion 1, Audiotraining 3

Ich lag im Bett! Antworten Sie. Hören Sie zuerst ein Beispiel:

S2: Wieso warst du nicht auf der Party?   den Fuß brechen

S1: Ich lag im Bett. Ich hatte mir den Fuß gebrochen.

Und jetzt Sie:

S2: Wieso warst du nicht auf der Party?   den Fuß brechen

S1: Ich lag im Bett. Ich hatte mir den Fuß gebrochen.

S2: Wieso warst du nicht auf der Party?   zu viel arbeiten

S1: Ich lag im Bett. Ich hatte zu viel gearbeitet.

S2: Wieso warst du nicht auf der Party?   zu viel essen

S1: Ich lag im Bett. Ich hatte zu viel gegessen.

S2: Wieso warst du nicht auf der Party?   zu wenig schlafen

S1: Ich lag im Bett. Ich hatte zu wenig geschlafen.

S2: Wieso warst du nicht auf der Party?   sich den Kopf stoßen

S1: Ich lag im Bett. Ich hatte mir den Kopf gestoßen.

S2: Wieso warst du nicht auf der Party?   Fieber bekommen

S1: Ich lag im Bett. Ich hatte Fieber bekommen.

Zwischendurch mal Hören

So haben wir uns kennengelernt

Benno: Also, es war im Herbst und ich hatte gerade eine schlimme Enttäuschung erlebt: Meine Freundin Amalie hatte mit mir Schluss gemacht. Einfach so! Peng! Ohne jede Vorwarnung. Das hatte mich wahnsinnig verletzt und ich wollte nur noch weg, raus, mal eine Weile ganz allein sein. Also habe ich den Rucksack gepackt und bin in die Berge gefahren. Ich wollte allein sein, weit weg von allen Menschen, besonders von allen Frauen.

Lisa: An diesem Wochenende war ich auch in den Bergen. Ich hatte ein paar Tage zuvor ein supercooles Mountainbike geschenkt bekommen, zum Geburtstag, von meinen Eltern. Und das wollte ich so schnell wie möglich testen.

Benno: In den Bergen war ich ganz allein, aber mein Plan funktionierte leider überhaupt nicht, von wegen „Kopf frei kriegen" und so: Keine Chance! Ich musste immer nur an Amalie denken. Der Wald, die Berge, die schöne Landschaft, das war mir alles total egal. Ich war einfach nur wütend und traurig.

Lisa: Tja, Radfahren in den Bergen, das hatte ich mir viel leichter vorgestellt. Das Rad hatte 27 Gänge und Scheibenbremsen und eine tolle Federung und so weiter. Aber leider hatte ich die falsche Tour ausgesucht: Viel zu schwer für eine Anfängerin.

Benno: An einer Stelle ging der Weg ziemlich scharf um die Ecke, es war alles sehr schmal und sehr steil da und plötzlich höre ich einen kurzen Schrei und dann sehe ich, dass was um die Ecke kommt und: Peng! ... hatte ich ein Mountainbike am Knie. Ich bin sofort umgefallen.

Lisa: Na ja, ich hatte halt Probleme mit dem Bremsen.

Benno: Ich also am Boden, links neben mir ein Fahrrad, so bunt wie ein Papagei, rechts neben mir eine Frau, so bunt wie das Fahrrad.

Lisa: Meine Eltern hatten mir auch ein Mountainbike-Dress geschenkt, neongelb und neonrosa! Aus Sicherheitsgründen. Damit man mich sofort sieht!

Benno: Im ersten Moment wollte ich vor Schmerz und Wut einfach losschreien, aber die Frau hat mich so überrascht angesehen, dass ich einfach laut loslachen musste.

Lisa: Er hat so gelacht, dass ihm die Tränen gekommen sind. Es klingt vielleicht komisch, aber in dem Moment wusste ich: Der ist es!

Benno: Tja, peng! So haben wir zwei uns quasi ineinander verknallt!

Zwischendurch mal Gedicht
Was ist Glück?
vgl. Seite KB 21

Lektion 2   Unterhaltung

Folge 2: Ein Abend, der nicht so toll war.

Bild 1
Chris: „Moment! Sag das noch mal, Meike: Mit wem willst du in Urlaub fahren?"
Meike: „Mit Jonny."
Chris: „Mit Jonny? Ach, komm!"
Meike: „Hast du was dagegen?"
Chris: „Jonny ist genau der Typ, der nicht zu dir passt!"
Meike: „Ach wirklich? Ich finde ihn nett."
Chris: „Und überhaupt: Warum wegfahren, Meike? Spaß kannst du doch auch hier haben. Echten Spaß findest du nur bei mir, Baby!"
Meike: „Ich weiß genau, was du damit sagen willst ..."
Max: Passt auf, gleich kommt's! Gleich sagt er's! Das ist so irre!
Vivi: Ach, du kennst die Serie schon, Max?
Max: Ja, sicher! Ich hab' sie schon dreimal gesehen.

Ella: Du guckst das noch mal, obwohl du es schon dreimal gesehen hast?
Max: Ja. Es ist die lustigste Serie, die ich kenne.
Vivi: Aha!? Und ab wann wird die lustig?
Max: Jetzt gleich, passt auf!

Bild 2
Chris: „Echten Spaß findest du NUR bei mir, Baby!"
Meike: „Ich weiß genau, was du damit sagen willst ..."
Chris: „Ach Meike, du bist die Frau, die mich wirklich versteht."
Ella: Entschuldige, Max, aber was findest du so lustig?
Max: Was ich lustig finde? A-hahaha! Warte ein bisschen, dann weißt du es. Das sagt er nämlich zu jeder Frau.
Vivi: Das sagt er zu jeder?
Max: Genau!
Vivi: Aha! Und wo ist da der Witz?
Max: Wie meinst du das? Na, das ist doch der Witz!
Chris: „Ach Meike, du bist die Frau, die mich wirklich versteht."
Max: Ach Meike, du bist die Frau, die mich wirklich versteht.

Bild 3
Ella: Boah, war das ein Quatsch!
Vivi: Ja. Total langweilig, oder?
Ella: Wie gut, dass wir früher gegangen sind!
Vivi: Das ist die Serie, die ich sicher nicht noch mal gucke.
Ella: Für Max sind wir ab heute dumme Hühner, die keinen Spaß verstehen.
Vivi: Du, ehrlich: Das ist mir ziemlich egal!
Ella: Hey! Weißt du was?
Vivi: Hm?
Ella: Wir gehen jetzt zu mir und gucken eine wirklich lustige Serie.
Vivi: Ja, super! Was denn für eine?
Ella: Wie wär's mit „Raffaela"?
Vivi: Och, „Raffaela"? Also ich weiß nicht ... Lass uns lieber „Der Mann, der nichts kann" ansehen.
Ella: Na, das ist ja nun überhaupt nicht lustig!
Vivi: Was? Spinnst du? Das ist voll komisch!
Ella: Da ist ja sogar die blöde Serie von Max noch lustiger!
Vivi: Das ist jetzt aber echt hart, Ella!

Bild 4
Chris: „Ach Rosie, du bist die Frau, die mich wirklich versteht."
Max: Hahahaha!
Linda: „Hallo? Wer ist denn da?"
Ernie: „Na, du kennst mich doch, Linda! Ich bin's: Der Mann, der nichts kann."
Raffaela: „Hach! Ein toller Typ! Ich kann ihn deutlich vor mir sehen, obwohl er gar nicht hier ist. Was soll ich nur tun?"
Freundin: „Geh zum Augenarzt, Raffaela!"

Ellas Kolumne, 2 b

1

Mann: Hmmmm, das ist ja herrlich! So etwas habe ich noch nie erlebt.
Frau: Ich auch nicht. Und ich habe schon so vieles probiert. Das nächste Mal müssen wir unbedingt …

2

Frau: Wie konnte das nur passieren? Das ist ja schrecklich!
Mann: Ach, weißt du, jede schlechte Sache hat auch was Gutes. Du musst dir nur vorstellen, es sind Personen …

Schritt A, A2 a und b

1 Jonas

Meine Lieblingsserie heißt „Stromberg". Das ist eine Comedy-Serie aus Deutschland und spielt im Büro. Obwohl sich das nicht besonders interessant anhört, ist die Serie wahnsinnig lustig. Sie ist nach der Hauptfigur, Bernd Stromberg, benannt. Stromberg ist Chef in einer Versicherung und die ganze Serie dreht sich um ihn und seine Mitarbeiter in der Abteilung. Stromberg ist wirklich kein guter Chef, weder fachlich noch menschlich. Er ist total ungerecht zu seinen Mitarbeitern und ändert ständig seine Meinung. Nur nach außen tut er immer so, als ob er der perfekte Chef wäre. Leider wird die Serie heute nicht mehr produziert. Aber ich habe alle Staffeln zu Hause, und obwohl ich die Folgen alle schon kenne, sehe ich sie mir immer noch regelmäßig an.

2 Julia

Weil ich Krimis liebe, ist meine Lieblingsserie natürlich auch eine Kriminalserie: „Sherlock", das ist eine Serie aus England. Es geht um den berühmten Detektiv Sherlock Holmes, spielt aber in der heutigen Zeit in London. Gedreht wird die Serie seit 2010. Die Hauptfiguren sind Sherlock Holmes und der ehemalige Arzt John Watson, die zusammen in einer Wohngemeinschaft leben. Sherlock Holmes arbeitet als Privatdetektiv für die Londoner Polizei, Watson unterstützt ihn dabei. Holmes ist ein total kluger Mann und natürlich löst er alle Fälle. Jede Folge ist super spannend! John Watson hat einen Blog, und obwohl Holmes das eigentlich nicht möchte, veröffentlicht Watson im Internet jeden Fall. So bekommen Holmes und Watson immer mehr private Kunden und können viele aufregende, ungewöhnliche und witzige Fälle lösen. Ich hoffe sehr, dass die Serie noch lange fortgesetzt wird.

3 Sarah

Obwohl ich eigentlich kein Blut sehen kann und schon gar nicht Operationen — das finde ich ganz schrecklich —, ist meine Lieblingsserie eine Krankenhausserie, nämlich „Grey's Anatomy". Es ist eine US-amerikanische Serie und spielt in einem Krankenhaus in Seattle. Es geht um den Arbeitsalltag und natürlich auch um das Privatleben von fünf Ärzten. Die Hauptfigur ist Meredith Grey. Was ich total spannend finde, sind die unterschiedlichen medizinischen Probleme. Da kann man viel lernen. Und natürlich arbeiten die Hauptfiguren nicht nur. Sie haben alle ein sehr aufregendes Privatleben und es gibt viele Geschichten rund um ihr Liebesleben. Wenn ich mal richtig schlecht drauf bin, dann sehe ich mir eine Folge „Grey's Anatomy" an und schon ist die Welt wieder viel schöner und bunter.

Schritt A, A3 a

Frau: Wie kann man nur so eine Serie machen? Die ist wirklich langweilig.
Mann: Langweilig? Ich verstehe dich nicht. Die ist doch echt spannend.
Frau: Also, ich finde das überhaupt nicht spannend. Ja, das Ende ist doch jetzt schon total klar.
Mann: Aber die Schauspieler sind super, findest du nicht?
Frau: Super? Ich finde die nicht besonders gut! Ich finde die sogar ziemlich schlecht. Also, ich mag diese Serie gar nicht. Schauen wir doch was anderes an!
Mann: Ach komm! Ich finde es besonders nervig, dass du immer meckern musst!

Lektion 2, Audiotraining 1

Obwohl … Bilden Sie Sätze. Hören Sie zuerst ein Beispiel:
S2: Petra sieht einen Krimi an. Sie hat ihn schon einmal gesehen.
S1: Petra sieht einen Krimi an, obwohl sie ihn schon einmal gesehen hat.

Und jetzt Sie:
S2: Petra sieht einen Krimi an. Sie hat ihn schon einmal gesehen.
S1: Petra sieht einen Krimi an, obwohl sie ihn schon einmal gesehen hat.
S2: Tim geht ins Kino. Er hat eigentlich keine Zeit.
S1: Tim geht ins Kino, obwohl er eigentlich keine Zeit hat.
S2: Anna lebt in Frankfurt. Sie mag die Stadt nicht.
S1: Anna lebt in Frankfurt, obwohl sie die Stadt nicht mag.
S2: Leo hat keine Freundin. Er ist sehr nett.
S1: Leo hat keine Freundin, obwohl er sehr nett ist.
S2: Rosa liest einen Roman. Sie findet die Geschichte langweilig.
S1: Rosa liest einen Roman, obwohl sie die Geschichte langweilig findet.
S2: Lars geht joggen. Das Wetter ist schlecht.
S1: Lars geht joggen, obwohl das Wetter schlecht ist.
S2: Linda hört Hip-Hop. Die Musik mag sie nicht.
S1: Linda hört Hip-Hop, obwohl sie die Musik nicht mag.

Lektion 2, Audiotraining 2

Wer ist das? Antworten Sie. Hören Sie zuerst ein Beispiel:
S2: Wer ist das?   Mann – heiraten
S1: Das ist der Mann, der heiratet.

Und jetzt Sie:
S2: Wer ist das?   Mann – heiraten
S1: Das ist der Mann, der heiratet.
S2: Wer ist das?   Kollegin – ein Kind bekommen
S1: Das ist die Kollegin, die ein Kind bekommt.
S2: Wer ist das?   Sängerin – ein Konzert geben
S1: Das ist die Sängerin, die ein Konzert gibt.

S2: Wer ist das?   Koch – berühmt sein
S1: Das ist der Koch, der berühmt ist.
S2: Wer ist das?   die Nachbarn – einen Hund haben
S1: Das sind die Nachbarn, die einen Hund haben.
S2: Wer ist das?   Freund – Komödien mögen
S1: Das ist der Freund, der Komödien mag.

Lektion 2, Audiotraining 3
Vorschläge für das Wochenende! Wiederholen Sie.
Hören Sie zuerst ein Beispiel:
S2: Wir könnten doch einen Ausflug machen.
S1: Wir könnten doch einen Ausflug machen.

Und jetzt Sie:
S2: Wir könnten doch einen Ausflug machen.
S1: Wir könnten doch einen Ausflug machen.
S2: Das ist ein guter Vorschlag.
S1: Das ist ein guter Vorschlag.
S2: Wie wäre es, wenn wir ins Kino gehen?
S1: Wie wäre es, wenn wir ins Kino gehen?
S2: Ich finde das keine so gute Idee.
S1: Ich finde das keine so gute Idee.
S2: Ich habe da einen Vorschlag: Wollen wir schwimmen gehen?
S1: Ich habe da einen Vorschlag: Wollen wir schwimmen gehen?
S2: Okay, das machen wir.
S1: Okay, das machen wir.
S2: Lasst uns doch eine Ausstellung besuchen.
S1: Lasst uns doch eine Ausstellung besuchen.
S2: Muss das sein? Das ist doch langweilig.
S1: Muss das sein? Das ist doch langweilig.

Zwischendurch mal Hören
Mein Lieblingssong – Tausendmal gehört
Jana: Hey! Auf diesem Bild siehst du ja süß aus, Mama!
Mama: So? Findest du?
Jana: Wer ist denn das Mädchen neben dir?
Mama: Na, sag mal! Erkennst du sie wirklich nicht?
Jana: Nee.
Mama: Das ist Carolin!
Jana: Carolin? Ja, stimmt! Und der Junge rechts oben auf dem Auto?
Mama: Das ist Klaus. Klaus und Erika kennst du auch.
Jana: Ach, der Klaus? Und das Mädchen da oben auf dem Auto, das ist Erika?
Mama: Nein, Erika ist hier auf dem linken Bild: Vorne Erika, dahinter ich und hinter mir Carolin.
Jana: Welche Musik habt ihr damals gehört?
Mama: Das war Mitte der 80er-Jahre. Hm. Damals gab's zum ersten Mal richtig gute Songs mit deutschen Texten. Vorher war fast alles nur auf Englisch.
Jana: Was für Songs waren das? Sag mal ein Beispiel!
Mama: Zum Beispiel Nena „99 Luftballons" und Nina Hagen natürlich und Grauzone! ...
Jana: Was? So alt ist das schon? Das kenn' ich auch, aber als Remix.
Mama: Heute gibt's ja alles als Remix, oder?

Jana: „Eisbär". War das dein Lieblingssong?
Mama: Nein. Mein absolut liebster Lieblingssong war „Tausendmal berührt" von Klaus Lage. Den hab' ich bestimmt tausendmal gehört.
Jana: Und wie ging der? Sing doch mal! Kannst du den noch?
Mama: Na ja, nicht mehr so ganz, nur den Refrain: ... Ach, das gibt's auch schon als Remix?
Jana: Hm, wenn dir das Lied so gut gefällt, warum hörst du's dann überhaupt nicht mehr?
Mama: Ach, weißt du, Jana. Immer wenn ich den Song höre, dann muss ich an einen Jungen denken, in den ich damals total verliebt war. Und der ...
Jana: Der was?
Mama: Ach egal! Bei ihm hat's halt leider nicht „Zoom!" gemacht. Oder: Zum Glück! Sonst würd's dich heute nicht geben. Und das wär' doch schade, oder?
Jana: Ja, ziemlich schade!
Beide: ...

Zwischendurch mal Lied
Die Serie, die ich so gerne seh'
vgl. Seite KB 33

Lektion 3   Gesund bleiben

Folge 3: Sami hat Stress.

Bild 1
Sami: Ja, ich hab's verstanden. Die Sache geht heute noch raus. Ja, klar. Mach ich. Ja, ich kümmere mich persönlich darum. Bis dann! Mann!
Ella: Hey, was ist los mit dir, Sami?
Sami: Was los ist? Hier liegt ein Riesenhaufen Arbeit und ich komme einfach nicht dazu, sie zu machen. Ich werde alle fünf Minuten angerufen. Ich kann mich nicht konzentrieren. Das ist los.
Ella: Weißt du was, Sami? Du machst mir Sorgen.
Sami: Was?
Ella: Du siehst nicht gesund aus. Komm, lass uns eine halbe Stunde spazieren gehen.
Sami: Das ist der Witz des Tages. Hast du nicht zugehört, Ella? Ich schaffe meine Arbeit nicht. Wenn ich jetzt auch noch spazieren gehe, mein Gott, dann schaffe ich sie erst recht nicht!
Ella: Das sehe ich ganz anders. Komm schon! Wir sind ja gleich wieder da.
Sami: Ach! Okay.

Bild 2
Sami: Die Arbeit macht mich fertig. Ich habe seit Monaten Magenschmerzen.
Ella: Warst du schon mal beim Arzt?
Sami: Nein.
Ella: Da solltest du aber hingehen.
Sami: Das sagt meine Frau auch.
Ella: Sie hat recht. Du, das muss unbedingt untersucht werden.

Sami: Meinst du wirklich?

Ella: Na sicher! Ich würde an deiner Stelle zu einem Arzt gehen. Bei so was holt man sich am besten den Rat eines Fachmanns.

Sami: Oh, Wahnsinn, ...

Ella: Was ist?

Sami: Gleich drei! Ich muss zurück in die Redaktion!

Ella: Ach was! Wir sind doch erst seit zehn Minuten unterwegs.

Sami: Aber meine Arbeit!

Ella: Die läuft schon nicht weg.

Sami: Hahaha.

Ella: Sag mal, kennst du eigentlich die Geschichte vom Holzfäller?

Sami: Nein. Wie geht die?

Ella: Pass auf ...

Bild 3

Ella: Ein Holzfäller soll zehn Bäume fällen. Er nimmt also seine Axt, geht in den Wald und fängt an: Zack! Zack! Zack! Das Problem ist nur: Die Klinge seiner Axt ist nicht scharf. Deshalb kommt er mit seiner Arbeit nur ganz, ganz langsam voran, obwohl er sich total anstrengt. Ein anderer Holzfäller sieht das und sagt: „Hey, Mann! Deine Axt muss geschärft werden." Da antwortet unser Holzfäller: „Ich hab' keine Zeit. Ich muss doch erst die zehn Bäume fällen."

Sami: Hahaha! So ein Idiot! Wenn die Axt scharf wäre, dann würde er es viel schneller schaffen!

Ella: Siehst du, jetzt hast du's kapiert.

Sami: Ich? Was?

Ella: Nimm dir Zeit zur Entspannung, dann hast du weniger Stress und bist auch noch schneller!

Bild 4

Sami: Hey, Ella!

Ella: Morgen, Sami! Na, hast du deine zehn Bäume noch geschafft, gestern?

Sami: Nicht ganz. Aber ich war viel entspannter nach unserem Spaziergang.

Ella: Siehst du.

Sami: Und zu Hause habe ich mir gleich die Nummer eines Magenfachmanns rausgesucht und einen Termin vereinbart.

Ella: Wow! Super!

Sami: Ich soll dir übrigens schöne Grüße von meiner Frau sagen. Ich glaube, sie ist eifersüchtig.

Ella: Auf mich?

Sami: Ich habe ihr deine Holzfällergeschichte erzählt. Da hat sie gesagt: „Die Ratschläge deiner Frau sind dir egal, aber auf sie hörst du!"

Ella: Das Wichtigste ist doch, dass du endlich zum Arzt gehst.

Sami: Das fand sie dann auch. Du, wollen wir später nochmal 'ne Runde spazieren gehen?

Ella: Heute nicht, ich muss gleich weg.

Sami: Och, schade!

Ella: Komm, komm, komm! Das schaffst du auch allein!

3

Ella: Sag mal, kennst du eigentlich die Geschichte vom Holzfäller?

Sami: Nein. Wie geht die?

Ella: Pass auf ... Ein Holzfäller soll zehn Bäume fällen. Er nimmt also seine Axt, geht in den Wald und fängt an: Zack! Zack! Zack! Zack! Das Problem ist nur: Die Klinge seiner Axt ist nicht scharf. Deshalb kommt er mit seiner Arbeit nur ganz, ganz langsam voran, obwohl er sich total anstrengt. Ein anderer Holzfäller sieht das und sagt: „Hey, Mann! Deine Axt muss geschärft werden." Da antwortet unser Holzfäller: „Ich hab' keine Zeit. Ich muss doch erst die zehn Bäume fällen."

Sami: Hahaha! So ein Idiot! Wenn die Axt scharf wäre, dann würde er es viel schneller schaffen!

Ella: Siehst du, jetzt hast du's kapiert.

Schritt B, B2

A

Wir beginnen mit einer Übung zur Bewegung der Kniegelenke. Setzen Sie sich locker auf einen Stuhl und stecken Sie sich ein Buch zwischen die Füße. Strecken Sie nun Ihre Knie und heben Sie so das Buch an. Halten Sie diese Position fünf Sekunden. Und halten ... und halten ... und halten. Nun senken Sie Ihre Füße langsam wieder ab.

B

Als Nächstes machen wir eine Übung zur Kräftigung der Beinmuskulatur. Stellen Sie Ihre Füße etwa schulterbreit auseinander. Ihr Gewicht liegt auf dem hinteren Teil des Fußes. Strecken Sie nun die Arme aus und sehen Sie nach vorn. Gehen Sie in die Knie und drücken Sie dabei Ihren Po nach hinten. Strecken Sie dann Ihre Beine wieder.

C

Zum Schluss machen wir eine Übung zur Dehnung des Nackens. Stellen Sie sich gerade hin und lassen Sie alle Muskeln locker werden. Neigen Sie nun Ihren Kopf zur rechten Schulter. Halten Sie den Kopf zehn Sekunden auf dieser Seite. Und halten ... und halten ... und halten ... Neigen Sie nun Ihren Kopf zur linken Schulter und halten Sie ihn auch auf dieser Seite zehn Sekunden.

Schritt C, C1 a

Dr. Renner: Ich begrüße Sie zu unserer heutigen Gesundheitssprechstunde, liebe Hörerinnen und Hörer. Ich bin Dr. Heinz Renner und beantworte heute wieder sehr gern Ihre Fragen. Tja, und da ist auch schon die erste Anruferin am Telefon. Frau Sanchez, womit kann ich Ihnen helfen?

Frau Sanchez: Ach, Herr Doktor, ich habe immer wieder Kopfschmerzen. Manchmal sind die Schmerzen so stark, dass ich gar nicht mehr schlafen kann. Das ist nun schon seit einigen Monaten so. Können Sie mir da einen Rat geben?

Dr. Renner: Hm. Waren Sie mit Ihren Beschwerden denn schon mal beim Arzt?

Frau Sanchez: Nein, noch nicht. Ich dachte eigentlich, die Schmerzen würden von selbst wieder weggehen.

Dr. Renner: Und haben Sie noch andere Beschwerden, wie zum Beispiel Sehstörungen oder Probleme beim Hören oder Sprechen?

Frau Sanchez: Nein, ich habe einfach nur sehr oft starke Kopfschmerzen. Und ich schlafe deshalb viel zu wenig. Was kann denn das bloß sein?

Dr. Renner: Nun, Kopfschmerzen können ja sehr verschiedene Ursachen haben. Darf ich fragen, wie alt Sie sind, Frau Sanchez?

Frau Sanchez: Natürlich. Ich bin 47.

Dr. Renner: Und was machen Sie beruflich?

Frau Sanchez: Ich arbeite als Kellnerin.

Dr. Renner: Ah ja. Da haben Sie sicher ziemlich viel zu tun?

Frau Sanchez: Ja, wir haben viel Stress. Ich muss viele Überstunden machen und weiß oft nicht, wie ich meine Arbeit schaffen soll.

Dr. Renner: Ich verstehe. Und machen Sie Sport oder etwas zur Entspannung?

Frau Sanchez: Nein, dafür habe ich keine Zeit. Nach der Arbeit muss ich mich um den Haushalt und die Kinder kümmern.

Dr. Renner: Nun, ich könnte mir vorstellen, dass Sie zu viel Stress haben. Das führt ja oft zu Kopfschmerzen.

Schritt C, C1 b

Dr. Renner: Ich begrüße Sie zu unserer heutigen Gesundheitssprechstunde, liebe Hörerinnen und Hörer. Ich bin Dr. Heinz Renner und beantworte heute wieder sehr gern Ihre Fragen. Tja, und da ist auch schon die erste Anruferin am Telefon. Frau Sanchez, womit kann ich Ihnen helfen?

Frau Sanchez: Ach, Herr Doktor, ich habe immer wieder Kopfschmerzen. Manchmal sind die Schmerzen so stark, dass ich gar nicht mehr schlafen kann. Das ist nun schon seit einigen Monaten so. Können Sie mir da einen Rat geben?

Dr. Renner: Hm. Waren Sie mit Ihren Beschwerden denn schon mal beim Arzt?

Frau Sanchez: Nein, noch nicht. Ich dachte eigentlich, die Schmerzen würden von selbst wieder weggehen.

Dr. Renner: Und haben Sie noch andere Beschwerden, wie zum Beispiel Sehstörungen oder Probleme beim Hören oder Sprechen?

Frau Sanchez: Nein, ich habe einfach nur sehr oft starke Kopfschmerzen. Und ich schlafe deshalb viel zu wenig. Was kann denn das bloß sein?

Dr. Renner: Nun, Kopfschmerzen können ja sehr verschiedene Ursachen haben. Darf ich fragen, wie alt Sie sind, Frau Sanchez?

Frau Sanchez: Natürlich. Ich bin 47.

Dr. Renner: Und was machen Sie beruflich?

Frau Sanchez: Ich arbeite als Kellnerin.

Dr. Renner: Ah ja. Da haben Sie sicher ziemlich viel zu tun?

Frau Sanchez: Ja, wir haben viel Stress. Ich muss viele Überstunden machen und weiß oft nicht, wie ich meine Arbeit schaffen soll.

Dr. Renner: Ich verstehe. Und machen Sie Sport oder etwas zur Entspannung?

Frau Sanchez: Nein, dafür habe ich keine Zeit. Nach der Arbeit muss ich mich um den Haushalt und die Kinder kümmern.

Dr. Renner: Nun, ich könnte mir vorstellen, dass Sie zu viel Stress haben. Das führt ja oft zu Kopfschmerzen.

Frau Sanchez: Aha. Und was würden Sie mir empfehlen?

Dr. Renner: Als Erstes sollten Sie unbedingt Ihren Hausarzt aufsuchen. Er wird zuerst mit Ihnen reden: über die Art Ihrer Schmerzen, Ihre Lebensumstände usw. Aber natürlich sind auch Untersuchungen notwendig. Man muss ausschließen, dass Ihre Schmerzen auch andere Ursachen haben können.

Frau Sanchez: Was kann das denn sonst noch sein?

Dr. Renner: Da gibt es viele Möglichkeiten. Es kann mit den Augen, den Zähnen oder der Wirbelsäule zusammenhängen. Wenn noch weitere Untersuchungen notwendig sind, bekommen Sie von Ihrem Hausarzt eine Überweisung für einen Facharzt.

Frau Sanchez: Aha. Eine letzte Frage hätte ich noch: Kennen Sie vielleicht ein gutes Medikament gegen Kopfschmerzen? Ich habe den Eindruck, dass das Schmerzmittel, das ich immer nehme, gar nicht mehr hilft.

Dr. Renner: Da gibt es natürlich zahlreiche Medikamente, aber zuerst muss die Ursache Ihrer Beschwerden zweifelsfrei geklärt werden. Es wäre am besten, Sie würden in Ihrem Alltag ein festes Entspannungsritual einplanen, z. B. ein Vollbad am Abend oder einen Spaziergang in der Mittagspause. Denn oft verschwinden die Schmerzen schnell, wenn man sich mehr Zeit zum Entspannen nimmt. Ich würde an Ihrer Stelle außerdem regelmäßig Entspannungsübungen machen.

Frau Sanchez: Was für Übungen sind denn das?

Dr. Renner: Sie können sich Übungen von Ihrem Hausarzt zeigen lassen oder sich im Internet informieren. Einige Krankenkassen bieten auch Gesundheitskurse im Bereich Entspannung an. Rufen Sie doch einfach mal bei Ihrer Krankenkasse an.

Frau Sanchez: Aha. Na ja, das kann ich ja mal versuchen. Vielen Dank auch für die vielen Informationen.

Dr. Renner: Aber gern! Gute Besserung, Frau Sanchez.

Frau Sanchez: Tschüs.

Dr. Renner: Bis zum nächsten Anrufer hören wir jetzt ein paar Takte Musik.

Schritt E, E1 a

Frau Tokic: Areba GmbH, Tokic, am Apparat. Schönen guten Morgen.

Frau Berger: Guten Morgen, Frau Tokic. Hier ist Melanie Berger.

Frau Tokic: Guten Morgen, Frau Berger. Was gibt's denn?

Frau Berger: Sie hören es sicher schon an meiner Stimme. Ich bin leider krank. Ich liege seit Freitagabend mit Fieber im Bett. Eine böse Erkältung wahrscheinlich.

Frau Tokic: Ach, das tut mir leid. Waren Sie denn schon beim Arzt?

Frau Berger: Ja, war ich. Ich bin gerade wieder zu Hause. Er hat mich für die nächsten drei Tage krankgeschrieben. Die Krankmeldung ist auch schon in der Post. Und das jetzt, wo wir diese Konferenz vorbereiten müssen.

Frau Tokic: Hm, ja, stimmt. Aber das kriegen wir schon hin! Werden Sie erst mal wieder gesund.
Frau Berger: Danke. Das ist nett, Frau Tokic. Ich habe hier ein paar Dinge auf der Liste, die dringend noch gemacht werden müssen.
Frau Tokic: Ja, warten Sie ... So, ich höre?
Frau Berger: Gut, zuerst muss einiges für die Konferenz morgen vorbereitet werden.

Schritt E, E1 b
Frau Tokic: Areba GmbH, Tokic am Apparat. Schönen guten Morgen.
Frau Berger: Guten Morgen, Frau Tokic. Hier ist Melanie Berger.
Frau Tokic: Guten Morgen, Frau Berger. Was gibt's denn?
Frau Berger: Sie hören es sicher schon an meiner Stimme. Ich bin leider krank. Ich liege seit Freitagabend mit Fieber im Bett. Eine böse Erkältung wahrscheinlich.
Frau Tokic: Ach, das tut mir leid. Waren Sie denn schon beim Arzt?
Frau Berger: Ja, war ich. Ich bin gerade wieder zu Hause. Er hat mich für die nächsten drei Tage krankgeschrieben. Die Krankmeldung ist auch schon in der Post. Und das jetzt, wo wir diese Konferenz vorbereiten müssen.
Frau Tokic: Hm, ja, stimmt. Aber das kriegen wir schon hin! Werden Sie erst mal wieder gesund.
Frau Berger: Danke. Das ist nett, Frau Tokic. Ich habe hier ein paar Dinge auf der Liste, die dringend noch gemacht werden müssen.
Frau Tokic: Ja, warten Sie ... So, ich höre?
Frau Berger: Gut, zuerst muss einiges für die Konferenz morgen vorbereitet werden. Bitte seien Sie so nett und kümmern sich um die Getränke. Jemand muss Kaffee und Tee kochen. Und auf jeden Fall brauchen wir Wasser und Saft. Vielleicht müsste da auch noch was aus der Kantine bestellt werden.
Frau Tokic: Ja, gut. Darum werde ich mich kümmern.
Frau Berger: Außerdem bekommen die Konferenzteilnehmer Schreibblöcke und Kugelschreiber. Sie wissen ja, wo Sie sie finden, oder?
Frau Tokic: Ja, natürlich.
Frau Berger: Gut. Der nächste wichtige Punkt ist die Reise von Herrn Dr. Nuke. Ich müsste mich noch dringend um seinen Flug nach Brüssel und um das Hotel kümmern. Könnten Sie das vielleicht auch übernehmen, Frau Tokic? Das wäre sehr nett.
Frau Tokic: Klar, das mache ich doch gern. Die Daten für die Reise und das Hotel finde ich ja im Ordner, oder?
Frau Berger: Ja, genau, wunderbar. Ich glaube, das wäre erst mal das Wichtigste. Wenn mir doch noch etwas einfällt, melde ich mich einfach noch mal.
Frau Tokic: Alles klar! Ich denke, wir kriegen das hin, Frau Berger. Ruhen Sie sich jetzt erst mal aus und denken Sie nicht so viel an die Arbeit. Und gute Besserung!
Frau Berger: Danke! Grüßen Sie die Kollegen von mir.
Frau Tokic: Mach ich. Tschüs, Frau Berger.
Frau Berger: Tschüs.

Lektion 3, Audiotraining 1
Gesundheitstipps. Bilden Sie Sätze. Hören Sie zuerst ein Beispiel:
S2: Achten Sie auf ausreichend Bewegung!
S1: Es sollte auf ausreichend Bewegung geachtet werden.

Und jetzt Sie:
S2: Achten Sie auf ausreichend Bewegung!
S1: Es sollte auf ausreichend Bewegung geachtet werden.
S2: Essen Sie viel Obst und Gemüse!
S1: Es sollte viel Obst und Gemüse gegessen werden.
S2: Trinken Sie viel!
S1: Es sollte viel getrunken werden.
S2: Schlafen Sie genug!
S1: Es sollte genug geschlafen werden.
S2: Machen Sie regelmäßig Sport!
S1: Es sollte regelmäßig Sport gemacht werden.
S2: Machen Sie Vorsorgeuntersuchungen!
S1: Es sollten Vorsorgeuntersuchungen gemacht werden.

Lektion 3, Audiotraining 2
Gesundheitsstatistik im Kurs. Wiederholen Sie. Hören Sie zuerst ein Beispiel:
S2: Die Hälfte unseres Kurses macht einmal pro Woche Sport.
S1: Die Hälfte unseres Kurses macht einmal pro Woche Sport.

Und jetzt Sie:
S2: Die Hälfte unseres Kurses macht einmal pro Woche Sport.
S1: Die Hälfte unseres Kurses macht einmal pro Woche Sport.
S2: Dreiviertel unseres Kurses geht viel an die frische Luft.
S1: Dreiviertel unseres Kurses geht viel an die frische Luft.
S2: Ein Drittel der Kursteilnehmer geht regelmäßig zum Arzt.
S1: Ein Drittel der Kursteilnehmer geht regelmäßig zum Arzt.
S2: Die meisten von uns sind nur selten krank.
S1: Die meisten von uns sind nur selten krank.
S2: Drei von uns fehlen grundsätzlich nie im Unterricht.
S1: Drei von uns fehlen grundsätzlich nie im Unterricht.

Lektion 3, Audiotraining 3
Ich brauche einen Rat! Stellen Sie Fragen. Hören Sie zuerst ein Beispiel:
S2: Ich brauche einen Rat.   Fachmann
S1: Den Rat eines Fachmanns?

Und jetzt Sie:
S2: Ich brauche einen Rat.   Fachmann
S1: Den Rat eines Fachmanns?
S2: Ich brauche einen Rat.   Arzt
S1: Den Rat eines Arztes?
S2: Ich brauche einen Rat.   Spezialist
S1: Den Rat eines Spezialisten?

S2: Ich brauche einen Rat.   Kollegin
S1: Den Rat einer Kollegin?
S2: Ich brauche einen Rat.   Freund
S1: Den Rat eines Freundes?
S2: Ich brauche einen Rat.   Lehrer
S1: Den Rat eines Lehrers?

Lektion 4   Sprachen

Folge 4: Chili con carne?

Bild 1
Max: Hey! Ella!
Ella: Hallo Max! Na? Warst du einkaufen?
Max: Ja, für ein Chili con carne. Magst du Chili?
Ella: Na ja, eigentlich schon, aber …
Max: Hey, du könntest mich heute Abend besuchen kommen. Da gibt's ganz frisches, leckeres Chili.
Ella: Tut mir leid. Heute Abend habe ich keine Zeit.
Max: Na, dann kommst du morgen Abend. Aufgewärmt schmeckt mein Chili sogar noch besser.
Ella: Morgen hab ich auch keine Zeit. Ich muss jetzt weiter … Weißt du, ich bin beruflich unterwegs. Also tschüs, Max!
Max: Ella! Warte! Warte doch mal!

Bild 2
Max: Darf ich dich einladen? Wir könnten was trinken gehen.
Ella: Nein danke, Max.
Max: Kein schneller Kaffee oder so?
Ella: Danke nein! Ich habe keinen Kaffee-Durst.
Max: Ach komm schon, Ella! Ein Kaffee geht doch immer!
Ella: Nein, Max! Es ist schon halb elf und ich bin wirklich in Eile wegen meiner Arbeit. Weißt du, ich muss heute ein paar Interviews machen. Also dann: Bis irgendwann!

Bild 3
Max: Hey, jetzt lauf halt nicht immer weg, Ella! Hast du am Wochenende schon was vor?
Ella: Ja, habe ich …
Max: Aha, was machst du denn?
Ella: Ich werde meinen Keller ausräumen. Der hat das schon lange mal nötig.
Max: Brauchst du Hilfe? Ich bin ein ziemlich praktischer Typ.
Ella: Das glaube ich dir sofort. Aber, ehrlich gesagt …
Max: Also, wenn ich du wäre, würde ich mir helfen lassen.
Ella: Und wenn ich du wäre, würde ich jetzt ganz schnell nach Hause gehen und das Chili kochen. Sonst wird dein Hackfleisch schlecht. So, jetzt muss ich aber wirklich los. Tschüs Max!
Max: Ach Mann! Pffhh!

Bild 4
Vivi: Hey, Ella!
Ella: Hallo Vivi!
Vivi: Schön, dass du anrufst! Na, wie war dein Tag?
Ella: Anstrengend! Ich habe mir die Füße plattgelaufen wegen meiner Interviews.
Vivi: Oje, du Arme! Hast du sie dann wenigstens gekriegt?
Ella: Ja, klar. Sie sind sogar ganz gut geworden.
Vivi: Na prima! Du, stell dir vor, wen ich heute getroffen habe!
Ella: Wen denn?
Vivi: Max.
Ella: Ach, wirklich? Wo denn?
Vivi: Auf der Straße, direkt bei mir vor dem Haus.
Ella: Ach?
Vivi: Er wollte mich einladen … zu einem Chili con carne, heute Abend, bei sich zu Hause …
Ella: Und? Magst du Chili?
Vivi: Chili schon, aber Ella, ganz ehrlich: … Ich … ich … wie soll ich sagen …
Ella: … du hattest heute Abend schon was anderes vor?
Vivi: Hach Ella! DU bist die Frau, die mich WIRKLICH versteht!

Schritt B, B2 a
Moderator: „Das Wichtigste für Zuwanderer ist die deutsche Sprache, denn Sprachkenntnisse sind die Basis für Integration." Das hören wir im Radio und im Fernsehen und lesen es in der Zeitung. Und da sind Politiker und Bürger offenbar auch einer Meinung. Aber wie war es für die Menschen, die hier leben, aber unsere Sprache erst mühsam lernen mussten? Welche Erfahrungen haben sie gemacht? Das wollten wir von denen wissen, die hierherkamen, um zu bleiben, und unsere Sprache gelernt haben. Unser Reporter Hajo Schulz hat sich an verschiedenen Schulen und Institutionen in Berlin umgehört. Hören Sie selbst.

Schritt B, B2 b und c
1
Hajo Schulz: Entschuldigung?
Mann: Ja, bitte?
Hajo Schulz: Besuchen Sie zurzeit einen Deutschkurs?
Mann: Ja, ich gehe auf eine Berufsschule und besuche dort einen Intensivkurs. Ich möchte später eine Ausbildung als Bürokaufmann machen und deshalb brauche ich sehr gute Deutschkenntnisse.
Hajo Schulz: Wie haben Sie das Lernen der deutschen Sprache erlebt? Ist sie wirklich so schwer, wie alle behaupten?
Mann: Das kann man nicht so einfach sagen. Für mich war es vielleicht ein bisschen leichter. Ich hatte an meiner Schule in Syrien nämlich schon vier Jahre lang Englisch gelernt. Deutsch und Englisch sind ja sehr ähnlich. Das war für mich dann alles nicht mehr ganz so neu.
Für alle, die noch nie eine Fremdsprache gelernt haben, ist das natürlich viel schwieriger. Außerdem ist meine Muttersprache Arabisch. Arabisch hat ähnliche Laute wie die

deutsche Sprache. Darum habe ich mit der Aussprache im Deutschen nicht so viele Probleme. Aber Arabisch hat eine ganz andere Schrift als Deutsch. Deshalb mussten viele von meinen Freunden zuerst einen Alphabetisierungskurs machen. Also die mussten erst mal die Buchstaben schreiben lernen. Das musste ich Gott sei Dank nicht.
Hajo Schulz: Vielen Dank. Ich wünsche Ihnen viel Erfolg!
Mann: Danke!

2

Hajo Schulz: Hallo? Darf ich Ihnen ein paar Fragen stellen?
Frau: Ja, natürlich.
Hajo Schulz: Wie lange lernen Sie schon Deutsch?
Frau: Ach, das ist schwer zu sagen. Ich bin 1997 nach Berlin gekommen. Mein Mann hatte hier Arbeit und ich bin erst mal mit den Kindern zu Hause geblieben. Aber das war hart. Ich hatte überhaupt keinen Kontakt zu Deutschen und habe mich immer nur mit anderen türkischen Müttern getroffen. Dann haben wir natürlich nur Türkisch gesprochen.
Hajo Schulz: Und wie kam es, dass Sie dann doch noch einen Deutschkurs besucht haben?
Frau: Ich habe eigentlich Deutsch gelernt, weil meine Kinder mir immer wieder gesagt haben, wie wichtig das ist. Wenn ich mal zum Arzt wollte oder einen Termin bei einer Behörde hatte, mussten meine Kinder mitkommen und für mich übersetzen. Dazu hatten sie irgendwann keine Lust mehr. Ich konnte ihnen ja auch nie bei den Hausaufgaben helfen oder mit ihren Lehrern oder Freunden sprechen. Meine Tochter Elif hat mir dann eines Tages erzählt, dass an ihrer Schule ein Deutschkurs für Mütter angeboten wird. Das war mein Glück.
Hajo Schulz: Was hat Ihnen beim Deutschlernen geholfen?
Frau: Unsere Lehrerin hat uns die Grammatik mit Farben und Symbolen erklärt und wir haben viele Spiele im Unterricht gemacht. Das fand ich zuerst seltsam, aber so habe ich die Angst vor der Sprache verloren. Außerdem musste ich mit den anderen Frauen aus dem Deutschkurs ja Deutsch sprechen. Das hat mir auch geholfen.
Hajo Schulz: Vielen Dank!
Frau: Gern.

3

Hajo Schulz: Äh, entschuldigen Sie!
Frau: Ja, bitte?
Hajo Schulz: Darf ich fragen, für was für einen Kurs Sie sich gerade eingeschrieben haben?
Frau: Deutsch im Tourismus.
Hajo Schulz: Ah, interessant. Woher kommen Sie denn?
Frau: Aus Spanien.
Hajo Schulz: Sie sprechen aber schon ziemlich gut Deutsch.
Frau: Na ja, es geht. Ich habe schon in Spanien an einer deutschen Schule Deutsch gelernt. Aber jetzt möchte ich mein Deutsch noch verbessern.
Hajo Schulz: Hat das einen besonderen Grund?
Frau: Ich mache das wegen der Arbeit. Ich bin Hotelfachfrau und möchte hier später Tourismus-Management studieren und nebenher in einem Hotel arbeiten. Deshalb mache ich diesen speziellen Deutschkurs.
Hajo Schulz: Fanden Sie es schwer, Deutsch zu lernen?
Frau: Ja, schon. Es war ganz schön viel Arbeit. Aber sie werden lachen, es hilft, wenn man z. B. verliebt ist oder wenn man unbedingt hier studieren oder arbeiten möchte. Denn am allerwichtigsten ist die Motivation. Jedenfalls ist das bei mir so. Wenn ich richtig motiviert bin, schaffe ich alles. Zusammen mit meinem deutschen Freund habe ich die Sprache ganz schnell gelernt.
Hajo Schulz: Möchten Sie denn für immer hierbleiben?
Frau: Ja, ich denke schon.
Hajo Schulz: Dann vielen Dank und viel Erfolg!
Frau: Danke auch! Den kann ich gebrauchen!

4

Hajo Schulz: Entschuldigung?
Junge: Ja, was ist?
Hajo Schulz: Darf ich fragen, was deine Muttersprache ist?
Junge: Russisch, wieso?
Hajo Schulz: Und wann bist du nach Deutschland gekommen?
Junge: Vor drei Jahren, da war ich 12.
Hajo Schulz: Und konntest du da schon ein bisschen Deutsch?
Junge: Nee, null! Zuerst habe ich in der Schule überhaupt nichts verstanden. Das war echt krass. Aber zum Glück gab es unsere Nachbarin, Frau Sanders. Sie hat mir bei den Hausaufgaben geholfen und wir haben zusammen Bücher gelesen und so.
Hajo Schulz: Was hat dir sonst noch beim Deutschlernen geholfen?
Junge: Ganz klar das Fernsehen. Ich habe mir viele Serien angeschaut. Das ist nicht so schwer zu verstehen und man lernt schnell, wie die Leute sprechen, so ganz normal, Umgangssprache halt. Für mich ist das Hören ganz wichtig. Was ich oft höre, das kann ich dann auch verstehen und selber sprechen.
Hajo Schulz: Besuchst du noch einen Deutschkurs?
Junge: Heute ist mein letzter Tag. Ich habe nächsten Monat Prüfung und dann mache ich ein Praktikum in einem Krankenhaus. Ich möchte später eine Ausbildung zum Krankenpfleger machen.
Hajo Schulz: Toll! Dann wünsche ich dir viel Glück und Erfolg!
Junge: Danke!

Schritt C, C1 a und c
Gespräch A
Bea: Hi Meral, wie geht's?
Meral: Hey Bea! Gut geht's. Bei euch auch alles okay?
Bea: Ja, alles bestens. Du, ich habe nächsten Donnerstag um 14 Uhr einen Zahnarzttermin bei dir in der Nähe in der Herzogstraße. Ich dachte mir, wir könnten vielleicht vorher irgendwo zusammen Mittag essen.
Meral: Gute Idee! Aber warte mal. Was meinst du mit nächsten Donnerstag? Den Donnerstag in dieser Woche oder den Donnerstag in der nächsten Woche?
Bea: Äh ..., na, diesen Donnerstag.

Meral: Wie jetzt? Heißt das, nächsten Donnerstag bedeutet dasselbe wie diesen Donnerstag?

Bea: Na, du fragst vielleicht Sachen. Das kommt darauf an ... Also ...

Gespräch B

Sprechstundenhilfe: Praxis Dr. Schaller, guten Tag.

Patient: Guten Tag, mein Name ist Diouf. Ich hätte gern einen Termin für nächste Woche.

Sprechstundenhilfe: Einen Moment bitte, Herr ... wie war bitte Ihr Name?

Patient: Diouf. D – I – O – U – F.

Sprechstundenhilfe: Ich schaue mal eben nach, Herr Diouf. Wann würde es Ihnen denn besser passen, vormittags oder nachmittags?

Patient: Am besten vormittags, so früh wie möglich.

Sprechstundenhilfe: Ah, hier hätte ich was frei. Sie könnten zum Beispiel am 7.8. um halb neun ... ach was, was rede ich denn?! ... um Viertel vor neun kommen. Ich dachte, die Person hätte abgesagt, aber die kommt nun doch. Manchmal wissen die Leute halt auch nicht, was sie wollen. Oder am 9.8., da hätten wir sogar um halb acht noch etwas frei. Dann wären Sie der Erste.

Patient: Entschuldigung, könnten Sie bitte langsamer sprechen? Mein Deutsch ist noch nicht so perfekt.

Sprechstundenhilfe: Oh, entschuldigen Sie bitte. Ich spreche ja auch sehr schnell. Also, der erste Termin ist am 7. August um 8.45 Uhr und der zweite Termin wäre am 9. August um 7.30 Uhr.

Gespräch C

Schülerin: Herr Klemm, darf ich Sie kurz etwas fragen?

Deutschlehrer: Natürlich, Natalia. Worum geht's denn?

Schülerin: Meine Tante möchte nach Deutschland kommen und hier arbeiten. Sie kommt aus der Ukraine und ist Krankenschwester von Beruf. Können Sie mir vielleicht sagen, wo sie sich informieren kann? Sie hat schon ein bisschen Deutsch in der Schule gelernt.

Deutschlehrer: Da sollte sie am besten mal auf der Webseite vom BAMF schauen. Die haben sehr viele Informationen für Zuwanderer. Ich bin mir sicher, dass sie da die passenden Informationen findet.

Schülerin: Ähm ... die Webseite von ...? Das Wort habe ich nicht verstanden. Könnten Sie das bitte wiederholen?

Deutschlehrer: Ach so, ja klar. Ich spreche vom BAMF. Das ist eine Abkürzung und heißt Bundesamt für Migration und Flüchtlinge.

Schülerin: Ach so. Wissen Sie, ob es die Webseite auch auf Russisch gibt?

Deutschlehrer: Das könnte gut sein. Aber genau weiß ich es nicht.

Gespräch D

Frau: Also dann bis morgen. Ich denke, es reicht, wenn wir uns um Viertel drei in meinem Büro treffen.

Mann: Entschuldigung, habe ich das richtig verstanden? Viertel vor drei? Ist das nicht ein bisschen spät? Wir müssen doch schon um drei Uhr alles fertig haben.

Frau: Wer spricht denn von Viertel vor drei? Ich hab Viertel drei gesagt.

Mann: Und was bedeutet Viertel drei?

Frau: Das bedeutet Viertel nach zwei, 14.15 Uhr sozusagen.

Mann: Hm. Tut mir leid, aber das habe ich noch nie gehört.

Frau: Sie sind eben noch neu hier in Stuttgart. Hier sagen wir oft Viertel drei, halb drei, dreiviertel drei.

Mann: Und dreiviertel drei bedeutet dann 14.45 Uhr?

Frau: Genau!

Mann: Interessant ...

Schritt D, D1 b und c

Sarah: Du, Hanna? Kannst du mir helfen?

Hanna Spohr: Ja, was ist denn, Sarah?

Sarah: Meine Tasche ist weg.

Hanna Spohr: Was? Na, die finden wir bestimmt gleich wieder, ja?

Sarah: Ja! Ja! Ja!

Radiosprecher: Was sich hier wie eine ganz normale Szene aus dem deutschen Kindergartenalltag anhört, ist in Wirklichkeit das Ergebnis eines ebenso ungewöhnlichen wie erfolgreichen Vorschulprojekts. Denn Sarah konnte kein Wort Deutsch, als sie vor einem Jahr in den Kindergarten kam. Es ging ihr wie vielen anderen ausländischen Kindern, die mit erheblichen Sprachproblemen in Deutschland aufwachsen müssen. Aber Sarah hatte Glück: Ihr Kindergarten beteiligt sich am Projekt „Sprachkurse für Kinder".

Hanna Spohr: Seit 1998 bieten wir hier in unseren Kindergärten gezielt Sprachkurse für Kinder an. Wir haben ja das Problem, dass in vielen ausländischen Familien zu Hause nur die Muttersprache gesprochen wird. Dadurch lernen die Kinder so gut wie kein Deutsch, und das wird spätestens dann zum echten Problem, wenn sie in die Schule kommen.

Radiosprecher: Sagt Hanna Spohr, die Projektleiterin. Mit einer Stunde Kindersprachkurs pro Woche haben sie und ihre Kolleginnen inzwischen schon vielen ausländischen Kindern den Start in die Schule erleichtert. Wie funktioniert der Deutschunterricht im Kindergarten?

Hanna Spohr: Wir beginnen unsere Deutschstunde meistens mit dem „Zaubersack". Das ist ein ganz normaler Sack, in den wir vorher verschiedene Gegenstände gelegt haben, zum Beispiel einen Teddybär, einen Apfel, einen Hausschuh und so weiter. Die Kinder müssen zuerst fühlen, was in dem Sack ist, und danach müssen sie es auf Deutsch sagen. So erweitern wir ganz spielerisch ihren Wortschatz. Wir arbeiten auch sehr viel mit Bildern und natürlich mit Liedern. Und so fühlt sich Sarah nun auch richtig wohl im Kindergarten – obwohl die Kinder, die nicht so gut Deutsch können, noch immer eher zusammenspielen – aber auch das ändert sich.

Sarah: Ich hab' also mehr diese Freundinnen, die aus einem anderen Land kommen, weil, da verstehen sie mich, wenn ich was falsch sage, aber Deutsche ... dann ... die verstehen mich nicht so gut, weil die ja keine Fehler machen.

Hanna Spohr: Uns ist es wichtig, die Kinder überhaupt fürs Sprechen und Sprachenlernen zu sensibilisieren. Sie sollen ja Deutsch und ihre Muttersprache lernen und dabei von Anfang an spüren, dass die Mehrsprachigkeit für sie eine

Chance, etwas Positives ist! Deshalb legen wir zum Beispiel großen Wert darauf, dass die Kinder ihre Hausaufgaben zusammen mit ihren Eltern machen. Da können sie zeigen, was sie im Sprachkurs gelernt haben, und die Eltern lernen gleich auch noch ein bisschen mit.

Radiosprecher: Der Erfolg gibt den Initiatoren recht: Viele Teilnehmer der Kindersprachkurse fanden sich später im Schulalltag wesentlich besser zurecht als ausländische Kinder, die keinen Kurs gemacht haben.

Sarah: Ich finde Deutschlernen lustig. Aber Papa ist manchmal sauer, weil ich besser Deutsch kann.

Lektion 4, Audiotraining 1
Warum ziehst du nach Leipzig? Antworten Sie.
Hören Sie zuerst ein Beispiel:
S2: Warum ziehst du nach Leipzig?   Arbeit
S1: Wegen meiner Arbeit.

Und jetzt Sie:
S2: Warum ziehst du nach Leipzig?   Arbeit
S1: Wegen meiner Arbeit.
S2: Warum ziehst du nach Dresden?   Partner
S1: Wegen meines Partners.
S2: Warum ziehst du nach Köln?   Tochter
S1: Wegen meiner Tochter.
S2: Warum ziehst du nach Berlin?   Beruf
S1: Wegen meines Berufs.
S2: Warum ziehst du nach München?   Eltern
S1: Wegen meiner Eltern.
S2: Warum ziehst du nach Hamburg?   Familie
S1: Wegen meiner Familie.

Lektion 4, Audiotraining 2
Was würdest du tun, wenn du morgen Urlaub hättest?
Bilden Sie Sätze. Hören Sie zuerst ein Beispiel:
S2: Was würdest du tun, wenn du morgen Urlaub hättest? lange schlafen
S1: Wenn ich morgen Urlaub hätte, würde ich lange schlafen.

Und jetzt Sie:
S2: Was würdest du tun, wenn du morgen Urlaub hättest? lange schlafen
S1: Wenn ich morgen Urlaub hätte, würde ich lange schlafen.
S2: Was würdest du tun, wenn du morgen Urlaub hättest? den ganzen Tag Tennis spielen
S1: Wenn ich morgen Urlaub hätte, würde ich den ganzen Tag Tennis spielen.
S2: Was würdest du tun, wenn du morgen Urlaub hättest? ein Buch lesen
S1: Wenn ich morgen Urlaub hätte, würde ich ein Buch lesen.
S2: Was würdest du tun, wenn du morgen Urlaub hättest? mit einer Freundin frühstücken
S1: Wenn ich morgen Urlaub hätte, würde ich mit einer Freundin frühstücken.

S2: Was würdest du tun, wenn du morgen Urlaub hättest? eine Ausstellung besuchen
S1: Wenn ich morgen Urlaub hätte, würde ich eine Ausstellung besuchen.
S2: Was würdest du tun, wenn du morgen Urlaub hättest? schwimmen gehen
S1: Wenn ich morgen Urlaub hätte, würde ich schwimmen gehen.

Und jetzt noch einmal Sie: Antworten Sie.
S1: Was würden Sie tun, wenn Sie morgen Urlaub hätten?

Lektion 4, Audiotraining 3
Warum? Deswegen! Bilden Sie Sätze. Hören Sie zuerst ein Beispiel:
S2: Ich bin müde. Ich gehe früh ins Bett.   deswegen
S1: Ich bin müde. Deswegen gehe ich früh ins Bett.

Und jetzt Sie:
S2: Ich bin müde. Ich gehe früh ins Bett.   deswegen
S1: Ich bin müde. Deswegen gehe ich früh ins Bett.
S2: Meine Wohnungstür ist kaputt. Ich rufe den Hausmeister an.   darum
S1: Meine Wohnungstür ist kaputt. Darum rufe ich den Hausmeister an.
S2: Ich bin krank. Ich bleibe zu Hause.   deshalb
S1: Ich bin krank. Deshalb bleibe ich zu Hause.
S2: Mein Fuß tut weh. Ich gehe heute nicht joggen.   daher
S1: Mein Fuß tut weh. Daher gehe ich heute nicht joggen.
S2: Meine Arbeit macht mir keinen Spaß. Ich suche eine neue Stelle.   aus diesem Grund
S1: Meine Arbeit macht mir keinen Spaß. Aus diesem Grund suche ich eine neue Stelle.

Zwischendurch mal Hören
Missverständnisse
Fritz: Hallo? Josefine?
Josefine: Hallo. Wer ist denn da? Bist du das, Fritz?
Fritz: Ja …
Josefine: Du, ich versteh dich kaum.
Fritz: Ja, die Verbindung ist sehr schwach.
Josefine: Ach, du hast es schon mehrfach versucht?
Fritz: Nein, nicht „mehrfach". Ich sagte: „sehr schwach". Die Verbindung ist SEHR SCHWACH.
Josefine: Ach so …
Fritz: Ich hab fast keinen Empfang …
Josefine: Wo gehst du entlang? Wo bist du denn überhaupt?
Fritz: Ich habe gesagt, ich habe fast keinen Empfang. … Ich bin in der Stadt und ich brauche mein Passwort.
Josefine: Wassersport!? … Wieso Wassersport?
Fritz: Nein, nein! Hör zu! Ich will was im Onlineshop bestellen und habe mein PASSWORT vergessen.
Josefine: Ach so. Das ist ja blöd! Aber was kann ICH da tun? Ich weiß es doch auch nicht.
Fritz: Es ist im Regal …
Josefine: Es ist dir egal? Ich denke, du brauchst es.
Fritz: Ja doch! Es ist im Regal. „Im Regal" habe ich gesagt!

Josefine: Was, ... ja doch?

Fritz: Ich brauch's jetzt.

Josefine: Du rauchst jetzt? Spinnst du? Rauchen ist so ungesund!

Fritz: Nein! Ich rauche nicht! Ich ... BRAUCHE ... das ... PASSWORT!

Josefine: Ach so!

Fritz: Geh mal in mein Zimmer, ...

Josefine: Es wird immer schlimmer? Was denn?

Fritz: Nein, in mein Zimmer! Geh in mein ZIMMER, ... zu meinem Regal, ... bitte!

Josefine: Okay, ... okay. Da bin ich schon. Wo ist denn das Passwort?

Fritz: Es steht in dem kleinen Handbuch links oben ...

Josefine: Aber ... da ist kein Handtuch ...

Fritz: Was!?

Josefine: Da ist kein Handtuch oben links im Regal.

Fritz: Kein Handtuch! Ein HANDBUCH!

Josefine: Ach so! ... Ach ja, da! Warte mal! Äh, ... bist du noch dran?

Fritz: Ja ...

Josefine: Dein Passwort heißt: „1 2 3 4 5".

Fritz: Ach ja! Stimmt! Danke, Josefine! Bis später dann!

Josefine: Halt! Warte!

Fritz: Ich muss aufhören. Mein Akku ist gleich leer. Ich kann dich fast nicht mehr hören.

Josefine: Nur ganz kurz: Wenn du schon in der Stadt bist, bring Energiesparbirnen mit.

Fritz: Irgendwie 'n paar Birnen? Geht's genauer? Wie viele denn?

Josefine: Na ja, zwei oder drei. Damit wir einen Vorrat haben.

Fritz: Damit wir ein Fahrrad haben? Ja, was denn jetzt? Willst du Birnen oder 'n Fahrrad?

Josefine: Ach, vergiss es einfach! Ich mach es selbst.

Fritz: Gut. Tschüssi!

Josefine: Ja. Tschüssi! Die Technik wird ja angeblich immer besser. ...

Lektion 5   Eine Arbeit finden

Folge 5: Selbst was dafür tun

Bild 1

Ella: Hey! Hallo Tante Lina!

Lina: Hallo Ella!

Ella: Na, wie geht's?

Lina: Wie soll's mir gehen, Ella? Mit einem siebzehnjährigen Sohn, der null Bock auf Lernen hat und in zwei Monaten mit einem schlechten Schulabschluss zu Hause sitzen wird.

Ella: Oje, das klingt nicht gut.

Lina: Tja ... Es ist nicht leicht, alleinerziehende Mutter eines Siebzehnjährigen zu sein. Das kannst du mir glauben.

Ella: WIE schlecht wird Tobis Abschluss denn?

Lina: ZIEMLICH schlecht ...

Ella: Hmm, ... und was macht er danach?

Lina: Keine Ahnung. Er kennt sich gut mit Videokameras und Fotoapparaten aus. Er macht sogar selbst kleine Filme und so. Na ja, vielleicht kann er Verkäufer werden?

Ella: Mit einem schlechten Abschluss ist die Auswahl halt nicht so groß ...

Lina: Ich sag' ihm jeden Tag: „Fang endlich an, einen Ausbildungsplatz zu suchen und Bewerbungen zu schreiben!" Aber er hört nicht auf mich.

Ella: Kann ich irgendwas tun?

Lina: Ja, kannst du. Könntest du ihm helfen, eine Bewerbung zu schreiben?

Ella: Eine Bewerbung?

Lina: Ach, du kannst doch so gut schreiben. Und auf dich hört er.

Bild 2

Ella: Hast du denn schon mal irgendwo gearbeitet?

Tobias: M-hmm. Ich habe ein Praktikum bei MediaUniverse gemacht.

Ella: Mit Technik kennst du dich gut aus, oder?

Tobias: M-hmm ...

Ella: Könntest du dir vorstellen, als Verkäufer in einem Fachgeschäft zu arbeiten?

Tobias: Keine Ahnung ...

Ella: Ich habe gesehen, dass der Tekno-Markt zurzeit Auszubildende sucht. Hättest du Lust, als Verkäufer in so einem Markt zu arbeiten?

Tobias: Ich weiß nicht.

Ella: Wir könnten ja einfach mal eine Bewerbung schreiben. Tippst du das ein? Also: Mit großem Interesse habe ich auf Ihrer Homepage gelesen, dass Sie Auszubildende für den Beruf des Fachverkäufers in Ihren Filialen suchen. Wie Sie aus meinen Unterlagen ersehen können, habe ich ein Praktikum bei der Firma MediaUniverse gemacht. Ich konnte dabei viele Erfahrungen sammeln. Es macht mir zum Beispiel große Freude, Kunden zu beraten. Stimmt doch, oder?

Tobias: Na ja, geht so ...

Ella: Ich kann mir deshalb sehr gut vorstellen, in Ihrem Unternehmen zu arbeiten. Weißt du Tobi, du kannst nicht erwarten, deinen Traumjob einfach so zu bekommen. Du musst schon selbst etwas dafür tun.

Bild 3

Ella: Super, dass sie dich zu einem Vorstellungsgespräch eingeladen haben!

Tobias: Ja, find' ich auch.

Ella: Ich würde sagen, wir spielen das jetzt einfach mal durch, okay?

Tobias: Okay ...

Ella: Ich bin die Personalchefin vom Tekno-Markt und du kommst zu mir ins Büro. Versuch mal, ganz locker zu bleiben.

Tobias: Mach ich ...

Ella: Aah! Sie sind Herr Lackner?

Tobias: Tobias Lackner, ja genau.

Ella: Ich bin Anne Seiffert. Bitte, nehmen Sie doch Platz!

Tobias: Danke schön!

Ella: Möchten Sie etwas trinken?

Tobias: Nein, vielen Dank!

Ella: Also, Herr Lackner. Dann erzählen Sie mir doch mal ein bisschen über sich. Was bringt Sie zu uns?

Tobias: Na ja, Frau Seiffert, es ist genau, wie ich Ihnen in meiner Bewerbung geschrieben habe: Es ist wirklich toll, Kunden zu beraten. Ich kann sofort erkennen, was jemand haben will, und ich merke auch sehr schnell, wie viel Geld er für seinen Wunsch ausgeben möchte ...

Ella: Hey!

Tobias: Warum lachst du?

Ella: Weil du echt lustig bist, Tobi!

Tobias: Wieso? Habe ich was falsch gemacht?

Ella: Im Gegenteil. Das wirkt fast, wie aus einem Infovideo über das perfekte Vorstellungsgespräch. Weißt du eigentlich, dass du ein ziemlich guter Schauspieler bist?

Bild 4

Lina: Vielen Dank, dass du Tobi so geholfen hast, Ella!

Ella: Das hab ich doch gern gemacht! Wann geht's denn los mit deiner Ausbildung?

Tobias: Anfang September ...

Ella: Dann wirst du jetzt also tatsächlich Fachverkäufer im Tekno-Markt?

Tobias: Öhm, ... nein, werd' ich nicht ...

Lina: Was? Tobi! Wie MEINST du das?

Tobias: Ella hat mir nicht nur einmal geholfen, sondern zweimal.

Ella: Zweimal?

Tobias: Erstens hast du gesagt, dass ich meinen Traumjob nur bekomme, wenn ich selbst was dafür mache ...

Lina: Ja, das stimmt auch ...

Tobias: ... und zweitens hast du bestätigt, was meine Freunde auch immer sagen.

Ella: Was denn?

Tobias: Dass ich Talent fürs Schauspielen habe.

Lina: Schauspielen?

Tobias: Deshalb hab' ich mich nicht nur beim Tekno-Markt beworben, sondern gleichzeitig auch bei der Hans-Meister-Schauspielschule.

Lina: Was?

Tobias: Da haben sich 800 Leute für sieben Plätze beworben ...

Ella: Und?

Tobias: Ich habe einen bekommen.

Lina: Schauspieler!?

Ella: Hey! Gratuliere, Tobi! Ich freue mich so für dich!

Lina: Ich werd' verrückt!

Schritt A, A1a

Lina: Fang endlich an, Bewerbungen zu schreiben!

Tobias: Es ist wirklich toll, Kunden zu beraten.

Ella: Hättest du Lust, als Verkäufer in einem Technik-Markt zu arbeiten?

Schritt B, B3

Frau Seiffert: Guten Tag, Herr Lackner. Schön, dass Sie da sind. Mein Name ist Anne Seiffert.

Tobias: Guten Tag, Frau Seiffert. Vielen Dank für die Einladung zum Gespräch.

Frau Seiffert: Setzen Sie sich doch bitte. Möchten Sie etwas trinken?

Tobias: Ja, gern. Ein Glas Wasser wäre schön.

Frau Seiffert: Gern. Hier, bitte schön!

Tobias: Vielen Dank.

Frau Seiffert: Also Herr Lackner. Erzählen Sie doch bitte etwas über sich. Was bringt Sie zu uns?

Tobias: Na ja, Frau Seiffert. Es ist genau, wie ich es in meiner Bewerbung geschrieben habe. Ich finde es wirklich toll, Kunden zu beraten.

Frau Seiffert: Aha. Konnten Sie denn während Ihres Praktikums schon praktische Erfahrungen sammeln?

Tobias: Ja. Während meines Praktikums bei MediaUniverse habe ich festgestellt, dass ich sofort erkennen kann, was jemand haben will, und auch schnell merke, wie viel Geld die Kunden für ihre Wünsche ausgeben wollen.

Frau Seiffert: Ich verstehe. Haben Sie auch technische Kenntnisse oder Fähigkeiten?

Tobias: Oh, ja, mein großes Hobby ist meine Videokamera. Es macht mir großen Spaß, Clips zu drehen und sie ins Netz zu stellen. Außerdem kenne ich mich gut mit dem Computer und dem Smartphone aus.

Frau Seiffert: Und haben Sie auch Sprachkenntnisse?

Tobias: Ja, ich spreche ein bisschen Englisch.

Frau Seiffert: Gut, Herr Lackner, ich denke, ich konnte einen guten Eindruck von Ihnen bekommen. Wir melden uns dann innerhalb der nächsten Woche bei Ihnen. Vielen Dank, dass Sie hier waren.

Tobias: Ja, herzlichen Dank auch an Sie. Auf Wiedersehen.

Frau Seiffert: Auf Wiedersehen, Herr Lackner, einen schönen Tag noch.

Schritt D, D1

Gespräch 1

Lea: Ah, Saida! Hallo!

Saida: Hallo Lea!

Lea: Ja, was ist denn mit dir los? Du siehst aber müde aus! Fehlt dir was?

Saida: Nein, nein, mir fehlt nichts, ich hab' nur zu viel Arbeit! Meine Kollegin ist doch schon so lange krank!

Lea: Oh, du Ärmste! Das muss ja furchtbar stressig sein, die ganze Arbeit allein zu machen!

Saida: Tja, 140 Überstunden hab' ich inzwischen. Und es ist unmöglich, die abzubauen.

Lea: 140! Oh! Wahnsinn! Das ist aber gar nicht gesund, so viel zu arbeiten! Sei bloß vorsichtig! Sonst bist du bald selbst krank.

Saida: Tja, was soll ich machen? Wenn ich wenigstens Zeit hätte, ein bisschen Sport zu machen! Aber da ist ja noch der Haushalt und die Familie.

Lea: Ja! Das ist wirklich nicht einfach! Hast du denn noch nie dran gedacht, die Stelle zu wechseln?

Saida: Doch. Schon oft! Aber es ist so schwer, eine neue Stelle zu finden. Das weißt du doch selbst.

Lea: Tja, da hast du auch wieder recht!

Saida: Wie läuft es denn so bei dir mit der Jobsuche, Lea? Gibt es etwas Neues?

Lea: Hm, schön wär's! Aber ich habe leider immer noch keine neue Stelle. Es ist zurzeit nicht so einfach im Bereich Veranstaltungsservice eine Anstellung zu bekommen. Aber letzte Woche war ich zu einem Bewerbungsgespräch eingeladen. Es ist ganz gut gelaufen. Ich hoffe, dass ich die Stelle bekomme.

Saida: Na, da drücke ich dir die Daumen. Du ... Ich muss jetzt los ... Ich muss dringend meine Tochter abholen.

Lea: Tja, dann! Hoffentlich wird deine Kollegin bald wieder gesund!

Saida: Hm ... und hoffentlich bekommst du die Stelle.

Lea: Ja, das hoffe ich auch ... Tschüs Saida!

Saida: Tschüs Lea!

Gespräch 2

Pablo: Also, ich pack's dann mal.

Jesko: Was? Jetzt schon?

Pablo: H-hm, mach's gut, Jesko, schönen Abend noch!

Jesko: Aber es ist doch noch nicht mal acht! Sag bloß, du gehst noch auf 'ne andere Party?

Pablo: Nee, nee, ich muss ins Hotel. Ich habe doch Spätschicht heute.

Jesko: Spätschicht?! Ach ja. Ist das nicht stressig, dauernd nachts zu arbeiten?

Pablo: Ach nee, ist gar nicht so schlimm. Bis Mitternacht sind die Gäste alle zurück und dann kann ich ja meistens schlafen.

Jesko: Ach, das ist ja dann wirklich nicht so schlimm.

Pablo: Nein, mir gefällt's. Außerdem finde ich es toll, eine Woche nachts zu arbeiten und eine Woche tagsüber. Man lernt ständig neue Leute kennen.

Jesko: Trotzdem. Hast du noch nie dran gedacht, dich selbstständig zu machen?

Pablo: Selbstständig? Mit 'nem Hotel?

Jesko: Nee, nee! Kleiner! Irgendwas mit Imbiss oder so.

Pablo: Ein Imbiss?

Jesko: Nein! Nicht so, wie du denkst. Keine fettigen Pommes, sondern leckere Snacks, verstehst du? So was kommt an. Das ist der Renner!

Pablo: Na, ich glaub', du stellst dir das 'n bisschen zu einfach vor. Das ist ganz schön viel Arbeit! Und dann das Risiko.

Jesko: Ja, stimmt schon. Das ist ganz schön stressig.

Pablo: Na ja, mal sehen. Oh, gleich acht. Ich muss jetzt leider los. Mein Bus kommt. Also, tschüs dann!

Jesko: Tschüs!

Gespräch 3

Stefan: Ach, hallo! Guten Morgen!

Anne: Na? Auch noch ein Brötchen vor der Arbeit?

Stefan: Nö, nur ganz schnell einen Kaffee. Ich fang' doch jetzt immer schon um halb acht an.

Anne: Ach stimmt, du hast ja einen neuen Job! Na, wie ist denn deine neue Stelle?

Stefan: Ach, weißt du! Es ist ganz schön anstrengend, alles richtig zu machen! Neue Kollegen, neuer Arbeitsplatz ... Ich habe dauernd Angst, Fehler zu machen.

Anne: Kenn' ich! Ist am Anfang immer so! Was machst du denn jetzt eigentlich genau?

Stefan: Einkauf.

Anne: Einkauf? Ich dachte, du bist im Verkauf!

Stefan: Ja, ja, das stimmt schon, aber dann musste ich letztes Jahr kurzfristig eine Kollegin im Einkauf vertreten, und das hat mir dann richtig Spaß gemacht. Und die Arbeit ist auch echt spannend und abwechslungsreich.

Anne: Ach so. Und wie bist du denn an den neuen Job gekommen?

Stefan: Du, das ging ruckizucki: Vor einem Monat ist in unserer Tochterfirma eine Stelle frei geworden, ich hab' mich beworben.

Anne: Und es hat geklappt. Mann, das ist doch super!

Stefan: Ja. Und wie läuft es bei dir so in der Firma? Immer noch so viel Arbeit?

Anna: Nein. Schön wär's! Unsere Firma hat zurzeit zu wenig Aufträge. Es gab schon die ersten Kündigungen. Oh, schon so spät? Ich muss mich beeilen! Also dann, tschüs ...

Lektion 5, Audiotraining 1

Dann fang endlich an! Antworten Sie. Hören Sie zuerst ein Beispiel:

S2: Ich habe noch keine Bewerbungen geschrieben.

S1: Dann fang endlich an, Bewerbungen zu schreiben.

Und jetzt Sie:

S2: Ich habe noch keine Bewerbungen geschrieben.

S1: Dann fang endlich an, Bewerbungen zu schreiben.

S2: Ich habe mich noch nicht über Berufe informiert.

S1: Dann fang endlich an, dich über Berufe zu informieren.

S2: Ich habe noch keine Ausbildung gesucht.

S1: Dann fang endlich an, eine Ausbildung zu suchen.

S2: Ich habe noch nicht für die Prüfungen gelernt.

S1: Dann fang endlich an, für die Prüfungen zu lernen.

S2: Ich habe mir noch keine Gedanken über die Zukunft gemacht.

S1: Dann fang endlich an, dir Gedanken über die Zukunft zu machen.

S2: Ich habe noch nicht mit dem Berufsberater gesprochen.

S1: Dann fang endlich an, mit dem Berufsberater zu sprechen.

Lektion 5, Audiotraining 2

Während des Unterrichts. Antworten Sie. Hören Sie zuerst ein Beispiel:

S2: Wann bist du krank geworden?   Unterricht

S1: Während des Unterrichts.

Und jetzt Sie:

S2: Wann bist du krank geworden?   Unterricht

S1: Während des Unterrichts.

S2: Wann hattest du den meisten Stress?   Studium

S1: Während des Studiums.

S2: Wann hast du dich beworben?   letzter Monat
S1: Während des letzten Monats.
S2: Wann hast du dich für diesen Beruf entschieden?
Beratung
S1: Während der Beratung.
S2: Wann soll ich die Bewerbung bringen?   Öffnungszeiten
S1: Während der Öffnungszeiten.
S2: Wann hat der Chef die Entscheidung getroffen?
Bewerbungsgespräch
S1: Während des Bewerbungsgesprächs.

Lektion 5, Audiotraining 3
Ich habe Verkäufer gelernt! Wiederholen Sie. Hören Sie
zuerst ein Beispiel:
S2: Ich habe Verkäufer gelernt.
S1: Ich habe Verkäufer gelernt.

Und jetzt Sie:
S2: Ich habe Verkäufer gelernt.
S1: Ich habe Verkäufer gelernt.
S2: Davor habe ich als Kellner in einem Restaurant
gearbeitet.
S1: Davor habe ich als Kellner in einem Restaurant
gearbeitet.
S2: Dann habe ich ein Praktikum in einem Schuhgeschäft
gemacht.
S1: Dann habe ich ein Praktikum in einem Schuhgeschäft
gemacht.
S2: Jetzt bin ich im Verkauf tätig.
S1: Jetzt bin ich im Verkauf tätig.
S2: Dort bin ich zuständig für die Kundenberatung.
S1: Dort bin ich zuständig für die Kundenberatung.
S2: Ich habe schon fünf Jahre Berufserfahrung.
S1: Ich habe schon fünf Jahre Berufserfahrung.

Zwischendurch mal Lied
Es ist Zeit, endlich aufzuwachen
vgl. Seite KB 68

Lektion 6   Dienstleistung

Folge 6: Mädchen für alles

Bild 1
Ella: Heute bin ich schon um drei Uhr morgens aufgestan-
den, um einen Arbeitstag mit Leon Jovanovic zu verbringen.
Es ist jetzt vier Uhr. Leon und ich gehen gerade zu einem
Sportschuh-Laden in der Innenstadt.
Ella: Leon, was um Himmels willen machst du um diese Zeit
hier?
Leon: Ich will als Erster bei dem Laden sein, um dort zu
warten, bis er öffnet.
Ella: Wann macht er denn auf?
Leon: Um neun.
Ella: Fünf Stunden warten? Und damit verdienst du Geld?
Leon: Heute kommen neue Turnschuhe von einer ganz

bestimmten Marke. Von diesen Schuhen gibt es auf der
ganzen Welt nur tausend Paar. Die sind deshalb auch sehr
teuer. Der Laden hier bekommt höchstens zehn Paar. Mein
Kunde will unbedingt solche Schuhe haben.
Ella: Warum kommt er dann nicht selbst hierher?
Leon: Ganz einfach: Er will sie haben, ohne selbst zu warten.
Weil er keine Zeit hat. Oder keine Lust.
Ella: Er zahlt lieber, statt selbst zu warten?
Leon: Exakt! Ich bin hier, damit er ausschlafen und gemüt-
lich frühstücken kann.
Ella: Unglaublich! Aber von so was kann man doch nicht
leben, oder?
Leon: Es ist nicht leicht, aber es lohnt sich.
Ella: Echt?

Bild 2
Ella: Leon arbeitet selbstständig. Er macht Dinge, die
andere Leute nicht machen wollen oder können. In Ame-
rika nennt man so jemanden einen „Task Rabbit". Auf
Deutsch würde man sagen, Leon ist ein „Mädchen für alles".
Was machst du jetzt?
Leon: Ich nutze die Wartezeit hier und erledige meine
Büroarbeiten. Ich beantworte E-Mails, plane die nächsten
Termine und so weiter.
Ella: Und wenn es mal regnet? Was machst du dann?
Leon: Dann hole ich einfach meinen Hut-Regenschirm
aus dem Rucksack und mache weiter mit der Büroarbeit.
Siehst du?
Ella: Erstaunlich! Wie bist du auf die Idee mit diesem
Service gekommen?
Leon: Ganz einfach: Ich habe einen Job gesucht, bei dem
man viel rumkommt, statt nur im Büro zu sitzen. Verstehst
du? Wo man selbstständig arbeiten kann, ohne ständig
einen Chef vor der Nase zu haben.

Bild 3
Ella: Es ist jetzt zwölf Uhr mittags. Um neun Uhr hat Leon
die Schuhe für seinen Kunden gekauft. Danach hat er für
eine Frau aus Frankreich zwei Karten für ein Konzert
besorgt. Und gerade hat er einer alten Dame Medikamente
gebracht.
Leon: Ja? Leon hier. Kann ich etwas für Sie tun? Aha. Ja,
verstehe. Haben Sie ein Foto von der Tasse? Wunderbar!
Schicken Sie es mir bitte gleich, okay? Bis wann müssen Sie
die Ersatztasse haben? Morgen schon? Oha! Da muss ich
mich beeilen, damit ich das Problem heute noch lösen
kann. Das kostet aber extra. Okay, okay, ich melde mich.
Tschüs!
Ella: Ein neuer Auftrag?
Leon: Ein junger Mann. Wohnt zurzeit bei seiner Tante. Sie
ist im Urlaub, kommt aber morgen zurück. Hier sieh mal:
Heute hat er eine teure alte Tasse von ihr kaputtgemacht.
Und sie soll es nicht merken.
Ella: Was machen wir jetzt?
Leon: Na, was wohl? Wir holen genau so eine Tasse für ihn.
Ella: Woher weißt du denn, wo man so was kriegt?
Leon: Das ist mein Firmengeheimnis.

Bild 4

Ella: Wir haben die Tasse! Ist das nicht toll?

Leon: Oh, sieh mal, Ella!

Ella: Du hast doch nicht etwa schon WIEDER was entdeckt!?

Leon: Ich kenne da einen Typ bei einer Produktionsfirma. Der sucht so einen Elefanten für einen Kinofilm.

Ella: Uh! Der ist aber teuer! Kaufst du den jetzt einfach?

Leon: Nein, ich schicke ihm ein Foto, damit er das Ding mal sehen kann. Ich bin aber ziemlich sicher, dass er das haben will.

Ella: So langsam glaube ich dir, dass man von diesem Beruf leben kann, auch wenn er sehr, sehr anstrengend ist.

Leon: Komm, Ella! Jetzt gehen wir was essen, oder?

Ella: Uii ja!

Leon: Nebenan ist ein tolles indisches Restaurant. Hallo? Kaufen? Aber klar, das ist eine einmalige Gelegenheit. Ich bring' den Elefanten nachher noch bei euch vorbei. Tschüs! So, jetzt gehen wir aber essen! Du bist eingeladen.

Ella: Nein du!

Leon: Nein du!

Ella: Ach komm, Leon!

Leon: Ich habe dich zuerst eingeladen!

Ella: Also gut.

Schritt A, A1

vgl. Seite KB 72

Schritt B, B3 a

Journalist: Einen schönen guten Morgen und willkommen bei „Nachgefragt". Mein Name ist Karsten Renze und ich freue mich, dass Sie wieder dabei sind! In der nächsten halben Stunde geht es bei uns wie jeden Samstag um das Thema „Arbeitswelten". Wir möchten uns heute mit der Frage beschäftigen, was man neben fachlichen Qualifikationen eigentlich noch so braucht, um erfolgreich im Beruf zu sein. Dazu haben wir eine Expertin hier zu uns ins Studio eingeladen. Frau Sonja Martens arbeitet bei der Zentralstelle für Arbeitsvermittlung in Bonn. Guten Morgen, Frau Martens, schön, dass Sie sich die Zeit genommen haben.

Martens: Guten Morgen!

Journalist: Frau Martens, gehen wir mal davon aus, ich suche eine Arbeit und möchte mich bewerben. Meine Zeugnisse und Referenzen sind wunderbar. Aber wie wir wissen, ist das ja noch nicht alles. Was brauche ich sonst noch, um mit meiner Bewerbung und später im Berufsalltag Erfolg zu haben?

Martens: Sie brauchen auf jeden Fall nicht nur berufliche, sondern auch soziale Kompetenzen. Heute verwendet man dafür meistens den englischen Ausdruck Soft Skills.

Journalist: Soft Skills ... Worum geht es da genau?

Martens: Es geht darum, wie gut eine Person mit anderen Menschen, aber auch mit sich selbst umgehen kann. Wie sollte sie sich verhalten, damit die eigene Arbeit, die Zusammenarbeit mit den Kollegen und der Kontakt zum Kunden optimal verlaufen? Soft Skills sind soziale Kompetenzen wie z.B. Teamfähigkeit, Konfliktfähigkeit, kommunikative Kompetenz, Motivation und Engagement.

Schritt B, B3 b

Journalist: Warum sind diese sozialen Kompetenzen heute eigentlich so wichtig? Früher, als unsere Großeltern noch im Berufsleben standen, hat doch auch kein Mensch darüber gesprochen.

Martens: Die Arbeitswelt hat sich stark verändert im Gegensatz zu früher. Heute kommt es sehr stark darauf an, gut im Team zu arbeiten. Fachliches Knowhow ist eben nicht alles. Internationale Studien haben gezeigt, dass Erfolg im Beruf zu 50 Prozent von Fachwissen abhängt. Die anderen 50 Prozent basieren auf Soft Skills.

Journalist: Ein interessantes Ergebnis! Welche Soft Skills sollte ein Bewerber denn auf jeden Fall mitbringen?

Martens: Kommunikative Kompetenz und ein sicheres Auftreten sind auf jeden Fall wichtig, die stehen für mich an erster Stelle. Denn es ist bekanntlich der erste Eindruck, der zählt! Wie drückt sich die Person aus? Wie sind ihre Umgangsformen? Kann sie zuhören und lässt sie andere ausreden? Klare Botschaften sind im Berufsleben sehr wichtig.

Journalist: Ich habe mir heute Morgen mal ein paar aktuelle Stellenanzeigen angeschaut. Da ist überall die Rede von Teamfähigkeit und Konfliktfähigkeit. Was genau bedeutet das?

Martens: Ein Team hat immer ein gemeinsames Ziel. Im Team ist man nur zusammen erfolgreich. Der Einzelne muss dabei seine eigene Position kennen und darf sich nicht zu wichtig nehmen. Natürlich kann es dabei zu Konflikten kommen. Das ist ganz normal, wenn Menschen eng zusammenarbeiten, gibt es auch mal Probleme. Wichtig ist dann aber, nicht gleich rot zu sehen und in Ruhe nach einer Lösung zu suchen. Konfliktfähig ist ein Mensch, wenn er sich zurücknehmen kann und auch mal Kompromisse eingeht.

Journalist: Kommunikative Kompetenz, ein sicheres Auftreten, Teamfähigkeit und Konfliktfähigkeit sind also von großer Bedeutung. Gibt es denn noch andere wichtige Soft Skills?

Martens: Nun ja, es gibt natürlich noch einige mehr. Schwer zu sagen, welche da an erster Stelle stehen. Ganz wichtig sind auf jeden Fall auch die Faktoren Motivation und Engagement. Hat die Person Spaß an der Arbeit, ist sie engagiert und kann sie sich und andere motivieren?

Journalist: Frau Martens, kann man diese Dinge eigentlich lernen? Das habe ich mich immer schon gefragt.

Martens: Viele dieser Kompetenzen lernt man sicherlich schon lange vor dem Studium oder dem Beruf: in der Familie, in der Schule, mit Freunden, beim Sport. Ich empfehle jungen Menschen, sich möglichst früh zu engagieren, etwa in Vereinen oder sozialen Bereichen. Denn das braucht Zeit. Soft Skills kann man nicht mal eben schnell lernen.

Journalist: Hätten Sie zum Schluss vielleicht noch ein paar Tipps für unsere Hörerinnen und Hörer? Vielleicht möchte sich ja der eine oder die andere in nächster Zeit irgendwo bewerben.

Martens: Sie sollten unbedingt versuchen, ganz sie selbst zu sein. Bewerber sollten wissen: Wer bin ich? Was kann ich? Was kann ich nicht so gut? Schließlich ist niemand perfekt

und eine gute Selbstreflexion gehört ganz sicher auch zu den wichtigen Soft Skills.
Journalist: Frau Martens, ich danke Ihnen für Ihren Besuch und das interessante Gespräch.
Martens: Sehr gern.

Schritt D, D1
Gespräch 1
Verkäuferin: Guten Tag! Kann ich Ihnen helfen?
Kunde: Hm, ja, also, ich hätte gern eine neue Brille.
Verkäuferin: Haben Sie denn da schon eine bestimmte Vorstellung?
Kunde: Nun, äh ... meine Frau findet, ich sehe zu brav aus.
Verkäuferin: So?
Kunde: Sie meint, ich sollte mal wieder was an meinem Typ ändern.
Verkäuferin: Hm, hm, verstehe. Mal sehen. Was halten Sie zum Beispiel davon? Das ist ein ganz neues Modell.
Kunde: Ja?
Verkäuferin: Probieren Sie die doch mal aus! Hier bitte! Damit hätten Sie wirklich was völlig anderes. Na? Was sagen Sie?
Kunde: Na ja, also ich weiß nicht.
Verkäuferin: Die gibt's übrigens auch in anderen Farben.
Kunde: Nein. Nein. Ich glaube, die ist mir zu extravagant.
Verkäuferin: Ja? Also, ich finde, die Farbe würde Ihnen eigentlich schon stehen ...
Kunde: Hm. Sind Sie sicher?
Verkäuferin: Vielleicht eine andere Form? Wie wär's denn mit dieser hier?
Kunde: Na, ob die zu mir passt? Ich weiß nicht. Hm. Nee! Da sehe ich ja noch schrecklicher aus!
Verkäuferin: Dann vielleicht diese hier?
Kunde: Ach, wissen Sie, ich seh' schon: Es hat keinen Sinn. Es ist besser, ich komm' noch mal mit meiner Frau. Die kann das einfach besser beurteilen.

Gespräch 2
Frau Walther: Haben Sie noch einen Wunsch? Darf ich Ihnen vielleicht ein Shampoo empfehlen? Sehen Sie mal, dieses hier wäre genau das Richtige für Ihren Haartyp.
Herr Kugler: Ah? Es kommt darauf an, was es kostet.
Frau Walther: 29 Euro.
Herr Kugler: 29 Euro!? Nein, das ist mir zu teuer.
Frau Walther: Das ist nicht teuer. Es ist eine besonders gute Qualität.
Herr Kugler: Hm? Na, das muss ich mir noch überlegen.
Frau Walther: Dann bekomme ich 24 Euro fürs Schneiden.
Herr Kugler: Also gut, geben Sie mir das Shampoo mit dazu!
Frau Walther: Sehr gern. Zusammen sind es 53 Euro.
Herr Kugler: Hier, bitte!
Frau Walther: Vielen Dank! Auf Wiedersehen, Herr Kugler!
Herr Kugler: Wiedersehen.

Gespräch 3
Verkäuferin: Guten Tag. Sie wünschen?
Kunde: Guten Tag. Dürfte ich Sie was fragen?
Verkäuferin: Ja, natürlich! Gern!

Kunde: Also, ich hab' da in Ihrem Schaufenster ein Sonderangebot gesehen. Gibt es den Pullover noch in Größe 46?
Verkäuferin: Sie meinen wahrscheinlich den roten hier für 39 Euro?
Kunde: Ja, richtig! Haben Sie den noch in 46?
Verkäuferin: Ja, ich denke schon, der müsste noch da sein, einen kleinen Moment bitte, ich schau mal eben nach. Ja, hier ist er.
Kunde: Wunderbar, den nehm' ich.
Verkäuferin: Sind Sie ganz sicher? Ich meine, möchten Sie ihn denn nicht erst mal anprobieren?
Kunde: Nein, das ist schon okay, den nehm' ich.
Verkäuferin: Äh ... also ...
Kunde: Ich zahl' das in bar.
Verkäuferin: Ja, dann ... wie Sie wünschen! Dann mache ich schnell die Rechnung fertig.
Kunde: Sehr schön!
Verkäuferin: Aber, was ist, wenn er nicht passt? Sie wissen schon, Sonderangebote können wir nicht umtauschen.
Kunde: Ja, ja, kein Problem.
Verkäuferin: Kann ich sonst noch etwas für Sie tun?
Kunde: Nein, danke.

Lektion 6, Audiotraining 1
Jan ist früh aufgestanden. Bilden Sie Sätze. Hören Sie zuerst ein Beispiel:
S2: Jan ist früh aufgestanden. Er will früh zur Arbeit gehen.
S1: Jan ist früh aufgestanden, um früh zur Arbeit zu gehen.

Und jetzt Sie:
S2: Jan ist früh aufgestanden. Er will früh zur Arbeit gehen.
S1: Jan ist früh aufgestanden, um früh zur Arbeit zu gehen.
S2: Er fährt mit dem Auto. Er will schnell im Büro sein.
S1: Er fährt mit dem Auto, um schnell im Büro zu sein.
S2: Er trinkt viel Kaffee. Er will wachbleiben.
S1: Er trinkt viel Kaffee, um wachzubleiben.
S2: Er macht seinen Computer an. Er muss 100 Mails beantworten.
S1: Er macht seinen Computer an, um 100 Mails zu beantworten.
S2: Er macht keine Mittagspause. Er will seine Arbeit schaffen.
S1: Er macht keine Mittagspause, um seine Arbeit zu schaffen.
S2: Er macht seine Bürotür zu. Er will nicht gestört werden.
S1: Er macht seine Bürotür zu, um nicht gestört zu werden.

Lektion 6, Audiotraining 2
Man sollte etwas tun! Bilden Sie Sätze. Hören Sie zuerst ein Beispiel:
S2: Man sollte etwas tun und nicht nur träumen!
S1: Man sollte etwas tun, statt nur zu träumen.

Und jetzt Sie:
S2: Man sollte etwas tun und nicht nur träumen!
S1: Man sollte etwas tun, statt nur zu träumen.
S2: Man sollte etwas tun und nicht nur reden!
S1: Man sollte etwas tun, statt nur zu reden.

S2: Man sollte etwas tun und nicht nur zusehen!
S1: Man sollte etwas tun, statt nur zuzusehen.
S2: Man sollte etwas tun und nicht nur hoffen!
S1: Man sollte etwas tun, statt nur zu hoffen.
S2: Man sollte etwas tun und nicht nur warten!
S1: Man sollte etwas tun, statt nur zu warten.
S2: Man sollte etwas tun und nicht nur wegsehen!
S1: Man sollte etwas tun, statt nur wegzusehen.

Lektion 6, Audiotraining 3
Es ist jetzt Sommer. Wiederholen Sie. Hören Sie zuerst
ein Beispiel:
S2: Es ist jetzt endlich Sommer.
S1: Es ist jetzt endlich Sommer.

Und jetzt Sie:
S2: Es ist jetzt endlich Sommer.
S1: Es ist jetzt endlich Sommer.
S2: Es ist auch schon sehr warm.
S1: Es ist auch schon sehr warm.
S2: Es sind heute sogar 30 Grad.
S1: Es sind heute sogar 30 Grad.
S2: Nachts ist es zum Glück kühler.
S1: Nachts ist es zum Glück kühler.
S2: Aber es regnet leider auch sehr viel.
S1: Aber es regnet leider auch sehr viel.
S2: Und es ist oft sehr windig und stürmisch.
S1: Und es ist oft sehr windig und stürmisch.

Zwischendurch mal Hören
Schnell, schnell...
1
Prophet: Alle sagen euch: Macht schneller, damit ihr mehr
Zeit habt. Und ihr? Ihr werdet schneller und schneller, um
Zeit zu sparen. Ich sage euch aber: Ihr solltet das Leben
genießen, statt hektisch durch die Welt zu rennen. Arbeit,
Essen, Liebe, Musik, Gespräche, alles soll immer schneller
und schneller gehen. Merken wir denn gar nicht, wie wir
dabei unsere Lebensfreude verlieren? Zeit kann man doch
nicht sparen! Zeit muss man sich nehmen!
Zuhörer: Sagen Sie mal, verstehen Sie das? Was will der Typ?
Zuhörerin: Ich glaube, er will einfach sagen: „Lasst euch
mehr Zeit!"
Zuhörer: Dafür braucht er aber ganz schön lange, finden
Sie nicht?

2
Stimmen: Denken Sie an Ihren Termin, Müller! Müller!?
Warum dauert das so lange!? Ja, sagen Sie mal, Müller,
wo bleiben Sie denn!?
Müller: Ich kann nicht mehr!
Sprecherin: Herr Müller müsste sich dringend erholen.
Müller: Aber ich habe ja keine Zeit!
Sprecherin: Geht es Ihnen auch so? Dann probieren Sie
doch mal A-S-M! A-S-M, die Anti-Stress-Maske für zwi-
schendrin. A-S-M bringt doppelte Entspannung in der
Hälfte der Zeit! A-S-M!
Müller: Ich bin schon so entspannt!

3
Reisender: Ähh, bitte, ich hätt' gerne ganz schnell 'n Hotdog.
In zwei Minuten geht mein Zug.
Kioskmann: Das ist Unsinn!
Reisender: Was ist Unsinn?
Kioskmann: Ein Zug kann nicht gehen. Er hat keine Beine.
Reisender: Wieso? Man sagt doch: „Mein Zug geht um
14.42 Uhr". Das ist völlig korrektes Deutsch.
Kioskmann: Züge haben Räder. Ein Zug geht also nicht,
er fährt!
Reisender: Doch, meiner geht und zwar in eineinhalb
Minuten. Also machen Sie jetzt den Hotdog, statt mir hier
'nen Vortrag zu halten!
Kioskmann: Wohin wollen Sie denn?
Reisender: Ich fahre nach Hamburg.
Kioskmann: Schon wieder Quatsch: Sie können nicht
fahren!
Reisender: Wie bitte?
Kioskmann: Sie haben ja nicht mal Räder.
Reisender: So, jetzt reicht's! Wissen Sie, was ich gar nicht
mag? Leute, die alles besser wissen! Behalten Sie Ihren
Hotdog! In einer Minute fährt mein Zug und ich gehe jetzt!
Kioskmann: Ja! Sehen Sie: Jetzt haben Sie's doch noch
kapiert: Sie gehen und der Zug fährt!

4
Mama: Oh, Kurti!
Kurti: Ja, Mama?
Mama: Gib mir schnell mal zwei Euro!
Kurti: Hier, Mama.
Mama: Kurti!
Kurti: Ja, Mama?
Mama: Ich muss noch mal schnell für kleine Mädchen.
Sekunde, ja?
Kurti: Okay, ich warte hier.
Mama: Da! Halt das mal schnell.
Kurti: Gut, Mama.
Mama: Aber nicht reinbeißen!
Mama: Oh, jetzt muss ich aber ganz schnell los!
Kurti: Ja, Mama!
Mama: Komm, gib mir noch schnell 'n Küsschen, Kurti!
Kurti: Tschüs, Mama!
Mama: Ich komm' bald wieder!
Kurti: Wie schön, Mama!
Kurti: Ach, an Tagen wie heute liebe ich diesen Bahnhof!
Aaah, ich bin schon so entspannt!

Zwischendurch mal Gedicht
Verkaufsgespräch
vgl. Seite KB 81

Lektion 7 Rund ums Wohnen

Folge 7: Streit ohne Ende

Bild 1

Ella: Vielen Dank, Herr und Frau Hanfmann, dass ich dieses Interview mit Ihnen machen darf.

Herr Hanfmann: Kein Problem.

Ella: Wie lange leben Sie denn schon hier in dieser Wohnsiedlung?

Herr Hanfmann: Wir wohnen jetzt seit sechs Jahren hier.

Ella: Und Sie verstehen sich gut mit Ihren Nachbarn?

Frau Hanfmann: Sehr gut! Natürlich! Sehr gut!

Ella: Aber nicht mit allen, oder? Wenn ich richtig informiert bin, hatten Sie mit einem Nachbarn in den letzten fünf Jahren drei Gerichtsprozesse.

Frau Hanfmann: Tja, was will man machen?

Herr Hanfmann: Wir haben nicht damit angefangen.

Ella: Aha. Worüber streiten Sie sich denn mit Herrn Bremer?

Bild 2

Herr Bremer: Schauen Sie mal da raus! Da! Sehen Sie das Brennholz? Wissen Sie, wie oft der Hanfmann sägt? Und immer direkt neben meinem Wohnzimmerfenster? Das macht ja nicht nur Lärm, sondern auch Schmutz.

Ella: Ich verstehe. Aber konnten Sie das Ihren Nachbarn nicht einfach ruhig und freundlich sagen, Herr Bremer?

Herr Bremer: Das habe ich versucht! Ich habe mich mit ihnen getroffen.

Ella: Mit wem?

Herr Bremer: Mit den Hanfmanns. Ich habe Lösungsvorschläge gemacht.

Ella: Lösungsvorschläge?

Herr Bremer: Na ja, ich hätte zum Beispiel gern feste Zeiten ausgemacht.

Ella: Feste Zeiten fürs Sägen?

Herr Bremer: Ja. Da wäre ich halt einfach nicht zu Hause gewesen.

Ella: Das klingt doch ganz vernünftig. Wie haben die Hanfmanns reagiert?

Herr Bremer: Die haben sich überhaupt nicht dafür interessiert. „Wollen Sie mir vorschreiben, wann ich säge? Das ist ja lächerlich. Das geht Sie wirklich nichts an. Ich kann sägen, wann ich will, wenn ich mich an die Ruhezeiten halte."

Ella: Verstehe. Und Sie? Was haben Sie gemacht?

Herr Bremer: Ich habe gedacht: Hätte ich bloß nichts gesagt!

Bild 3

Frau Hanfmann: Lösungsvorschläge? Der Bremer?

Herr Hanfmann: Na ja, er hat zwar schon ein paar Vorschläge gemacht, aber die waren nicht sehr sinnvoll.

Ella: Und Sie haben dann einfach weitergesägt?

Herr Hanfmann: Ja genau. Und stellen Sie sich vor: Kurz danach waren plötzlich zwei Mikrofone an seinem Haus.

Frau Hanfmann: Ein paar Wochen später haben wir dann Post von seinem Rechtsanwalt bekommen.

Ella: Was stand da drin?

Frau Hanfmann: Dass unsere Säge zu laut ist. Dass wir entweder eine leisere Säge verwenden sollen oder die Sache geht vor Gericht.

Herr Hanfmann: Das ist ja wohl die Höhe! Das war eine völlig normale Säge!

Frau Hanfmann: Und überhaupt ist unsere Holzheizung UMWELTFREUNDLICH! WIR haben NICHT so eine alte Ölheizung wie der Bremer, WIR nicht!

Ella: Aha. Und was hat das Gericht gesagt?

Bild 4

Herr Bremer: Ich habe recht bekommen. Die Säge war VIEL zu laut. Die Hanfmanns mussten eine neue Säge kaufen, und sie mussten die Gerichtskosten zahlen.

Ella: Ist es danach besser geworden mit dem Lärm?

Herr Bremer: Na ja, ein bisschen, aber nicht viel. Ich habe dann Lärmschutzfenster einbauen lassen. Das war nicht billig.

Ella: Und jetzt?

Herr Bremer: Es ist trotz der Fenster noch immer sehr laut. Aber na ja, es geht jetzt.

Ella: Sie hatten dann aber wieder neuen Streit mit den Hanfmanns ...

Herr Bremer: ICH mit IHNEN? Nein! SIE mit MIR.

Ella: Erzählen Sie doch mal!

Herr Bremer: Die hatten sich total darüber geärgert, dass sie eine neue Säge kaufen mussten. Deshalb sollte ich nun auch Ärger bekommen. Das erste Mal ging es um einen langen Kratzer in ihrem Auto. Sie haben behauptet, den hätte ich gemacht.

Ella: Und das zweite Mal?

Herr Bremer: Da ging es um Müll auf ihrem Grundstück. Ich hätte den dort hingeworfen, haben sie behauptet.

Ella: Und das ging beide Male bis vors Gericht?

Herr Bremer: Ich wohne seit über vierzig Jahren hier. Ich hatte nie Streit mit den Nachbarn, bis die Hanfmanns kamen. Wären sie doch bloß niemals hierher gezogen!

Ella: Mann, ist das eine traurige Geschichte!

Schritt A, A1

Herr Bremer: Das macht ja nicht nur Lärm, sondern auch Schmutz.

Herr Bremer: Ich habe zwar Lösungsvorschläge gemacht, aber die Hanfmanns haben sich überhaupt nicht dafür interessiert.

Frau Hanfmann: Der Anwalt hat geschrieben, dass wir entweder eine leisere Säge verwenden sollen, oder die Sache vor Gericht geht.

Schritt B, B1

Herr Bremer: Hätte ich bloß nichts gesagt!
Wären sie bloß nie hierher gezogen!
Wäre ich bloß nicht zum Rechtsanwalt gegangen!
Hätten wir bloß eine Lösung gefunden!

Schritt B, B3

Gespräch 1

Yolanda: Fethiye! Guten Morgen!

Fethiye: Hallo Yolanda, du ich …

Yolanda: Ja? Was ist denn los, Fethiye? Du bist ja ganz blass!

Fethiye: Ach, es ist … ich hab' zu wenig geschlafen …

Yolanda: Wieso? Bist du krank oder hast du Stress?

Fethiye: Nein, eigentlich nicht. Ich konnte nicht einschlafen. Du weißt ja, es ist hier im Haus sehr hellhörig. Und wir hatten doch abgemacht, dass du abends etwas Rücksicht nimmst.

Yolanda: Ja, ich achte auch wirklich auf die Lautstärke von meiner Musik und dem Fernseher.

Fethiye: Stimmt. Die Musik und den Fernseher höre ich kaum noch. Das ist super. Aber … es klingt jetzt vielleicht ein bisschen blöd …

Yolanda: Was ist denn? Na, komm. Sag schon!

Fethiye: Deine Waschmaschine, also die höre ich unten wahnsinnig laut.

Yolanda: Tatsächlich? Das tut mir schrecklich leid. Daran habe ich noch gar nicht gedacht.

Fethiye: Könntest du vielleicht nach zehn Uhr nicht mehr waschen?

Yolanda: Ja, klar, geht in Ordnung.

Fethiye: Super. Vielen Dank!

Gespräch 2

Frau Steinfeld: Ach, hallo Herr … Krüger. Sie wohnen unter uns, oder? Was kann ich für Sie tun? Kommen Sie doch rein.

Herr Krüger: Nein danke. Ich hätte da eine Bitte: Könnten Sie wohl dafür sorgen, dass Ihre Kinder weniger Lärm machen?

Frau Steinfeld: Hm, … meine Kinder sind doch in der Regel gar nicht besonders laut.

Herr Krüger: Also bei mir wackeln die Lampen den ganzen Tag und das Geschrei der Kinder nimmt auch kein Ende. Die Wohnung ist doch kein Fußballplatz!

Frau Steinfeld: Wollen Sie behaupten, dass meine Kinder in der Wohnung Fußball spielen? Das ist ja wohl eine Frechheit!

Her Krüger: Es hört sich auf jeden Fall so an.

Frau Steinfeld: Also das … das ist ja lächerlich! Meine Kinder spielen hier natürlich nicht Fußball, aber sie müssen sich ja schon bewegen dürfen.

Herr Krüger: Wenn Sie nichts unternehmen, werde ich mich an den Vermieter wenden.

Frau Steinfeld: Meinetwegen. Tun Sie das. Wären wir bloß nicht hierher gezogen!

Gespräch 3

Frau Ostermeyer: Ach, Herr Vogelsang. Gut, dass ich Sie treffe. Hätten Sie mal ein Momentchen Zeit?

Herr Vogelsang: Ja, was gibt's denn?

Frau Ostermeyer: Sie haben diese Woche schon wieder an zwei Abenden gegrillt.

Herr Vogelsang: Ja, ich grille für mein Leben gern. Und nun haben wir endlich Grillwetter.

Frau Ostermeyer: Hm, aber der Qualm zieht jedes Mal in meine Wohnung.

Herr Vogelsang: Ach wirklich? Das ist mir noch gar nicht aufgefallen.

Frau Ostermeyer: Allein der Fleischgeruch. Ich bin Vegetarierin. Von dem Fleischgeruch in meiner Wohnung wird mir jedes Mal übel. Das ist ja schlimmer als Zigarettenrauch!

Herr Vogelsang: Also das ist ja ein starkes Stück! Ich kann ja wohl essen, was ich möchte. Das geht Sie wirklich gar nichts an.

Frau Ostermeyer: Ja, klar. Aber es wäre schön, wenn Sie da etwas Rücksicht nehmen könnten. Vielleicht müssen Sie nicht zweimal pro Woche grillen. Oder Sie grillen nicht jedes Mal bei uns im Hof.

Herr Vogelsang: Hm, ich habe am Samstagabend schon Freunde zum Grillen eingeladen. Aber wir können uns im Hof hinten in die rechte Ecke setzen.

Frau Ostermeyer: Ja, das wäre toll. Und wie wäre es, wenn Sie nächste Woche mal nicht im Hof grillen?

Schritt D, D4

Reporter: Liebe Hörerinnen und Hörer, für unsere Reihe: „Besondere Orte in Deutschland" stehen wir heute an einem Mittwochnachmittag mitten im November in Berlin, und zwar vor dem Haus von Osman Kalin: Ein Haus, das Osman Kalin ganz ohne Baugenehmigung aus altem Holz selbst gebaut hat. Auf einem Grundstück, auf dem er ohne Genehmigung oder Vertrag einen Garten angelegt hat. In vielen Reiseführern wird das Haus mittlerweile aufgeführt und zahlreiche Touristen strömen am Wochenende an diesem Haus vorbei. Wir wollen heute wissen, was die Berlinerinnen und Berliner zu diesem Haus sagen. Entschuldigung, darf ich Sie fragen, was Sie von diesem Haus hier halten?

1

Frau: Klar, dürfen Sie. Mir gefällt das Haus. Ich wohne schon seit vielen Jahren hier in Kreuzberg. Für mich gehört das Baumhaus zum Stadtbild einfach dazu. Es passt richtig gut zu unserem Stadtteil. Das gilt nicht nur für das Haus, sondern auch für seine Geschichte.

Reporter: Vielen Dank.

2

Reporter: Finden Sie auch, dass das Haus von Osman Kalin gut hier ins Viertel passt?

Mann: Na ja … Also ich bin Bauarbeiter und habe schon an vielen Häusern mit gebaut. Aber das hier … das ist doch einfach hässlich. Da kann man doch sagen, was man will. Das sollte man abreißen, finde ich.

3

Frau: Ja, das sehe ich auch so. Frechheit siegt, würde ich sagen. Man kann doch nicht einfach irgendwo ein Haus bauen. Das ist doch nicht gerecht. Alle anderen brauchen doch auch eine Baugenehmigung.

Reporter: Aha. Vielen Dank.

4

Reporter: Und hier haben wir noch einen Passanten. Finden Sie auch, dass dieses Haus abgerissen werden sollte?
Mann: Nein, auf keinen Fall. Das ist doch ein tolles Stück Land und eine der Hauptattraktionen unseres Stadtteils. Inzwischen ist das Baumhaus sogar fester Bestandteil jeder geführten Mauertour. Also meiner Meinung nach muss das Haus unbedingt stehen bleiben.

5

Reporter: Und was sagen Sie dazu?
Frau: Ja, es stimmt. Den Touristen gefällt es. Aber vor allem ist es ein Ort, der für die Geschichte der Mauer steht. Von der Mauer kann man doch heute sonst fast nichts mehr sehen. Dieses Haus ist einer der wenigen Orte, der noch an die Mauer und ihre Geschichte erinnert.
Reporter: Vielen Dank. Die Meinungen zu dem Haus von Osman Kalin gehen also auch heute, nach so vielen Jahren, noch weit auseinander. Hören Sie auch morgen wieder rein, dann besuchen wir in unserer Reihe „besondere Orte in Deutschland" ...

Lektion 7, Audiotraining 1
Meine Nachbarn! Bilden Sie Sätze. Hören Sie zuerst ein Beispiel:
S2: Frau Müller aus dem Erdgeschoss ist streng und unhöflich.
S1: Frau Müller aus dem Erdgeschoss ist nicht nur streng, sondern auch unhöflich.

Und jetzt Sie:
S2: Frau Müller aus dem Erdgeschoss ist streng und unhöflich.
S1: Frau Müller aus dem Erdgeschoss ist nicht nur streng, sondern auch unhöflich.
S2: Herr Schulze aus dem ersten Stock ist nett und angenehm.
S1: Herr Schulze aus dem ersten Stock ist nicht nur nett, sondern auch angenehm.
S2: Frau Meier aus dem zweiten Stock ist jung und hübsch.
S1: Frau Meier aus dem zweiten Stock ist nicht nur jung, sondern auch hübsch.
S2: Herr Peter aus dem dritten Stock ist unfreundlich und gestresst.
S1: Herr Peter aus dem dritten Stock ist nicht nur unfreund-lich, sondern auch gestresst.
S2: Frau Große aus dem vierten Stock ist ruhig und rücksichtsvoll.
S1: Frau Große aus dem vierten Stock ist nicht nur ruhig, sondern auch rücksichtsvoll.
S2: Herr Schneider aus dem fünften Stock ist laut und rücksichtslos.
S1: Herr Schneider aus dem fünften Stock ist nicht nur laut, sondern auch rücksichtslos.

Lektion 7, Audiotraining 2
Hätte ich doch bloß ... Bilden Sie Sätze. Hören Sie zuerst ein Beispiel:
S2: Ich ärgere mich, dass ich etwas gesagt habe.
S1: Hätte ich doch bloß nichts gesagt!

Und jetzt Sie:
S2: Ich ärgere mich, dass ich etwas gesagt habe.
S1: Hätte ich doch bloß nichts gesagt!
S2: Ich ärgere mich, dass ich nicht freundlich geblieben bin.
S1: Wäre ich doch bloß freundlich geblieben!
S2: Ich ärgere mich, dass ich den Streit nicht beendet habe.
S1: Hätte ich den Streit doch bloß beendet!
S2: Ich ärgere mich, dass ich nicht ausgezogen bin.
S1: Wäre ich doch bloß ausgezogen!
S2: Ich ärgere mich, dass ich nicht früher mit den Nachbarn gesprochen habe.
S1: Hätte ich doch bloß früher mit den Nachbarn gesprochen!
S2: Ich ärgere mich, dass ich die Nachbarn nicht zum Kaffee eingeladen habe.
S1: Hätte ich die Nachbarn doch bloß zum Kaffee eingeladen!

Lektion 7, Audiotraining 3
Wir hatten doch abgemacht ... Wiederholen Sie. Hören Sie zuerst ein Beispiel:
S2: Wir hatten doch abgemacht, dass du neuen Kaffee kaufst.
S1: Tatsächlich?
S2: Tatsächlich?

Und jetzt Sie:
S2: Wir hatten doch abgemacht, dass du neuen Kaffee kaufst.
S1: Tatsächlich?
S2: Tatsächlich?
S2: Wir hatten doch abgemacht, dass du die Kinder abholst.
S1: Daran habe ich gar nicht gedacht.
S2: Daran habe ich gar nicht gedacht.
S2: Wir hatten doch abgemacht, dass du morgen zu Hause bleibst.
S1: Ach wirklich?
S2: Ach wirklich?
S2: Wir hatten doch abgemacht, dass du das Auto in die Werkstatt bringst.
S1: Meinetwegen.
S2: Meinetwegen.
S2: Wir hatten doch abgemacht, dass du Oma Hilde anrufst.
S1: Klar, geht in Ordnung.
S2: Klar, geht in Ordnung.
S2: Und wir hatten doch abgemacht, dass du ab sofort die Hausarbeit erledigst.
S1: Das ist ja wohl eine Frechheit.
S2: Das ist ja wohl eine Frechheit.

Lektion 1   Glück im Alltag

Schritt C Übung 16a und c
vgl. Seite AB 15

Schritt D Übung 21
Moderatorin: Zu Besuch in der Sendung ist heute der bekannte Glückscoach und Berater Hans-Peter Wildmoser. Er ist Autor mehrerer Bücher: u. a. „Wirklich glücklich sein" und „Das Glück erkennen" und spricht heute darüber, was Glück für ihn bedeutet. Herr Wildmoser, hat eigentlich auch ein Glückscoach manchmal Pech?
Herr Wildmoser: Ja, sicher. Wie wir alle. Eigentlich wollte ich heute schon um 10.30 Uhr losfahren, um vor dem Interview noch etwas Zeit zu haben, aber ich habe den Zug verpasst. So musste ich mich am Ende ganz schön beeilen, um noch pünktlich zu unserem Interview zu kommen.
Moderatorin: Na, das haben Sie ja noch gut geschafft! Und wann waren Sie das letzte Mal so richtig glücklich?
Herr Wildmoser: Ich glaube, als ich heute Morgen nach einer längeren Reise in meiner Wohnung wach geworden bin. Da habe ich gedacht, wie schön es ist, in meinem eigenen Bett aufzuwachen – in meiner sonnigen Wohnung. Keiner kann mich stören, wenn ich es nicht will. Wunderbar!
Moderatorin: Was genau bedeutet denn Glück für Sie?
Herr Wildmoser: Wissen Sie, ich unterscheide zwischen dem kleinen und dem großen Glück. Viele Menschen glauben ja nur an das große Glück. Sie möchten im Lotto gewinnen, ein großes Auto oder ein Haus besitzen, endlich den Traummann oder die Traumfrau kennenlernen. Sie meinen, erst dann können sie glücklich sein. Klar, so was ist natürlich toll, wenn es passiert. Aber Glück liegt für diese Menschen immer nur in der Zukunft. Es ist etwas, das vielleicht irgendwann mal passiert. Aber dabei achten sie nicht auf das Hier und Jetzt und verpassen das Glück, das direkt vor ihrer Nase liegt.
Moderatorin: Wie sieht denn das Glück aus, das direkt vor meiner Nase liegt?
Herr Wildmoser: Nun ja, das Glück kommt meist nicht laut daher, sondern oft kommt es ganz leise. Plötzlich ist es da. Glück sind oft die kleinen, leisen Momente. Es kann das Lachen von einem Kind sein, ein freundliches Gespräch mit einem Fremden oder die ersten Blumen nach einem langen Winter. Glück bedeutet für mich auch eine gute Tasse Kaffee. Wenn dann noch ein netter Mensch neben mir sitzt, denke ich mir, was will ich mehr?
Moderatorin: Ist das nicht ein bisschen wenig, um glücklich zu sein?
Herr Wildmoser: Ganz und gar nicht. Was ich sagen will, ist: Man kann lernen, das Glück besser zu erkennen. Es ist eigentlich überall. Glück kann bedeuten, immer wieder Dinge zu tun, die mir Freude machen oder mir in diesem Moment einfach guttun. Dafür muss ich natürlich wissen, was das ist – das kann bei jedem etwas anderes sein. Vielleicht ist es ein Essen, das mir besonders gut schmeckt, oder ein schönes Buch, das ich in Ruhe lesen kann. Eigentlich weiß jeder, was einen glücklich macht. Man muss nur ehrlich zu sich selbst sein und es sich dann erlauben.

Moderatorin: Wie genau meinen Sie das?
Herr Wildmoser: Wenn ich meine innersten Wünsche kenne, dann sollte ich sie mir auch hin und wieder erfüllen, wenn das möglich ist. Und ich spreche jetzt nicht von dem neuesten Sportwagen. Denn wie wir alle wissen: Glück kann man nicht kaufen. Aber es gibt da noch einen anderen wesentlichen Punkt: Es macht auch glücklich, etwas Neues auszuprobieren. Vielleicht überlegen Sie schon länger, ein Instrument zu erlernen? Dann tun Sie es doch! Oder Sie möchten eine neue Sprache lernen? Dann suchen Sie sich einen Kurs in einer Sprachenschule. Oder Sie möchten in Ihrer Freizeit Fußball spielen? Fragen Sie herum, wo es eine Hobbymannschaft gibt. Werden Sie aktiv! Dafür ist man nie zu alt.
Moderatorin: Das klingt wirklich motivierend! Haben Sie denn noch einen abschließenden Tipp für alle, die glücklicher leben wollen?
Herr Wildmoser: Aber sicher. Es ist allgemein bekannt, dass man glücklich wird, wenn man andere Menschen glücklich macht. Das habe auch ich in meinem Leben immer wieder erfahren. Anderen Menschen etwas zu geben tut einem selbst gut. Und damit meine ich nicht Geld, sondern das, was der andere am meisten braucht. Das kann ein Gespräch sein, Zeit, die ich einer Person schenke, Unterstützung, die ich ihr anbiete. Ich helfe z. B. seit mehreren Monaten regelmäßig im Bürger-Café in meinem Ort mit. Dorthin kommen viele Menschen, wenn sie Hilfe suchen. Ich habe dabei viel gelernt und neue Freundschaften geschlossen – das hat mein Leben wirklich bereichert.
Moderatorin: Herr Wildmoser, wir danken Ihnen für das interessante Gespräch. Liebe Hörer, wenn Sie noch Fragen an Herrn Wildmoser haben, können Sie jetzt im Studio anrufen unter 089-27 34 …

Fokus Beruf: Sich auf einer Jobmesse präsentieren
Übung 3
Herr Peters: … dann melde ich mich in den nächsten Tagen bei Ihnen, Frau Lange. Auf Wiedersehen!
Alexej: Guten Tag, mein Name ist Alexej Kusmin. Ich habe einen Termin für 11.30 Uhr vereinbart. Sind Sie Herr Peters?
Herr Peters: Ja, das bin ich. Guten Tag, Herr Kusmin. Ich freue mich, Sie kennenzulernen. Kommen Sie doch hier herein, hier haben wir Ruhe für das Gespräch.
Alexej: Danke.
Herr Peters: Setzen Sie sich doch bitte. Darf ich Ihnen vielleicht etwas zu trinken anbieten?
Alexej: Ja, sehr gern. Ein Glas Wasser wäre nett, danke sehr.
Herr Peters: So, Herr Kusmin. Wollen Sie sich vielleicht kurz vorstellen und erzählen, warum Sie heute hier sind?
Alexej: Sehr gern. Also, mein Name ist Alexej Kusmin, ich bin 22 Jahre alt und ich bin vor nicht ganz zwei Jahren aus der Ukraine nach Deutschland gekommen. Ich besuche hier gerade einen Deutschkurs und versuche, eine Arbeit zu finden. In meiner Heimat habe ich nach meinem Schulabschluss eine Ausbildung zum Schreiner gemacht und danach ein Jahr in einer Holzfabrik gearbeitet. Nun würde ich gern bei Ihnen in der Firma arbeiten.

Herr Peters: Ah, gut, Sie haben also schon erste Arbeitserfahrung gesammelt. Und Ihr Deutsch ist auch schon sehr gut! Wie lange lernen Sie denn schon Deutsch, Herr Kusmin?

Alexej: Ich habe in der Schule in der Ukraine drei Jahre Deutsch gelernt und besuche jetzt einen Deutschkurs auf der Stufe B1. Meine Prüfung ist in einem Monat. Danach würde ich gern eine Anstellung finden, am liebsten in einer großen Firma. Deshalb wollte ich mich gern bei Ihnen vorstellen.

Herr Peters: Kennen Sie denn unsere Firma bereits?

Alexej: Ja, ich habe schon Ihr Firmenprofil auf Ihrer Website angesehen und mich über Ihre Arbeitsfelder informiert. Sie sind ein sehr bekanntes Unternehmen im Bereich Komplettausbau.

Herr Peters: Ah, das freut mich, dass Sie sich so für unsere Firma interessieren. In welchem Bereich würden Sie denn gern arbeiten?

Alexej: Ich interessiere mich besonders für die Holzverarbeitung.

Herr Peters: Aha. Und wo, würden Sie sagen, liegen Ihre Stärken und was können Sie besonders gut?

Alexej: Ich arbeite sehr gern im Team und habe besonders viel Erfahrung im Möbelbau. Ich bin aber auch offen für neue Aufgaben und lerne sehr schnell. Schon als Azubi habe ich in verschiedenen Abteilungen gearbeitet.

Herr Peters: Aha, interessant … Ich habe da einen Vorschlag für Sie. Warum machen Sie nicht erst einmal ein Praktikum bei uns in der Holz-Abteilung? So können Sie uns und wir Sie besser kennenlernen und sich um die Anerkennung Ihrer Ausbildung kümmern. Wenn Sie das Praktikum beendet haben, können Sie sich immer noch bei uns um eine Stelle bewerben. Ihre praktischen Erfahrungen wären bei der Bewerbung sicherlich ein Pluspunkt.

Alexej: Ja, das ist eine gute Idee. Ich beende meinen Deutschkurs in vier Wochen. Wann könnte ich denn mit dem Praktikum beginnen?

Herr Peters: Am besten wäre es nach der Sommerpause, Anfang September. Da sind dann auch wieder alle Kollegen aus dem Urlaub zurück.

Alexej: Das klingt sehr gut. Das würde ich gern machen. Ist es denn sicher, dass ich einen Praktikumsplatz bekomme?

Herr Peters: Ich kann das leider nicht allein entscheiden. Aber ich nehme Ihre Bewerbungsunterlagen gleich mit, wenn Sie möchten, und leite sie an Herrn Sunder, unseren Personalchef, weiter. Bitte rufen Sie mich noch einmal nächste Woche an, dann kann ich Ihnen mehr dazu sagen. Hier haben Sie meine Kontaktdaten.

Alexej: Vielen Dank, das mache ich bestimmt.
Auf Wiedersehen.

Herr Peters: Auf Wiedersehen.

Lektion 2 Unterhaltung

Schritt B Übung 20
vgl. Seite AB 27

Schritt B Übung 21
a männlich
b asiatisch
c glücklich
d elektronisch
e sympathisch
f hoffentlich
g selbstverständlich
h ausländisch

Schritt B Übung 22
a persönlich
b fantastisch
c elektronisch
d optimistisch
e alltäglich
f unglaublich
g nigerianisch
h erfolgreich

Schritt D Übung 28a
Reporterin: Guten Morgen, liebe Hörerinnen und Hörer von Radio RW. Herzlich willkommen zur Sendung „Wir fragen". Heute stehen wir vor dem Einkaufszentrum „Forum" in Bochum und wollen Ihre Meinung hören. In unserer Welt der digitalen Medien wie Computer, Tablets und Smartphones ist die Zeitung aus Papier längst nicht mehr so wichtig wie vor 100 Jahren und auch das Fernsehen spielt nicht mehr so eine große Rolle wie noch vor 50 Jahren. Das Angebot an Nachrichten wird aber immer größer. Deshalb wollen wir von Ihnen wissen: Wie informieren Sie sich über aktuelle Ereignisse? … Hallo, darf ich Sie etwas fragen?

Übung 28b
Reporterin: Das Angebot an Nachrichten wird aber immer größer. Deshalb wollen wir von Ihnen wissen: Wie informieren Sie sich über aktuelle Ereignisse? … Hallo, darf ich Sie etwas fragen?

Mann: Oh, Sie sind vom Radio. Ja, klar. Worum geht es denn?

Reporterin: Wir wollen heute wissen: Wie informieren Sie sich über Politik und andere aktuelle Nachrichten?

Mann: Ja, also, Politik finde ich ziemlich langweilig. Und Zeitung lese ich gar nicht, obwohl meine Eltern eine Tageszeitung abonniert haben. Ich könnte die lesen, aber … Na ja, ich lese sie nur, wenn etwas Besonderes passiert ist und mir jemand davon erzählt hat. Ab und zu suche ich Informationen darüber im Internet.

Reporterin: Und sehen Sie Nachrichten im Fernsehen an?

Mann: Nee, nur zufällig mal, wenn meine Eltern Nachrichten gucken und ich komme ins Wohnzimmer, dann setze ich mich schon mal dazu.

Reporterin: Vielen Dank!

Reporterin: Und Sie? Darf ich Sie auch fragen, wie Sie sich informieren?

Frau: Sie meinen über Politik und so?

Reporterin: Ja, genau. Tagesereignisse.

Frau: Ich interessiere mich sehr dafür und informiere mich ständig. Wissen Sie, ich mache das so: Ich gehe oft in ein Café – direkt neben meinem Büro –, dort gibt es drei verschiedene Tageszeitungen, die ich alle kostenlos lesen kann. Ich trinke einen Kaffee, der kostet 2,80 Euro und dabei lese ich die drei Zeitungen. So kann ich mich informieren und bezahle nur für den Kaffee, also 2,80 Euro. Na ja, manchmal trinke ich auch zwei Kaffee oder esse ein Croissant, dann ist es natürlich teurer.

Reporterin: Und informieren Sie sich dann zu Hause auch noch weiter?

Frau: Abends schaue ich dann meistens noch die Nachrichten im Fernsehen, aber das schaffe ich nicht immer, weil ich zwei Mal in der Woche zum Sport gehe.

Reporterin: Vielen Dank. Das war sehr interessant und ein guter Tipp!

Reporterin: Da sehe ich gleich noch einen Kandidaten – entschuldigen Sie, darf ich Sie auch fragen, wie Sie sich informieren?

Mann: Sicher. Für mich ist das etwas schwierig. Ich komme aus Indien und mich interessieren vor allem die Nachrichten aus Indien. Im Internet findet man meistens nur kurze Informationen, zumindest wenn sie kostenlos sind. Also gehe ich am Wochenende in die Bibliothek – die ist gleich hier bei mir um die Ecke. Dort gibt es zwei indische Tageszeitungen, die ich lesen kann. Das mache ich am Samstagvormittag. In der Woche habe ich wenig Zeit.

Reporterin: Und wie informieren Sie sich unter der Woche?

Mann: Da lese ich nur die Überschriften im Internet, das sind dann Informationen über Politik und Kultur in Deutschland. Leider verstehe ich nicht alles, weil ich viele Wörter und Namen nicht kenne. Manchmal frage ich dann meine Nachbarn.

Reporterin: Vielen Dank. Ja, liebe Hörerinnen und Hörer, damit sind wir auch schon am Ende unserer Sendung „Wir fragen". Bleiben Sie dran, denn jetzt folgen die Nachrichten.

Fokus Alltag: Über Einkaufsmöglichkeiten sprechen
Übung 2a

Mohammad: Al-Nasser, hallo?

Achmed: Hey Mohammad. Hier ist Achmed.

Mohammad: Ah, Achmed, grüß dich. Was gibt's?

Achmed: Du, ich wollte dir nur schnell erzählen – du weißt doch, dass ich jetzt eine eigene Wohnung habe.

Mohammad: Ja, ich weiß. Ich habe dir ja noch beim Transport vom Kühlschrank geholfen.

Achmed: Und stell dir vor, mein Bruder und ich haben uns jetzt einen Geschirrspüler gekauft.

Mohammad: Echt? Super, den hätte ich auch gern, ist aber zu teuer. Die Waschmaschine hat letztes Jahr schon so viel Geld gekostet.

Übung 2b

Mohammad: Al-Nasser, hallo?

Achmed: Hey Mohammad. Hier ist Achmed.

Mohammad: Ah, Achmed, grüß dich. Was gibt's?

Achmed: Du, ich wollte dir nur schnell erzählen – du weißt doch, dass ich jetzt eine eigene Wohnung habe.

Mohammad: Ja, ich weiß. Ich habe dir ja noch beim Transport vom Kühlschrank geholfen.

Achmed: Und stell dir vor, mein Bruder und ich haben uns jetzt einen Geschirrspüler gekauft.

Mohammad: Echt? Super, den hätte ich auch gern, ist aber zu teuer. Die Waschmaschine hat letztes Jahr schon so viel Geld gekostet.

Achmed: Nein, das ist gar nicht zu teuer. Bei Elektro Mars gibt es im Moment Ratenkauf mit Nullprozentfinanzierung. Das wäre doch auch was für dich und Seda. Stell dir vor, nie mehr spülen!

Mohammad: Klingt toll. Aber ich kenne mich damit nicht so aus. Was heißt das denn, Ratenkauf mit Nullprozentfinanzierung?

Achmed: Das heißt, man zahlt jeden Monat nur 50 Euro, aber das eben die nächsten zwölf Monate. Das ist natürlich viel besser, als auf einen Schlag 600 Euro auf den Tisch zu legen, oder?

Mohammad: Ja, schon. Das klingt gut. Aber du musst doch bestimmt irgendwelche Zinsen bezahlen? Ich meine, dafür, dass sie dir das Geld sozusagen leihen.

Achmed: Nein, eben nicht. Deshalb heißt es ja „Nullprozentfinanzierung". Aber das Angebot geht nur noch bis Ende des Jahres. Du musst schnell sein.

Mohammad: Ach so, wenn ich die Spülmaschine erst im Januar kaufe, ist sie teurer?

Achmed: Ja, genau. Ab Januar musst du dann schon wieder Zinsen bezahlen. Da musst du dir dann gut durchrechnen, was du am Ende bezahlst.

Mohammad: Aha, ich glaube, jetzt habe ich es verstanden. Das müsste ich mir mal durch den Kopf gehen lassen. Jetzt, wo Seda und ich beide arbeiten, wäre eine Spülmaschine wirklich super.

Achmed: Sag' ich doch. Beeil dich.

Mohammad: Nicht so schnell. Ich bin bei solchen Angeboten immer etwas skeptisch. Denn wenn ich etwas nicht sofort bezahlen muss, dann kaufe und kaufe ich und weiß am Ende nicht mehr, was ich alles bezahlen muss. Hier mal 50 Euro, da mal 50 Euro im Monat, da kommt auch was zusammen. Irgendwie gefällt mir das nicht. Am Ende weiß ich dann gar nicht genau, wie viel Geld ich bezahlen muss. Und 50 Euro sind auch schon viel Geld. Das muss ich auch erstmal verdienen …

Achmed: Ach, 50 Euro sind doch wirklich nicht viel Geld – die Ausgabe merkst du gar nicht.

Mohammad: … und zum Schluss kaufe ich noch was, was ich gar nicht brauche. Ich weiß nicht, ich muss mir das noch mal überlegen.

Achmed: Na ja, du musst es wissen. Du, es klingelt gerade. Ich glaube, meine neue Spülmaschine kommt. Bis dann.

Mohammad: Ja, bis bald.

Lektion 3   Gesund bleiben

Schritt D Übung 18

1
Volkshochschule Mainz Mitte, guten Tag. Leider sind im Moment alle Plätze belegt. Bitte versuchen Sie es zu einem späteren Zeitpunkt noch einmal. Wegen der Einschreibung zu den Kursen, die jetzt im Frühjahr beginnen, rufen Sie bitte noch einmal unter der Nummer 06131/233-479 an. Vielen Dank für Ihren Anruf.

2
Praxis für Physiotherapie, Bettina Plöttner. Leider rufen Sie außerhalb der Sprechzeiten an. Diese sind wie folgt: Montag bis Freitag von 8 bis 12 und Dienstag und Donnerstag von 14 bis 20 Uhr. Für den Rückenschulkurs können Sie sich am Empfang persönlich anmelden oder telefonisch unter der Nummer 02843/6246. Der Kurs findet immer donnerstags von 9 bis 10 Uhr statt.

3
Sie haben die kostenlose Servicenummer Ihrer Krankenkasse gewählt. Mit uns sind Sie immer gut beraten. Darum – bleiben Sie dran. Wenn Sie Fragen zu unserem aktuellen Kursprogramm haben, wählen Sie die Eins. Wenn Sie sich über die neuesten Gesundheitstipps informieren möchten, wählen Sie die Zwei. Wenn Sie akute Fragen zur Gesundheit haben und mit unserem Rundum-Service verbunden werden möchten, wählen Sie die Drei. Wenn Sie mit einem Mitarbeiter verbunden werden möchten, wählen Sie die Vier.

4
Ihr Betriebsarzt rät: Lassen Sie sich auch dieses Jahr gegen Grippe impfen! Wenn Sie sich dafür entscheiden, dann kommen Sie bitte am 15. September zwischen 8.30 Uhr und 13 Uhr ins Hauptgebäude, Zimmer 035. Eine Anmeldung hierfür ist nicht erforderlich. Denken Sie aber bitte an Ihren Impfpass. Sollten Sie ein anderes Anliegen haben, dann sprechen Sie bitte nach dem Signalton. Hinterlassen Sie dabei Ihre Rufnummer. Ich rufe Sie so bald wie möglich zurück.

Schritt E Übung 23a
vgl. Seite AB 41

Übung 23c
vgl. Seite AB 41

Fokus Alltag: Hilfe bei Gesundheitsproblemen
Übung 1
A
Mann: He, Farhad hilfst du mir mal mit der Kiste da? Die muss da rüber.
Farhad: Okay. Oh ... au – das tut weh.
Mann: Was ist los? Bist wohl ganz schön im Nacken und an den Schultern verspannt, hm?
Farhad: Ach was, Nacken, ich bin doch kein Büromensch! Aber mein Rücken, der macht mir ständig Probleme. Ich

habe schon alles Mögliche aus der Apotheke probiert: Salben und Schmerzmittel. Aber die helfen nicht richtig. Kennst du vielleicht ein gutes Medikament?
Mann: Bah! Medikament. Damit habe ich keine guten Erfahrungen gemacht. Das hilft nur kurz gegen die Schmerzen, behebt aber nicht die Ursache. Ich sage dir: Jeden Abend ein heißes Salzbad oder Kräuterbad zur Entspannung und danach mit einer Wärmflasche ins Bett – das wirkt Wunder. Ich mache das schon seit Jahren.
Farhad: Hmm, das kann ich ja mal ausprobieren. Danke für den Tipp. Morgen habe ich übrigens einen Termin bei meiner Hausärztin. Mal sehen, was die sagt.

B
Ärztin: Wo genau haben Sie denn die Schmerzen, Herr Mansouri?
Farhad: Hier.
Ärztin: Aha. Und hier? Tut es hier oben bei den Schultern auch weh?
Farhad: Nein, eigentlich nicht.
Ärztin: Und hier am Nacken?
Farhad: Auch nicht. Es ist mehr hier – in der Mitte und hier unten.
Ärztin: Aha. Was sind Sie denn von Beruf, Herr Mansouri?
Farhad: Möbelpacker.
Ärztin: Verstehe. Da tragen Sie natürlich jeden Tag viele schwere Dinge und dabei verspannt der Rücken ... Ich verschreibe Ihnen ein Wärmepflaster. Das lockert die Muskulatur und hilft gegen die Schmerzen. Das ist aber nur eine Lösung für den Moment ...
Farhad: Muss ich zu einem Spezialisten oder ins Krankenhaus? Ich muss doch nicht operiert werden?
Ärztin: Nein, nein. Ich wollte sagen, dass Sie auf Wärme und Entspannung für Ihren Rücken achten müssen. Das ist in Ihrem Beruf sehr wichtig. Denn sicher merken Sie gar nicht, dass Sie bei der Arbeit im Rücken verkrampfen. Heiße Bäder sind ein gutes Mittel.
Farhad: Das hat mein Kollege auch schon gesagt.
Ärztin: Und er hat recht. Außerdem sollten Sie Rückengymnastik machen.
Farhad: Aber ich bewege mich doch den ganzen Tag. Da brauche ich nicht auch noch Sport in der Freizeit.
Ärztin: Ich spreche nicht von Sport, sondern von Entspannungsübungen oder einer speziellen Rückenschule. Es geht um die Lockerung der Rückenmuskulatur. Denken Sie einmal darüber nach ... So, hier ist das Rezept für das Wärmepflaster.
Farhad: Vielen Dank. Auf Wiedersehen.

Lektion 4   Sprachen

Schritt A Übung 7b
konnte – könnte; hatten – hätten; wurdest – würdest; musste – müsste; waren – wären

Schritt A Übung 8

a Ich konnte jederzeit bei meinen Freunden wohnen.
b Ich hätte fast immer Zeit.
c Ich müsste nicht unbedingt am Sonntag kommen.
d Wir waren gern bereit, bei der Arbeit zu helfen.
e Ich würde sagen, dass wir uns morgen treffen.
f Tut mir leid, ich musste gestern früher gehen.
g Du könntest auch mal deinen Chef fragen.
h Es wäre gut, wenn du mich am Wochenende anrufst.

Schritt E Übung 20c und d

1
Reporterin: Haben Sie schon einmal überlegt, welches deutsche Wort Ihnen am besten gefällt? Weil es am schönsten klingt, wenn Sie es hören oder aussprechen? Oder weil es ein Wort mit genau dieser Bedeutung in Ihrer Muttersprache nicht gibt? Wir haben ein paar Personen auf der Straße gefragt: Was ist für Sie das schönste deutsche Wort? Hören Sie, was sie geantwortet haben. Hallo, darf ich Sie kurz stören? Ich hätte eine kurze Frage.
Frau: Ja, was wollen Sie denn wissen?
Reporterin: Was ist für Sie das schönste deutsche Wort?
Frau: Huch, was ist denn das für eine Frage. Also, ich weiß nicht ... Ach ja, vielleicht das Wort Streichholzschächtelchen.
Reporterin: Und warum finden Sie das schön?
Frau: Ich finde, es klingt lustig und es ist für Nicht-Muttersprachler schwierig auszusprechen: Streich-holz-schäch-tel-chen. Es hat mir viel Spaß gemacht, es zu üben. Wenn man dieses Wort richtig aussprechen kann, dann kann man alle deutschen Wörter aussprechen und das ist doch toll, oder?

2
Reporterin: Entschuldigen Sie, darf ich Sie mal was fragen?
Mann: Hm, ja. Was denn?
Reporterin: Was ist das schönste deutsche Wort?
Mann: Wie bitte? Das schönste deutsche Wort? Hm ... da muss ich mal überlegen ... Ich glaube, mein Lieblingswort ist Lesesessel.
Reporterin: Können Sie sagen warum?
Mann: Ich denke da immer an meinen Opa, denn er hatte so einen schönen, alten und gemütlichen Lesesessel. In dem hat er nach dem Mittagessen immer Zeitung gelesen – da durften wir ihn nicht stören. Und abends hat er uns Kinder oft auf den Schoß genommen und uns Geschichten erzählt. Mein Opa konnte sehr gut Geschichten erzählen! ... Und das Wort sieht geschrieben auch so lustig aus: Am Anfang und am Ende steht ein „l" und dazwischen nur „s" und „e". Ist doch komisch, oder?

3
Reporterin: Hallo, du, kann ich dich mal kurz was fragen?
Junge: Na klar. Was denn?
Reporterin: Was ist denn für dich das schönste deutsche Wort?
Junge: Wie? Das schönste Wort?
Reporterin: Ja genau, welches deutsche Wort magst du am liebsten?
Junge: Hm ... Ha, ich weiß! Sternschnuppe!

Reporterin: Sternschnuppe! Und warum findest du das Wort so schön?
Junge: Weil man immer einen Wunsch frei hat, wenn man am Himmel eine Sternschnuppe sieht. Und das ist doch cool, oder?

Lektion 5   Eine Arbeit finden

Schritt B Übung 13

Radiomoderator: In unserem Studio begrüße ich heute Herrn Weigel. Herr Weigel ist Berufsberater im Berufsinformationszentrum Düsseldorf. Herr Weigel, welche Tipps geben Sie denn jemandem mit auf den Weg, wenn er sich auf ein Vorstellungsgespräch vorbereiten will? Geht das denn überhaupt?
Herr Weigel: Natürlich kann man sich auf ein Vorstellungsgespräch vorbereiten. Das fängt schon damit an, dass man, wenn man die Einladung zu einem Gespräch erhalten hat, diese kurz bestätigt: Melden Sie sich also kurz schriftlich oder telefonisch und sagen Sie, dass Sie kommen. Bringen Sie dabei auch gleich zum Ausdruck, dass Sie sich auf das Gespräch freuen. Ja, und dann gleich der nächste wichtige Punkt: die Anreise. Besorgen Sie sich am besten schon vor dem Gespräch eine genaue Wegbeschreibung. Überlegen Sie, wie lange Sie wohl zu dem Ort brauchen. Planen Sie dabei Staus und mögliche Verspätungen immer mit ein. Wer zu spät kommt, hat schon keine Chance mehr.
Radiomoderator: Heißt das, man sollte vorher schon einmal zur Firma fahren?
Herr Weigel: Nicht unbedingt. Wenn man sich den Weg vorher mal ansehen möchte, dann ja, aber nicht, um in die Firma hineinzugehen und sie sich mal genau anzusehen. Aber da komme ich schon zum nächsten Punkt, nämlich dem Informationensammeln. Überlegen Sie sich gut: Warum habe ich mich genau bei dieser Firma beworben? Auch wenn es Zufall war: Die Bewerbung muss so aussehen, als ob Sie sich genau über diese Firma informiert haben und viele Gründe dafür haben, dass Sie genau zu dieser Firma wollen. Deshalb ist es wichtig, möglichst viele Informationen – im Internet oder mithilfe von Firmenbroschüren oder Zeitungsartikeln – über Produkte, Standorte und Organisation der Firma zu besorgen.
Radiomoderator: Aha, verstehe, man soll also zeigen, dass man die Bewerbung ernst nimmt, ja?
Herr Weigel: Genau! Und nun stellen Sie sich vor, Sie sitzen Ihrem Gesprächspartner gegenüber. Und sollen sich mit ihm unterhalten. Es ist wichtig, dass Sie sich vor dem Gespräch auf mögliche Fragen vorbereiten, wie zum Beispiel Fragen zu Ihrem Lebenslauf, zu Schulnoten, persönlichen Interessen und Stärken, zum Interesse an der Firma etc. Wer hier gut antwortet, macht Pluspunkte.
Radiomoderator: Aber wenn ich nun eine Frage gar nicht beantworten kann? Was mache ich denn dann?
Herr Weigel: Es ist sicherlich nicht besonders positiv, auf eine Frage nichts sagen zu können. Aber Vorsicht: Man sollte immer ehrlich sein! Überlegen Sie sich vor allem, und das ist mein fünfter Punkt, welche Stärken Sie haben. Wer sich

vorstellt, muss für sich Werbung machen. Arbeitgeber wollen wissen, welche Fähigkeiten man mitbringt. Warum sind Sie besonders gut geeignet für die Ausbildungsstelle oder für die Firma? Wenn Sie z. B. gut mit Menschen umgehen können oder sehr gut organisieren können, dann sagen Sie das auch! Üben Sie also das Vorstellungsgespräch vorher mit einem guten Freund oder den Eltern. Das gibt Ihnen Sicherheit und die Situation ist nicht mehr so fremd. Eltern und Freunde kennen Sie gut und können Ihnen sagen, was Sie besser machen können. Wichtig ist dabei auch, miteinander zu sprechen mit Fragen und Rückfragen. Der Chef darf Fragen stellen, aber Sie auch!

Radiomoderator: Und ich auch. Ich habe nämlich noch eine Frage: Was ziehe ich am besten zum Bewerbungsgespräch an?

Herr Weigel: Eine gute Frage, das ist auch mein letzter Punkt: Was zieht man an? Auch hier muss man aufpassen. Selbst wenn Sie sich in Jeans am wohlsten fühlen, kann es für manche Stellen ziemlich unpassend sein, mit Alltagskleidung zu erscheinen. Das Aussehen beim ersten Treffen ist besonders wichtig. Deshalb mein Tipp: Achten Sie auf das Äußere wie saubere Hände und Haare sowie ordentliche Kleidung und Schuhe. Und mein allerletzter Tipp: Seien Sie so, wie Sie nun mal sind.

Schritt C Übung 18b

1 beraten – die Beratung
2 erfahren – die Erfahrung
3 verantworten – die Verantwortung
4 entwickeln – die Entwicklung
5 beschäftigen – die Beschäftigung
6 unterstützen – die Unterstützung

Übung 18c und d
vgl. Seite AB 60

Fokus Beruf: Etwas verhandeln
Übung 2a
Herr König: So, Frau Lampart, das klingt ja wirklich alles sehr gut. Nur über Ihre Gehaltsvorstellungen haben wir bis jetzt noch nicht gesprochen. Lassen Sie uns also jetzt mal übers Geld reden.
Frau Lampart: Gern.
Herr König: Ich kann Ihnen ein Monatsgehalt von 1900 Euro anbieten, das wären also 22 800 Euro im Jahr. Was sagen Sie dazu?
Frau Lampart: 1900? Tut mir leid, Herr König, aber das ist mir zu wenig.
Herr König: So? Was haben Sie sich denn vorgestellt?
Frau Lampart: Ich habe mich erkundigt: Hier in Köln ist für eine solche Vollzeitstelle ein Jahresgehalt von 25 000 bis 28 000 Euro üblich.
Herr König: Also mehr als 2000 Euro im Monat? H-hm. Darf ich fragen, wie viel Sie in Ihrer jetzigen Stellung verdienen?
Frau Lampart: Im Moment verdiene ich etwa 1800 Euro im Monat.
Herr König: Da sind unsere 1900 Euro als Anfangsgehalt doch gar nicht so schlecht, oder?

Übung 2b
Herr König: Darf ich fragen, wie viel Sie in Ihrer jetzigen Stellung verdienen?
Frau Lampart: Im Moment verdiene ich etwa 1800 Euro im Monat.
Herr König: Da sind unsere 1900 Euro als Anfangsgehalt doch gar nicht so schlecht, oder?
Frau Lampart: Ja, aber das dürfen Sie nicht so einfach mit der Situation hier vergleichen. In der neuen Stellung bei Ihnen hätte ich viel mehr Verantwortung als bisher.
Herr König: Das stimmt. Da haben Sie recht.
Frau Lampart: Also, ich denke, 2200 Euro im Monat müsste ich schon verdienen.
Herr König: 2200 Euro? Sie erwarten viel von uns, Frau Lampart.
Frau Lampart: Na ja … Sie erwarten auch eine Menge von mir. Und dafür möchte ich natürlich eine leistungsgerechte Bezahlung.
Herr König: Das verstehe ich, aber 2200 Euro? Das sind ja 26 400 Euro im Jahr!
Frau Lampart: Vergessen Sie nicht: Ich bin kein Anfänger. Ich bin eine ausgebildete Fachkraft, ich habe vier Jahre Berufserfahrung und ich habe mich immer um meine Weiterbildung gekümmert. Allein im letzten Jahr habe ich zwei Fortbildungskurse gemacht.
Herr König: Richtig. Das habe ich in Ihren Unterlagen gesehen.
Frau Lampart: Dann haben Sie sicher auch meine Zeugnisse gelesen. Meine beiden bisherigen Arbeitgeber waren mit meinen Leistungen sehr zufrieden. Ich bin sicher, dass Sie auch zufrieden sein werden.

Übung 2c
Frau Lampart: Meine beiden bisherigen Arbeitgeber waren mit meinen Leistungen sehr zufrieden. Ich bin sicher, dass Sie auch zufrieden sein werden.
Herr König: Das glaube ich Ihnen alles, Frau Lampart, aber wir haben für diese Stelle einfach keine 2200 Euro im Monat. Zumindest jetzt noch nicht.
Frau Lampart: Wissen Sie was, Herr König? Ich mache Ihnen einen Vorschlag: Für die ersten sechs Monate bin ich mit 2000 Euro im Monat einverstanden. Wenn Sie mit meiner Leistung zufrieden sind, bekomme ich danach 2200 Euro im Monat. Und in einem Jahr reden wir nochmal neu über mein Gehalt. Was meinen Sie dazu?
Herr König: Ja … ja, das klingt nicht schlecht. Ich werde Ihren Vorschlag mit der Firmenleitung besprechen. Ich rufe Sie dann morgen oder übermorgen wieder an, okay?
Frau Lampart: Na prima! Ich freue mich auf Ihren Anruf.

Lektion 6   Dienstleistung

Schritt A Übung 6a
vgl. Seite AB 65

Übung 6b
vgl. Seite AB 65

Schritt D Übung 22

1

Moderatorin: Und jetzt das Neueste aus Deutschland und der Welt mit Stefanie Schmidt. Hollywood: In der Nacht zum Montag werden in Hollywood wieder die wichtigsten Filmpreise verliehen. München: Ab heute tagt wieder die Internationale Sicherheitskonferenz. Rund 80 Außen- und Verteidigungsminister und 30 Staats- und Regierungschefs werden im Hotel Bayerischer Hof erwartet. Stuttgart: Alarmierende Ergebnisse aus der letzten Untersuchung der Umweltbehörde: Schadstoffbelastung steigt weiter an. Das Wetter: Im Süden teils heftige Sturmböen, im übrigen Teil Deutschlands bleibt es freundlich. Nun die Meldungen im Einzelnen.

2

Moderator: Und hier noch ein Tipp für alle, die etwas für ihre Bildung tun möchten. In zwei Wochen beginnt an der Volkshochschule das neue Frühlings- und Sommerprogramm. Lust auf Fotografie, Tanz, Yoga oder vielleicht eine neue Sprache? Die Volkshochschule bietet dazu Hunderte von Kursen! Wir von *Radio Glocke* möchten euch einladen, Spanisch zu lernen. Fliegt ihr im Sommer nach Spanien? Möchtet ihr die Sprache lernen? Und ganz wichtig: Habt ihr die nächsten drei Monate Mittwochabend Zeit? Alle Fragen mit Ja beantwortet? Dann ruft kurz an und erzählt uns, warum ihr Spanisch lernen möchtet. Wir bezahlen euch dann den Kurs an der Volkshochschule. Ruft jetzt an unter 565657 und mit ein bisschen Glück könnt ihr die nächsten Wochen Spanisch lernen – kostenlos! So wird die nächste Spanienreise ein voller Erfolg – Olé!

3

Moderatorin: Schüler und Studenten aufgepasst. Am kommenden Wochenende beginnt wieder die Sprach- und Lernmesse München. An drei Tagen präsentieren sich zahlreiche Aussteller und Firmen und informieren Eltern und Schüler über ihre Angebote, z. B. zu multimedialem Lernen und Sprachreisen. Geöffnet ist die Messe am Freitagnachmittag von 13 bis 19 Uhr und am Samstag und Sonntag jeweils ganztägig von 9 bis 19 Uhr. Der Tagespass kostet 8 Euro, der Eintritt für das ganze Wochenende beträgt 14 Euro. **Achtung:** Am Samstag und Sonntag gibt es bis 17 Uhr immer zur vollen Stunde für alle Schüler kostenlose Schnuppersprachkurse.

4

Moderator: Und jetzt noch eine wichtige Information vom Wetterdienst: Wegen des starken Schneefalls kommt es auf vielen Bahnstrecken zu Verspätungen und Ausfällen im Zugverkehr. Auch auf den Straßen ist Vorsicht geboten. Mit zum Teil 25 Zentimeter Neuschnee auf glatten Straßen gibt es vielerorts erhebliche Einschränkungen im Straßenverkehr. Bitte fahren Sie langsam und vorsichtig. Auch am Flughafen mussten wegen der Schneemassen viele Flüge gestrichen werden. In allen Fällen gilt: Informieren Sie sich online über Ihre Verbindungen und Änderungen im Flug- und Zugverkehr.

5

Werbestimme: Und hier noch eine besondere Ansage für alle Freunde und Freundinnen von schönen Haaren und Frisuren: Die Meisterschule für Friseure am Ostbahnhof sucht aktuell wieder Modelle für das laufende Schuljahr. Unsere Lehrlinge ab dem zweiten Lehrjahr freuen sich auf euch. Wer mindestens 18 Jahre alt ist und Lust auf eine neue Haarfarbe oder einen neuen Haarschnitt hat, der kann von Montag bis Freitagvormittag anrufen und einen Termin vereinbaren unter der Nummer: 089-4455660. Bringt etwas Zeit mit und ihr bekommt ganz umsonst eine neue Trendfrisur! So kann der Frühling kommen …

Fokus Beruf: Kundenwünsche
Übung 1 und 2
Gespräch 1

Heike Kubis: Bäckerei Huber, Heike Kubis, guten Tag.

Anna Borowski: Ja, Tach! Anna Borowski hier. Hören Sie, ich war vor drei Wochen bei Ihnen im Laden und habe die Torte für die Hochzeit von meiner Tochter bestellt. Die Hochzeit ist heute und …

Heike Kubis: Ja, ja, ich erinnere mich. Unser Fahrer hat Ihnen die Torte ja sicher vorbeigebracht, nicht?

Anna Borowski: Ja ja. Aber jetzt habe ich die Torte ausgepackt. Und auf der Torte steht „Jutta und Leon".

Heike Kubis: Ja, und?

Anna Borowski: Verstehen Sie denn nicht? Meine Tochter heißt NICHT „Jutta" und mein Schwiegersohn heißt NICHT „Leon". Wir hatten eine ganz andere Torte bestellt!

Heike Kubis: Um Gottes willen! Da ist wohl ein Irrtum passiert. Ich rufe sofort unseren Fahrer an. Bitte geben Sie mir Ihre Handynummer, ich rufe Sie gleich zurück.

Anna Borowski: Ja, und bitte schnell. Wir wollen die Torte in einer Stunde anschneiden.

Heike Kubis: Ja, ja, natürlich.

Anna Borowski: Also, meine Nummer ist 0170/42024043.

Gespräch 2

Hans Wanninger: Wanninger.

Heike Kubis: Hans, Heike hier. Du, Frau Borowski hat gerade angerufen. Wo ist ihre Torte??

Hans Wanninger: Aber da war ich doch gerade und habe die Torte geliefert.

Heike Kubis: Ja, aber nicht die richtige, Hans! Du hast die Torte mit der Aufschrift „Jutta und Leon" geliefert. Und die gehört zur Hochzeit der Bogenbergers!

Hans Wanninger: Oje …

Heike Kubis: Und hast du den Bogenbergers auch schon eine Torte gebracht?

Hans Wanninger: Ja, klar, schon um neun heute früh!

Heike Kubis: Oh Gott … Dann haben jetzt die Bogenbergers die Torte der Borowskis und die Borowskis die Torte der Bogenbergers.

Hans Wanninger: Da habe ich die Torten wohl verwechselt.

Heike Kubis: Ja, sicher! Und was machen wir jetzt?

Hans Wanninger: Na ja, ich könnte zurückfahren und die Torten austauschen, ich bin jetzt in Brakel-Bökendorf … und da fahre ich dann am besten zurück über Bellersen und …

Heike Kubis: Aber die Borowskis wollen in einer Stunde die Torte schon anschneiden!

Hans Wanninger: Oh, das schaff ich dann nicht, da dauert die Fahrt zu lange.

Heike Kubis: Hmmm, dann versuchen wir Folgendes: Du kommst jetzt zurück zur Bäckerei. Wir dekorieren so schnell wie möglich hier eine neue Torte und die lieferst du den Borowskis. Ich rufe gleich Frau Borowski an und frage nach, ob das so okay für sie ist. Also, beeil dich, komm schnell!

Hans Wanninger: Ja und die Bogenbergers?

Heike Kubis: Ach stimmt ... Ach, die rufe ich dann auch noch an.

Hans Wanninger: Gut. In Ordnung. Bis gleich!

Gespräch 3

Anna Borowski: Borowski?

Heike Kubis: Heike Kubis, Bäckerei Huber. Hallo, Frau Borowski, es tut mir ganz furchtbar leid, unser Fahrer hat einen Fehler gemacht.

Anna Borowski: Aber was machen wir denn jetzt bloß? Wo ist denn unsere Torte?

Heike Kubis: Leider auf einer anderen Hochzeitsparty. Wie gesagt, es ist uns wirklich sehr peinlich. Wir könnten Ihnen aber innerhalb der nächsten Stunde eine Ersatztorte liefern.

Anna Borowski: Ja, aber ...

Heike Kubis: Natürlich wäre sie nicht identisch mit der von Ihnen bestellten Torte, aber zumindest stehen keine falschen Namen drauf. Und selbstverständlich geben wir Ihnen einen Preisnachlass!

Anna Borowski: Okay, das heißt also, Sie liefern uns innerhalb der nächsten Stunde eine neue Torte und das kostet uns gar nichts.

Heike Kubis: Nein, nicht ganz! Sie bekommen eine neue Torte und 30 Prozent Rabatt.

Anna Borowski: Ja, also, hören Sie. Ich zahle ganz sicher nichts für eine Torte, die nicht die ist, die ich bestellt habe. Es war doch schließlich Ihr Fehler, nicht meiner.

Heike Kubis: Okay, okay, okay! Wissen Sie was? Wir schenken Ihnen die Torte.

Anna Borowski: Ach. Gut, einverstanden.

Heike Kubis: Okay, dann sage ich unserem Fahrer, dass er ...

Lektion 7   Rund ums Wohnen

Schritt B Übung 13
vgl. Seite AB 78

Schritt D Übung 25a

Moderator: Heutzutage wünschen sich immer mehr Senioren, die keine eigenen Enkelkinder haben, mit Familien unter einem Dach zu leben. Ebenso haben nicht alle berufstätigen Eltern mit Kindern die Großeltern im selben Ort, die sie unterstützen und ihnen helfen können, wenn z. B. ein Kind krank wird und nicht in die Schule oder den Kindergarten gehen kann. So gibt es besonders in größeren Städten immer mehr sogenannte Mehrgenerationenhäuser.

Dort leben Singles, Senioren und Familien in einem Haus. Wir haben Menschen in einem Mehrgenerationenhaus besucht und sie gefragt, wie das Zusammenleben bei ihnen funktioniert.

Übung 25b

1

Frau Krause: Hallo, ich bin Margarete Krause und lebe mit meinem Mann schon seit vier Jahren hier. Obwohl wir beide schon 75 Jahre alt sind, fühlen wir uns sehr fit. Leider haben wir keine Enkelkinder, aber wir lieben Kinder und so haben wir uns für dieses Projekt entschieden. In diesem Haus haben wir eine eigene Zwei-Zimmer-Wohnung im Erdgeschoss. Links und rechts von uns wohnen zwei Familien mit kleinen Kindern. Mit ihnen zusammen haben wir einen Garten, in dem die Kinder bei gutem Wetter immer spielen. Wir kümmern uns um den Garten, um die Blumen und das Gemüse und die Kinder helfen uns dabei oder wir spielen draußen zusammen. Oft kommen sie auch einfach zu uns, klingeln an der Tür und fragen, ob ich ihnen ein Buch vorlesen oder ob mein Mann ein Spielzeug reparieren kann. Das ist schön. Obwohl es manchmal schon sehr laut ist neben uns, stört uns das nicht. Kinder müssen spielen und sie bringen so viel Leben ins Haus. Wir sind sehr froh, dass wir uns für dieses Leben in einem Mehrgenerationenhaus entschieden haben.

2

Herr Dreier: Ich bin Peter Dreier. Meine Frau, meine zwei Kinder und ich, wir wohnen hier neben Herrn und Frau Krause. Meine Eltern leben leider nicht mehr und meine Schwiegereltern wohnen 600 km entfernt, sodass sie leider nicht so oft zu uns kommen können. Deshalb haben wir uns für das Mehrgenerationenhaus entschieden. Mit den anderen Bewohnern im Haus unternehmen wir viel, die Kinder spielen zusammen und die älteren Ehepaare sind wie Oma und Opa für unsere Kinder. Sie haben also viele Omas und Opas und das finden die Kinder ganz toll. Es ist nie langweilig in unserem Haus, denn wir treffen uns oft in unserem großen gemeinsamen Wohnzimmer im Dachgeschoss. Dort feiern wir auch Geburtstage oder essen manchmal an Feiertagen zusammen. Jeder bringt etwas zu essen und zu trinken mit und wir sitzen an einem langen Tisch zusammen. Im Sommer treffen wir uns natürlich oft unten im Garten.

3

Frau Hausmann: Ich heiße Nina Hausmann, bin 40 Jahre alt und Single. Vor Kurzem bin ich aus beruflichen Gründen in diese Stadt gezogen und kannte hier noch niemanden. Deshalb habe ich mich für das Mehrgenerationenhaus entschieden. Hier ist immer was los und man fühlt sich nicht so allein. Ich finde es super, dass hier Jung und Alt zusammenleben. Von Beruf bin ich Fernseh-Moderatorin. Ich moderiere eine Sendung für Jugendliche und das finden die Kinder und Jugendlichen hier im Haus natürlich cool. Manchmal schauen sie meine Sendung an und sagen mir danach, was sie gut oder schlecht gefunden haben. Die

Kinder sind meine besten Kritiker. So habe ich im Haus viel Kontakt, bis ich hier in der Stadt neue Freunde finde. Denn das ist ja nicht so leicht in einer Großstadt.

Fokus Alltag: Eine Wohnungsanzeige aufgeben
Übung 2
Gespräch 1
Svenja: Oh, hallo, Thorben.
Thorben: Hallo, Svenja, wie geht's?
Svenja: Gut, und dir?
Thorben: Auch gut. Du, wir suchen jetzt nach einer neuen Wohnung. Azadeh bekommt doch im August das Baby, und wir denken, dass es dann zu viert wirklich zu eng wird in unserer kleinen Stadtwohnung.
Svenja: Ach ja. Was sucht ihr denn?
Thorben: Entweder eine Wohnung mit 3 bis 4 Zimmern oder aber ein Haus am Stadtrand. Am liebsten mit Garten.
Svenja: Oh, mit Garten, das wäre sicher schön für die Kinder.
Thorben: Ja, Azadeh würde am liebsten gleich aufs Land ziehen. Ich würde lieber in der Stadt wohnen bleiben. Eine Wohnung mit Balkon fände ich auch ausreichend. Wenn wir da was Schönes finden, greifen wir auch zu. Wir haben ja gar nicht mehr viel Zeit.
Svenja: Wie sucht ihr denn?
Thorben: Wir haben eine Anzeige im Internet aufgegeben.
Svenja: Da wünsche ich euch viel Glück. Ich kann mich auch gern ein wenig umhören.
Thorben: Das würdest du machen? Das ist aber nett – danke!
Svenja: Gern doch. Bis bald dann.
Thorben: Danke! Tschüs, Svenja.

Gespräch 2
Herr Peters: Rheinpost private Anzeigenannahme, Peters, guten Tag.
Frau Sirovska: Ja, guten Tag, hier Sirovska, ich möchte gern eine Wohnungsanzeige aufgeben.
Herr Peters: Möchten Sie eine Wohnung vermieten oder suchen Sie eine Wohnung?
Frau Sirovska: Äh … ich suche eine Wohnung für mich und meinen Hund.
Herr Peters: Gut, dann also eine Suchanzeige … Ihren Text bitte.

Frau Sirovska: Wie bitte?
Herr Peters: Ihren Text, also was soll in der Anzeige stehen?
Frau Sirovska: Ach so … ja also … Moment, wo ist denn jetzt der Zettel … ach hier. Soll ich Ihnen meinen Text mal vorlesen?
Herr Peters: Ja bitte … das wäre nett.
Frau Sirovska: „Ich suche eine günstige 3-Zimmer-Wohnung mit Garten bis maximal 750 Euro inklusiv Nebenkosten." Wie könnte man das denn abkürzen, damit das nicht so teuer wird?
Herr Peters: Das mache ich für Sie. Da machen Sie sich mal keine Sorgen. Also, schauen wir mal … ja … das werden drei Zeilen … Das macht dann 5,40 Euro. Wie möchten Sie denn bezahlen?

Gespräch 3
Mann: Und? Wie schmeckt deine Pizza?
Falko: Ganz gut, wie immer.
Mann: Ach, Falko, du hast doch letzte Woche erzählt, dass ihr eine neue Wohnung sucht. Oder sogar ein Haus?
Falko: Hm, ja, stimmt.
Mann: Hast du denn schon Antworten auf deine Anzeige bekommen?
Falko: Nein, leider gar nichts. Keinen einzigen Anruf! Dabei habe ich sogar meine Telefonnummer direkt in die Anzeige geschrieben!
Mann: Hm, das ist ja komisch.
Falko: Mmh.
Mann: Was hast du denn genau in die Anzeige geschrieben?
Falko: Na, dass wir eine Familie sind und eine große Wohnung oder ein großes Haus suchen.
Mann: Und sonst nichts?
Falko: Doch: Wie viel wir zahlen wollen. Weißt du, wir wollen nicht mehr ausgeben als bis jetzt, also 750 Euro, aber schon warm.
Mann: 750 warm für ein Haus? Ach … Könnte es nicht daran liegen? Die Preise sind in den letzten Jahren ganz schön gestiegen! Was du suchst, gibt es schon lange nicht mehr.
Falko: Wie? Ich habe neulich erst von einem Bekannten gehört, der in Neustadt wohnt. Er zahlt nur …

Transkriptionen der Filme

Lektion 1   Glück im Alltag

Foto-Hörgeschichte

vgl. Transkriptionen zum Kursbuch, Seite 182

Ellas Film

Scherben bringen Glück.
Ella: Hallo! Ich bin Ella Wegmann. Ich bin 28 Jahre alt und arbeite als Journalistin beim Stadt-Kurier. Vor ein paar Tagen haben wir eine Seite zum Thema „Glück" gemacht. Da waren auch Fotos dabei und ein paar davon zeig ich euch jetzt. Okay? Also, zum Beispiel: So ein Kleeblatt soll Glück bringen. Aber Achtung: Es muss unbedingt vier Blätter haben! Auch ein Hufeisen bringt Glück, sagt man. Aber so leider nicht. Es darf nicht nach oben offen sein, sonst fliegt das Glück weg. So ist es richtig! Jetzt könnte es klappen. Auch Scherben sollen Glück bringen. Es gibt im Deutschen sogar ein Sprichwort: Scherben bringen Glück. Das gilt für alle Scherben, außer Spiegelscherben. Achtung, Achtung! Wer einen Spiegel zerbricht, der hat sieben Jahre lang Pech! Noch mehr Unglück: Freitag der 13. Das soll ein Unglücksdatum sein. Huch! Eine schwarze Katze von links? Die bringt auch Pech, heißt es. Lieber so ein süßes, rosafarbenes Glücksschweinchen – hmm. Darf man ein Glücksschwein essen? Oder bringt das Unglück? Tschüs!

Lektion 2   Unterhaltung

Foto-Hörgeschichte

vgl. Transkriptionen zum Kursbuch, Seite 185

Ellas Film

M-hm ...
Ella: Du, Vivi?
Vivi: Hm?
Ella: Ich hab' noch mal über gestern nachgedacht.
Vivi: M-hm ...
Ella: Also ich finde das wirklich ziemlich doof.
Vivi: M-hm ...
Ella: Da sind drei Leute, die sich einen netten Abend machen wollen.
Vivi: M-hm ...
Ella: Drei Leute, die gemeinsam einen Film angucken wollen.
Vivi: M-hm ...
Ella: Am Ende sitzt jeder allein bei sich zu Hause und guckt seine eigene Serie.
Vivi: M-hm ...
Ella: Warum trifft man sich, obwohl man viel lieber allein sein möchte?
Vivi: M-hm ...
Ella: Das ist doch echt nicht normal, oder? ... Hörst du mir eigentlich zu?

Vivi: Was?
Ella: Du hast mir überhaupt nicht zugehört!
Vivi: Was? Klar hab ich!
Ella: So, und was hab' ich gesagt?
Vivi: Das ist echt nicht normal, hast du gesagt.
Ella: Aha. Und was ist nicht normal?
Vivi: Warte kurz ...

Lektion 3   Gesund bleiben

Foto-Hörgeschichte

vgl. Transkriptionen zum Kursbuch, Seite 187–188

Ellas Film

Burnout-Syndrom
Ella: Hallo, hier ist Ella! Willkommen in meinem Stadtteil! Ich möchte euch heute eine meiner Jogging-Runden zeigen. Keine Angst, nicht die ganze Strecke, nur so ein paar Eindrücke. Los, kommt einfach mit! Früher war Joggen ja gar nicht meine Sache. Erst der Rat eines Freundes hat mich zum Laufen gebracht. Das war vor zwei Jahren ungefähr. Ich hatte damals ein schlimmes Burnout-Syndrom. Das hat ziemlich harmlos angefangen. Und deshalb hat es auch eine Weile gedauert, bis ich es gemerkt habe. Ich habe mich müde und schlapp gefühlt, ich konnte mich nicht mehr so gut konzentrieren. Und ich hatte das Gefühl, dass ich meine Arbeit nicht mehr schaffe. Solche Signale des Körpers müssen unbedingt beachtet werden. Das weiß ich heute, aber damals hab' ich nicht darauf gehört. Und so ist es schlimmer und schlimmer geworden. Irgendwann hab' ich richtige Depressionen bekommen. Na ja, und darüber hab' ich dann mit diesem Freund gesprochen. Er hat mir ein paar Fragen gestellt und dann hat er gemeint: „Du hast ein Burnout-Syndrom! Dagegen solltest du unbedingt was tun!" Er hat mir den Tipp mit dem Laufen gegeben. Na ja, und seither laufe ich. Eine halbe Stunde, fast jeden Tag. Damit habe ich nur gute Erfahrungen gemacht. Also Leute, lasst euch nicht stressen! Regelmäßig Sport machen, das ist 'ne gute Sache – hilft gegen Burnout und macht Spaß. Tschüs!

Zwischendurch mal Film

Eisstockschießen
Sprecherin: Das ist Bernd. Und das ist sein Eisstock. So ein Eisstock wiegt ungefähr vier Kilo. Wozu Bernd ihn braucht, werden wir gleich sehen. Wir werden ihn jetzt nämlich zum Eisstockschießen begleiten. Eisstockschießen ist vor allem in den Alpenländern sehr beliebt. Zum Eisstockschießen braucht man zuerst mal eine Eisfläche. Zum Beispiel auf einem kleinen See. Dann braucht jeder Spieler einen eigenen Eisstock. Ja, und außerdem braucht man noch Dauben. So nennt man diese kleinen Ziele. Sie können aus Kunststoff sein, oder aus Holz, so wie hier. Die Regeln für das Eisstockschießen sind ganz einfach: Es gibt zwei Mannschaften. Und man spielt immer von einer

Seite zur anderen und dann wieder zurück. Die Mannschaften müssen mit ihren Eisstöcken so nahe wie möglich an die Daube herankommen. Dafür gibt es nach jeder Runde Punkte. Am Ende gewinnt natürlich die Mannschaft mit den meisten Punkten. Damit niemand einfriert, gibt es zwischendrin auch mal einen Becher heißen Tee aus der Thermoskanne. Das wärmt und macht Lust auf die nächste Runde. Für die einen ist Eisstockschießen vor allem ein Sport. Sie lieben den Wettbewerb und natürlich möchten sie vor allem eins: Gewinnen! Die anderen sehen Eisstockschießen mehr als ein Spiel, eine Freizeitbeschäftigung. Klar, auch sie wollen lieber gewinnen als verlieren. Aber das ist für sie nicht das Allerwichtigste. Für sie zählt mehr der Spaß! Und den hat man beim Eisstockschießen auf jeden Fall. Man ist draußen an der frischen Luft, man bewegt sich, man tut etwas Gutes für seine Gesundheit. Und dazu ist man auch noch mit lauter netten Leuten zusammen. Kein Wunder, dass Bernd und seine Freunde sich jedes Jahr wieder auf den Winter und das gemeinsame Eisstockschießen freuen.

Lektion 4   Sprachen

Foto-Hörgeschichte

vgl. Transkriptionen zum Kursbuch, Seite 191

Ellas Film

Was wäre, wenn ...?
Vivi: Wenn du einen Wunsch frei hättest, was würdest du dir wünschen, Ella?
Ella: Wenn ich mir was wünschen könnte, ... hmm ... dann wäre ich gern einen Tag lang ein Mann.
Vivi: Ein Mann? Echt? Wieso denn?
Ella: Vielleicht könnte ich die Männer dann endlich verstehen. ... Wenn du eine berühmte Person treffen könntest, wer wäre das?
Vivi: Eine berühmte Person ... Egal wer?
Ella: Egal wer.
Vivi: Also, wenn ich es mir aussuchen könnte, dann würde ich gern Ludwig van Beethoven treffen.
Ella: Aber der ist doch schon lange tot.
Vivi: Egal wer, hast du gesagt! ... Wenn du eine Million Euro hättest, was würdest du damit machen?
Ella: Wenn ich eine Million hätte, dann hätte ich keine Million.
Vivi: Wieso?
Ella: Dann müsste ich nämlich erst mal eine halbe Million Steuern zahlen.
Vivi: Und mit dem Rest? Was würdest du damit machen?
Ella: Hmm ... Wenn ich Lust auf eine Weltreise hätte, würdest du mitkommen?
Vivi: Na klar, wann fahren wir?
Ella: Sofort!
Vivi: Ja!
Ella: Wenn ich die halbe Million Euro habe.
Vivi: Oje, ich glaub' das wird nichts!

Ella: Wenn du wieder ein kleines Mädchen sein könntest, was würdest du am liebsten machen?
Vivi: Hmm, wie alt?
Ella: Fünf?
Vivi: Hmm, wenn ich jetzt fünf Jahre alt wäre, dann würde ich spielen, dass ich eine Prinzessin bin – und du wärst mein Prinz!
Ella: Ich? Du spinnst doch!
Vivi: Na, du wolltest doch ein Mann sein, oder?

Lektion 5   Eine Arbeit finden

Foto-Hörgeschichte

vgl. Transkriptionen zum Kursbuch, Seite 195–196

Ellas Film

Fünf Tipps von Tobias
Tobias: Hi! Ich bin Tobias und ich zeige euch jetzt, was bei einem Vorstellungsgespräch gut ankommt. Und was man besser nicht machen sollte.
Erste Regel: Pünktlich sein! Was ist pünktlich? Pünktlichkeit heißt, nicht zu spät und nicht zu früh. Der Termin ist um 9 Uhr? Na dann seid bitte um 9 Uhr da. Zu spät kommen ist unhöflich und es zeigt, dass ihr zu wenig Interesse an dem Job habt. Oder, dass ihr noch nicht mal eure Anfahrt richtig planen könnt. Viel zu früh kommen ist aber auch unhöflich. So macht ihr die Leute nervös, oder ihr nervt sie. Und das macht schlechte Stimmung. Pünktlich sein, ganz einfach!
So, jetzt Regel Nummer 2: Der erste Eindruck. Der erste Eindruck ist besonders wichtig. Hier: Achtet mal auf die Körperhaltung, auf den Gesichtsausdruck, auf die Kleidung, auf die Frisur. Wahnsinn, oder? Und die Hand nicht geben – boah – das ist sehr, sehr unhöflich! Nein, so macht man ganz sicher keinen guten Eindruck. Ja genau, seht ihr? So macht man das! Ordentlich angezogen, gute Körperhaltung, immer freundlich, immer höflich.
Übrigens, nicht nur der erste Eindruck ist wichtig. Ob ihr es glaubt oder nicht, auch der letzte Eindruck kann entscheidend sein. Nach dem Gespräch nicht einfach schnell weglaufen! Verabschiedet euch freundlich und höflich und bedankt euch für die Einladung zum Gespräch. So behält euch die Personalchefin in bester Erinnerung.
Pünktlich, frisch geduscht, ordentlich angezogen, höflich, freundlich, konzentriert. Wenn ihr das berücksichtigt, macht ihr schon eine Menge richtig bei eurem Vorstellungsgespräch! Jetzt noch zwei Regeln, die auch sehr wichtig sind. Wenn ihr in einer Firma arbeiten wollt, dann solltet ihr mindestens die allerwichtigsten Informationen über diese Firma haben. Also, seht vor eurem Termin die Homepage der Firma durch. Wie heißt die Firma genau? Wie viele Leute arbeiten dort? Was wird dort alles gemacht? Wie heißt der Geschäftsführer? Ihr dürft natürlich gern noch eine Menge mehr wissen. Gute Vorbereitung kann auf keinen Fall schaden. Und sie macht euch viel sicherer. So, und zum Schluss noch kurz mein letzter Hinweis: Nicht zu wenig

reden, aber auch nicht zu viel. Ihr werdet viele Fragen beantworten müssen. Antwortet ruhig und sachlich und macht nicht zu viele Worte. Sicher dürft ihr selbst auch Fragen stellen. Überlegt euch also vor eurem Termin ein paar wirklich interessante Fragen. Das macht immer einen sehr guten Eindruck! Ach ja, übrigens: „Wie hoch ist denn mein Gehalt?" Diese Frage sollte, wenn überhaupt, nicht ganz am Anfang kommen. Okay?

So, und jetzt wünsche ich euch für euer Vorstellungsgespräch alles, alles Gute und viel Erfolg!

Zwischendurch mal Film

Zelihas Grillhaus

Zeliha: Hallo, ich bin die Zeliha und das ist mein Grillhaus.

Sprecher: Zeliha stammt aus einer türkischen Familie. Ihr Opa ist Mitte der 60-er Jahre aus der türkischen Stadt Kayseri nach Deutschland gekommen und hat in einer Textilfabrik in Nordrhein-Westfalen gearbeitet. Zeliha ist in Deutschland geboren und zur Schule gegangen. Nach der Mittleren Reife hat sie zwei Berufsausbildungen gemacht, als Zahnarzthelferin und als Einzelhandelskauffrau. Aber irgendwann hat sie gemerkt, dass sie zu den Menschen gehört, die ihr eigener Chef sein wollen. Sie hat beschlossen, ein Restaurant aufzumachen. Mit ihrer Entscheidung lag sie im Trend, denn in Deutschland machen sich immer mehr Menschen mit Migrationshintergrund beruflich selbstständig. Das ist nicht nur für die jungen Unternehmer ein wichtiger Schritt, es ist auch ein großer Vorteil für die deutsche Wirtschaft. Im Jahr 2014 gab es in Deutschland bereits 700.000 Unternehmer mit ausländischen Wurzeln. Sie beschäftigen mehr als 1,3 Millionen Mitarbeiter. Zusammen mit den Kleinunternehmern selbst, haben so über zwei Millionen Menschen eine Arbeit gefunden.

Zeliha hat ihr Restaurant mit viel Geschmack und Liebe eingerichtet. Eine ihrer Spezialitäten sind frisch gepresste Fruchtsäfte, zum Beispiel aus Granatäpfeln und Orangen. Man bekommt bei ihr auch knackige Salate, knusprige Pommes, Börek, Pide und viele, viele andere leckere Gerichte. Und natürlich auch Döner! Klar!

Zeliha: Und, kriegt ihr schon Appetit?

Sprecher: Zeliha genießt es, ihre eigene Chefin zu sein. Ihr Restaurant ist beliebt und sie hat einen guten, offenen Kontakt zu ihrer Kundschaft. Ja, man kann sagen, Zeliha und ihre Familie sind gut angekommen in Deutschland.

Zeliha: Na dann, kommt doch mal vorbei! Tschüs!

Lektion 6   Dienstleistung

Foto-Hörgeschichte

vgl. Transkriptionen zum Kursbuch, Seite 198–199

Ellas Film

Der Junge ist sensationell!

Leon: Hallo, Herr Sanders.

Herr Sanders: Leon, das ging ja mal wieder schnell! Hey, und das ist doch, Sie sind Frau Wegmann, oder? Ella Wegmann, vom Stadt-Kurier.

Ella: Stimmt. Ähm, stört es Sie, wenn ich hier ein bisschen filme?

Herr Sanders: Kein Problem! Wir sind hier ja 'ne Filmproduktionsfirma. Kommen Sie rein. ... Sind Sie Leons Freundin?

Ella: Nein, ich bin beruflich unterwegs. Ich wollte mal ein Mädchen für alles bei der Arbeit beobachten.

Herr Sanders: Na, da haben Sie sich ja genau den Richtigen ausgesucht. Der Junge ist sensationell! Er merkt sich alles, er denkt mit, er kennt viele Leute, er versteht genau, was ich haben will, ohne lang zu fragen. So was hier, das lass ich mir lieber bringen, statt selbst zu suchen.

Ella: Aber ist das nicht ziemlich teuer?

Herr Sanders: Nö, wenn ich das selbst mache, kann ich lange suchen. Das kostet am Ende mehr, als wenn es gleich jemand wie Leon macht.

Ella: Sie sind also zufrieden mit Ihrem Mädchen für alles?

Herr Sanders: Absolut. Leon macht seinen Job total professionell.

Leon: Na, das hör' ich gern.

Herr Sanders: Wenn Sie mal was brauchen, sagen Sie es ihm. Es lohnt sich. Sie sparen Zeit und ihm macht es auch noch Spaß.

Also, Sie schicken die Rechnung?

Leon: Klar, wie immer.

Herr Sanders: Vielen Dank für Ihre Hilfe!

Leon: Immer gern.

Herr Sanders: Tschüs, Frau Wegmann. Hat mich gefreut.

Ella: Mich auch, tschüs!

Lektion 7   Rund ums Wohnen

Foto-Hörgeschichte

vgl. Transkriptionen zum Kursbuch, Seite 202

Ellas Film

Lizzy und Ante

Ella: Heute möchte ich kurz Herrn und Frau Jovanovic vorstellen. Das sind meine Nachbarn hier im Haus.
Ante: Hallo Ella!
Ella: Hallo Ante!
Ante: Kommen Sie rein. Lizzy hat's mir schon gesagt: Heute werden wir Filmstars! ... Lizzy, Hollywood ist da! Lizzy!
Ella: Hallo Lizzy!
Lizzy: Ella, kommen Sie, setzen Sie sich. Tee ist gleich fertig. Also, eins möchte ich gleich mal sagen: Ella ist die netteste Nachbarin, die man sich wünschen kann.
Ella: Das ist zwar sehr lieb, Lizzy, aber eigentlich wollte ich euch beide vorstellen.
Ante: Lass mal, Ella! Lizzy hat völlig recht!
Ella: Nein, wartet! Ich wollte euch vorstellen.
Lizzy: Ella ist aber nicht nur nett, ...
Ante: ... sondern auch immer hilfsbereit.
Lizzy: Und sie ist nicht nur bildhübsch, ...
Ante: ... sondern auch blitzgescheit.
Lizzy: So, jetzt trinken wir Tee und essen Plätzchen.
Ella: Tja, normalerweise hätte ich jetzt hier meine Nachbarn vorgestellt, aber ihr habt ja selbst gesehen: Die machen einfach, was sie wollen, wann sie wollen und wie sie es wollen. Und wisst ihr was? Mir gefällt das!
Ante: Und außerdem sind wir lustig!
Lizzy: Und supercool!
Ella: Und sie backen die besten Plätzchen! Hmm.

Zwischendurch mal Film

Unsere WG

Sprecher: Das sind Aljoscha, Paulette und Mona. Sie studieren in einer Stadt, in der es sehr viele Studenten, aber nur wenige Studentenwohnheime gibt. Deshalb leben sie nun zusammen in einer Wohngemeinschaft. Bist du zufrieden mit deiner WG, Aljoscha?
Aljoscha: Zufrieden? Ja, eigentlich schon. Mit Paulette habe ich gar keine Probleme, nur Mona nervt manchmal ein bisschen. Na ja, so schlimm ist es jetzt auch wieder nicht. Trotz der dauernden Kritik: „Aljoscha, die Dusche ist schon wieder total nass! Wir hatten doch abgemacht, dass wir sie immer trocken wischen." Unglaublich! Na ja, sie kann auch sehr nett sein. Vor allem, wenn ich koche. Dann wird sie meistens schwach.
Mona: Am Anfang hab ich gedacht: „Oh Mann! Hätte ich bloß 'ne bessere WG gefunden!" Aber es war gar nicht so einfach, überhaupt ein bezahlbares Zimmer zu kriegen. Tja, entweder man hat viel Geld, oder man muss nehmen, was man kriegt. Zum Glück sind wir zwei Frauen hier. Ich meine, wegen der Sauberkeit und so. Mit zwei Männern wäre es sicher viel schwieriger geworden.
Paulette: Ach, ich bin eigentlich zufrieden mit unserer WG hier. Mit meinen Mitbewohnern komme ich super klar. Mona und Aljoscha sind beide sehr nett. Aber ich kenne Leute, die in schrecklichen WGs wohnen. Echt unglaublich! Ein Freund von mir, der auch hier studiert, hat gesagt, wenn er das vorher gewusst hätte, wäre er zum Studieren nicht in diese Stadt gekommen. Wahnsinn, oder?
Sprecher: Aber bei euch gibt's keine Probleme?
Aljoscha: Das größte Problem ist, wenn man aus allem ein Problem macht, so wie Mona. Wenn ich die Dusche nicht sofort sauber mache, regt sie sich total auf. „Das ist ja wohl die Höhe! So eine Frechheit! Das gibt doch jede Menge Kalkflecken!" Bla bla bla ... Ich meine, sie muss gerade reden. Wenn sie sich im Bad kämmt, sind auch oft mal Haare im Waschbecken. Das finde ich auch nicht so toll. Der Unterschied ist nur: Ich mach' ihre Haare einfach weg, und fertig.
Mona: Die Problemzone Nummer eins ist immer das Bad. Vor allem die Dusche. Die Badezimmertür muss offen bleiben, wenn niemand im Bad ist, damit frische Luft ins Bad kommt, damit das Bad trocknen kann. Sonst gibt's halt irgendwann Schimmel. Ist doch logisch, oder? Am besten wäre es, man würde jedes Mal nach dem Duschen das Wasser an den Wänden wegmachen. Sonst wird die Duschkabine auch so schnell kalkig. Und das finde ich total eklig.
Paulette: Probleme? Mein Gott, was heißt Probleme? Das klingt gleich so wahnsinnig wichtig. Wenn drei Leute für 'ne Zeit zusammenwohnen, dann gibt's immer irgendwas, worüber man sich streiten kann. Da steht mal was im Flur, was da nicht hingehört, oder 'ne Pfanne ist nicht sauber genug. Oder es stinkt im Klo, weil jemand das Fenster nicht aufgemacht hat. Zuerst ärgert man sich darüber, dann spricht man darüber und am Schluss lacht man darüber. Ist doch so, oder? Also, nee, keine Probleme.

Lösungen zum Arbeitsbuch

Lektion 1   Glück im Alltag

Schritt A

1 **b** war **c** konnten **d** wollte **e** hatte **f** musste **g** hatte **h** war **i** wollte **j** musste **k** konntet

2a ging – gehen, kreuzte ... an – ankreuzen, hoffte – hoffen, brachte – bringen, kam – kommen, war – sein, glaubte – glauben, dachte – denken, stimmte – stimmen, gewann – gewinnen, hatte – haben, wollte – wollen, sah – sehen, hörte – hören, besuchte – besuchen, spielte – spielen, setzte – setzen, verlor – verlieren, war – sein, musste – müssen, reichte – reichen

2b Typ „tanken": hoffte, glaubte, stimmte, hörte, besuchte, spielte, setzte, reichte
Typ „lassen": kam, gewann, sah, verlor
Typ „bringen": brachte, dachte
werden, sein, haben: war, hatte, war
wollen, dürfen: wollte, musste

2c kreuzte an, ging, brachte

3 ging, saßen, sahen fern, dachten, schlief, klingelte, wunderten, öffneten, stand, stieg, riefen, bemerkte, verbrachte, kam, blieb

4 besuche, mache, lerne, habe, treffe, kochen, gehen, ist ... machte ich Hausaufgaben und lernte viel für die Schule. Deshalb hatte ich unter der Woche nicht viel Freizeit. Aber am Wochenende traf ich mich oft mit mehreren Freunden. Wir kochten dann gemeinsam oder gingen ins Kino. Das war immer lustig.

5 **a** zum Flughafen. **b** In Deutschland besuchte er einen Deutschkurs. Er wollte die Sprache gut lernen und neue Freunde kennenlernen. **c** Nach dem Sprachkurs bekam er einen Praktikumsplatz in einer Autowerkstatt und sammelte erste Berufserfahrungen. Er hatte viel Spaß und lernte viel. **d** Er schloss das Praktikum mit Erfolg ab. Sein Chef bot ihm einen Ausbildungsplatz an. Er war sehr glücklich und nahm das Angebot an.

Schritt B

6a 2 a 3 e 4 f 5 c 6 b

6b

Als	wir geheiratet	haben,	haben ungefähr 300 Gäste mit uns bis tief in die Nacht gefeiert.
Als	mein Vater 70 Jahre geworden	ist,	haben wir für ihn eine Überraschungsparty organisiert.

Mein Bruder ist allein nach Österreich gezogen,	als	er 18 Jahre alt	war.
Ich habe ihn sofort angerufen,	als	ich seine Nachricht bekommen	habe.

7 **b** Als er in die Grundschule ging, hat er jeden Nachmittag mit seinen Freunden Fußball gespielt. **c** Als er 15 Jahre alt war, hat er jeden Tag im Fußballverein trainiert. **d** Er hat viele Jahre in der Universitätsmannschaft Fußball gespielt, als er Student war. **e** Als er

berufstätig war, hat er sich in seiner Freizeit mit Kollegen zum Fußballspielen getroffen.

8 **a** 2 **c** 1 **d** 3

9 **b** als **c** wenn **d** Als

10 **b** Als ich gestern im Deutschkurs war, kam plötzlich ein alter Freund aus meiner Heimat herein. **c** Immer wenn meine Schwester und ich früher zu unseren Großeltern fuhren, hatten wir viel Spaß. **d** Als ich letzte Woche meinen 18. Geburtstag feierte, waren einige Freunde zum ersten Mal betrunken.

11 **b** Wenn **c** als **d** Als **e** Wenn

12 **Musterlösung: b** als ich mit dem Fahrrad gestürzt bin. **c** wenn meine kleine Cousine zu Besuch war. **d** wenn ich mit meiner Schwester gestritten habe. **e** wenn ich für die Schule gelernt habe. **f** als ich mit meinem Papa Fußball gespielt und gewonnen habe.

Schritt C

13a a 2 c 4 d 5 e 3

13b

Das ist passiert.	Das war vorher.
2 Das Auto startete nicht.	Markus hatte am Vortag nicht getankt.
3 Er musste 30 Minuten auf den nächsten Bus warten.	Der Bus war gerade abgefahren.
4 Markus wollte nun seinen Kaffee trinken.	Man hatte die Kantine schon geschlossen.
5 Da klingelte der Wecker.	Markus hatte alles nur geträumt.

14 **b** hatten **c** hatte **d** war **e** war **f** hatte **g** hatte **h** War **i** war **j** hatte **k** hatte **l** hatte

15 **b** hatte ... gestellt **c** hatte ... gegessen, war ... gegangen **d** ist ... gestiegen ... losgefahren **e** vergessen hatte **f** hatte ... verloren **g** war ... gegangen

16a **1** Er ging los, als er gefrühstückt hatte ↘. **2** Weil er sein Handy vergessen hatte →, musste er zurückfahren ↘. Er musste zurückfahren →, weil er sein Handy vergessen hatte ↘. **3** Als er ins Büro kam →, war die Besprechung schon vorbei ↘. Die Besprechung war schon vorbei →, als er ins Büro kam ↘.

17 **a** geschossen, Trainer **b** Standesamt **c** Religion **d** Artikel, Meldung

Schritt D

18 **b** Ich habe mich umgedreht und bin mit meinem Rucksack gegen eine Frau gestoßen. Die Frau hat telefoniert. **c** Die Frau ist erschrocken und hat das Handy auf den Boden fallen lassen. Das Display ist kaputt und die Frau sehr sauer gewesen. **d** Vor einer Woche habe ich die Rechnung über die Reparatur bekommen. Die Schadenhöhe ist 130 Euro.

19a suchte, bemerkte, umdrehte, stieß, erschrak, ließ, war

19b **Wann und wo ist der Unfall passiert?** Am 21.09.20.. gegen 18 Uhr an der Station „Postdamer Platz" **Wie hoch ist der Schaden?** 130 Euro **Wie ist der Unfall genau passiert?** Ich stieg in die S-Bahn ein und suchte einen Sitzplatz. Ich bemerkte leider nicht, dass hinter mir jemand stand. Als ich mich umdrehte, stieß ich versehentlich mit meinem Rucksack gegen eine Dame neben mir. Sie hatte gerade telefoniert. Sie erschrak und ließ ihr Handy fallen. Das Display war daraufhin kaputt. **Wer hat den Schaden?** Der Name der Handybesitzerin ist Beatrice Richter.

19c **Schadentag:** 21.09.20.. **Uhrzeit:** 18 Uhr **Ort:** Station „Postdamer Platz" **Schadenhöhe:** 130 Euro **Geschädigter:** Beatrice Richter

20 **B** Schadenmeldung **C** Gespräch **D** Formular **E** Daten **F** versehentlich
Lösung: Pechvogel

21 1 – 2 – 3 + 4 + 5 + 6 + 7 – 8 + 9 – 10 +

Schritt E
22a 1 B 2 A 3 C
22b 1 falsch 2 a 3 richtig 4 c 5 falsch 6 b

Fokus Beruf: Sich auf einer Jobmesse präsentieren
1 b, d
2 (von oben nach unten:) C, B, E, A, D
3 b ~~Deutschland~~ der Ukraine c ~~zwei Deutschkurse besucht~~ drei Jahre Deutsch gelernt d ~~der Abteilung Möbelbau~~ verschiedenen Abteilungen e ~~noch vor~~ nach f ~~im Urlaub~~ vom Urlaub zurück g ~~Alexej~~ Herrn Peters

Lektion 2   Unterhaltung

Schritt A
1a 2 a 3 e 4 f 5 b 6 d
1b 2 obwohl er nie gewinnt. 3 obwohl sie sehr gern kocht. 4 obwohl sie Sport hasst. 5 obwohl er Tanzen total langweilig findet. 6 obwohl die Kinder so gern fernsehen.
1c 2 Obwohl Kolja nie gewinnt, spielt er mit seiner Frau gern Backgammon. 3 Obwohl Petra sehr gern kocht, sieht sie keine Kochsendungen an. 4 Obwohl Khadija Sport hasst, geht sie mit ihrem Freund ins Stadion. 5 Obwohl Khalil Tanzen total langweilig findet, geht er mit Eve zum Tanzkurs. 6 Obwohl die Kinder so gern fernsehen, kauft Familie Ali keinen Fernseher.
2 obwohl, weil, obwohl, weil
3 b deshalb geht sie nicht mit uns zum Schwimmen. c deshalb möchte ich es im Internet veröffentlichen. d trotzdem bleiben sie immer optimistisch.
4 b 2 weil c 5 weil d 4 trotzdem e 7 deshalb f 1 obwohl g 3 trotzdem h 6 obwohl
5 b obwohl c Trotzdem d weil e Deshalb
6 **Musterlösung:** Ich habe keine Lust auf Joggen, weil es regnet. Obwohl ich keine Zeit habe, helfe ich dir. Am Abend sehe ich mir immer eine Krankenhausserie an. Deshalb weiß ich so viel über Operationen. Früher habe ich oft Tischtennis gespielt. Trotzdem war mein Bruder immer besser.
7 a - b ++ c -- d + e ++ f + g -- h ++ i - j --

8 a doch nicht, ziemlich b nicht besonders, ziemlich c total, ziemlich
9 **Musterlösung:** Ich finde es total gut, dass du so viel Sport machst. Ich finde es ziemlich lustig, dass wir das gleiche Buch lesen. Ich finde es echt schön, dass du uns besuchst.
10 Meine Lieblingsserie ... heutigen Zeit ... geht es um ... Obwohl ich lustige Geschichten eigentlich ... Besonders interessant finde ich

Schritt B
11a 2 das gerade in allen Medien ist 3 die hier auf dem Tisch lag 4 die hier neben dem Schlüssel lagen
11b Wie heißt / Wo sind denn nur ...

dieses Buch,	das	gerade in allen Medien	ist?
die DVD,	die	hier auf dem Tisch	lag?
die Kinokarten,	die	hier neben dem Schlüssel	lagen?

12a 1 den 2 das 4 die
12b Ich singe für euch ...

einen Superhit,	den	jeder	kennt.
über ein Land,	das	ich ohne Angst kritisieren	kann.
völlig neue Texte,	die	ihr nicht mehr	vergesst.

13 Ich habe ...

ein Kind,	dem	
eine Freundin,	der	ich ein Lied geschrieben habe.
Freunde,	denen	

14 b der c denen d der e denen f dem
15 b ihr – der Hip-Hop nicht gefällt c ihnen – denen ich bei der Partyvorbereitung helfe
16 B die C dem D die E der, dem F die G den H der I denen J den
17 a den, dem b die, die, der c denen, die, die
18 a dem ein roter Sportwagen gehört und den ich meistens im Fitness-Studio treffe. b Bruno ist der Freund, der teure Anzüge trägt, den nur seine Arbeit interessiert und dem ich oft Geld leihen muss. c Anna und Hanna sind die Freundinnen, die immer moderne Kleider tragen, die ich jedes Wochenende im Club sehe und denen Rap und Hip-Hop gefällt. d Olga ist die Freundin, der ich oft im Garten helfe, die nur Bio-Obst isst und die ich manchmal auch in einem normalen Supermarkt treffe.
19 b Band c Star d unglaublich e Hit f beschäftigt g Arbeitslosigkeit/Gewalt h produziert i inzwischen
21 b „sch" c „ch" d „sch" e „sch" f „ch" g „ch" h „sch"
22 b fantastisch c elektronisch d optimistisch e alltäglich f unglaublich g nigerianisch h erfolgreich

Schritt C
23a **Wie heißt der Film?** Cast away **Wer sind die Hauptfiguren?** Der Hauptdarsteller ist Tom Hanks. **Worum geht es?** Er spielt einen erfolgreichen Geschäftsmann,

der viele Termine und wenig Zeit hat. Eines Tages stürzt sein Flugzeug ab und er wird ans Ufer einer Insel gespült. Er ist ganz allein und hat nur ein paar Dinge, die er aus dem Flugzeug retten konnte. Den ganzen Film über fragt man sich: Kann er die Insel wieder verlassen? **Wann zum ersten Mal gesehen?** vor ein paar Jahren **Wie oft?** mindestens dreimal

23b **Musterlösung:**

Liebe Liane,

ich komme sehr gern zum Filmabend und bringe auch Chips mit! Mein Lieblingsfilm heißt „Harry Potter". Ich habe ihn mit meiner Schwester im Kino gesehen. Der Hauptdarsteller ist Daniel Radcliffe. Er spielt einen Jungen, der zaubern kann und in eine Zauberschule geht. Er und seine Freunde erleben viele Abenteuer. Ich habe den Film schon mindestens vier Mal gesehen.

Viele Grüße

Alexandra

24a Eine Serie für den ganzen deutschsprachigen Raum, Fast 14 Millionen für einen *Tatort*, Nicht allein beim *Tatort*

24b 2

25 **b** Muss das sein **c** Lasst uns lieber **d** Also, ich weiß nicht. Das hört sich nicht so interessant an **e** Da hast du völlig recht **f** Wie wäre es, wenn **g** Das ist ein guter Vorschlag

26a **etwas vorschlagen:** Wie wäre es, wenn …

etwas ablehnen: Muss das sein? Also, ich weiß nicht. Das hört sich nicht so interessant an.

einen Gegenvorschlag machen: Lasst uns lieber …

zustimmen / sich einigen: Da hast du völlig recht. Das ist ein guter Vorschlag.

Schritt D

27 **b** Blut **c** Serie **d** Rundfunk **e** Charaktere **f** Folgen **g** Humor **h** Medien **i** Sängerin

Lösungswort: Abenteuer

28a 1 „Wir fragen" 2 wie sie sich über aktuelle Themen informieren.

28b 1, 2, 4, 5, 8

Fokus Alltag: Über Einkaufsmöglichkeiten sprechen

1 Man muss nicht sofort und auf einmal bezahlen, sondern man zahlt erst nach und nach. Die Ware kann man aber sofort mitnehmen.

2a Eine Spülmaschine.

2b 2, 3, 5, 6

2c **für den Ratenkauf:** 1, 3, 7 **gegen den Ratenkauf:** 2, 4, 5, 6

Lektion 3 Gesund bleiben

Schritt A

1a 2 a 3 g 4 b 5 c 6 d 7 f

1b 2 nehmen … Schlafmittel 3 Achten … auf ausreichend Bewegung 4 Atmen … tief 5 zu einer Massage überreden 6 hat eine entspannende Wirkung 7 vereinbaren … einen Termin

2a 2 A 3 B 4 C

2b 2 werden … vereinbart 3 werden … kontrolliert 4 werden … geschrieben

3 a, b, d

4

b	Nach jeder Mahlzeit	sollten	die Zähne	geputzt werden.
c	Kein Zahn	darf		vergessen werden.
d	Alle sechs Wochen	sollte	eine neue Zahnbürste	gekauft werden.

5 **b** muss geachtet werden **c** darf … getrunken werden **d** können … erzielt werden **e** sollten … erledigt werden **f** können … gesammelt werden

6 **b** Spätabends sollte nicht mehr gelesen oder ferngesehen werden. **c** Mit einem Blick aus dem Fenster können die Augen entspannt werden. **d** Beim Lernen sollte für Ruhe und gutes Licht gesorgt werden. **e** Pausen dürfen ebenfalls nicht vergessen werden.

7 **b** Dabei muss auch die Temperatur kontrolliert werden. **c** Dann müssen die Mahlzeiten aus der Küche geholt und auf die Wagen gestellt werden. **d** Anschließend muss den Patienten das Frühstück gebracht werden. **e** Danach muss die Bettwäsche gewechselt werden.

8 **b** Sie misst den Blutdruck. **c** Sie kontrolliert das Gewicht. **d** Sie untersucht den Bauch.

Schritt B

9 **b** das **c** die **d** die

10
11

der	das
des Mannes eines Mannes meines Kopfes meines Mundes	des Mädchens eines Mädchens

die	die
der Frau einer Frau meiner Nase meiner linken Hand	meiner Augen

11 **b** meines Kopfes **c** meiner **d** meiner **e** meines Mundes

12 Ihrer, der, des, des, seiner, eines, Ihres

13 **b** meines **c** einer **d** meiner **e** meiner **f** meines **g** von **h** des

14 Musterlösung:
die Einladung meines Bruders und die Entspannung meines Rückens.
Ich ärgere mich über die Unordnung meiner Kinder, die Verspätung des Zuges und das Ende der Serie.

Schritt C

15 Dagegen solltest du, an deiner Stelle, habe ich ... Erfahrungen, Es wäre am besten, empfehle dir

16 **b** Nein. Aber Entspannungsübungen sollen wirklich helfen. **c** Ich empfehle Ihnen ein heißes Bad am Abend. **d** Sie sollten unbedingt zum Augenarzt gehen.

17 Musterlösung:
a Entspannungsübungen machen. / mehr schlafen.
b An deiner Stelle würde ich zum Arzt gehen. / mehr trinken.
c Ich empfehle dir eine Entspannungsmassage am Abend. / einen Spaziergang am Abend.
d Es wäre am besten, wenn du dir mehr Zeit zur Entspannung nimmst.
e Mit Sport / viel Schlaf habe ich gute Erfahrungen gemacht.

Schritt D

18 1 a 2 b 3 a 4 c

19 **a** Die meisten **b** mehr als die Hälfte **c** fast zwei Drittel **d** nicht einmal die Hälfte **e** fast die Hälfte **f** mehr als ein Drittel **g** nicht ganz ein Viertel

20 **b** grundsätzlich **c** verzichte, treibe **d** stressig **e** Vitaminen **f** impfen

Schritt E

21a 1 e 2 d 3 g 5 b 6 f 7 c

21b **1** der Arzt hat mich für zwei Tage krankgeschrieben. **2** Könntest Du bitte ein paar meiner Aufgaben übernehmen? **3** Zuerst sollte bei Herrn Kaiser Blut abgenommen werden. **4** Der nächste wichtige Punkt ist: Einige Patienten müssen angerufen werden. **5** Das ist dringend, denn die Patienten warten auf die Ergebnisse des Labors. **6** Es wäre toll, wenn Du auch schon die Kisten mit Spritzen und Verbänden auspacken könntest.

22a Musterlösung:
könntest ein paar meiner Aufgaben übernehmen? Zuerst sollte Büromaterial (Kugelschreiber und Schreibblöcke) bestellt werden. Der Nächste wichtige Punkt ist: Die Rechnungen müssen erledigt werden. Das ist dringend, denn die Kunden können sonst nicht bezahlen. Es wäre toll, wenn Du bitte auch die Pflanze auf dem Schreibtisch gießen könntest. Vielen Dank für Deine Hilfe.
Sandra

23a Koffe<u>in</u> – Prob<u>lem</u> – Pro<u>dukt</u>
Opera<u>tion</u> – Konzentra<u>tion</u> – Ak<u>tion</u> – Posi<u>tion</u>
Konfe<u>renz</u> – Medika<u>ment</u> – Musku<u>latur</u> – La<u>bor</u>
<u>Dok</u>tor – <u>Fak</u>tor – <u>Gym</u>nastik – <u>posi</u>tiv

24 **a** richtig **b** falsch **c** richtig **d** falsch

Fokus Alltag: Hilfe bei Gesundheitsproblemen

1 **a** Rückenschmerzen. Seinen Kollegen. Seine Hausärztin. **b** Entspannungsbäder. Ein Wärmepflaster.

2a (von oben nach unten:) 3, 4, 2, 5, 1, 6, 8, 7

2b 1

Lektion 4   Sprachen

Schritt A

1 **b** wäre **c** würde **d** würde **e** hätte

2a **1** würde ich jetzt im Garten sitzen. **2** müsste ich nicht bei Regen Fahrrad fahren. **3** wäre ich pünktlich im Büro.

2b **2** Ich müsste nicht bei Regen Fahrrad fahren, wenn ich ein Auto hätte. **3** Ich wäre pünktlich im Büro, wenn der Bus keine Verspätung hätte.

3 **b** würde, wäre **c** wäre, würde **d** könnte, würde **e** hätten, müsste

4 **b** Wenn er immer nett zu mir wäre, würde ich ihn heiraten. **c** Wenn wir verheiratet wären, würden wir viele Kinder bekommen. **d** Wenn wir Kinder hätten, würden wir aufs Land ziehen. **e** Wenn wir auf dem Land leben würden, hätten wir einen Garten.

5 **a** müsste **b** würde, hätte **c** wäre, müssten **d** wäre, würde

6 Musterlösung:
b Wenn die Menschen immer nur die Wahrheit sagen würden, hätten sie keine Geheimnisse. **c** Das Leben könnte so schön sein, wenn immer Sommer wäre.
d Ich hätte Angst, wenn ich ins Krankenhaus müsste.
e Die Menschen in meinem Land wären glücklicher, wenn es mehr Arbeitsstellen gäbe.

7a hätten, würdest, müsste, wären

8 **früher:** d, f
heute: b, c, e, g, h

Schritt B

9 **b** Weil meine Freundin unpünktlich ist. **c** Weil das Wetter schlecht wird. **d** Weil ich einen wichtigen Termin habe.

10 **b** wegen **c** denn **d** deswegen **e** weil **f** Weshalb **g** deswegen

11 **b** weil **c** Deswegen **d** wegen **e** weil **f** wegen

12 Musterlösung:
a Leider konnte ich die Küche nicht aufräumen, weil der Nachbar etwas Mehl ausleihen wollte. Dann erzählte er mir, dass er keine Pfannkuchen machen kann und seine Eltern zu Besuch kommen. Deswegen habe ich ihm geholfen.

13a 2 C 3 A 4 B 5 C 6 A

13b **2** Darum wiederholt sie mit Wortkarten neue Wörter. **3** Aus diesem Grund hat er viele Ausspracheübungen auf seinem Smartphone. **4** Deswegen will er gut Englisch sprechen. **5** Daher sieht sie viel deutsches Fernsehen.

Schritt C

14 **b** Was bedeutet **c** Können Sie bitte langsamer **d** Tut mir leid, das Wort habe ich **e** Können Sie das bitte **f** Wissen Sie, ob **g** Entschuldigung, habe ich das **h** Können Sie mit vielleicht sagen

15 **b** habe ich nicht verstanden **c** Können Sie ... bitte wiederholen **d** Darf ich Sie etwas fragen?, Wissen Sie, ob

16 **b** Mechaniker, aufschreiben **c** Ausdruck **d** Wiederholung

Schritt D

17a **1** Janusz **2** Yara **3** Amira

17b 1, 4, 5

18b **Musterlösung:**

Ich denke, dass Kinder sehr gut mit zwei Sprachen aufwachsen können. Ein Beispiel: Meine Nachbarn sprechen mit ihren Kindern Deutsch und Italienisch und das klappt sehr gut. Am allerwichtigsten ist, dass die Kinder beide Sprachen viel hören und sprechen können. Es könnte daher schwierig sein, wenn die Kinder eine der beiden Sprachen nur einen Tag pro Woche hören und die andere sechs Tage.
Ich stimme Sandra nicht zu, denn ich finde es toll, wenn Kinder mehr als nur eine Sprache sprechen können, und glaube, dass das sehr gut funktioniert.

19 **a** stammen **c** spätestens **d** verstecken **e** wählen **f** Aussprache **g** Herkunft **h** Mechaniker **i** Ausdruck **j** durcheinander **k** Eile
Lösung: Muttersprache

Schritt E

20a **1** Lesesessel **2** Sternschnuppe **3** Streichholzschächtelchen

20d **1** Streichholzschächtelchen, richtig aussprechen kann **2** Lesesessel, seinen Opa, immer Zeitung gelesen, Geschichten erzählt **3** Sternschnuppe, eine Sternschnuppe sieht

21a **Musterlösung:**

Wenn ich das Wort „Butterblume" höre, dann denke ich an eine große, bunte Blumenwiese im Sommer. Meine Schwester und ich haben als Kinder immer Butterblumen für unsere Mama gesammelt. Deshalb denke ich auch an meine Kindheit. Für mich ist das Wort einfach besonders.

Fokus Beruf: Ein Stellengesuch aufgeben

1a motiv. – motiviert, engag. – engagiert, jg. – jung, fünfjähr. – fünfjährig, mod. – modern, kreat. – kreativ, internat. – international, Dt. – Deutsch, Engl. – Englisch, Türk. – Türkisch, unbefr. – unbefristet, Fortb. - Fortbildung

1b Berufserfahrung, fließend, sofort, Vollzeitstelle, Team, eine unbefristete Beschäftigung, Vollzeit

2a **Wer und wie bin ich?** selbstständig, kontaktfreudig, zuverlässig, verantwortungsbewusst, motiviert, engagiert, jung

Was kann ich? gut mit ... umgehen können, gute Computer-/Sprachkenntnisse/ Kenntnisse in ... haben, Berufserfahrung, fließend in Deutsch/...
Was suche ich? Vollzeit/Teilzeit/auf Stundenbasis arbeiten, ab sofort / ab nächsten Monat / ... suchen, modernes/kreatives/internationales/... Team, unbefristet, Möglichkeit zur Fortbildung

2b **Musterlösung:**
Persönliche Daten:
Vorname: Teresa   **Nachname:** Carini
Zu meiner Person / Wer und wie bin ich?
Ich bin 28 Jahre alt und arbeite sehr gern im Team, da ich sehr kontaktfreudig bin.
Außerdem bin ich zuverlässig und verantwortungsbewusst. Im Moment kümmere ich mich um meine zweijährige Tochter, davor habe ich drei Jahre engagiert als Sekretärin in einem kleinen Unternehmen in Bamberg gearbeitet.
Fähigkeiten und Erfahrungen / Was kann ich?
Ich habe sieben Jahre Berufserfahrung und kann besonders gut mit technischen Problemen umgehen. Ich habe sehr gute Computerkenntnisse und spreche fließend Deutsch und Italienisch.
Stellenbeschreibung / Was suche ich?
Ich suche ab sofort eine neue, unbefristete Teilzeitstelle und würde mich freuen, in einem modernen und kreativen Team als Sekretärin arbeiten zu können.

Lektion 5   Eine Arbeit finden

Schritt A

1a **2** Vergesst bitte nicht, den Herd auszuschalten. **3** Ich habe Angst, nachts allein zu sein. **4** Nein, es ist nicht zu stressig, in einem Verein mitzuarbeiten. **5** Ich habe leider keine Zeit, Ihnen den Weg zu erklären. **6** Ich habe heute keine Lust, ins Training mitzukommen.

1b Erlaubst, Vergesst, habe Angst, ist nicht zu stressig, habe leider keine Zeit, habe heute keine Lust

1c

2 Vergesst bitte nicht,	den Herd	auszuschalten. (aus·schalten)
4 Es ist nicht so stressig,	in einem Verein	mitzuarbeiten. (mit·arbeiten)
6 Ich habe heute keine Lust,	ins Training	mitzukommen. (mit·kommen)

2 **b** – **c** zu **d** – **e** – **f** zu

3 **b** – **c** zu **d** – **e** zu **f** –

4 **Musterlösung:** nicht immer dasselbe machen. Ich finde es anstrengend, wenig Freizeit zu haben. Ich kann mir vorstellen, ein halbes Jahr um die Welt zu reisen. Es macht mir Spaß, Neues zu lernen. Ich hoffe, mit netten Kollegen zusammenzuarbeiten.

5 **b** versprechen: Ich verspreche, dich morgen abzuholen. **c** vorhaben: Ich habe vor, einen interessanten Job zu finden. **d** sich vorstellen können: Ich kann mir vorstellen, einen Handwerksberuf zu ergreifen. **e** aufhören: Ich höre Ende des Monats auf, als Krankenpfleger zu arbeiten.

6 **A** Unterstützung, Voraussetzung, Kenntnisse, erwarten, Aufgaben **B** Handel, Vorteil **C** Beschäftigt, Bewerbungsunterlagen

7 **b** brauchst **c** muss **d** müssen

8 **b** Ich brauche keine langweiligen Aufgaben zu übernehmen. **c** Ich brauche keine Überstunden zu machen. **d** Ich brauche nur zu arbeiten, wenn ich Lust dazu habe. **e** Ich brauche nicht mit unfreundlichen Kollegen zusammenzuarbeiten.

9a (von oben nach unten:) 4, 1, 7, 3, 6, 8, 2, 5

9b **2** geehrte **3** mit großem Interesse **4** aus meinen Unterlagen **5** erste Erfahrungen **6** meine Muttersprache ist **7** macht mir **8** zu einem persönlichen Gespräch **9** freundlichen Grüßen

9c **Musterlösung:**
Sehr geehrter Herr Lustig,
mit großem Interesse habe ich Ihre Anzeige gelesen und möchte mich um die freie Stelle als Clownin in Ihrem Zirkus bewerben.
Wie Sie aus meinen Unterlagen ersehen können, habe ich nach dem Abitur eine Ausbildung zur Erzieherin gemacht und drei Jahre erste Erfahrungen im Kindergarten „Regenbogen" gesammelt. Es macht mir großen Spaß, mich mit Kindern zu beschäftigen. Kinder sind so fröhlich und spontan und haben oft viele lustige Ideen – genau wie ich. Deswegen habe ich eine Zusatzausbildung zum Clown begonnen und erfolgreich absolviert. Sehr gern würde ich mich in einem neuen spannenden Umfeld wie in einem Zirkus ausprobieren.
Über eine Einladung zu einem persönlichen Gespräch würde ich mich freuen.
Mit freundlichen Grüßen
Anna Müller
Anlagen: Lebenslauf, Zeugnisse

Schritt B

10 **b** innerhalb weniger **c** außerhalb unserer **d** während der **e** innerhalb der **f** Außerhalb der

11 **a** während **b** nach **c** während **e** Vor **f** von ... bis **g** bei **h** außerhalb

12 **1** b **2** b **3** a **4** c **5** c **6** b

13 **a** richtig **b** falsch **c** richtig **d** falsch **e** richtig **f** richtig **g** falsch

14 **b** 7 **c** 1 **d** 6 **e** 2 **f** 3 **g** 4

15 **Musterlösung:**
a Ich habe schon während der Schulzeit ein Praktikum in einer Autowerkstatt gemacht.
b Ich war zuständig für die IT-Abteilung im Unternehmen.
c Ich beherrsche zwei weitere Sprachen und alle gängigen Computerprogramme.
d Ich habe auch sehr gute Kenntnisse in Excel.
e Es fällt mir leicht, auf Menschen zuzugehen und Kundengespräche zu führen.

Schritt C

16 **richtig:** a, c, d, e

17 **b** Es fällt mir nicht schwer, früh aufzustehen. → 4 **c** Ich habe Lust, viel unterwegs zu sein. → 1 **d** Es macht mir Freude, für andere zu kochen. → 5 **e** Ich habe Interesse daran, Neues zu entwickeln. → 3

18a **2** die Erfahrung **3** die Verantwortung **5** die Beschäftigung **6** die Unterstützung

18c **2** Jobangebot **3** angenehm

Schritt D

19 **b** suche immer noch eine Stelle **c** schon mehrere Bewerbungen geschrieben **d** Hast du noch nie daran gedacht **e** es ist total stressig **f** Noch immer so viel Arbeit **g** muss zwei Kollegen vertreten **h** machst du jetzt eigentlich genau **i** Ist das nicht anstrengend **j** komme gut mit den Kunden und den Kollegen zurecht **k** habe kein Interesse **l** muss jetzt leider los

20 **A** Serviceangestellten **B** Aufträgen **C** Fortbildung, Konkurrenz **D** Zeitpunkt

Fokus Beruf: Etwas verhandeln

1a Für Gespräche mit dem Arbeitgeber

1b **richtig:** 1, 3

2a **1** Vollzeitstelle **2** 1900 Euro **3** nicht einverstanden

2b **1** viel mehr **2** vier Jahre **3** öfter

2c **richtig:** 2

Lektion 6   Dienstleistung

Schritt A

1 **b** Es ist Sommer **c** regnet es **d** es ist ... kalt **e** Es war **f** lief es **g** Es gibt **h** schwer es mir fällt **i** es ... dunkel ist **j** wird es ... schwierig **k** hat es ... gefallen **l** ist es ... ein Uhr **m** lohnt es sich

2 **Allgemein:** Es war, lief es, Es gibt, schwer es mir fällt, wird es schwierig, hat es gefallen, lohnt es sich
Tages-/Jahreszeiten: Es ist Sommer, es dunkel ist, ist es ein Uhr
Wetter: regnet es, es ist kalt

3 Liebe Saskia,
<u>es</u> ist schon ein paar Monate her, dass ich Dir das letzte Mal geschrieben habe. Ich hoffe, dass <u>es</u> Euch gut geht. Seit wir in Frankfurt leben, ist viel passiert. Jetzt läuft <u>es</u> ganz gut, aber am Anfang gab <u>es</u> viele Probleme. Für unsere Kinder war <u>es</u> besonders schwer. Sie haben ihre Freunde schrecklich vermisst und hatten Probleme mit der Sprache. Aber jetzt ist <u>es</u> schon viel besser und sie haben sich an das Leben hier gewöhnt. Sie gehen ja jetzt auch zur Schule und haben neue Kinder kennengelernt. Übrigens gehe ich jetzt auch wieder in eine Schule – in eine Sprachenschule. Ich lerne schon seit vier Monaten Deutsch und das macht mir viel Spaß. Ich habe dort schon viele nette Leute aus der ganzen Welt kennengelernt. So, jetzt ist

es gleich 9 Uhr. Ich muss Schluss machen. Mein Kurs
fängt in einer halben Stunde an.
Bis bald, Deine Fatima

4 **b** gegründet **c** höchstens **d** ausschließlich **e** mittlerweile

5 **a** Heimweh **b** Gewürze **d** Geschäftsleute **e** Rücksicht
f finanzielles Risiko **g** löst

6c *p, t, k*

Schritt B

7 **b** möchte … machen **c** um … zu werden **d** möchte …
verdienen **e** um … zu sein

8 **b** um als Erster im Büro zu sein **c** um frische Zutaten
und Gewürze zu kaufen **d** um einen wichtigen Kunden
zu treffen **e** um bessere Chancen auf dem Arbeits-
markt zu haben

9a **2** in einer Großstadt **3** eine gute Schule **4** in München

9b **1** damit er und seine Frau eine neue Perspektive finden können. **2** damit seine Frau in einer Großstadt
leben kann. **3** damit seine Kinder eine gute Schule
besuchen können. **4** damit das ganze Programmierer-
team in München ist.

10 **A** damit er in Ruhe seinen Kaffee trinken kann. / um
in Ruhe seinen Kaffee zu trinken. **B** damit das Badezimmer dann für die Familie frei ist.

11 **a** damit meine Frau die schweren Einkäufe nicht
machen muss. **b** Ich koche mittags zu Hause, damit die
Kinder etwas Warmes zu essen haben, wenn sie von
der Schule kommen. Ich verbessere mein Deutsch in
einem Sprachkurs, damit ich im Alltag gut zurecht-
komme. Ich verbessere mein Deutsch in einem Sprachkurs, um im Alltag gut zurechtzukommen. **c** Wir lernen
nach der Schule viel am Nachmittag, damit wir gute
Noten haben und einen guten Abschluss machen. Wir
lernen nach der Schule viel am Nachmittag, um gute
Noten zu haben und einen guten Abschluss zu
machen. Wir helfen im Haushalt, damit Mama nicht
alles allein macht.

12 **a** damit **b** um **c** um **d** damit **e** damit

13a **2** Er, e **3** Seine Frau, d **4** Sein Team, b **5** Er, c
6 Seine Frau, a

13b Er ist als Erster im Büro, damit er ungestört seinen
Arbeitstag planen kann. / Er ist als Erster im Büro, um
ungestört seinen Arbeitstag zu planen. Er lässt das
Auto zu Hause stehen, damit seine Frau tagsüber die
Einkäufe erledigen kann. Er macht manchmal Überstunden, damit sein Team das gemeinsame Projekt
pünktlich abschließen kann. Er arbeitet auch mal am
Sonntag, damit er wochentags früher gehen kann. / Er
arbeitet auch mal am Sonntag, um wochentags früher
zu gehen. Er bringt die Kinder ins Bett, damit seine
Frau abends etwas Ruhe hat.

14 **b** teamfähig **c** konfliktfähig **d** kommunikative **e** Motivation, Engagement

Schritt C

15a **2** … Er hat keinen Grund dafür.

15b **1** statt mich weiter über die Arbeit zu ärgern. **2** ohne
den Chef zu informieren.

16 **b** statt von 9 bis 17 Uhr zu arbeiten. **c** statt viel Geld
für Benzin auszugeben. **d** statt zu arbeiten. **e** statt sich
mit Kollegen zu besprechen.

17 **b** Sie kommt schon um 7 Uhr ins Büro, statt erst um
9 Uhr anzufangen. **c** Sie fährt immer mit dem Fahrrad
zur Arbeit, statt das Auto zu nehmen. **d** Sie geht in der
Mittagszeit joggen, ohne etwas zu essen. **e** Sie arbeitet
viele Stunden am Stück, ohne eine Pause zu machen.
f Sie sollte sich mehr um sich selbst kümmern, statt so
viel zu arbeiten.

18 **b** statt **c** ohne **d** ohne **e** statt

19 Musterlösung:
Ich würde gern mehr Geld verdienen, statt jeden Euro
sparen zu müssen. Ich würde gern kaputte Sachen
reparieren, statt sie in den Müll zu werfen. Ich würde
gern mit meiner Familie in der Heimat telefonieren,
ohne Heimweh zu haben. Ich würde gern mit dem
Fahrrad fahren, statt immer zu Fuß zu gehen. Ich würde
gern gut Deutsch sprechen, ohne viele Sprachkurse zu
machen. Ich würde gern mit meiner Familie zusammen
wohnen, statt allein zu leben.

20a **2** solltest du vielleicht **3** Wie findest du die Idee **4** An
deiner Stelle, Du könntest zum Beispiel **5** Ich kann dir
nur raten

20b Musterlösung:
Ich kann dir nur raten, am Betriebsausflug teilzuneh-
men. Wie findest du die Idee, dich nach der Arbeit mit
deinen Kollegen zu verabreden?

Schritt D

21a **1** V **2** K **3** V **5** V **6** K **7** V **8** K **a** K **b** V **d** V **e** V **f** K **g** K **h** V

21b **1** e **2** f **3** b **5** d **6** g **7** h **8** a

22 **1** c **2** a **3** b **4** c **5** b

23 **b** Ersatz, Anspruch **c** beschädigt **d** ärgerlich **e** jedoch,
umtauschen **f** Antwort **g** bestätigen **h** enttäuscht

24a **1** g **3** b **4** f **5** e **6** d **7** a

24b Musterlösung:
Sehr geehrte Damen und Herren,
am 12.3.20.. haben Sie mir Kopfhörer geliefert. Leider
musste ich feststellen, dass sie nicht funktionieren. Ich
habe Ihnen bereits einmal geschrieben, aber keine
Antwort erhalten. Ich möchte Sie zum letzten Mal auffordern, mir bis zum … einen Ersatz zu schicken. Wenn
ich wieder keine Antwort von Ihnen erhalte, dann
nehme ich die Bestellung zurück.
Mit freundlichen Grüßen
Luca Carelli

Fokus Beruf: Kundenwünsche

1 **Gespräch 1:** K + A **Gespräch 2:** A + F **Gespräch 3:** K + A

2 (von oben nach unten:) 9, 1, 3, 6, 2, 4, 7, 5, 8

Lektion 7   Rund ums Wohnen

Schritt A

1   a Rechtsanwalt, Prozess, Gericht b Grundstück, Rasen, Lärm, Bundesländern

2   b oder eine neutrale Person um Hilfe bitten c aber manche Probleme kann man nicht allein lösen d oder einen Single e sondern auch sehr lustig f aber nur, wenn ich nette Mitbewohner hätte

3   b Zwar ist unser Haus sehr klein, aber es ist richtig hell. c Wir leben nicht nur mietfrei, sondern brauchen auch wenig Geld für das Essen. d Wir wollen entweder in unserem Baumhaus leben oder auf einem Bauernhof. e Wir haben nicht nur eine Dusche, sondern auch eine Badewanne. f In unserem Haus ist es zwar oft sehr chaotisch, aber wir leben gern dort.

4   a aber b Entweder, oder c nicht nur, sondern, auch

5   Musterlösung:
Ich brauche zwar keine Badewanne, aber eine große Dusche. Ich hätte gern entweder eine Terrasse oder einen Balkon. Ich wünsche mir nicht nur helle Räume, sondern auch eine schöne Küche. Ich brauche zwar kein Fenster im Badezimmer, aber in der Küche.

6   a das bei euch auch so c was war bei euch üblich d war ich zuständig für e Musste man f wir mussten entweder

7   a miteinander, schreit b Pflichten, verbot c Grundstück, zentraler, Eigentum d entdeckt

Schritt B

8   A Hätte ich doch einen Regenschirm mitgenommen! B Hätte ich bloß mein Handy mitgenommen! C Wäre ich doch vorsichtiger Ski gefahren!

9   b Wäre c Wärst d Hättet e Wären f Hätten

10   Musterlösung:
b Hätte ich nur nicht den Schlüssel in der Wohnung vergessen! c Hätte sie doch bloß nicht den Zug verpasst! d Hätten wir bloß an den Geburtstag von Oma gedacht! e Hätte ich nur nicht mein Portemonnaie verloren! f Wäre ich doch bloß nicht im Bus eingeschlafen! g Hätten wir doch rechtzeitig eingekauft! Jetzt sind die Geschäfte geschlossen.

11   b Hätten ... begonnen c Wäre ... gekommen d Hätte ... gekauft e Wärst ... gezogen

12   Musterlösung:
Hätte ich doch nur die Wohnung aufgeräumt! Wäre ich nur einkaufen gegangen! Hätte ich mich doch nur umgezogen! Hätte ich doch nur das Geschirr gespült! Hätte ich doch nur die Wäsche aufgehängt! Hätte ich doch nur das Bett gemacht! Wäre ich doch nur früher aufgestanden! Hätte ich doch nur den Müll in die Mülltonne gebracht! Hätte ich doch nur das Treffen nicht vergessen! Hätte ich doch bloß nicht so lange mit Alex telefoniert! ...

14

höflich Kritik äußern	auf Kritik erstaunt reagieren	auf Kritik freundlich reagieren	auf Kritik verärgert reagieren
Ich hätte da eine Bitte. Wir hatten doch abgemacht, dass ... Es wäre schön, wenn Sie da etwas Rücksicht nehmen könnten.	Tatsächlich? Ach wirklich? Das ist mir noch gar nicht aufgefallen. Daran habe ich noch gar nicht gedacht.	Das tut mir schrecklich leid. Klar, geht in Ordnung.	Meinetwegen. Das ist ja wohl eine Frechheit! Das ist ja lächerlich!

15a   Musterlösung:
Lieber Herr Müller,
letzte Woche habe ich Ihnen gesagt, dass es mich sehr stört, wenn Ihre Kinder im Garten Fußball spielen und meine Blumen dabei kaputtgehen. Ich hätte eine Bitte: Wäre es vielleicht möglich, dass Ihre Kinder besser aufpassen und weniger Fußball im Garten spielen? Ich bin mir sicher, dass wir dieses Problem gemeinsam lösen können. Vielen Dank für Ihr Verständnis.
Viele Grüße
Julian Preisner

15b   Musterlösung:
Liebe Nachbarn,
es tut mir schrecklich leid, dass meine Geburtstagsparty gestern so laut war. Als Entschuldigung möchte ich Sie gern am Samstag um 18 Uhr zu einem kleinen Essen bei mir einladen. Ich hoffe, Sie können alle kommen!
Viele Grüße
Max Grossner

16   b hierher c tatsächlich d Frieden e Bundesland

Schritt C

17a   1 Worüber 3 dafür 4 wofür 5 für

17b   1 mit 2 darauf 3 mit

18   b Worum? c Worüber? d Über wen? e Worauf? f Auf wen?

19   b Um wen kümmerst du dich? c Worauf wartest du? d Mit wem triffst du dich? e Worüber ärgerst du dich? f Worüber freust du dich?

20   b darüber c Davon d davon e über f mit

21a   §2 Mietzeit und Kündigungsfrist §3 Miete §4 Hausordnung §5 Untervermietung §6 Kaution

21b   1 b 2 c 3 a

21c   1 richtig 2 richtig 3 richtig 4 falsch 5 falsch

Schritt D

22   a Staaten b Regierung c West d Mauer

23   b Obwohl der Mietpreis sehr hoch ist, haben wir uns für diese Wohnung entschieden. c Obwohl die Lage schlecht ist, mussten wir die Wohnung nehmen.

d Obwohl die Sicht auf den See schön ist, finde ich mein Zimmer zu teuer. **e** Obwohl meine Möbel neu sind, finde ich meine Wohnung noch nicht gemütlich.

24 **a** Gebäude **b** Stufen, Chance **c** mitten **d** Tourismus

25a So sieht das tägliche Leben in einem Mehrgenerationenhaus aus.

25b **1** Trotz ihrer 75 Jahre fühlt sich Frau Krause sehr fit. **2** Im Wohnzimmer im Dachgeschoss werden oft Feste gefeiert. **3** Die Kinder interessieren sich sehr für Frau Hausmanns Job.

Fokus Alltag: Eine Wohnungsanzeige aufgeben

1 **b** Tel. **c** Blk. **d** qm **e** NK **f** EBK **g** su. **h** inkl. **i** MM **j** Kü. **k** Hzg. **l** Zi. **m** Whg. **n** max. **o** gü.

2 **Gespräch 1** D **Gespräch 2** C **Gespräch 3** F

3a **Musterlösungen:**
   1 Jg. Fam. su. Haus m. gr. Garten.
   2 Paar su. Reihenhaus m. Balk. od. Garten.
   3 Su. gü. Whg. m. EBK, max. 500 € MM.

Lektion 1   Glück im Alltag

1   stieg, während, befand, mehrere, ausgereicht, Vergeblich, gefolgt, erreicht

2   **a** hatte … verliebt **b** hatte … kennengelernt **c** war … gegangen **d** war … gekommen

3   brachte, kaufte, hatte, sah, gab, dachte, ging, war, ließ, sah, kamen, saß

4   **a** als **b** Wenn **c** wenn **d** Als

5   Ich bemerkte leider nicht, dass; Ich hatte gerade; Versehentlich; Daraufhin; Dabei; Die Schadenhöhe beträgt

6   **Musterlösung:** Als ich meine Eltern besuchte, saßen wir gemütlich auf der Terrasse. Es war ein schöner Abend. Wir hatten Lust auf ein Glas Wein. Als ich den Wein aus dem Keller holen wollte, ging das Licht kaputt. Ich konnte nichts sehen und fiel die Treppe runter. Dabei brach ich mir den Fuß. Es tat sehr weh! Mein Vater brachte mich dann ins Krankenhaus.

Lektion 2   Unterhaltung

1   **a** die Band **b** die Arbeitslosigkeit **c** die Folge **d** das Abenteuer **e** das Verhältnis **f** die Figur **g** der Rat **h** der Song **i** der Humor **j** die Gewalt

2   **a** Deshalb **b** obwohl **c** Trotzdem **d** weil **e** obwohl **f** Deshalb

3   **a** die **b** die **c** denen **d** den **e** dem **f** der **g** der **h** das

4   **a** ☹ **b** ☺ **c** ☺ **d** ☹ **e** ☹ **f** ☺

5   mag ich nicht so gern; das möchte ich wirklich nicht; würde lieber; hört sich nicht so interessant an; vielleicht Lust auf; interessiert mich; wie wäre es, wenn; gute Idee; lass uns doch; Einverstanden

6   **Musterlösung:** Mein Lieblingsfilm heißt „Drei Haselnüsse für Aschenbrödel". Das ist ein Märchenfilm, der immer zu Weihnachten im Fernsehen läuft. Die Sender können verschieden sein. Der Film ist mein Lieblingsfilm, weil er mich an meine Kindheit erinnert. Da habe ich mir den Film fast immer zu Weihnachten angesehen.

Lektion 3   Gesund bleiben

1   **a** krankgeschrieben **b** erschöpft **c** achten **d** Schmerzmittel **e** vereinbart **f** Verband **g** Spritzen **h** Fieber **i** impfen

2   mein**es** Fahrrads, Ihr**er**, d**es** Flurs, d**er**

3   **Musterlösung:** Die Wohnung muss aufgeräumt werden. Das Geschirr muss gespült werden. Die Wäsche muss aufgehängt werden. Das Bett muss gemacht werden.
Die Küche muss geputzt werden. Die Kleidung muss in den Schrank geräumt werden.

4   genau zwei Drittel, drei Viertel, weniger als ein Drittel, mehr als ein Viertel

5   Können Sie mir einen Rat geben?; Ich würde an Ihrer Stelle; Kennen Sie vielleicht ein gutes Medikament?; habe ich nur schlechte Erfahrungen gemacht; soll wirklich helfen

6   **Musterlösung:** Mein Arzt hat mich bis Ende der Woche krankgeschrieben. Wärst du so nett und informierst unsere Lehrerin? Könntest du bitte die Hausaufgaben für mich aufschreiben und die Arbeitsblätter mitnehmen? Es wäre toll, wenn du am Wochenende zu mir kommen könntest! Vielen Dank für deine Hilfe. Viele Grüße.

Lektion 4   Sprachen

1   **a** Muttersprache **b** fließend **c** mischen **d** Sprachkenntnisse **e** übersetzen **f** Aussprache **g** Schrift

2   **a** weil **b** Wegen **c** Weil **d** darum **e** Darum **f** Wegen

3   **Musterlösung: a** würde ich einen Kuchen backen **b** würde ich nur noch reisen **c** würde ich mehr Geld sparen **d** würde ich einen neuen Fernseher kaufen

4   **a** Tut mir sehr leid, aber … **b** Habe ich das richtig verstanden? … **c** Könnten Sie bitte …

5   **a** können Sie mir sagen, wo **b** was bedeutet **c** weißt du, wo **d** wie war bitte **e** darf ich Sie kurz etwas fragen

6   **richtig:** b, d, e

Lektion 5   Eine Arbeit finden

1   Aufgaben, Lebenslauf, Voraussetzungen, Unterlagen, Unterstützung, schriftliche, üblichen, nebenbei, überlegen, zurechtkommen

2   **a** Ich brauche keine Überstunden mehr zu machen. **b** Ich brauche nicht mehr stundenlang vor dem Computer zu sitzen. **c** Ich brauche nur noch einmal im Monat am Wochenende zu arbeiten.

3   **Musterlösung: a** Kunden zu beraten. **b** anderen Menschen zu helfen. **c** den ganzen Tag draußen zu sein. **d** künstlerisch tätig sein. **e** viel zu reisen.

4   **a** innerhalb einer **b** außerhalb unserer **c** während meiner

5   Was machst du jetzt eigentlich genau?; Außerdem muss ich auch eine Kollegin vertreten.; Hast du noch nie daran gedacht, die Stelle zu wechseln?; Ich suche immer noch eine Stelle als; Hast du noch nie daran gedacht, dich selbstständig zu machen?; Ich muss jetzt leider los.; Es war schön, dich mal wieder zu sehen.

6 Musterlösung: A

Bewerbung als Serviceangestellte

Sehr geehrte Frau Pfitzer,

mit großem Interesse habe ich Ihre Anzeige gelesen. Ich bewerbe mich hiermit um die offene Stelle. Ich lebe schon seit zehn Jahren in Deutschland und spreche sehr gut Deutsch. Auch habe ich eine Deutschprüfung gemacht. Ich habe schon öfter im Restaurant meines Onkels als Kellnerin geholfen, und der Kontakt mit den Gästen hat mir jedes Mal viel Freude gemacht. Deshalb interessiere ich mich auch dafür, in Ihrem Restaurant zu arbeiten. Über eine Einladung zu einem persönlichen Gespräch würde ich mich sehr freuen.

Mit freundlichen Grüßen

Lektion 6   Dienstleistung

1 **a** Rücksicht **b** ausschließlich **c** Ersatz **d** Risiko **e** lohnt **f** entschlossen **g** Wettbewerb **h** finanziell **i** mittlerweile **j** jahrelang

2 **a** um … zu **b** um … zu **c** damit **d** um … zu **e** damit **f** um … zu

3 **a** Ich rufe lieber die Geschäftspartner an, statt ihnen E-Mails zu schreiben. **b** Ich bleibe zu Hause, statt mit Erkältung ins Büro zu kommen. **c** Ich werfe keine Briefe weg, ohne den Chef zu fragen. **d** Ich gehe nicht in die Mittagspause, ohne den Anrufbeantworter einzuschalten. **e** Ich schreibe auch kurze Notizen mit dem Computer, statt sie mit der Hand zu schreiben. **f** Ich gehe abends nicht nach Hause, ohne den Computer auszuschalten und den Schreibtisch aufzuräumen.

4 **a** 4 **b** 7 **c** 1 **d** 5 **e** 3, 6

5 **richtig:** b, c, d

6 Musterlösung:

Sehr geehrte Damen und Herren,

am 19.3.20.. habe ich bei Ihnen einen Kühlschrank gekauft. Leider musste ich feststellen, dass er nicht richtig funktioniert. Er ist viel zu laut! Das ist sehr ärgerlich. Ich möchte Sie auffordern, mir bis zum 29.3. einen Ersatz zu schicken. Wenn ich keine Antwort von Ihnen erhalte, dann möchte ich mein Geld zurückhaben. Bitte bestätigen Sie mir schriftlich, dass Sie meine Reklamation erhalten haben.

Mit freundlichen Grüßen

Teresa Serra

Lektion 7   Rund ums Wohnen

1 **a** Grundstück **b** Lift **c** Baugenehmigung **d** Alternative **e** Querstraßen

2 geschrien, zentral, miteinander, fehlt, Lärm, abgemacht, hierher, entdeckt

3 **a** Wäre ich doch nicht in eine so große Wohnung gezogen! **b** Hätte Paul doch nicht meine ganzen Bilder im Internet verkauft! **c** Hätte Judith mich nicht zu einer größeren Wohnung überredet!

4 **a** zwar **b** nicht nur … sondern auch **c** entweder … oder

5 **a** Tatsächlich? Das ist aber merkwürdig.; Klar, geht in Ordnung. **b** Es wäre schön, wenn Sie da etwas Rücksicht nehmen könnten.; Das ist ja lächerlich!; Oh, daran habe ich noch gar nicht gedacht.; Das tut mir schrecklich leid.

6 Musterlösung:

Lieber Herr Papadopoulos,

letzte Woche habe ich Ihnen gesagt, dass es mich sehr stört, wenn Ihre Kinder in der Wohnung Fußball spielen. Das macht sehr viel Lärm und meine Lampen an der Decke gehen davon kaputt. Ich hätte eine Bitte: Wäre es vielleicht möglich, dass Ihre Kinder Fußball im Garten spielen und etwas leiser sind? Ich bin mir sicher, dass wir dieses Problem gemeinsam lösen können. Vielen Dank für Ihr Verständnis.

Viele Grüße

Eszter Krasz

Bewertungsschlüssel für die Tests:	
40 – 36 Punkte	sehr gut
35 – 32 Punkte	gut
31 – 28 Punkte	befriedigend
27 – 24 Punkte	ausreichend
23 – 0 Punkte	nicht bestanden